Max Steinmetz

Thomas Müntzers Weg nach Allstedt

Eine Studie zu seiner Frühentwicklung

VEB Deutscher Verlag der Wissenschaften
Berlin 1988

Für die Gestaltung von Schutzumschlag und Einband wurde verwendet:

Thomas Müntzers Briefwechsel. Lichtdrucke, Tafel 38.
Die Vorsatzpapiere zeigen Merians Stiche der Universitätsstädte Leipzig und Frankfurt (Oder) sowie die Aufenthaltsorte Müntzers in dem im Buch behandelten Zeitraum.

ISBN 3-326-00402-8

Verlagslektor: Monika Perkowski
Verlagshersteller: Rainer Stoll
Gesamtgestaltung: Bernd Giersch

DDR - 1080 Berlin, Postfach 1216
Lizenz-Nr. 206 · 435/10/88
Printed in the German Democratic Republic
Gesamtherstellung: VEB Druckhaus „Maxim Gorki",
DDR - 7400 Altenburg
LSV 0265
Bestellnummer: 571 734 7
04000

ZIGK
11 Rathhaus
12 S. Thomas Kirche
13 S. Nicolaus Kirche
14 S. Pauli Kirche
15 Pauliner Collegium
16 Das Grosse Collegium
17 Das Neue Collegium
18 Das Fürsten Collegium
Frankfurt
1512
Signal
Oder
Jüterbog
April 1519
Elbe
. 1521
Saaz
Mai/Juni 1521
Prag
Mai/Juni 1521, 21. 6.—Nov. 1521

Max Steinmetz
Thomas Müntzers Weg nach Allstedt

Inhalt

Einführung 9
Bemerkungen zu Herkunft und Charakter der Ideologie Thomas Müntzers

Der Harz und die Harzlande um 1500 in historisch-politischer Sicht 18
Problem der sozialen Herkunft – Rolle seines Heimatgebietes und des Harzes – Rolle der Harzgrafen und der Wettiner

Der Humanismus und die Buchdruckerkunst als Grundlagen reformatorischen Wirkens mit besonderer Bezugnahme auf Müntzer . 26
Bedeutung der Frühdrucke für Müntzers Entwicklung – Humanismus als allgemeine Grundlage der Reformation

Auf dem Wege zur Universität 34
Vorbildung für den Besuch der Universität – Erwartungen der Studenten von einem Studium – Probleme der Ausbildung der Geistlichkeit

Müntzer und Leipzig 42
Leipzig als führende Universität und Zentrum des frühen Buchdrucks in Norddeutschland – mögliche Beziehungen Müntzers zu Leipziger Studenten dieser Zeit

Thomas Müntzer und die Bibel 55
Bedeutung der Bibel für die Entwicklung des Müntzerschen Denkens – damaliger Kenntnisstand der biblischen Schriften

Als Student an der Universität Frankfurt (Oder) 59
Der zweite Universitätsaufenthalt Müntzers – Hochburg des Thomismus – Problem des Sprachstudiums Müntzers – Müntzer, ein homo trilinguis?

Blick in die Zeit und die zeitgenössische Literatur 68
Müntzers Kenntnisse über die Zeitgeschichte – Seine Beschäfti-

gung mit der humanistischen Chronistik und den Texten der deutschen Frauenmystikerinnen

Das „Verbündnis“ zu Aschersleben und Halle 78
Abwägen der Wahrscheinlichkeit bzw. Möglichkeit der diesbezüglichen Aussage Müntzers im „Bekenntnis“

Müntzer und Braunschweig 83
Neueste Forschungen zu Müntzers Wirksamkeit im Braunschweiger vor- und frühreformatorischen Kreis um Hans Pelt – Problem der kirchlichen Weihen bei Müntzer

Im Kanonissenstift Frose 89
Problematik von Müntzers Wirksamkeit in Frose – Unterrichtung von Privatschülern – Beginn seiner liturgischen Studien

Der Ablaß in Braunschweig 94
Analyse des Briefes des Rektors Hanner an Müntzer über Probleme des Ablasses vor Luthers Thesenanschlag

Martin Luther, die Anfänge der deutschen Reformation und Thomas Müntzers Frühzeit 97
Unterschiede und Gemeinsamkeiten im Entwicklungsweg der beiden Reformatoren (soziale Herkunft, Bildungsweg, wissenschaftliche Tätigkeit u. ä.)

Der Kanzelstreit von Jüterbog 101
Müntzers erstes Auftreten im Licht der Öffentlichkeit als Lutheraner – Auseinandersetzung mit den Franziskanern als Vorspiel zur Leipziger Pleißenburg-Disputation – Dappens Schrift über die Ereignisse

Im Kloster Beuditz bei Weißenfels 111
Als Konfessor im Kloster – Erster Bericht über Müntzers Studium der Kirchenväter, besonders Augustins – Korrespondenz mit Buchführer Glov

Zwickau – St. Marien 117
Streit mit den Franziskanern, besonders mit Pater Tiburtius – Müntzer als Vertreter des abwesenden Egran

Die sog. Bücherliste von Ende 1520 125
Analyse des umfangreichsten Verzeichnisses zeitgenössischer Literatur von Müntzer

Zwickau – St. Katharinen 129
Bestrebungen des Rates um evangelische Pfarrer – Der Streit mit Egran – Müntzer und die Tuchknappen – Die Ereignisse um Müntzers Entlassung – Nikolaus Storch – Die Zwickauer Chronistik über Müntzer in Zwickau

Müntzer in Böhmen 150
Vorgeschichte und Geschichte Müntzers – Aufenthalte in Saaz und Prag – Auseinandersetzung mit utraquistischer Geistlichkeit – Der Prager Anschlag als erste theologische Darstellung Müntzers und dessen Schicksal

Apokalyptik, Eschatologie und Chiliasmus 169
Historischer Zusammenhang dieser Begriffe – Ihre Relevanz für Müntzer

„Ym elende meyns vortreybens" 175
Müntzers Wanderschaft von Ende 1521 bis zum Frühjahr 1523 seit seiner Rückkehr aus Böhmen bis zum Eintreffen in Allstedt ohne Anstellung bzw. dauernde Wirksamkeit – Erfurt – Nordhausen – Stolberg – Weimar – Glaucha bei Halle

Der Brief Thomas Müntzers an Philipp Melanchthon vom 27. März 1522 189
Erste Stellungnahme Müntzers zu theologischen Problemen der Reformation – Bezugnahme auf die Wittenberger Bewegung

Die Randbemerkungen zu den Schriften des Tertullian in der Erstausgabe des Beatus Rhenanus 198
Einblick in Müntzers Ringen um Grundpositionen seines theologischen Denkens

Müntzer in Allstedt 208
Ein Ausblick – Überblick über seine dortige liturgische und schriftstellerische Tätigkeit – Seine Stellung zu den Fragen der Bilder und der bildenden Kunst – Bedeutung Allstedts für Müntzers Leben

Exkurs
Thomas Müntzer und Martin Luther – Gemeinsamkeiten und Gegensätze im Zusammenhang mit ihrem Kampf um die frühbürgerliche Revolution 227
Die drei Hauptbestandteile von Müntzers Lehre – Geist, Kreuz und Schwert – im Vergleich mit Luthers Theologie

Nachwort 236
Erläuterungen zum Autor und zur Entstehung des Buches – Ausblick auf die jüngste Forschung zu Allstedt, Mühlhausen und dem Bauernkrieg

Verzeichnis der benutzten Sigeln 241

Quellen- und Literaturverzeichnis 242

Personenregister 263

Ortsregister 281

Sachregister 283

Bibelstellenregister 284

Briefregister 285

Konkordanz der Nummern von Thomas Müntzers Briefwechsel . 287

Synchronoptische Tabelle 288
Müntzer – Luther – Reformation und Bauernkrieg als frühbürgerliche Revolution – Kultur

Einführung

Bemerkungen zu Herkunft und Charakter der Ideologie Thomas Müntzers*

Wir beginnen mit einer Einleitung über das „Elend der Biografie".

Was wissen wir von Müntzer? Geht man von der Vielzahl der Bücher und Aufsätze aus, die seit etwa 30 Jahren über ihn geschrieben worden sind, so könnte man meinen: sehr, sehr viel. Will man eine gründliche Biographie schreiben, so überzeugt man sich bald vom Gegenteil. Wir haben seit 1968 eine kritische Gesamtausgabe[1], die weder eine Gesamtausgabe noch gar kritisch ist. Aber das liegt nicht nur am Endherausgeber, was ich ausdrücklich betonen möchte, sondern auch am Zustand des Müntzer-Nachlasses, der nur lückenhaft erhalten ist; nur die Zeit von Müntzers Aufenthalt in Allstedt, ab Ostern 1523, bis zu seiner Hinrichtung 1525 ist gut dokumentiert. Aber auch hier gibt es fast fünf Monate, von Oktober 1524 bis Ende Februar 1525, ohne sichere Nachrichten. Vor allem wissen wir kaum Zuverlässiges über sein Leben vor der Reformation. Von den Universitätsstudien sind nur die Matrikeleintragungen in Leipzig und Frankfurt (Oder) – 1506 und 1512 – bekannt. Zur Frage der Herkunft Müntzers ist bis heute nur weniges sicher. Die genealogischen Bemühungen zielten mehr auf die Zerstörung der Goebke-Legenden, als daß sie Neues erbracht hätten.[2] Die Hauptschwierigkeit ist die knappe, schmale Quellenbasis. Darum erst einige Worte über die Quellen und ihre Editionen, denn die Geschichte ist ja nun einmal eine Quellenwissenschaft.

Die kritische Ausgabe von G. Franz hat wenig an dem geändert, was Kirn (1965) hinterlassen hat. Erschwerend für die Forschung ist das fehlende Bibelstellenverzeichnis. Daran hatte schon Otto Clemen aus Zwikkau gearbeitet, der darüber gestorben ist, sein Manuskript dürfte untergegangen sein. Auch das Register von 1968 weist große Mängel auf.

Das aus Müntzers Eigentum stammende und 1780 in Gotha ver-

* Zuerst veröffentlicht in: Mühlhäuser Beiträge, 1983, H. 6, S. 3–10

1 Der Briefwechsel Müntzers wird im weiteren nach den Ausgaben von Böhmer/Kirn (Müntzer-Briefwechsel) und Franz/Kirn (MF) zitiert, deren Numerierung identisch ist, somit die Angabe der Briefnummer genügt. Die lateinischen Briefe werden deutsch zitiert auf der Grundlage einer nicht gedruckten Übersetzung von Winfried Trillitzsch, im Besitz des Verfassers. – Die vollständigen bibliographischen Angaben für die in den Fußnoten genannte Literatur sind dem Quellen- und Literaturverzeichnis zu entnehmen.

2 Bensing, Thomas Müntzers Frühzeit, S. 423–430

brannte, glücklicherweise von einem Jenaer Historiker 1703 beschriebene Buch „Liber trium virorum et trium spiritualium virginum“ von Faber Stapulensis ist ganz unzureichend behandelt.[3] Es ist auch keine Vollständigkeit der Edition erreicht worden, obwohl der ganze Dresdner Konvolut benutzt werden konnte. Interessante Stücke sind offensichtlich nicht aufgenommen worden, weil sie sehr schwer zu lesen sind, z. B. Auszüge aus Plinius' „Epistolarum libri decem“ mit dem berühmten Brief über die Christenverfolgung in Kleinasien.[4] Martin Elze hat lange an einem Ergänzungsheft zur Müntzerausgabe gearbeitet, aber er hat es bisher nicht veröffentlicht. Sein Schüler Rolf Dismer hat in einer klugen Dissertation das Bibelstudium Müntzers bearbeitet.[5] So ist die Ausgabe von 1968 ein Fragment; irgendwann einmal wird eine neue Ausgabe notwendig sein.

Forschungsresultate entscheidender Art hat bisher nur Manfred Bensing gebracht. Auch die hat Franz nicht alle übernommen, z. B. die wichtige Erkenntnis, daß die „Ausgedrückte Entblößung“ nicht eine Kurzfassung hat, sondern daß es in Wahrheit zwei Schriften sind, die zu verschiedenen Zeiten entstanden sind. Man muß die Zahl der Schriften Müntzers deshalb um eine vermehren. Die internationale Forschung hat das vollständig bestätigt.

Für Müntzers Biografie ist zu bemerken, daß seine Einschätzung als „Berufsrevolutionär“ schon in Halle und Aschersleben, die auch in unserer Literatur auftaucht, legendär ist. Man sollte Müntzer mehr von seiner theologischen Entwicklung her sehen.

Müntzer gehörte zu der breiten, nach Tausenden zählenden Schicht der armen Geistlichkeit. Das Studium bot für viele eine bescheidene Aufstiegsmöglichkeit. Aber das Studium reichte häufig nicht aus, die erstrebte kirchliche Pfründe zu erreichen. Denn Müntzer hatte im Unterschied zu Luther überhaupt keine Beziehungen, weder über seine Familie noch über einen Orden. Der armen Geistlichkeit wurde der Bauernkrieg zur schicksalhaften Chance. Wie die Bauern kämpfte sie um eine menschenwürdige Existenz. 1513 oder kurz danach wurde Müntzer in Halberstadt zum Priester geweiht, und 1514 übernahm er eine Altarpfründe in Braunschweig.

Sein erhaltener Briefwechsel setzt erst sehr spärlich 1517 ein, voll erst 1520. Die erste umfangreiche Schrift, die von Müntzer überliefert ist und eine detaillierte Stellungnahme zur Reformation enthält, ist der Prager Anschlag, in mehreren Fassungen vom 1. und 25. November 1521.[6] Der war aber im 16./17. Jh. völlig unbekannt; auch Luther hat

[3] MF, S. 538. Vgl. Steinmetz, Thomas Müntzer und die Mystik, S. 148—159

[4] MF, S. 16 f.; Lichtdrucke, Tafel 23, Faksimile 58 und Tafel 86, Faksimile 67

[5] Vgl. Dismer, Geschichte, Glaube und Revolution

[6] Prager Anschlag, vollständigste Ausgabe, in: Müntzer-Briefwechsel, S. 139

von dieser „ketzerischen“ Schrift nichts gewußt. Warum Müntzer in der Frühreformation nicht an der Auseinandersetzung für oder gegen Luther teilgenommen hat, bleibt unklar. Die Aussagen über die geheimen Verbündnisse von Halle und Halberstadt, im Verhör nach der Niederlage durch die Folter erpreßt, haben hier nur Verwirrung gestiftet.

Bei dieser Folter hat man Müntzer Fragen gestellt über die Niederlage von Frankenhausen, seine Rolle im thüringischen Bauernkrieg und vieles mehr. Beweisstücke sind das aber nicht, zumal der frühe Briefwechsel Müntzers verlorengegangen ist und sensationelle Entdeckungen, wie z. B. Luthers Vorlesungen oder Melchior Hoffmans acht neu aufgefundene Traktate, nicht zu erwarten sind. Die gründliche Analyse seiner Lektüre kann noch einiges Licht auf Müntzers theologische Entwicklung werfen. Aber gerade hier haben die Ausgaben von Böhmer/Kirn (1931)[7] und Franz/Kirn (1968) mehr Verwirrung gestiftet als Klärung gebracht. Müntzer besaß offensichtlich eine für seine materiellen Verhältnisse große Bibliothek. Über deren Reste, zwei lange noch vorhandene, aber im 18. Jh. verbrannte Bände, sind wir gut unterrichtet. Seine wohl auch nur fragmentarisch erhaltene Buchhändlerkorrespondenz vermittelt Einblick in eine gezielte Lektüre. Die große Bücherliste, um 1520 anzusetzen, bleibt allerdings problematisch. Hinzu kommen natürlich zahlreiche Zitate aus der Literatur, von den massenhaften Bibelstellen abgesehen, in seinen Briefen und Schriften. Bibliotheksbenutzungen sind in Gernrode wahrscheinlich von Frose aus erfolgt, doch sind kaum noch Bestände aus der Zeit seines Aufenthaltes nachzuweisen.

Sektiererische Gedanken lagen damals in der Luft, als Mystik, als Apokalyptik. Es war die Zeit, in der Dürer seine Apokalypse des Johannes schuf, mit einer lateinischen und einer deutschen Fassung der Texte auf der Rückseite der Holzschnitte (1498). Dieses verbreitete Buch war eine der wenigen Sonderausgaben der Johannesapokalypse in der Inkunabelzeit.

Für das Verständnis von Müntzers Biografie — seiner frühen Entwicklung — ist es notwendig, Herkunft, Inhalt und Charakter seiner Ideologie zu umreißen.

So spielt der Begriff des Bundes in den Akten Müntzers eine hervorragende Rolle. Bis in das Verhör hinein, aber auch in seinen Briefen, hat der Begriff des Bundes eine zentrale Funktion, und ganz eindeutig

bis 159. Ohne die tschechische Fassung, in: MF, S. 491—511. Beste Darstellung der Textgeschichte von de Boor, Friedrich, in: Thomas Müntzer, Prager Manifest, S. 7—15

[7] Die „Bücherliste“ findet sich erstmals im Müntzer-Briefwechsel, S. 131—135, danach bei MF, S. 556—560; beide Ausgaben sind unzulänglich. Vgl. zur Lektüre Müntzers: Steinmetz, Thomas Müntzer und die Bücher, S. 603—612

auch in der theologischen Literatur. Es gibt vom Mittelalter her eine christliche Bundestheologie, die dann auch im Protestantismus als Föderaltheorie weiterentwickelt wurde.[8] Es wird sich bei Müntzer um Konventikel oder ähnliches handeln, was wir heute nicht mehr fassen können, aber keinesfalls um Verschwörungen politischer Art. Aus dem Text des Verhörprotokolls erkennt man, daß diese Müntzer in den Mund gelegt worden sind. Man weiß nicht, was er wirklich geantwortet hat. Der Schreiber, der Müntzers Aussagen festhielt, redigierte den Druck derselben 1525 nicht.

Wir meinen, daß sich Müntzers Anhängerschaft als religiöse Randgruppe, die sich als Auserwählte betrachtete, am ehesten charakterisieren läßt. Um Müntzer können sich früh kleine religiöse Gruppen mit wachsender nonkonformistischer Tendenz gebildet haben, die sich aber bald wieder auflösten, da es Müntzer nicht gelang, auf die Dauer Fuß zu fassen. Einerseits wirkte er als charismatisch geprägte Gestalt, das zeigen schon die ersten erhaltenen Briefe. Andererseits war sein Lebensweg bestimmt durch das Elend des Vertreibens, wie er selbst sagte. Um Müntzers frühe Entwicklung zu erhellen, muß man die meisten der in seinen Schriften und Briefen genannten Bücher durcharbeiten. Man muß wissen, was in ihnen steht, wenn man Müntzers Stellungnahmen verstehen will.

Smirin[9] hat einen ersten Versuch gemacht, genial für seine Zeit. Allerdings mußte er auf alter Literatur und noch älteren Quelleneditionen aufbauen. Müntzer besaß ungewöhnlich viele Bücher. An erster Stelle steht fraglos die Bibel. Aber dann kommen schon die frühen Quellen über die urchristlichen Verhältnisse, die berühmte Kirchengeschichte des Eusebius. Berühmt, weil sie vieles in Zitaten überliefert, was sonst vollständig verlorengegangen wäre. Zu den frühesten uns bekannten Büchern seiner Lektüre gehört die Mystikerausgabe des Faber Stapulensis von 1513. Sie enthält ja nichts geringeres als den Pastor Hermas, eine der frühchristlichen Schriften, eine Apokalypse, und die klassische deutsche Frauenmystik des Mittelalters.

Die Bedeutung der Bibel für Müntzer ist klar. Sieht man sich die Müntzerausgaben an, so wimmelt es nur so von Bibelzitaten. Es gibt Schriften, wo er am Rande noch Bibelzitate nennt, die gar nicht im Text vorkommen und die nur als Belegmaterial dienen. Einen Nachweis der Bibelstellen gibt es bis heute nicht. Lediglich Reinhard Schwarz nennt in einem Anhang die in seinem Buch über die apokalyptische Theologie Müntzers genutzten Bibelstellen.[10]

[8] Greschat, Der Bundesgedanke, S. 44–63

[9] Vgl. Smirin, Die Volksreformation des Thomas Müntzer

[10] Vgl. Schwarz, Die apokalyptische Theologie Thomas Müntzers

Die Bibel führt aber auch an das Hauptproblem heran. Wie kommt es später zu der scharfen Auseinandersetzung mit Luther? Woher rührt die Andersartigkeit gegenüber Luther, die schließlich den Gegensatz heraufbeschwört? In unserem Luther-Forschungsband habe ich eine Arbeit veröffentlicht, in der ich dieses verschiedene Verhältnis beider zur Bibel unter dem Gesichtspunkt der Apokalyptik etwas ausführlicher darzustellen versuchte.[11] Man muß eben wissen, daß es in der Reformationszeit gleich vier Bibeln gab: Die biblia hebraica in der Schlußredaktion des ersten Jahrhunderts, die Septuaginta als Übersetzung der hebräischen Bibel mit altem umfassenden Inhalt ins Griechische durch Juden der Diaspora und natürlich die biblia vulgata, die seit dem 7. Jh. das ganze lateinische Europa beherrschte und formte. (Heute haben wir trotz großer Bibliotheksverluste noch etwa 8 000 Handschriften in den Bibliotheken.) Zu diesen drei muß man natürlich die Lutherbibel dazurechnen. Aber in dieser steht vieles nicht mehr, was zum ursprünglichen Alten Testament gerechnet wird. Die ausgeschiedenen Apokryphen und Apokalypsen der durch die Kanonbildung im Inhalt begrenzten Ausgaben liegen auch in deutscher Übersetzung vor.[12] Zusätzlich wird unser Verständnis über den Prozeß der Kanonbildung durch den Untergang der Papyrusliteratur erschwert. Was die Zeit nicht für wertvoll erachtete und vom Papyrus auf Pergament umschrieb, ist im wesentlichen verlorengegangen. Die Kanonbildung ist ein bewußter, langwährender ideologischer Prozeß, in dem sich letztlich zwei Schriftauffassungen widerstreiten: die orthodox-kanonische, ganz zugespitzt und radikal im Judentum, das völlig erstarrte und alles andere aussortierte, und die heterodox-spiritualistische Auffassung von der ständigen Offenbarung und dem redenden Gott. Hierbei ist der Prozeß der jüdischen Kanonbildung der entscheidende gewesen, Vorbild auch für das Christentum. Das Judentum hatte das Bedürfnis, die Wucherung der prophetischen Literatur in das, was wir heute apokalyptisch nennen, einzudämmen. Aber fast alle diese Prophetien gehen auf hebräische Texte zurück. Es ist also eine jüdische Apokalyptik, der das Judentum selbst den Abschied gegeben hat. Die wenigen in der Bibel verbliebenen alttestamentlichen Apokalypsen sind die Bücher Daniel und Esra. Daniel wurde als Prophet geachtet, war aber ein Apokalyptiker. Da der Verfasser nicht so hieß, sondern nur den Namen Daniels gebrauchte, spricht man von Pseudepigraphen. Es ist eine Literatur, die auch heute noch phantastisch anmutet und zugleich erregend wirkt. Die Funde von Qumran haben die Erforschung dieser Probleme neu in Gang gebracht.

[11] Steinmetz, Luther, Müntzer und die Bibel, S. 147–167
[12] Vgl. Hennecke, Neutestamentliche Apokryphen

Es handelt sich bei der Apokalyptik um eine außerordentlich wichtige Erscheinung, bei der man wieder zwischen der eigentlichen historischen Apokalyptik und dem Wissen des 16. Jh. darüber unterscheiden müßte. Dafür ist hier nicht der Platz. Eine gute Einführung in die Problematik gibt Klaus Koch.[13]

Die Apokalyptik ist eine Literaturbewegung und eine geistige Strömung von Daniel bis Esra 4, von 150 v. u. Z. bis 250 u. Z. Sie ist eine Massenideologie, auch wenn man davon ausgehen muß, daß die Quellenbasis für eine sozialkritische Zuordnung dieser Literatur äußerst schwach ist. Wir wissen ja nicht, wer sie geschrieben hat. Der Verfasser des Danielbuches hat sich durch die Beschreibung zeitgenössischer Vorgänge verraten. Die aber zeigen, daß es keine Prophetie, sondern verschlüsselte Gegenwart ist, pseudepigraphische Literatur. Die Apokalyptik ist eine Massenideologie, weithin der Armen und Elenden. Ernst Lohmeyer, ein bedeutender Kenner der apokalyptischen Literatur, schrieb, daß sie sich wie ein unterirdischer Strom durch die Geschichte zog und die Volksfrömmigkeit fast aller christlichen Jahrhunderte getragen hat.[14] Bei André Maurois habe ich ähnliche Gedanken gefunden: „Die getretene Menschlichkeit findet seit Jahrhunderten in Mythen von Unrecht, das wieder gut gemacht wird, Erleichterung. Die volkstümlichen Gestalten der Mythologie waren von je her der Zauberer und der Rächer. Mit einer gläubigen Hoffnung, die sich durch keine Enttäuschung erschüttern läßt, erwarten die Erniedrigten und Beleidigten bald den Gott, bald den Herrn, der das Unrecht wieder gut macht, die Bösen zerschmettert und die Guten endlich zu seiner Rechten setzen wird."[15]

Noch einen Hinweis auf die Bibel selbst. Es gibt natürlich nicht nur die bei der Kanonbildung ausgeschiedene Literatur, die ja mit Ausnahme des Pastor Hermas Müntzer noch nicht bekannt war. Es gibt außerdem ein apokalyptisches Denken, apokalyptische Begriffe, die die ganze Bibel durchdringen. Wir sprechen heute von einer synoptischen Apokalypse in den Berichten der synoptischen Evangelien des Matthäus (Kap. 24 und 25), Lukas (Kap. 21, 5—36) und Markus (Kap. 13). In allen drei Evangelien entsprechen die Äußerungen Christi über das Ende der Welt einander. Aber auch an anderer Stelle des Alten wie des Neuen Testaments findet sich apokalyptisches Gedankengut. Viele Grundbegriffe sind apokalyptisch geprägt. Es gibt einen Bestandteil an Worten der Gewaltanwendung: zermalmen, stürzen, stoßen, rächen, strafen, zerschlagen, zerschmettern, zerstören, zertreten, vertilgen, ver-

[13] Vgl. Koch, Ratlos vor der Apokalyptik

[14] Lohmeyer, Ernst, Artikel Apokalyptik, in: RGG, 2. Auflage, Bd. 1, Tübingen 1927, Sp. 406

[15] Maurois, Die drei Dumas, S. 233 f.

werfen. Alles Tätigkeiten der rächenden Gewaltanwendung und des Gerichtes, die die Sprache des Alten Testaments durchziehen. Die Zeitvorstellungen und -bestimmungen haben alle, wenn man darauf achten lernt, einen ausgesprochen apokalyptischen Charakter. Die Apokalyptik hat aber nun die Tendenz, mit dem sozialen Aufbegehren der unteren Schichten zu verschmelzen. Sie sprechen die Sprache der Apokalyptik, und das vor allen Dingen in sozial bewegten Epochen. Die letzten Jahrhunderte der jüdischen Geschichte waren ja besonders bewegt im Kampf mit dem Hellenismus, mit den syrischen Seleukiden und schließlich mit den Römern. Davon zeugt die entsetzliche Vernichtung Jerusalems im Jahre 60, über die uns Flavius Josephus ein gigantisches Werk hinterlassen hat, die „Geschichte des Judäischen Krieges".[16] Endzeiterwartung und Reformhoffnungen, Kirchenkritik und sozialer Protest durchdringen einander in wachsendem Maße.

Die apokalyptische Gedankenwelt hat im frühen Buchdruck eine Flut von Literatur entstehen lassen. Die Buchdrucker waren geschäftstüchtige Leute, denen es nur in Ausnahmefällen um die Verbreitung ihrer Überzeugung ging. Sie entwickelten einen Spürsinn für interessierende Dinge aus der griechischen und römischen Antike, aus der mittelalterlichen oder sonstigen Literatur. Die Weissagungsliteratur wurde auch später in großem Maße gedruckt, so die sibyllinischen Bücher um die Jahrhundertwende in Basel, Straßburg und anderswo. Das war eine Literatur, die jedermann in die Hand nahm.

Müntzer hat diese Weissagungsliteratur verachtet, und auch Luther hielt nichts von ihr. Beide lehnten Berechnungen der Endzeit ab, aber sie waren von der Enderwartung, der baldigen Wiederkehr Christi, überzeugt. Im Prager Anschlag von 1521 entwickelte Müntzer Gedanken interessantester Art vom Abfall der Kirche in der frühesten Zeit. Schon nach dem Tode der Apostelschüler sei die Kirche zu einer Hure geworden. Das ist ein klassisches Zitat von Hegesipp aus einem verlorenen Werk, zitiert bei Eusebius, das in die gesamte Sektenliteratur bis zu unserer Gegenwart eingegangen ist.[17]

Gottfried Arnold ist der Klassiker dieser Theorie des Verfalls, des Abfalls der alten Kirche, der Geschichte usw. Aber zwischen Müntzer und Arnold wäre noch ein anderer zu nennen, Sebastian Frank. Diese Männer haben alle in ihren Briefen und Werken diesen Gedanken weitergeführt. Arnold hat die ganze Kirchengeschichte einfach auf den Kopf gestellt. Die Kirchen sind die Ketzer und diese sind die Frommen.

Merkwürdige Briefe hat Müntzer in dieser Zeit geschrieben. Er drängte direkt nach dem Martyrium. Man könnte nun sagen, das seien

[16] Flavius, Josephus, Geschichte des Judäischen Krieges. Aus dem Griechischen übersetzt von Clemenz, Heinrich, Leipzig 1970
[17] MF, S. 504 und 509

Anwandlungen gewesen. Aber wenn man weiß, daß auch Luther ähnliches dachte, daß der Sühnetod seit den Märtyrerzeiten in die christliche Vorstellungswelt eingegangen ist, dann wird man etwas anders darüber denken.[18] Das Büchlein des Thomas a Kempis „De imitatione christi", Über die Nachfolge Christi, war einer der meistgedruckten Frühdrucke. Das prophetische Bewußtsein, mit der die apokalyptische Literatur die Welt beurteilt, verurteilt, teilte Müntzer durchaus. Ebenso natürlich die Enderwartung. Hier entsteht die schwierige Frage, wie sich bei Müntzer soziales Streben, soziale Programmatik in seiner Gegenwart mit der Enderwartung verbinden. Für ihn handelt es sich um den Kampf gegen die Gottlosen im Bunde mit den Auserwählten, um den Sturz der gottlosen Herrscher und Übergabe des Schwertes an die Auserwählten. Bedeutsam ist das Selbstbewußtsein, das aus seinen Briefen spricht, die Verwendung des Begriffs vom „Gottesknecht" in denselben, in denen er niemals akademische Grade gebraucht. In seinen letzten Briefen an die Mansfelder Grafen, wie schon in seiner Kampfschrift gegen Martin Luther, erreicht sie schon eine agitatorische Qualität, die in der gesamten Sprache der Müntzerzeit kaum zu finden ist.

Walter Elliger hat in seiner Müntzerbiografie[19] versucht, das alles vom Tisch zu wischen. Nur Luther sei die Quelle für Müntzer, und da Müntzer ihn mißverstand, sei er schließlich von Luther abgefallen.

Wir lehnen diese Betrachtungsweise ab, denn damit würde man den revolutionären Müntzer auf den Bauernkrieg reduzieren, was schon Boehmer getan hat. Aber in den Tagen vor der Schlacht bei Frankenhausen zitiert Müntzer in den letzten gewaltigen Sendschreiben an die Allstedter (Brief Nr. 75), an die Eisenacher (Nr. 84), an Ernst von Mansfeld (Nr. 88), an Albrecht von Mansfeld (Nr. 89) und an die Erfurter (Nr. 91) neben anderen Stellen des Alten und Neuen Testaments siebenmal Ezechiel (Kap. 34—39), fünfmal Daniel 7 und nochmals die Johannesapokalypse (Kap. 6, 11, 18 und 19). Diese Häufung beweist, daß für Müntzer nun alles klar ist, daß die Entscheidung unmittelbar bevorsteht. Die Apokalyptiker zeichnen sich alle durch visionäre Kraft, prophetisches Selbstbewußtsein und radikale Zeitkritik aus. Sündhaft ist die Zeit und zum Untergang verurteilt. In der Erwartung der Nähe des Weltendes, an dem durch Christus Gericht gehalten werden wird über die Gottlosen, an dem alles neu wird, geschieht das alles nur mit und durch Gott. Es gab deshalb auch keinen Anlaß, eine säkularrevolutionäre Haltung rein aus dem Menschen heraus zu entwickeln. Das verhindert das Verständnis von Leid und Leiden bei Müntzer. Wenn man ihn so ohne Spezifik als Revolutionär bezeichnet, müßte

[18] Vgl. Lohse, Märtyrer und Gottesknecht
[19] Vgl. Elliger, Thomas Müntzer

man bei ihm Gedanken erwarten, wie wir sie heute als revolutionär kennen, Vorstellungen einer besseren Welt, in der die Menschen glücklich leben, Gedanken, die auf irgendeine Weise zur Überflußgesellschaft tendieren. Derartige Gedanken gibt es zu Beginn des 16. Jh. nur bei einem einzigen, bei Thomas Morus in seiner „Utopia", da sind sie satirisch gemeint. Für Müntzer aber ist das Leid, die Not, das Elend, die Vertreibung, die Verfolgung der Weg der Auserwählten, der einzige für sie überhaupt gangbare, um ihrer Erwählung sicher zu werden.

Aus den vorhergehenden Bemerkungen ergeben sich eine ganze Reihe theoretischer Fragestellungen. Man müßte auch nach Luther und seinem Verhältnis zur Apokalyptik fragen. Aber er hat die Apokalyptik schon sehr früh abgestoßen, wie er auch die Mystik zurückgewiesen hat. Gegner der Apokalyptik in Wittenberg war auch Andreas Bodenstein von Karlstadt. Er hat in einem Buch über die kanonischen Schriften[20] die Theorie der Reformation über den Kanon der Lutheraner und der anderen Protestanten formuliert.

Die Apokalyptik ist nicht identisch mit der frühbürgerlichen Revolution insgesamt, aber unleugbar ist sie durch Müntzer ein wesentlicher Bestandteil derselben geworden. Fast möchte ich behaupten, daß die Apokalyptik in Thüringen eine Bedingung des Scheiterns des Bauernkrieges geworden ist. Diese Auffassung, die auf Gott setzt und mit dem Schwert Gideonis die Gegner schlagen will, ist revolutionär, aber zugleich realitätsfern. Könnte damit die Apokalyptik als ideologische Komponente mitbestimmend werden für den Charakter der frühbürgerlichen Revolution als einer besonderen, nicht nur als einer Frühform der bürgerlichen Revolution? Eine Besonderheit eben durch die weite Verbreitung der Apokalyptik im thüringischen Raum? Bei den Bauern in Oberschwaben herrschte ein viel stärkerer bäuerlicher Realismus, der sich auf das göttliche Recht stützte, das nicht ohne weiteres apokalyptisch gedeutet werden kann. Fragen gibt es jedenfalls genug.

Die frühbürgerliche Revolution könnte dann als eine besondere Form der europäischen Reformation verstanden werden, bestimmt durch die neue christliche Glaubens- und Erweckungsbewegung von Luther und Müntzer zugleich, aber geformt durch den apokalyptischen Charakter der Müntzerschen Ideologie, die damit auch sich selbst in der Niederlage das Urteil gesprochen hat, was Müntzer wie Luther ja sehr klar erkannt haben.

[20] Andreas Bodenstein von Karlstadt, Libellus de canonicis scripturis, 1520. Inhaltsangabe bei Barge, Andreas Bodenstein von Karlstadt, S. 186—200

Der Harz und die Harzlande um 1500 in historisch-politischer Sicht

Thomas Müntzer ist ein Kind des Harzes, geboren in Stolberg, aufgewachsen in Quedlinburg. Diese beiden Orte sind durch die Matrikeleintragungen der Universitäten Leipzig (1506) und Frankfurt (Oder) (1512) urkundlich bestätigt und zweifelsfrei. Im Harz, in dessen Vorlanden und Umgebung, hat er einen großen Teil seines Lebens verbracht: Stolberg und Quedlinburg, Halberstadt, Aschersleben und Frose, Allstedt und Mühlhausen, Braunschweig und Halle sind vor allem zu nennen. Darum soll mit einer Betrachtung des Harzes und seiner Vorlande begonnen werden.

Der Harz, den Müntzer kannte, war nicht das romantische Gebirge, von dem Heinrich Heine 1826 sang:

„Auf die Berge will ich steigen,
wo die dunkeln Tannen ragen,
Bäche rauschen, Vögel singen
Und die stolzen Wolken jagen.“

Auf und über die Berge zog man um 1500 nur, wenn es unbedingt erforderlich war; man liebte die Berge nicht, fürchtete ihre unzugänglichen Wälder und ihre rauhe Natur. Dem Naturgefühl der Zeit entsprachen Felder, Hügel, Weinberge, fruchtbare Ebenen, Dörfer und Städte erheblich mehr als schwer zugängliche Gebirge. Der junge Müntzer dürfte um 1500 mit seinen Eltern über den Harz gezogen sein: auf durchweg sehr schlechten Straßen, denn die Hauptwege vermieden den Harz und umgingen ihn.[1] Es gab viel mehr Wälder als heute, aber nur eine dünne Besiedlung der Hochflächen. Die Städte und Dörfer, die Klöster und die Burgen bevorzugten das fruchtbare Vorland. Niemand wäre es in den Sinn gekommen, auf die schroffen Felsenhöhen zu steigen, sich dort niederzusetzen und der alten Zeiten zu gedenken:

„Alter, blühender Geschlechter
Und versunkener Herrlichkeit.“

Die Harzgrafen – die Blankenburger, Hohnsteiner, Mansfelder, Stolberger, die Anhaltiner und andere – standen damals noch auf der Höhe ihrer Macht, sie beherrschten den Harz und seine Vorlande.

[1] Cochlaeus, Brevis Germaniae descriptio 1512, S. 124–141 und S. 162–165

Aber alles das war nicht romantisch, sondern harte Wirklichkeit, Kampf um Besitz und Geltung – miteinander und gegeneinander. Die Feudalherren vergrößerten konsequent ihren Besitz und ihre ursprünglich bescheidenen Einkünfte, wobei ihnen der Bergbau und die Einkünfte aus ihm besonders zustatten kamen. Versunken war allerdings die „Kaiserherrlichkeit" der früheren Jahrhunderte, als sich die Salier um den Harz ein Zentrum ihrer Macht aufgebaut hatten: Sie hatten Städte gegründet, Klöster gestiftet und Burgen errichtet. An ihre Stelle waren längst die großen Territorialherren, vor allem die Wettiner und die Welfen, getreten, die durch planmäßige Politik die Herrschaften rund um den Harz ihrem Machtbereich einzugliedern bestrebt waren.[2]

Der Harz ist das nördlichste der deutschen Mittelgebirge, mit rund 100 km nordwestlich-südöstlicher Längenausdehnung und einer Durchschnittsbreite zwischen dem Thüringer Becken und dem nördlichen Vorland von etwa 30 km. Als Massengebirge mit über 1 000 m Höhe schiebt er sich gegen den ebeneren deutschen Norden vor. Die Oberfläche ist nur flach gewellt, von einzelnen tiefen Tälern durchschnitten, aber insgesamt wenig zertalt und in der Hauptausdehnung von 600 auf 400 m Höhe absinkend. Reich an nutzbaren Mineralien – Silber, Blei, Eisen, Kupfer u. a. –, zog das Gebirge früh schon den Bergbau an, verhielt sich aber abweisend gegenüber durchgehendem Verkehr. Die Harzhochebene war lange unbewohnt. Erst als die Sachsenkaiser im 10. Jh. den Bergbau stärker förderten – am Anfang stand der Bergbau vom Rammelsberg bei Goslar – begann auch die Besiedlung des ganzen Gebirges. Damals wurde der Harz zur Wiege des deutschen Erzbergbaus. Die Blütezeit der Erzgewinnung lag im späten 15. und im 16. Jh. und beruhte auf dem Kupferschieferbergbau im Mansfeldischen.

Ältere Vorstellungen von einer „Eroberung des Weltmarktes durch das mansfeldische Kupfer" (W. Möllenberg 1911) hat die neueste Forschung als Übertreibungen erkannt und richtiggestellt. E. Westermann hat 1971 gezeigt, daß bis 1540 der europäische Silbermarkt wichtiger war als der Kupfermarkt, daß aber zugleich das Mansfelder Rohkupfer mit dem ersaigerten Silber und das Eislebener Kupfer ihre Position nicht erst im 3. und 4. Jahrzehnt des 16. Jh., sondern bereits Ende der 80er Jahre des 15. Jh., „10 Jahre vor dem Beginn der Wachstumsphase der Montanwirtschaft Zentraleuropas" eingenommen haben.[3] An erster Stelle stand seit dem Ende des 15. Jh. die Tiroler Kupferausbringung. Der Saigerhandel, der um 1460 von Nürnberg abgedrängt, in Thüringen

[2] Atlas des Saale- und mittleren Elbegebietes, Karten 16, 17, 18, 28, 39, 40, 55. Grosse, Die Auflösung der Einheit des Harzraumes, S. 255–298. Timm, Der Harz, S. 106–147

[3] Westermann, Das Eislebener Garkupfer, S. 164

seine Hütten anlegte, arbeitete vorwiegend mit slowakischen Erzen. Die Saigerhändler übten ihrerseits auch Bankfunktionen im europäischen Geldverkehr aus, was nicht unerheblich zum Aufstieg der Leipziger Messe beitrug. So wichtig die Entwicklung und Verbesserung der Kunstgezeuge zur Entwässerung und der Pferdegöpel zur Förderung aus größeren Tiefen usw. waren, die Blütezeit des deutschen Bergbaus wurde nur im Zusammenwirken aller Faktoren möglich.

Was Müntzers Jugendeindrücke aus der Stolberger Zeit angeht, wird man auf keinen Fall H. Wilsdorf und W. Quellmalz zustimmen können, die einen unmittelbaren Zusammenhang zwischen diesen persönlichen Erlebnissen, den „revolutionären Elementen unter den Bergleuten und den klassenkämpferischen Auseinandersetzungen" annehmen.[4] So einfach dürfte sich die ideologisch-politische Umsetzung von Jugenderlebnissen auch dann nicht erweisen, wenn man sie beweisen könnte; davon kann aber keine Rede sein.

Der Harz und seine Vorlande waren damals ein Land voller Widersprüche und Probleme. Einige Besonderheiten ergaben sich aus der Natur des Gebirges, andere wieder aus der Geschichte. Während der Bergbau dem Gebiet zu großer Wirtschaftsgeltung verhalf, blieb die Ungunst der Lage für die Verkehrswege lange bestimmend. Eine direkte Überquerung des Gebirges, dessen uralter Name Waldgebirge bedeutet — wie Hardt, Spessart usw. —, etwa von Nordhausen über Hasselfelde und Elbingerode nach Wernigerode, war beim Zustand der Straßen bis ins 18. Jh.[5] ein nicht ungefährliches Wagnis. Bruch und Torfmoor, Bären, Wölfe und auch Räuberbanden gehörten zum spätmittelalterlichen Bild des mächtigen Gebirges, dessen höchste Erhebung, der Brocken, 1 142 m erreicht. Ein Kranz bedeutender Städte und berühmter Klöster als Zentren städtebürgerlichen und kirchlichen Einflusses umgab das Gebirge, aber der Verkehr über die Höhen war gering. Diese Lage der Orte und Territorien mit ihrer Anziehungskraft nach allen Seiten und dem unüberwindlichen Hindernis für einen Durchgangsverkehr verhinderte ein Zusammenwachsen und bewirkte den differenzierten Charakter der Harzländer und -vorländer.

Ein Blick vom Harz aus auf die historisch-politischen Mächte der Umlande soll zeigen, mit welchen Entwicklungen hier Müntzer konfrontiert wurde.

Während der Harz territorialpolitisch immer mehr zerfiel, erlebten die wettinischen Lande den Höhepunkt ihrer Macht und ihres Ansehens. Durch geschickte Ausnutzung aller Methoden der dynastisch bestimmten Territorialpolitik schickten die Wettiner sich an, den Harz

4 Wilsdorf/Quellmalz, Bergwerke und Hüttenanlagen, S. 421
5 Rohr, Denkwürdigkeiten des Oberharzes, in: Günther, Der Harz in Geschichts-, Kultur- und Landschaftsbildern, S. 137 ff.

vom Süden und Norden her zu umklammern. Durch den Tod Wilhelms III. von Thüringen fiel 1482 das Land an die Hauptlinie zurück, deren Besitzungen mit der Kurwürde Kurfürst Ernst 1464 zugefallen waren. Dieser teilte sich 1485 in der sächsischen Hauptteilung die wettinischen Besitzungen mit seinem Bruder Albrecht.[6] Der älteste Sohn von Ernst, Friedrich, war für die Nachfolge vorgesehen, die er nach des Vaters plötzlichem Tod 1486 für die ernestinischen Gebiete antrat. Die Brüder Friedrichs, Ernst und Albrecht, wurden mit respektablen geistlichen Pfründen ausgestattet, der erstere wurde 1476 Erzbischof von Magdeburg, Albrecht 1482 Erzbischof von Mainz. Friedrich, der Sohn Albrechts, des Bruders von Kurfürst Ernst und Begründers der Albertinischen Linie, wurde 1498 Hochmeister des Deutschen Ordens. Alles das waren weitreichende Planungen, die aber alle am frühen Tod der Akteure scheiterten.[7]

Ein Schulbeispiel fürstlicher Bistumspolitik, die gleichsam nebenbei die Autonomie bedeutender Städte liquidierte, war die zielbewußte Eroberung der geistlichen Territorien Quedlinburg, Halberstadt und Halle-Magdeburg.[8] Es begann mit Quedlinburg, wo seit 1458 Hedwig von Sachsen, Tochter Friedrichs des Sanftmütigen (gest. 1464) und damit Schwester Ernsts und Albrechts, die 1482 Thüringen geerbt hatten, die Würde der Äbtissin bekleidete. Seit 1452 waren Streitigkeiten zwischen Stift und Stadt in neuer Schärfe ausgebrochen. Und als Hedwig nach des Vaters Tod die Brüder um Hilfe bat, war das Lehrstück schnell konzipiert. Die Befestigung der Herrschaft Hedwigs wurde Teil einer zielbewußten Politik, in der nördlich des Harzes Ernst von Sachsen, dem Bruder Friedrichs des Weisen, eine besondere Rolle zufiel. Da war zunächst der Bischof von Halberstadt, Gebhard von Hoym, der mattgesetzt werden mußte, da er die Stadt unterstützte und allerlei Ansprüche auf Güter und Gerechtsame des Stifts machte. Die wettinischen Brüder waren zu allem entschlossen: bis zum Einsatz von Militär. 400 Berittene und 200 Fußknechte eilten der armen Hedwig zu Hilfe und besetzten am 23. Juli 1477 das Schloß Quedlinburg. Solchen Argumenten hatte die Stadt nichts anderes als die Unterwerfung entgegenzusetzen, was bereits am 25. Juli geschah.

Nichts lag näher, als weitere Truppen gleich nach Halberstadt zu schicken, um Gebhard von Hoym zu „bestrafen“: Am 11. August schon kam ein „Vergleich“ zustande, in dem der Bischof gegen 500 fl. Jahresrente auf seine bischöflische Würde verzichtete. Schon am

6 Vgl. Sachwörterbuch zur Deutschen Geschichte, hrsg. von Rössler, Hellmuth, Franz, Günther, München 1958, S. 1090 ff.

7 Zur Genealogie vgl. Meyers großes Konversationslexikon, Bd. 20, 6. Auflage, Leipzig/Wien 1908, S. 573 f. Haus Wettin

8 Kaser, Deutsche Geschichte zur Zeit Maximilians I., S. 333–339, in: Der deutsche Territorialstaat, S. 259–434

9. August hatte sich die Stadt den Herzögen unterworfen. Das Domkapitel, bei Kursachsen stark verschuldet, war bald bereit, den jungen Ernst von Sachsen zum Administrator von Halberstadt zu wählen. Am 15. Juli 1479 zog Ernst feierlich mit großem Gefolge in der Stadt ein. Aber die Stadt selbst war noch nicht zu allem bereit; sie beharrte noch 1483 in einem Streit um die Türkensteuer auf ihrem Recht. Wieder griffen die sächsischen Fürsten zur Gewalt: In einem „Vergleich" vom 10. Dezember 1486 mußte sich dann auch die Stadt unterwerfen.[9] Aber der Administrator von Halberstadt war bereits seit 1476 Nachfolger des am 13. Dezember 1475 verstorbenen Erzbischofs von Magdeburg, Johanns von Bayern.

Am 28. Oktober hatte Ernst mit 4 000 Pferden Einzug in Magdeburg gehalten. Da er aber erst im 12. Lebensjahr stand, hatte ihn die Kurie lediglich als Administrator bestätigt. Bis zur Erzbischofsweihe mußte er bis 1489 warten. Halle, das zum Erzstift gehörte, huldigte dem jungen Herrn am 4. November 1476.[10]

In Halle wiederholte sich, was wir von Quedlinburg und Halberstadt kennen. Hier gab es starke soziale Spannungen zwischen den Pfännern, den alten Beherrschern der Salzproduktion, und dem oppositionellen Stadtbürgertum. Die neue wettinische Regierung unter dem Meißner Bischof Johann von Weißenbach war Gegner der Stadt Halle im Kampf um die Unabhängigkeit der Stadt. Das Ziel dieses Strebens war — wie überall in den Landen des Erzbischofs Ernst — die Unterwerfung der Städte unter die landesherrliche Gewalt, um die ökonomische Potenz des Bürgertums den wettinischen Territorien dienstbar zu machen. Die beiden kämpfenden Parteien wurden gegeneinander ausgespielt, um gemeinsam besiegt zu werden. Die neue, im März 1479 erlassene Regimentsordnung und die neue Talordnung von 1482 besiegelten die Niederwerfung der Stadt. Von 1484 bis 1503 wurde für 150 000 fl. die Moritzburg als Feste und als Residenzschloß errichtet. Bis zur Fertigstellung regierte Erzbischof Ernst auf Burg Giebichenstein.[11]

1486 bis 1499 wiederholte sich diese Unterwerfung, wenn auch in abgeschwächter Form, in Magdeburg. 1498 wurde der Hochmeister Friedrich von Sachsen, der Bruder Herzog Albrechts, zum Koadjutor des Erzstifts erwählt, wohl um die Nachfolge Ernsts zu sichern. Erst 1507 verließ der Hochmeister Preußen, starb aber bereits 1510.

Am 3. August 1513 starb Erzbischof Ernst in der Moritzburg an der

[9] Urkundenbuch der Stadt Quedlinburg, 1. Abt. Halle 1873, S. 508—594 (1475 bis 1477); 2. Abt. Halle 1882, Einl. S. XXX—XXXVIII. Urkundenbuch der Stadt Halberstadt, Bd. 2, S. 354 ff. Scholke, Halberstadt, S. 79 f.

[10] Janicke, Erzbischof Ernst von Sachsen, S. 291 ff.

[11] Piechocki, Die mittelalterliche Stadt Halle, S. 16—19

Syphilis.[12] Sein Grabmonument unter den Türmen des Magdeburger Domes hatte 1495 Peter Vischer aus Nürnberg gegossen, „ein geniales, künstlerisch höchst bedeutendes Denkmal im Übergang von der Spätgotik zur Renaissance“[13]. Am 10. August 1513 erfolgte die Beisetzung. Und schon im gleichen Jahre zog der Hohenzoller Albrecht, der Bruder des Kurfürsten Joachim, in Magdeburg, Halle und Halberstadt ein. 1514 wurde er zugleich Erzbischof und Kurfürst von Mainz, übertraf also die Machtstellung des Wettiners Ernst bei weitem. Die Reformation hat in kurzer Zeit vieles auf ihre Weise verändert und korrigiert. Sie gewann Halle, Halberstadt und Magdeburg. Albrecht mußte schließlich nach Aschaffenburg gehen. Aber die wettinischen Aspirationen nördlich des Harzes waren ein für allemal vorbei.

Zunächst jedoch ein Blick auf das Mansfelder Land: Von den Harzgrafen waren die Mansfelder die vielleicht interessantesten. Für das 16. Jh. war die Teilung von 1501 wichtig.[14] Drei Hauptlinien entstanden, nach den Schlössern auf dem Gelände der alten Burg, die Neubauten weichen mußte, Vorderort, Mittelort und Hinterort genannt. Von dem alten Bau wurde nur die Schloßkirche übernommen, eine der bedeutendsten der Gotik in Deutschland. Von 1509 bis 1518 wurde Schloß Vorderort unter Graf Hoyer, 1511 bis 1523 Hinterort unter Graf Albrecht erbaut; Mittelort wurde unter Gebhard erst 1532 vollendet. Zur vorderortischen Linie gehörten die Grafen Günter (gest. 1526), Ernst (gest. 1531) und Hoyer (gest. 1540), Söhne des 1484 verstorbenen Grafen Albrecht; sie erhielten drei Fünftel der Grafschaft zu gemeinsamem Besitz, die sie und ihre Erben bis 1563 auch gemeinsam verwalteten (einschließlich der Bergwerke). Ernst residierte in Heldrungen, das er 1512 bis 1517 grundlegend erneuerte, wobei er das Erscheinungsbild bis heute bestimmte.[15] Gebhard (gest. 1558) und Albrecht (gest. 1560) waren die Herren von Mittelort und Hinterort; sie waren Söhne des 1486 verstorbenen Grafen Ernst und erhielten bei der Teilung jeder ein Fünftel der Grafschaft. Gebhard residierte in Schraplau. Die Mansfelder Bauten, heute nur noch durch den Stich von Merian als Gesamtanlage anschaulich, bildeten eines der frühesten und größten Renaissanceschlösser in dieser Gegend. Die Befestigungen wurden seit 1517 errichtet; bis in den Dreißigjährigen Krieg war Schloß Mansfeld eine der stärksten Festungen.

[12] Hoffmann, Geschichte der Stadt Magdeburg, 1. Bd., 41. Erzbischof Ernst von Sachsen 1476–1513, S. 418–464; 2. Auflage als Hertel/Hülse, Hoffmanns Geschichte, Bd. 1, S. 251–286 (nur geringfügig überarbeitet)

[13] Dehio, Handbuch, Bezirk Magdeburg, S. 278

[14] Ebenda, Bezirk Halle, Art. Mansfeld, S. 263 ff. und Heldrungen, S. 181 ff. Schmidt, Die Grundlagen der Entwicklung des Territoriums der Grafschaft Mansfeld, S. 5–148

[15] Vgl. Roch, Schloß Heldrungen

Aber aller äußerer Glanz und alle scheinbare Macht konnten – ungeachtet der beträchtlichen Einnahmen aus dem Kupferschieferbergbau, der gerade den Reichtum des südöstlichen Harzes ausmachte – nicht darüber hinwegtäuschen, daß die zahlreichen gräflichen Hofhaltungen auf die Dauer mit den Einnahmen nicht in Einklang zu bringen waren und das Land in wachsende Verschuldung geriet. Schließlich wandten sich die Gläubiger an die Lehnsherren, unter denen die Herzöge und Kurfürsten von Sachsen die weitaus mächtigsten waren. 1570 kamen die Bergwerke unter Sequester, d. h., sie wurden beschlagnahmt und gerieten unter einstweilige sächsische Verwaltung.[16]

Die Vorgeschichte ist bekannt und hat ihre Ursache in dem Streben Kursachsens nach politischer und auch wirtschaftlicher Vormacht über die Besitzungen der Mansfelder. Der Druck auf die Grafen gipfelte in dem Bemühen, die Lehnsherrlichkeit über die mansfeldischen Bergwerke und die Herrschaft Morungen zu erhalten. Das gelang 1466, endgültig 1484. 1496 übernahmen Ernst von Magdeburg und Herzog Georg die Regelung der Vormundschaft, was schließlich zur Erbteilung von 1501 führte.

Berücksichtigt man, daß bereits 1482, als Albrecht von Sachsen Erzbischof von Mainz war, Erfurt die sächsische Schutzherrschaft aufgenötigt und 1485 ein Schutzvertrag zur Abwehr der kurmainzischen Bestrebungen nach dem Tode Erzbischofs Albrecht abgeschlossen wurde, so wird klar, daß es sich um eine zielbewußte Politik der Wettiner handelte.[17] Die treibende Kraft war zweifellos Kurfürst Ernst von Sachsen, der 1486 durch einen Sturz vom Pferde tödlich verunglückte. Sein Bruder Albrecht, mit dem er bis zum Anfall Thüringens eng zusammengearbeitet hatte, verstarb in Friesland im Jahre 1500. Die bedeutendste territoriale Veränderung im thüringer Harzvorland, wirksam bis ins 20. Jh., war die bereits erwähnte große wettinische Hauptteilung von 1485, durch die sich die Machtverhältnisse auf politischem Gebiet im Harzvorland grundlegend ändern sollten: An die Stelle der einheitlichen wettinischen Lande traten nun in seltsamer Zertrennung die Besitzungen der ernestinischen und der albertinischen Lande. Mit Beginn der Reformation nahm der Gegensatz einen sich ständig verschärfenden religionspolitischen Charakter an. Die Ämter Sangerhausen und Langensalza waren fortan albertinisch und unterstanden Herzog Georg von Sachsen, der in Dresden regierte. Hinzu trat noch die Mutschierung der thüringischen und sächsischen Lande der Ernestiner zwischen Kurfürst Friedrich und Herzog Johann von 1513 bis 1525, so daß Weimar und Wittenberg die beiden ernestinischen Residenzen

[16] Paterna, Da stunden die Bergkleute auff, Bd. 1, S. 115–124, Bd. 2, S. 630. Sames, Luthers Beziehungen zu den Mansfelder Grafen, S. 591–600
[17] Wiegand, Erfurt, S. 118–125

wurden, was mit dem Tode des alten Kurfürsten wieder rückgängig gemacht wurde, da Johann nun Kurländer und Kurwürde gemeinsam erbte.[18]

Kurfürst Friedrich von Sachsen hat die Gewaltpolitik seines Vaters nicht fortgeführt. Die Reformation, die von der unter ihm gegründeten Universität Wittenberg ausging, hat dann für Jahre der deutschen Politik in Reich und Territorien eine andere Richtung gegeben.

[18] Klein, Politik und Verfassung, S. 151 ff.

Der Humanismus und die Buchdruckerkunst als Grundlagen reformatorischen Wirkens mit besonderer Bezugnahme auf Müntzer

Es war eine erstaunliche und auf fast allen Gebieten gesellschaftlichen Lebens bedeutungsvolle Zeit, in der Thomas Müntzer geboren wurde. Im Rückblick nach fast 500 Jahren möchten die Entdeckung Amerikas und des Seeweges nach Indien, beide merkwürdig eng miteinander verflochten, als besonders spektakulär erscheinen, zumal Spanier und Portugiesen in der Folge gewaltige überseeische Reiche errichten konnten, die bis in unser Jahrhundert bestanden. Aber in ihrer Zeit selbst haben die großen geographischen Entdeckungen, wie man diesen Prozeß seit jeher nennt, doch nur langsam und allmählich gewirkt. In Deutschland, ganz besonders in dem wirtschaftlich so wichtigen Gebiet zwischen dem Harz, dem Erzgebirge und dem Thüringer Wald, der Heimat Luthers, Müntzers und vieler anderer bedeutender Männer, hat zunächst das „Berggeschrei", die neue Blüte vor allem des Silberbergbaus seit 1470, das Leben der Menschen viel nachhaltiger bestimmt. Von hier aus hat sich der Frühkapitalismus im alten Reich entfaltet, in Leipzig entstand in der gleichen Zeit eine wichtige überregionale Messe.[1]

Neben dem Bergbau, dem Hüttenwesen und dem Metallhandel blühte der Buchdruck machtvoll auf und verbreitete sich mit Windeseile nach Italien und in die Niederlande, nach Frankreich, Spanien usw. Bis 1500, in der Zeit des Wiegendrucks, gab es in den meisten Ländern Europas schon einen ausgedehnten Buchdruck und Buchhandel, die beide eine Grundvoraussetzung für die „Geschichte des Wiederaufblühens wissenschaftlicher Bildung"[2] wurden. Der Buchdruck ermöglichte eine bisher ungeahnte Verbreitung von alter und neuentdeckter Literatur, gelehrter Werke in lateinischer Sprache, Schulbüchern, kirchlicher Bücher, aber auch von Ablaßformularen, Erbauungs- und Unterhaltungsliteratur in den Volkssprachen. Einige Zahlen mögen genügen, um die Breite der Bewegung zu zeigen: 30 000 bis 35 000 verschiedene Exemplare von Drucken aus den Jahren zwischen 1450 und 1500 sind erhalten, die ungefähr 10 000 bis 15 000 verschiedene Texte repräsentieren. Wenn man die verlorengegangenen Drucke hinzu rechnet, so waren es vielleicht viel mehr. Nimmt man eine Durchschnittsauflage von 500 Exem-

1 Vgl. Laube, Studien über den erzgebirgischen Silberbergbau
2 Vgl. Erhard, Geschichte des Wiederaufblühens wissenschaftlicher Bildung

plaren an, so dürften vor 1500 einige 20 Millionen Bücher gedruckt worden sein. Selbst in den Augen der Menschen des 20. Jh. eine eindrucksvolle Zahl. Noch eindrucksvoller, wenn man bedenkt, daß Europa damals viel weniger bevölkert war als heute: Weniger als 100 Millionen Einwohner lebten in den Ländern, wo der Buchdruck verbreitet war, und unter diesen Einwohnern befand sich nur eine Minorität von Lesekundigen[3]. Bis 1500 beherrschen die lateinischen Bücher mit 77% das Feld, nur 23% sind Veröffentlichungen in nationalen Sprachen. 45% insgesamt sind religiöse Texte, einschließlich der Bibeldrucke, der Kommentare und der liturgischen Bücher, der Breviere, Predigthilfen und Gebetbücher für Laien.

Mit dieser Druckertätigkeit schloß der früheste Buchdruck direkt an die verbreiteten Schreibwerkstätten an. Aber überall und besonders früh in Italien entwickelte und verstärkte sich die Neugier nach dem Altertum und der lateinischen Sprache. Donats „De octo partibus linguae latinae" war doch wohl das erste gedruckte Buch, es ist als Schulbuch nur in Fragmenten erhalten. Massenliteratur waren das „Doctrinale" des Alexander de Villa Dei, waren die „Disticha Catonis", die bis 1500 in 69 lateinischen Ausgaben, 36 deutsch-lateinischen, 9 italienisch-lateinischen, 2 spanisch-lateinischen und in 13 verschiedenen Landessprachen erschienen, waren ebenso die Fabeln des Äsop mit 80 lateinischen Drucken, einem griechischen, einem griechisch-lateinischen Druck und vielen Ausgaben in Volkssprachen. Auf diesem Wege begann seit jeher das Studium der lateinischen Sprache. Es folgten die Klassiker Vergil, Ovid, Iuvenal, Plautus und Terenz, Livius und Cäsar, die alle bereits im Mittelalter schon viel gelesen wurden. Neben Seneca war Cicero der Lieblingsautor des 15. Jh., der mit 316 Ausgaben an der Spitze lag. Man wollte wie Cicero schreiben und wie Vergil dichten. Demgegenüber waren die Volkssprachen zunächst relativ schwach vertreten: Vor 1500 sind nur 23% der Bücher in diesen Sprachen gedruckt worden — oder soll man sagen: es waren schon fast ein Viertel aller Druckerzeugnisse? Wesentlich später und langsamer folgt der griechische Buchdruck, wirksam für die Lehre an den Universitäten eigentlich erst zu Beginn des 16. Jh. Aber eine breite Übersetzertätigkeit ins Latein war vorausgegangen, und die lateinischen Übersetzungen — alte wie neue — bestimmten noch lange den Büchermarkt.

Die Grundströmung der Zeit war das überaus lebhafte Verlangen, zu den Quellen der Bildung und des Wissens zu gelangen, keineswegs eingeengt auf die studia humaniora, auf Schulbetrieb und Anfangsgründe. Eine Entdeckerfreude, in dieser Intensität ohne Vorbild, ergriff die Menschen. Wie ein Rausch erfaßte es die Zeit, überall durch-

[3] Febvre/Martin, L'apparition du livre, S. 377

forschte man die alten Klosterbibliotheken und machte die erstaunlichsten Entdeckungen. Besonders erfolgreich war schon zu Beginn des 15. Jh. der Italiener Poggio Bracciolini, den sich zahllose Humanisten zum Vorbild nahmen. Niedergang und Ende des byzantinischen Reiches hatten Gelehrte mit Manuskripten in großer Zahl nach Italien verschlagen, die Buchdruckerkunst verbreitete die alten Handschriften in stets neuen Ausgaben über den ganzen Kontinent.

Es war keineswegs so, als hätte das Mittelalter nichts von der antiken Literatur gewußt; ganz im Gegenteil, es hatte durch Abschriften eigentlich den größten Anteil an der Erhaltung der alten Texte, so vor allem in der Zeit der Karolinger, aber auch in Byzanz. Dennoch blieb alles auf wenige klösterliche Zentren beschränkt, von den Mönchen zwar erhalten, aber nur zögernd und in Auswahl in Besitz genommen. Jetzt fielen die alten Hemmungen und Vorbehalte weg, und das Buch wurde zum Mittler für alle, die der alten Sprachen mächtig waren.

„Ad fontes“ war die Losung, die für alle Gebiete galt: nicht nur für den Bereich der klassischen antiken Literatur, sondern ebenso für die Quellen des Christentums, für die Bibel in ihren verschiedenen Bestandteilen und Sprachen, für die Kirchenväter, für die Geschichtsschreiber der Kirche, wie Eusebius von Caesarea, oder der Juden, wie Flavius Josephus, die schon der lateinischen Spätantike durch Tyrannius Rufinus und Cassiodor übermittelt worden waren, deren Übersetzungen sich der Frühdruck bemächtigte. Denn nicht nur die griechische Antike wurde neu vermittelt durch die Übersetzertätigkeit des Lorenzo Valla oder des Marsilio Ficino, sondern alle Bereiche des Urchristentums, dessen Erneuerung zum Hauptanliegen der europäischen Reformation wurde. Auf der Suche nach neuen Quellen, durch die Verbreitung derselben in den Wiegendrucken, die stets auch zunächst Erstdrucke waren, durchdrang besonders die späten Jahrzehnte des 15. und den Anfang des 16. Jh. eine Begeisterung, die mitreißend und ansteckend wirkte, pflanzte sich das Bewußtsein eines neuen Aufbruchs und einer allgemeinen Erneuerung durch weiteste Teile Europas fort. Diese Bewegung (ob wir sie Renaissance oder Humanismus nennen, tut nichts zur Sache, da keiner dieser Begriffe ausreicht) war tatsächlich der Versuch einer Erneuerung, alles durchdringend und vielgestaltig, schwer faßbar, aber alles befruchtend, ohne sich freilich irgendwie festlegen zu lassen, in alle Richtungen hin wirkend, ohne ein geschlossenes oder gar abgeschlossenes, keinesfalls ein festes System zu sein.

War schon die griechisch-römische Antike voller Strömungen und Gegensätze, so wurde durch das Christentum und seine Spannungen die griechisch-römisch-hellenistische Kultur erst wahrhaft universal.

Die christliche Bibel wurde seit 200 zum Grundbuch der kommenden

Jahrhunderte, die jüdische Überlieferung in wesentlichen Teilen mit den christlichen Dokumenten verbindend. Gerade die Bibel, dieses keineswegs einheitliche Werk, dessen Interpretation zu immer neuen Streitigkeiten führte und das eine unübersehbare Literatur inaugurierte, wurde zur klassischen Inkunabel in Gestalt der sogenannten Gutenberg-Bibel (1453—1456). Die Bibeldrucke Gutenbergs und Fust-Schöffers von 1453 bis 1458 leiteten bei allem Erfolg nur die Verbreitung der Vulgata im neuen Verfahren des Buchdrucks ein. Geändert wurde weder die Qualität der Bibelüberlieferung, noch wurden die Schranken zur Volkssprache durchbrochen oder gar die originalen Fassungen gedruckt. Der Straßburger Drucker Johann Mentelin brachte zuerst 1460 eine Vulgata heraus, ließ aber bereits 1466 eine deutsche Bibel folgen, wobei man auch hier ältere Handschriften heranzog. Der Beginn einer neuen Bibelwissenschaft, fußend auf allen damals verfügbaren Sprachen, ist mit dem Namen der Universität Alcalà verbunden und nach der lateinischen Benennung der Stadt Complutensis genannt. In sechs Foliobänden hatte Kardinal Ximenes diese erste Polyglotte von den Gelehrten seiner Universität in 15 Jahren bearbeiten lassen. Zuerst ausgedruckt war am 10. Januar 1514 das Neue Testament als Band 5. Das Alte Testament folgte in den Bänden 1 bis 4 mit masoretischem Text, der Septuaginta einschließlich des Lukiantextes, den Pentateuch mit aramäischer Übersetzung und natürlich der Vulgata. Ein 6. Band bot ein Lexikon und eine Grammatik.[4]

Wie die Forschung zeigt, sind alle Texte, auch die Vulgata, wesentlich verbessert und bedeuten einen großen philologischen Fortschritt. Da die Auslieferung durch Verzögerung der päpstlichen Druckgenehmigung erst ab 1522 erfolgte, blieb Erasmus von Rotterdam mit seiner Ausgabe des Neuen Testaments, die im März 1516 in Basel ausgeliefert wurde, der ganze Ruhm, obwohl seine Ausgabe an philologischer Erudition sich mit der spanischen nicht messen konnte.[5] In der zweiten Ausgabe hat Erasmus 1522 die meisten Fehler ausgemerzt. Die erste griechische Vollbibel (Neues Testament und Complutensis) brachte Aldus Manutius 1518 heraus. Somit standen alle Bibeltexte ab 1522 zur Verfügung, was das Studium der hebräischen und der griechischen Sprache erheblich befördern half.[6]

Mit dem Christentum wurde die jüdische Religion und durch sie

[4] Vgl. zur Erläuterung Dobschütz, Die Bibel im Leben der Völker

[5] „Bei der Arbeit gibt sich Erasmus aber bedeutende Blößen: er glaubt an den apostolischen Ursprung seiner Manuskripte und fußt doch nur auf dem byzantinischen Normaltext des späten Mittelalters. Da in der benutzten Handschrift die letzten sechs Verse der Apokalypse fehlen, übersetzt er sie selbst aus der Vulgata ins Griechische, freilich fehlerhaft." Vgl. ebenda, S. 122 f.

[6] Steinmetz, Luther, Müntzer und die Bibel, S. 147—167

die jüdische Bibel ein Teil der Weltkultur; sehr früh trat der Druck jüdischer Bibeln in Erscheinung, die erste hebräische Bibel wurde 1488 zu Soncino gedruckt, 1517 folgte die erste Rabbinische Bibel. Angeregt von Marsilio Ficino und Pico della Mirandola widmete sich Johann Reuchlin der jüdischen Geheimlehre der Kabbala („De verbo mirifico“, 1494) und begründete das Studium der hebräischen Sprache in Deutschland („Rudimenta hebraeica“, 1506).

Auf kaum einem anderen Gebiet war die enge Verbindung von Humanismus und Buchdruckerkunst so erfolgreich wie bei der Erforschung und Edition der altkirchlichen Literatur, der sog. Patristik. Das Grundbuch dieser Literatur, die „Historia ecclesiastica“ des Euseb, war in der das Mittelalter beherrschenden lateinischen Übersetzung des Rufinus seit den 70er Jahren des 15. Jh. einer der verbreitetsten Frühdrucke; aber eine planmäßige Edition der sog. Kirchenväter war erst seit Ende des Jahrhunderts möglich, als in Basel die Druckereien der Amerbach und Froben blühten. Johann Amerbach druckte zwischen 1480 und 1512 u. a. die ersten Gesamtausgaben des Ambrosius und Augustins. Im Vorwort zum 1. Ambrosiusband von 1493 entwarf Johann Heynlin von Stein (gest. 1496) das Programm der Ausgabe der „quattuor egregii doctores: Augustinus, Ambrosius, Hieronymus et Gregorius“[7]. Bei Froben ließ Erasmus seine Kirchenväterausgaben erscheinen: Hieronymus (1516), Cyprian (1520), Arnobius (1522), Hilarius (1522). Die Tertullianausgabe war das Werk des Beatus Rhenanus (1521), ebenfalls von Froben gedruckt.

Zugleich war das späte 15. Jh. auch eine Zeit der Nachblüte der Scholastik; die neueste Forschung über Gabriel Biel, Konrad Summenhart oder Jodocus Trutvetter zeigt das mit Nachdruck. Der Buchdruck war von Anfang an ein geschäftliches Unternehmen, das auf Gewinn abzielte und allgemeine Bedürfnisse befriedigen mußte. Das bedeutet zugleich, daß auch wissenschaftlich fragwürdige Literatur gedruckt wurde, so der „Hexenhammer“ („Malleus maleficarum“) von Heinrich Institoris und Jakob Sprenger, Erstdruck 1489. Problematisch waren die astrologischen Schriften und die Weissagungsliteratur. Schon 1489 erschien in Augsburg das berühmte Grundwerk der arabischen Astrologie, Albumasars (Abu-Maschar) „De magnis coniunctionibus, annorum revolutionibus ac eorum profectionibus“, 1490 in Augsburg die „Concordantia theologiae cum astronomia“ des Pierre d'Ailly. Am erfolgreichsten war die „Compilatio in latino“ (1492), auch in deutscher Fassung erschienen (1497). Als berühmter Frühdruck gegen die Astro-

[7] Heynlin von Stein an Johann Amerbach (1493), in: Humanismus und Renaissance in den deutschen Städten und an den Universitäten, hrsg. von Rupprich, Hans, Leipzig 1935, S. 57

logie seien genannt die „Disputationum in astrologiam libri XII" von Pico della Mirandola (1494).

Es erschienen nicht nur die großen antiken Geschichtsschreiber, auch die Fälscher kamen zu Wort. Die wohl berühmteste und folgenschwerste Geschichtsfälschung lieferte der Dominikaner Giovanni Nanni (Annius von Viterbo) mit den „Antiquitatum variarum volumina XVIII cum commentariis", Rom 1498. Er edierte eine ganze Reihe „verlorener" antiker Geschichtswerke, die er wiedergefunden zu haben vorgab, den Berosus, Fabius Pictor, Cato, Manetho u. a. Mit diesen geschickten Fälschungen wollte er die europäische Urgeschichte vor den Römern „aufhellen". Während er in Italien fast durchweg auf Ablehnung stieß, haben die deutschen Humanisten, so vor allem Aventin, ihm weitgehend Glauben geschenkt; erst Beatus Rhenanus hat ihn als Fälscher entlarvt. Weitere bedeutende Fälschungen wie die des Johannes Trithemius (Hunibald und Meginfried) bzw. des Erasmus Stella sollen nur erwähnt werden.

Die erste prophetische Schrift aus dem Mittelalter war der sog. Pseudomethodius, eine aus Syrien stammende, seit dem 8. Jh. in Franken weit verbreitete Schrift, betitelt „Sermo de fine mundi". Sie wurde einem Bischof Methodius von Philippi (gest. 311) untergeschoben, ist aber zur Zeit des beginnenden Arabersturmes entstanden. Sie bietet „bei aller Kürze die konsequenteste welthistorische Konzeption mit eschatologischem Ausblick, die je da war, eine Weltgeschichte von Adam und Eva bis zum Ende der Zeiten ..., erörtert sie doch vor allem die Kriterien für das bevorstehende Weltende"[8]. Sie ist nächst der Bibel und den Kirchenvätern eine der einflußreichsten Schriften des Mittelalters. Formal stellten die „Weissagungen des Methodius", in Merowingerlatein geschrieben, aber auch in zahlreichen griechischen Handschriften erhalten, eine Apokalypse dar. Die lateinische Erstausgabe stammt aus dem Jahre 1475. Wolfgang Aytinger gab sie mit Holzschnitten und umfangreichem Kommentar 1498 heraus, wobei er die gesamte Weissagungsliteratur der Jahrhunderte verarbeitete. So wurde das vielgedruckte, auch in deutscher Sprache weitverbreitete Werk eine Fundgrube all der Prophetien, die unter den Namen Sibyllas, Hildegards, Brigittas, Joachims, Heinrichs von Hessen, Vincenz Ferrers, Johann Lichtenbergers, des Bruders Reinhard, des Theophilus u. a. früher in Handschriften und jetzt durch den Buchdruck vervielfältigt und von ungezählten Lesern verschlungen wurden.

Noch älter und ebenso verbreitet waren die sibyllinischen Schriften, seit der Spätantike in griechischen Versen, die im Kampf der Juden gegen die Herrschaft Roms Verwendung fanden. Im Mittelalter wurden

[8] Sackur, Sibyllinische Texte und Forschungen, S. 7

sie als „Sibyllen Weissagung“ besonders seit 1321 in deutscher Sprache bekannt, gipfelnd in der Verkündung des Jüngsten Gerichts. 1492 und 1493 wurden sie in Heidelberg von K. Knoblochtzer gedruckt. Als Volksbuch wurden die Sibyllenbücher bis ins 17. Jh. gelesen.[9]

Hauptleistung des europäischen Humanismus war es, alle diese schriftlichen Überlieferungen in verhältnismäßig kurzer Zeit zur Veröffentlichung gebracht zu haben: natürlich keineswegs erschöpfend, aber doch in repräsentativer Vollständigkeit. Bis zum Tode Melanchthons 1560 lagen etwa 150 lateinische und griechische Autoren in mehr oder weniger umfassenden Ausgaben vor. Für die Zeit Müntzers sind die bedeutendsten Editoren Faber Stapulensis und Erasmus von Rotterdam. Was ein einziger bedeutender Gelehrter an philosophischen, mystischen und theologischen Texten ediert hat, zeigt das Beispiel des Jacobus Faber Stapulensis, mit seinem französischen Namen Jacques le Fèvres d'Estaples. Er dürfte um 1455 in Estaples in der Picardie geboren sein. Aus dem ersten Drittel seines Lebens ist kaum etwas bekannt. Seinen ersten Ruhm verdankt er seiner weithin traditionellen scholastisch-aristotelischen Gelehrsamkeit als Herausgeber und Kommentator zahlreicher aristotelischer Schriften. 1491 erwog Faber, in ein Kloster einzutreten. Eine mystische Neigung erfaßte damals viele Pariser Humanisten. Faber las die noch ungedruckten „Contemplationes“ des Raimundus Lullus, die er 1505 im Druck veröffentlichte. Er schätzte das Klosterleben hoch ein, im Gegensatz zu Erasmus, hatte eine Vorliebe für weltflüchtige Ideale, für einen Verzicht auf weltliche Güter. Vielleicht hängt damit auch zusammen, daß er nur den Grad eines Magisters der freien Künste erwarb und allen höheren Graden bewußt aus dem Wege ging. Aber Fabers Hochschätzung der Mystik dürfte älter sein, hat er doch schon 1494 die hermetische Schrift „De potestate et sapientia dei“ in der Übersetzung des Marsilio Ficino herausgebracht. Wie Lullus versuchte Faber Aristotelismus und Mystik in einer Person zu verbinden, wobei einmal diese, dann die andere Richtung ihn beherrschte. Auf seiner ersten Italienreise lernte er die Schriften des Pseudodionysius Areopagita kennen, die er 1498 mit Kommentar herausgab. Ein christlicher Neuplatoniker, den Faber mit seiner Zeit für einen Apostelschüler hielt, für den Philosophen Jesu Christi, direkt vom Hl. Geist inspiriert, hatte um 500 in Syrien eine Reihe von Schriften verfaßt. Seit dem ersten Bekanntwerden im Jahre 533 galten diese Werke als urchristlich, während sie eine späte Verschmelzung neuplatonischer Philosophie mit christlichen Gedanken zu einem mystischen System darstellten. Schon Scotus Eriugena, einer der wenigen Kenner des Griechischen in dem damaligen westlichen Europa,

[9] Vgl. Register, in: Reeves, The influence of prophecy, S. 530–574. Steinmetz, Johann Virdung von Haßfurt, S. 353–372

hatte die Schriften 858 ins Lateinische übersetzt: Sie stellen eine Grundlage mittelalterlicher Mystik dar. 1510 veröffentlichte Faber Werke von Richard von St. Viktor, der, wie viele seiner Vorbilder, Scholastik und Mystik zu verbinden suchte. 1512 folgte Jan Ruysbroeks „Zierde der geistlichen Hochzeit", einer der bedeutendsten mystischen Traktate des Verfassers.

Der letzte mystische Sammelband Fabers erschien 1513 unter dem Titel „Liber trium virorum et trium spiritualium virginum". Hier wurden erstmalig die berühmtesten Schriften der deutschen Frauenmystikerinnen Hildegard von Bingen, Elisabeth von Schönau und Mechthild von Hackeborn im lateinischen Original vorgelegt. Dieser Band gehörte zur Bibliothek Thomas Müntzers und wird uns später noch ausführlich beschäftigen.[10]

Von den historischen Veröffentlichungen Fabers kann nur eine genannt werden: der Pseudohegesipp, die Darstellung eines anonymen getauften Juden über den Jüdischen Krieg, eine relativ selbständige Bearbeitung des Flavius Josephus („Hegesippi qui dicitur historiae libri V", wie der heutige Titel lautet), deren lateinische Übersetzung lange Ambrosius von Mailand fälschlich zugeschrieben wurde. Da Müntzer diesen Pseudohegesipp gekauft hat, werden wir gleichfalls auf diese Editio princeps, besorgt durch Faber Stapulensis, zurückkommen müssen.

Zu den wirksamsten Schriften Fabers gehören seine Teilausgaben der Bibel, vor allem das „Quincuplex Psalterium: Gallicum, Romanum, Hebraicum, vetus, conciliatum ...", zuerst 1509, und „Sancti Pauli Epistolae XIV ... cum commentariis Jac. Fabri Stapulensis", 1512 u. ö.

Für die Geschichte der Philosophie wurde grundlegend die Gesamtausgabe der Werke des Nicolaus Cusanus, die er 1514 in drei Bänden herausbrachte: unter Mitwirkung des Beatus Rhenanus, des Michael Hummelberger, des Humanisten und Druckers J. Ascenius Badius[11] u. a. Da die neuere Forschung vermutet (G. Rupp), daß Thomas Müntzer Cusanus gekannt habe, dürfte auch hier Faber Stapulensis mit am Werke gewesen sein.

Sicher ist damit die Breite der Literatur des Humanismus und der Tätigkeit des Buchdrucks längst nicht vollständig umrissen. Denken wir nur an des Erasmus „Lob der Torheit" (1509), an die „Epistolae obscurorum virorum" von Crotus Rubeanus und Ulrich von Hutten (1515 f.) und an die „Utopia" des Thomas Morus (1516). Aber im Laufe der Darstellung wird sich noch genügend Gelegenheit finden, darauf einzugehen.

[10] Vgl. Steinmetz, Thomas Müntzer und die Mystik

[11] Renaudet, Préréforme et humanisme, Bibliographie Faber Stapulensis, S. XXXVIII–XLII. Auch Catalogue général de la Bibliothèque Nationale, Bd. 92, Paris 1928, S. 906–922

Auf dem Wege zur Universität

Die Kenntnis des Lebens Müntzers beruhte bis zur 1. Auflage von Zimmermanns Bauernkrieg, auf der auch Friedrich Engels noch 1850 fußte, auf den antimüntzerischen Pamphleten des Jahres 1525: auf Melanchthons „Histori", auf Luthers „Schrecklicher Geschichte" und auf dem „Bekentnus Ern Thomas Müntzers", die alle drei durch die Aufnahme in sämtliche älteren Ausgaben von Luthers Werken eine ausgesprochen autoritative Verbreitung erhielten.[1] So ist verständlich, daß sich Legenden und Ungenauigkeiten über Müntzers Frühzeit bis weit ins 19. Jh., ja bis ins 20. Jh. in der Literatur finden. Was das Universitätsstudium Müntzers angeht, so sind alle Angaben bei Wilhelm Zimmermann, Friedrich Engels und Karl Kautsky höchst verschwommen,[2] nicht zuletzt deswegen, weil die Universitätsmatrikeln erst zu erscheinen begannen (Wittenberg 1841 ff.). Wir sind heute in einer günstigeren Lage und haben immerhin drei Eckdaten: die Matrikeleintragungen von Leipzig und Frankfurt (Oder) von 1506 und 1512, im Druck erschienen 1895 bzw. 1887,[3] sowie die Präsentationsurkunde für eine Altarpfründe in Braunschweig 1514.[4]

„Thomas Munczer de Quedilburck" lautet die erste Nachricht über Müntzer überhaupt und „Thomas Müntczer Stolbergensis" die Eintragung in der Frankfurter Matrikel. Die Ortsnamen Stolberg, Quedlinburg, Leipzig, Frankfurt (Oder) und Braunschweig umreißen Stationen der Frühzeit Müntzers; die Leipziger Immatrikulation ermöglichte Heinrich Böhmer 1922 die erste Errechnung des ungefähren Geburtsdatums Müntzers[5], und die Erwähnung Müntzers als Priester des Bistums Halberstadt machte die Festlegung des Werdegangs als Weltkleriker durch Walter Elliger 1975 möglich[6].

1 Steinmetz, Müntzerbild, S. 15 ff., S. 96 ff.

2 Zimmermann, Allgemeine Geschichte des großen Bauernkrieges, S. 53 ff. Engels, Der deutsche Bauernkrieg, S. 26 ff. (MEW Bd. 7, S. 351–358). Kautsky, Vorläufer des neueren Sozialismus, S. 43 f. (nach der Ausgabe von 1909)

3 Friedländer, Aeltere Universitätsmatrikeln I. Universität Frankfurt a. d. Oder, Bd. 1, S. 34. Erler, Die Matrikel der Universität Leipzig, Bd. 1, S. 477

4 Müntzer-Briefwechsel, S. 129 (Felician Geß hat zuerst auf die Originalurkunde aufmerksam gemacht, MF, S. 553)

5 Böhmer, Studien zu Thomas Müntzer, S. 12

6 Elliger, Thomas Müntzer, S. 27 f.

Müntzers Herkunft aus Stolberg ist uns nicht nur durch die Frankfurter Matrikel bekannt, sondern auch aus dem Briefwechsel, der ja erst sehr spät einsetzt. Die ersten Erwähnungen finden sich in seinem eigenhändig geschriebenen Brief vom 3. Januar 1520 als „Thomas Munczer de Stolberch", dreimal im Prager Manifest von 1521 (nur zwei Fassungen eigenhändig) und im Brief vom 4. Oktober 1523, wieder von eigener Hand, als „Tomas Munczer von Stolberg".[7]

Seine frühe Jugend hat Müntzer sicher in Stolberg verbracht. Der Stolberger Diakon Johann Arnold Zeitfuchs berichtet in seiner gut dokumentierten „Stolbergischen Kirchen- und Stadt-Historie", Müntzer „soll gebohren seyn in Hr. Henning Oppermanns Hause" (S. 257). Karl August Engelhardt übernahm in seinen „Thüringischen Bauernunruhen im Jahre 1525, angezettelt von Thomas Müntzer", Dresden 1789, diese Nachricht mit dem Zusatz, daß man das Geburtshaus „noch jetzt zeigt". Wenn das zutrifft – und es gibt keinen Grund, daran zu zweifeln –, so war das Haus schon im 18. Jh. eine Sehenswürdigkeit aus dem historischen Gruselkabinett der Zeit.

Stolberg im Harz war seit ca. 1200 Sitz eines Harzgrafengeschlechtes, das zu seiner Stammgrafschaft 1341 die Herrschaft Roßla in der Goldenen Aue, 1417 die Grafschaft Hohnstein im Südharz mit Ilfeld, Kelbra und Heringen und 1429 die Grafschaft Wernigerode im Nordharz erwarb. Die Grafschaft erstreckte sich damals quer über den Harz; Stolberg an der Vereinigung von 4 Tälern in 300 m Höhe ü. M. gelegen, entwickelte sich zur Residenz, das Schloß wurde ständig erweitert, 1492 entstand das alte Rathaus. 1484 war mit dem Bau der dreischiffigen spätgotischen Hallenkirche St. Martin begonnen worden, zahlreiche Fachwerkhäuser entstanden bzw. wurden erweitert. Mit der Vermählung Bothos III. (gest. 1538) mit Anna von Königstein war die Hoffnung auf größeren Gebietszuwachs verbunden, der 1535 und 1544 tatsächlich eintrat. Die Familie war weit verzweigt. Grundlage des Reichtums der Stolberger waren der intensiv betriebene Bergbau und das Münzrecht. Die 1535 errichtete Münze gehört zu den stattlichsten Bauten der Stadt. Auch unter Seuchen litt die Stadt: 1484 soll die Pest mehrere hundert Menschen hingerafft haben. Für die Wirksamkeit ketzerischer Einflüsse spricht die 1493 vermerkte Erwartung des jüngsten Gerichts durch Bürger Stolbergs.[8]

Von der Familie Müntzer und ihrer Rolle in Stolberg wissen wir so gut wie nichts. Ein Brief an den Vater, undatiert, handelt von Erbstreitigkeiten (Nr. 14), in einem Brief an Müntzer vom 25. Juni 1521 – aus Braunschweig, nicht aus Halberstadt – wird von seinem Vater

[7] MF, Nr. 8, 14 und 23 (eigenhändig), Nr. 9 (nicht eigenhändig); Prager Manifest, S. 491 ff., eigenhändige Notiz (Grußformel?) S. 537

[8] Hoyer, Die thüringische Kryptoflagellantenbewegung im 15. Jh., S. 160

als noch am Leben berichtet (Nr. 26); die Mutter ist, wie Müntzer selbst am 15. Juni 1521 schreibt, kürzlich gestorben (Nr. 24). Beider Vornamen sind unbekannt. In die Lücke sprang die Familengeschichtsforschung – der Quedlinburger Kirchenarchivar Hermann Goebke, der mit der Abstammung Müntzers auch „die Wurzeln seiner religiösen, politischen und sozialen Ziele" erforschen wollte. Unter seinen Händen wurde Müntzer ein alter Mann (geb. um 1467), der früh in den Orden der Augustinereremiten eintrat und bis 1506 in Quedlinburg im Kloster dieses Ordens lebte. Als Mönch habe er dann in Leipzig ein Studium der Theologie begonnen – und Goebke hatte den Anschluß an die bekannten Daten gefunden. Alles das erwies sich sehr bald ebenso als Fantasiegebilde wie die Herleitung von Müntzers Charakter aus der behaupteten ungarischen Abstammung.[9]

Auch Manfred Bensing konnte Goebke nur bescheinigen, daß „die Fragen nach den Eltern Müntzers und dessen sozialer Herkunft vorerst offen" bleiben. Ob die Münzmeister Karolus Müntzer (gest. um 1484) und dessen eventueller Sohn Matthias Müntzer als Großvater und Vater Müntzers in Frage kommen, läßt sich nicht beweisen.[10]

Aber auch die Geschichtsforschung befaßte sich – fast gleichzeitig – mit diesen Problemen. Václav Husa hat 1957 versucht, Licht in die soziale Lage der Familie zu bringen, indem er den Namen Müntzer als Berufsbezeichnung zu interpretieren und die Veränderung des Wohnsitzes um oder nach 1500 von Stolberg nach Quedlinburg mit der Tätigkeit des Vaters an den genannten Münzstätten in Verbindung zu bringen versuchte.[11] Aber der Familienname Müntzer war um 1500 schon so häufig, daß eine Identität mit der Berufsbezeichnung nicht mehr ohne weiteres angenommen werden kann.

Die Leipziger Matrikel enthält von 1449 bis 1524 19 Inskribierte namens Müntzer in acht verschiedenen Schreibungen.[12] Die Briefsammlungen der Zeit enthalten viele Müntzer, z. B. die Amerbach-Korrespondenz in nahezu allen Bänden, beginnend mit dem Kleinbasler Krämer Hans Müntzer.[13] Der berühmteste Gelehrte der Zeit mit dem gleichen Familiennamen war Hieronymus Münzer (Monetarius) aus Feldkirch (1437–1508), Humanist, Arzt und Kartograph. Er studierte seit 1464 in Leipzig, wo er bis 1474 wirkte, zuletzt vier Jahre als Lehrer an der Universität. Nach einem Studium der Medizin in Paris ließ er sich

[9] Goebke, Neue Forschungen über Thomas Müntzer, S. 1–30

[10] Bensing, Thomas Müntzers Frühzeit, S. 426

[11] Husa, Tomás Müntzer a Čechy, S. 123

[12] Erler, Die Matrikel der Universität Leipzig, Bd. 3, Register S. 582. Ein „Paulus Münczer de Stolbergk" wurde im Wintersemester 1484 in Erfurt inskribiert. Vgl. Akten der Universität Erfurt, Teil 1, S. 405

[13] Vgl. die Amerbach-Korrespondenz

1478 in Nürnberg nieder, wo er in den Großen Rat aufstieg und 1498 seine Tochter mit Hieronymus Holzschuher verheiratete. Von ihm stammen die geographischen Abschnitte von Schedels Weltchronik.[14] Als Bürgermeister und Ratsherr von Freiberg war ein 1533 verstorbener Müntzer, der gleichfalls den Vornamen Hieronymus trug, tätig.[15] Nirgendwo findet sich ein Zusammenhang mit der Tätigkeit eines Münzmeisters oder dergleichen, wenn auch der Familienname irgendwann einmal aus der Berufstätigkeit hervorgegangen ist. Was die Schreibweise des Namens speziell von Thomas Müntzer angeht, so hat sich die neuere Forschung einmütig für die von Müntzer selbst überwiegend benutzte Schreibung mit tz ausgesprochen.[16]

Die Herkunft der Vorfahren Müntzers ist schon lange bekannt. Der alte Zeitfuchs erwähnt schon 1717 einen „Matthäus Montzer in den Raths-Rechnungen“.[17] Er zitiert offenbar dieselbe Quelle, die Eduard Jacobs 1884 als „Stolbergisches Ratsjahrbuch“ herausgegeben hat und in der für 1486 von einem „Meister Matthes Monczere“ die Rede ist.[18] Verständlich, daß Václav Husa im 2. Kapitel seines Buches ausführlich auf Müntzers Jugend einging und den „Matthes Monczere“ nach Jacobs zitierte. Aber niemand vermochte bisher nachzuweisen, wer als Vater Thomas Müntzers in Frage kommt, welchen Beruf er ausübte und wann der Sohn geboren wurde.[19] Der Knäuel sich widersprechender oder quellenmäßig nicht oder ungenügend fundierter Nachrichten reicht dazu nicht aus. Es erübrigt sich, auf die letzten Veröffentlichungen Bensings näher einzugehen, da sie nur unbewiesene Behauptungen wiederholen.[20] Müntzer „wird eine Kindheit gehabt haben, irgendeine, eine Kindheit in Armut, dunkel, suchend und ungewiß ... Wir wissen nichts davon“.[21] Auch wenn wir nicht wissen, wie lange die Familie in Stolberg gelebt hat, so brachten diese Jahre doch wohl den Besuch einer Trivialschule, die es in dem kleinen Residenzstädtchen mit altem Bergbau sicher gegeben hat. Irgendwo muß Müntzer ja Lesen und Schreiben, vielleicht schon die Anfangsgründe des Latein gelernt

14 Rupprich, Die deutsche Literatur, Teil 1, S. 692 zu H. Münzer, S. 797 f. Bibliographie

15 Die politische Korrespondenz des Herzogs und Kurfürsten Moritz von Sachsen, Bd. III, S. 895

16 Die Polemik in Marx, Karl/Engels, Friedrich, Werke, Bd. 1, Über Deutschland und die deutsche Arbeiterbewegung, S. 646 f., Anm. 78, in 1. bis 7. Auflage. Berlin 1953—1982, ist gegenstandslos.

17 Zeitfuchs, Stolbergische Kirchen- und Stadthistorie, S. 256

18 Jacobs, Das Stolbergische Ratsjahrbuch, S. 189

19 Bräuer, S., Zu Müntzers Geburtsjahr, S. 80—83

20 Bezug genommen wird auf Bensing, Thomas Müntzers Kampf- und Weggefährten. Vgl. auch Elliger, Thomas Müntzer, S. 9 ff. und S. 27 f.

21 Rilke, Rainer Maria, Werke in drei Bänden, hrsg. von Nalewski, Horst, Bd. 3, Leipzig 1978, S. 511 (Auguste Rodin 1902)

haben. Nicht auszuschließen ist, daß ihm dies ein Geistlicher der Stadt beigebracht hat.[22]

Bleiben die Stolberger Jahre in fast völligem Dunkel, so können wir annehmen, daß die Eindrücke von den Städten und Landschaften nördlich des Harzes für Müntzer wichtiger und entscheidender waren. Freilich wissen wir auch über die Quedlinburger Jahre wenig. Höchstwahrscheinlich hat er die Lateinschule in Quedlinburg besucht, von wo er 1506 nach Leipzig zog, um sich zusammen mit einem sonst nicht bekannten Andreas Appenrad „de Quedilburck" in die Matrikel der Universität einschreiben zu lassen. Auch Müntzer hat sich als „de Quedilburck" einschreiben lassen.[23] So war es auch bei Luther, der im April 1501 als „Martinus Ludher ex Mansfeld" in Erfurt inskribiert worden war.[24]

Quedlinburg, an der Straße Goslar—Halle gelegen, war ein bedeutendes Zwischenhandelszentrum am Harz. Außerdem betrieb man auf großer städtischer Feldmark, durch Warttürme geschützt, Landwirtschaft. Im 15. Jh. war die wohlhabende Stadt vom Stift nahezu unabhängig geworden, bis sie einem Komplott der Wettiner zum Opfer fiel, die nördlich und östlich des Harzes ihre Macht auf Kosten der Bistümer und Städte ständig zu erweitern suchten. Quedlinburg muß damals bereits auf jeden Besucher einen tiefen Eindruck gemacht haben: das Gesamtbild der mit Mauern und Gräben umgebenen Stadt, der Reichtum an stattlichen Baudenkmälern, die Stiftskirche St. Servatius mit den Gräbern Heinrichs I. und seiner Gemahlin Mathilde, die Fülle der Fachwerkbauten seit dem Spätmittelalter. Das kaiserlich freie weltliche Stift unterstand seit 1485 der Schutzherrschaft der albertinischen Linie des Hauses Wettin. Auch wenn wir die Schule, an der Müntzer lernte, nicht kennen, so wissen wir doch in Umrissen, wie es an den Schulen aussah und wie die Schüler lebten.

Wer Latein erlernte, tat es fast immer, um im Dienst der Kirche sein Brot zu finden. Erst später trat der Dienst in städtischen und fürstlichen Behörden hinzu. Und natürlich waren Lateinkenntnisse für jedes Universitätsstudium unentbehrliche Voraussetzung. Die katholische Kirche hatte die weitaus größten Möglichkeiten als universaler „Arbeitgeber" für Weltgeistliche und Mönche, für hohe und niedere Geistlichkeit. Ein umfassendes und bis zur Reformation nicht versagendes System von Pfründen bildete die Grundlage. Alle aber,

[22] Diese Anfangsgründe vermittelte z. B. „Exercitium puerorum grammaticale per dietas distributum". Text bei Müller, Joh., Quellenschriften und Geschichte des deutschsprachlichen Unterrichts, S. 17—42

[23] Vgl. im Archiv der Karl-Marx-Universität Leipzig, Matrikel Hs. A' (1409 bis 1536), Immatrikulation vom Wintersemester 1506/07, S. 11

[24] Akten der Universität Erfurt, Bd. 2, S. 219

die von der Kirche leben wollten, mußten Grundkenntnisse in Latein haben. Und diese vermittelten die städtischen Schulen.[25]

Der Lateinunterricht wurde seit Jahrhunderten nach bewährten Lehrbüchern erteilt: An der Spitze stand das weit verbreitete „Doctrinale“ des Alexander von Villa Dei, von dem 224 Manuskripte und 267 verschiedene Drucke erhalten sind. Die Leipziger Drucker lieferten von 1490 bis 1500 nicht weniger als 16 Ausgaben, die Nürnberger sogar 18. Daneben wurde auch der römische Grammatiker Donat viel benutzt. Begonnen wurde mit den Distichen Catos und den Fabeln Aesops. Gelesen wurden Texte von Vergil, Cicero, Seneca. Das Lateinsprechen wurde besonders gepflegt, Unterhaltung in der Muttersprache war verboten. Die Lehrweise bestand im Vor- und Nachsprechen, im Anschreiben an die Tafel und im Diktieren, denn Bücher waren knapp. In der Regel gab es drei Klassen. Hauptlehrbuch für die Fächer des sog. Triviums war die „Margaritha philosophica“ des Karthäusers Gregor Reisch, 1496, 1504 u. ö. gedruckt.

Aber von der Schulordnung zum wirklichen Unterricht war ein weiter Weg, zu dem schließlich auch die Mittel gehörten. „Bei der Dürftigkeit der Überlieferung ist ein Urteil über die Leistung der Schulen nicht leicht.“[26] Wie es wirklich aussah, das schildern die erhaltenen Berichte, vor allem die von Thomas Platter (1499–1582), der als „Hirtenknabe (Geisbube)“ „in den grusamen gebirgen“ der Schweiz begann und dann „den schuolen“ nachzog. Zuerst lernte er beim Pfaffen. „Do gieng es mier erst übell, den der herr was ein zornig man, ich aber ein ungeschikt puren bieblin.“ „Er schlug mich grusam uberall.“ Er zog unter Führung eines älteren Schülers, des sog. Bachanten, nach Halle in Sachsen in die Schule zu St. Ulrich. Platter schildert das harte Leben der fahrenden Schüler, ihren ständigen Hunger, den Kampf gegen das Ungeziefer, die Angst vor Räubern. Im Unterricht stand Latein völlig im Mittelpunkt. „Ward doch graeca lingwa noch nienert (nirgends) im land, des glichen hatt niemand noch kein truckte biecher, alein der praeceptor hat ein trukten Terentium. was man laß, muoßt man erstlich dictierren, den distingwieren, den construieren, zuo letst erst exponieren.“[27]

Dieses Wanderleben war damals üblich. Es war eine Folge der Armut. Alles wanderte: die Mönche, die Studenten, die Landsknechte, die frühen Humanisten. Von Pfründe zu Pfründe, von Stelle zu Stelle. Auf keinen Fall war dieses Leben Folge eines unruhigen Temperaments. Müntzers Jugend bildete keine Ausnahme: Er gehörte zu den zahlreichen zunächst Namenlosen. Die Unsicherheit des Geburtsdatums teilt

25 Vgl. Kaemmel, Geschichte des deutschen Schulwesens
26 Oediger, Über die Bildung der Geistlichen, S. 70
27 Vgl. Platter, Zur Sittengeschichte des 16. Jh.

er mit vielen. Das Geburtsdatum pflegt errechnet zu werden, indem man vom Durchschnittsalter ausgeht und zurückdatiert – ganz sicher kein zuverlässiger Beweis. Müntzer teilt dieses Schicksal mit Johann Agricola, Hieronymus Emser, Jakob Strauß, Johannes Sylvius Egranus u. a. Auch bei Erasmus von Rotterdam und Thomas Morus sind die Geburtsdaten bis heute umstritten. Was war die Ursache? Taufbücher wurden in Deutschland selten geführt, im Gegensatz zu Italien und Südfrankreich, wo sie schon seit dem 14. Jh. bekannt sind. Auch Ausnahmen wie Basel 1490–1497 bestätigen die Regel: „Allgemein üblich sind die Kirchenbücher in Deutschland nicht gewesen."[28] Auch genauere Angaben über die soziale Herkunft sind selten. So bleiben für Müntzer die Immatrikulationseintragungen von 1506 und 1512 die ersten sicheren Daten. Dem von H. Boehmer angenommenen Geburtsjahr 1488/89 wird heute kaum noch widersprochen. Aber wir wissen nicht, wann sich Müntzer von Quedlinburg aus auf den Weg nach Leipzig gemacht hat. Unklar bleibt auch, warum er dies tat. Für eine Tätigkeit als Geistlicher, als Lehrer, als Gehilfe in einer Druckerei war ein Universitätsstudium nicht erforderlich, der Besuch einer städtischen Schule hätte genügt.

Über die Bildung der Geistlichen um 1500 gibt es viele irrige Vorstellungen. Insgesamt wurde von den künftigen Klerikern nur sehr wenig verlangt, so daß man geradezu von einer Anspruchslosigkeit im notwendigen Wissen sprechen kann. Die Zulassung zum geistlichen Stand war an eine Prüfung geknüpft, die aber sehr großzügig abgenommen wurde: Pater noster, Credo, 10 Gebote, Englischer Gruß – was man im Grunde auch von den Laien verlangte, nur bei den Geistlichen in lateinischer Sprache. Wie von den ABC-Schützen forderte man auch Kenntnis der Bußpsalmen. Auch nach dem Donat, den Regeln der Deklination usw. wurde gefragt. „Legere et cantare", Fertigkeiten im Lesen und Singen zur Benutzung des Breviers und des Missale, mehr wurde nicht verlangt. Anfangsgründe der Grammatik schienen zu genügen zum Verständnis der verwendeten Vulgata-Texte. Nach katholischer Auffassung war der rechte Vollzug der Sakramente allein wesentlich. So begnügte man sich zur Not mit dem Verständnis des Wortsinnes. Vom Pfarrer verlangte man wenig: Seelsorge, Messfeier, Tagzeiten, Spenden der Sakramente, Beichte abnehmen, Austeilung des Abendmahls unter einer Gestalt, Eheschließungen, Taufen etc. Hauptform der religiösen Unterweisung war die Predigt, die nur kraft bischöflichen Auftrages geübt werden durfte. Hier ist der prinzipielle Unterschied zwischen Pfarrer und Prediger zu berücksichtigen: Prediger mußten studiert haben. Aber auch die Pfarrer predigten, da nicht

[28] Oediger, Über die Bildung der Geistlichen, S. 120

genügend gelehrte Prediger vorhanden waren. Nur die Gelehrten haben Predigtnachschriften hinterlassen, die Pfarrpredigt ist relativ unbekannt, falls man nicht die gedruckten Predigtvorlagen heranzieht, nach denen in solchen Fällen meist gepredigt wurde. Eine weitverbreitete Anleitung hatte den Werbetitel „Dormi secure", d. h., wenn du dieses Buch kaufst, so kannst du in der Nacht vor dem Predigen in Ruhe schlafen. Eines aber war klar: Es gab nur lateinsprachige Texte und Hilfsmittel, von der Vulgata und dem Brevier bis zum letzten theologischen Handbuch. Und die bischöflichen Weihen mußte man erlangen, die vier niederen meist zusammen. Das Subdiakonat verpflichtete zur Ehelosigkeit und zum Stundengebet. Lockmittel waren die rechtlich privilegierte Stellung, das Einkommen ohne Verpflichtung oder Zwang zu körperlicher Arbeit und die Möglichkeit des weiteren sozialen Aufstiegs. Durchaus begreiflich, daß eine „buntgemischte Schar ... am Weihtag sich in der großen Bischofskirche drängte".[29] Unter ihnen war in Halberstadt — vor 1514 — auch Thomas Müntzer.

Natürlich war für viele, wohl für die meisten, die schnelle Versorgung mit einer Pfarrpfründe das Hauptziel. Aber dennoch haben in vielen Bistümern geweihte Kleriker (so z. B. in Merseburg in den Jahren 1469 bis 1544) von 3 477 1 088 die Universität Leipzig besucht. Freilich haben von diesen Studierenden kaum 30% (genau 29,6%) den niedrigsten akademischen Grad, den Baccalaureus, erworben.

Umgekehrt aber finden wir die Mehrzahl der Immatrikulierten später im Kirchendienst wieder, „nicht bloß als Kanoniker oder Kirchherren ..., sondern auch in der großen Masse der Leutpriester und Altargeistlichen".[30] Ein Studium der Theologie kam nur selten in Frage, denn die Theologischen Fakultäten hatten nicht die Aufgabe, die künftigen Geistlichen auszubilden; hier wurden in einer Gesamtstudienzeit von 13 bis 15 Jahren nur die kirchlich-theologischen Spitzenkader mit den erforderlichen Kenntnissen ausgestattet. Die Masse der armen Kleriker konnte sich solche Ziele nicht stecken: Die Ausbildung war, von den Schwierigkeiten ganz abgesehen, für sie viel zu lang und viel zu teuer. Unter diesen Armen befand sich Müntzer nicht, wie die Leipziger Matrikel ausweist, aber de facto gehörte er doch auch zu denen, die eine Versorgung brauchten. Dennoch ging er nicht den Weg derer, die als Losung „Dormi secure" auf ihre Fahnen geschrieben hatten. Er ging den schweren Weg zur Gelehrsamkeit. Und auf dem Wege nach Leipzig erhoffte er sie wohl von dieser alten und berühmten Universität, der führenden im nördlichen Deutschland.

[29] Ebenda, S. 92

[30] Ebenda, S. 66. Vgl. auch Kurze, Der niedere Klerus in der sozialen Welt des späteren Mittelalters

Müntzer und Leipzig

Die Stadt Leipzig, die Müntzer 1506 betrat, um sich an der Universität einschreiben zu lassen, hat für seine Entwicklung eine doppelte Bedeutung: als Zentrum gelehrter Studien, vor allem eines beachtlichen Frühhumanismus, und als führende Buchstadt.

Die Lage der Stadt an der Kreuzung wichtiger Handelsstraßen begünstigte ihre Entwicklung. Aus bedeutenden Märkten wurden die Leipziger Messen, die 1497 und 1507 vom Kaiser privilegiert wurden, zu Zentren des innerdeutschen und europäischen Warenverkehrs. Auf diese Weise verdrängte Leipzig die wichtigen Märkte von Erfurt, Halle und Naumburg.

1409 hatte der Markgraf Friedrich von Meißen nach der Zuwanderung deutscher Magister und Scholaren aus Prag die Universität Leipzig gegründet. Hauptursache war die Notwendigkeit einer Universität in den ernestinischen Ländern, die Prager Ereignisse waren zwar wichtig, aber doch von sekundärer Bedeutung. Seit der sächsischen Landesteilung von 1485 gehörte die Stadt zur Linie der Albertiner, an deren Spitze seit 1500 Herzog Georg stand, der nachmalige Hauptfeind Müntzers.[1]

Im Verlaufe des am 16. Oktober 1506 in Leipzig beginnenden Wintersemesters 1506/07 – wohl kaum am 16. Oktober selbst – wurde „Thomas Munczer de Quedilburck" unter dem Rektorat des Professors der Theologie Martin Meyendorn immatrikuliert. Nicht in der Artistenfakultät, in der er studierte, sondern in der sächsischen Nation – entsprechend der Nationenverfassung der Universität. Wenn U. Bubenheimer jüngst die Immatrikulation Müntzers in Leipzig in Frage stellt, so kann dem nicht zugestimmt werden. Es besteht kein Grund, an Quedlinburg als Ausgangspunkt seiner Wanderung nach Leipzig zu zweifeln (vgl. Brief Nr. 14).

Über die allgemeinen Zustände der Immatrikulation sind wir durch Georg Erlers ausgezeichnete Einleitung zur Leipziger Matrikel recht gut informiert. So ganz genau wußte auch er es freilich nicht, da jeder Rektor nach seiner Art handelte: Die Bürokratie war zwar schon er-

[1] Czok/Thieme, Leipzig, S. 14 ff. Leipzig in acht Jahrhunderten, S. 28 ff. Schulze, Aus Leipzigs Kulturgeschichte, S. 32–45. Vgl. auch Wustmann, Geschichte der Stadt Leipzig, Bd. 1 und Alma mater lipsiensis

funden, auch an der Universität, aber sie steckte noch in den Kinderschuhen. Jeder machte es, wie er es für richtig hielt. Der „Neue" mußte sich beim Rektor melden, der „Examen" und „Intitulation" vornahm, d. h. nach dem Vermögen und dem Geburtsort fragte. Die Festsetzung der Gebühren war ebenso wichtig wie die Klärung der Nationenzugehörigkeit. Der Rektor notierte alles auf Zetteln oder einer Liste, die dann am Ende des Semesters — gleichsam als letzte Amtshandlung — in die Matrikel übertragen wurde. Müntzer war der Letzte — da er zur sächsischen Nation gerechnet wurde, deren Intitulierte allgemein am Schluß kamen —, sogar der Allerletzte.[2] In der Regel erfolgte die Inskription im Sommer, schon mit Rücksicht auf die leichteren Reisemöglichkeiten; warum Müntzer und sein Gefährte den Herbst wählten, läßt sich nicht ergründen. Rektor Meyendorn verzeichnete 8 Studenten der polnischen, 50 der bayerischen, 49 der meißnischen und 11 der sächsischen Nation, insgesamt 118 Neuimmatrikulierte.

Die Nationenverfassung, 1409 von Prag übernommen und 1506 nach Frankfurt (Oder) übertragen, war an den anderen deutschen Universitäten nicht üblich. Sie betraf die politische Verfassung der Hochschule (vier Nationen mit dem Rektor an der Spitze), im Gegensatz zu den vier Fakultäten mit je einem Dekan an der Spitze als lehrende Korporation. Die Einteilung, die nach Herkunftsgebieten der Studenten erfolgte, entsprach um 1506 längst nicht mehr der Realität, die durch das Übergewicht der süd- und mitteldeutschen Studenten (der bayerischen und meißnischen Nation) gekennzeichnet war. Die sächsische Nation bezeichnet den Zustand vor der Übertragung des Namens „Sachsen" auf die ehemals meißnischen Lande durch den Übergang der Kurwürde, die am Kurkreis Wittenberg hing, an die Landgrafen von Meißen (1423). Die sächsische Nation betraf also die Studenten aus den Ländern nördlich von Unstrut und Saale, anhaltische, braunschweigisch-lüneburgische Gebiete, Brandenburg, Mecklenburg, Pommern, Schleswig und Holstein. Nach diesen Nationen wurden die neuen Studenten eingeteilt, auch wenn sie von anderen Universitäten kamen, was überhaupt nicht berücksichtigt wurde. Fakultätsangaben sind in Leipzig, wie an den anderen Universitäten des Mittelalters, nicht üblich gewesen. In der Regel wurde der Student nach seinem Geburtsort eingetragen, aber es gab auch Ausnahmen, in denen der Wohnort der Eltern genannt wurde. Warum und wieso bleibt unklar.

Wir dürfen überhaupt von den Matrikeln nicht zu viel verlangen: „Die Zahl derer, die, ohne in die Matrikel aufgenommen worden zu sein, Vorlesungen hörten, ist an allen Universitäten des Mittelalters nicht

[2] Erler, Die Matrikel der Universität Leipzig, Bd. 1, S. 477

gering gewesen."[3] Kontrollen beim Vorlesungsbesuch gab es nicht. Wer nicht eingetragen war, ging zwar der studentischen Privilegien verlustig, brauchte aber auch keine Gebühren zu zahlen. Und zu deren Festsetzung und Einziehung dienten die Matrikeln eben auch – und sicher nicht an letzter Stelle. Die Universitäten, ihre Rektoren, Magister und Doktoren waren arm, das Leben war weithin dürftig, bescheiden. Die „alte Burschenherrlichkeit" war noch nicht erfunden, das „Gaudeamus igitur" der Melodie nach ursprünglich ein Bußgesang. Armut und halbklerikaler Zuschnitt ließen Ausschreitungen nur in Ausnahmen zu. Auch wenn Studenten die Hauptbesucher der Frauenhäuser waren, so will das wenig besagen. Die Feststezung der Studiengebühren erfolgte nach dem Vermögen des Bewerbers: Arme zahlten nichts und wurden als pauper bezeichnet, die meisten zahlten die ursprüngliche Gebühr von 6 Groschen, die seit 1436 auf 10 Groschen erhöht wurde. Vollzahlung wurde erst bei der Meldung zum Baccalaureat verlangt und dann neben der Eintragung der 6 Groschen vermerkt. Am Anfang des 16. Jh. waren die 6 Groschen allgemein üblich, nur in wenigen Fällen ist „totum" verzeichnet, d. h. der Gesamtbetrag von 10 Groschen. Bei Müntzer fehlt die Notiz der Vollzahlung, so daß mit großer Sicherheit erschlossen werden kann, daß er in Leipzig keine Baccalaureatsprüfung abgelegt hat. Aber aus den 6 Groschen lassen sich keine Schlußfolgerungen auf seine damalige soziale Lage ziehen. Wahrscheinlich hat Müntzer die Universität vorzeitig verlassen, völlig sicher ist das nicht; und wann es erfolgte, ist überhaupt nicht zu sagen. Studienunterbrechungen waren damals üblich, so bei mangelnden Mitteln für ein weiteres Studium, bei Übernahme eines Amtes oder Eintritt in einen Beruf. Bekannt ist uns bei Müntzer von alldem nichts; immerhin bot Leipzig als Drucker- und Buchhändlerstadt viele Verdienstmöglichkeiten.

Was hat Müntzer nun in Leipzig studiert? „Die eigentliche Substanz des Unterrichts der artistischen Fakultät bildete die Philosophie: Logik, Physik, woran sich Naturkunde und Psychologie, und fernerhin auch die Metaphysik anschließt, endlich Ethik und Politik. Zugrunde lagen dem Unterricht überall die aristotelischen Bücher in lateinischer Übersetzung; doch werden daneben auch lehrbuchartige Bearbeitungen ... gebraucht."[4] Im Einzelnen sind die Titel in den Statuten der Universität festgelegt, so in der Statutenredaktion von 1507. Hier erscheinen die bekannten Texte des Aristoteles, aufgeteilt auf die „libri audiendi pro gradu baccalauriatus" und die „libri audiendi pro magisterio".[5] Aristoteles wird ergänzt durch Petrus Hispanus (2. H. 13. Jh.), dessen

3 Ebenda, S. XXX

4 Paulsen, Geschichte des gelehrten Unterrichts, Bd. 1, S. 34 f.

5 Die Statutenbücher der Universität Leipzig, S. 490 f.

„Summulae logicales“ das logische Elementarbuch darstellten, das seit 1480 rund 50 mal gedruckt wurde. Auch des Porphyrius (gest. um 304) Einleitung zu den Kategorien des Aristoteles, die „Eisagoge“, gehörte zur Grundliteratur, ebenso wie die „Institutiones Grammaticae“ des Priscianus (Anf. 6. Jh.), die umfassendste lateinische Grammatik des Altertums. Alle diese Texte wurden von den Magistern in Vorlesungen und Übungen (lectiones und exercitia) behandelt. Daneben verblieben den Baccalaurien die „Ars minor“ des römischen Grammatikers Aelius Donatus (4. Jh.), in der die Lehre von den Redeteilen in Frage und Antwort behandelt wurde, Teile des Alexander von Villa Dei (gest. um 1250) "aliquis liber in rethorica“, vielleicht auch des M. Fabius Quintilian (gest. um 96) „Institutio oratoria“, die seit 1470 in zahlreichen Drucken verbreitet war. Es spielte also nächst dem zweijährigen Kurs in Philosophie neben anderen Gebieten die Ausbildung in der lateinischen Sprache (ars epistolandi und Rethorik) eine große Rolle.

Entscheidend war, daß Aristoteles in der lateinischen Übersetzung des Mittelalters traktiert wurde: Der griechische Urtext war zunächst ins Syrische, dann ins Arabische und aus diesem schließlich ins Lateinische übertragen worden. Dreimal übersetzt, vielfach verdorben und mißverstanden, war der echte Aristoteles bis zur Unkenntlichkeit entstellt worden. Es war also das alte mittelalterliche Programm, mit dem zusammen der neue Aristoteles sich nur langsam durchsetzte.

Wer hat damals gelesen? Diese Frage ist nicht exakt zu beantworten, da es keine Vorlesungsverzeichnisse gab, die Lehrveranstaltungen nicht aufgeschrieben wurden. Üblich war nur der Anschlag am schwarzen Brett. Ursprünglich und noch im frühen 16. Jh. lasen die Magister nach Erlangung des Grades zwei Jahre lang (biennium complere); das war ein Ersatz für ständige besoldete Lektoren und sparte Mittel, die ohnehin nicht vorhanden waren. So findet man in den Drucken für den Gebrauch der Studenten viele Namen, die später wieder verschwinden und in den Akten nicht auftauchen (Johannes Wildenauer Egranus, Melchior Rinck u. a.). Gustav Bauch hat für den Leipziger Frühhumanismus eine Menge von Namen aus den Drucken und der Matrikel zusammengetragen,[6] aber für die Jahre 1500 bis 1517 fehlt jede Bearbeitung.

Im Grunde bestand die Artistenfakultät — deren Grenzen zur Theologischen Fakultät überaus fließend waren — aus zwei Teilen: einer philosophischen und einer humanistischen. Die scholastischen Vertreter des aristotelischen Kurses waren, gestützt auf die Statuten, in der Regel konservativ, am alten Herkommen hängend. Sie verfügten über die relativ gut dotierten Kollegiaturen im großen und kleinen Kolleg sowie

[6] Vgl. Bauch, Geschichte des Leipziger Frühhumanismus

im Frauenkolleg. Nur bei ihnen konnten die akademischen Grade erworben werden, was ihnen großen Einfluß verlieh. Die Artistenfakultät war nicht eine Art Vorschule für die „höheren Fakultäten", wie man oft lesen kann, sondern sie war die gemeinsame Grundlage derselben. „Ideell fällt sie zusammen mit dem Umfange der Universitas; denn nur dadurch, daß man durch Erlangung des Magisteriums Mitglied der philosophischen Fakultät wird, kann man Mitglied der Universität werden; jeder Magister artium ist Mitglied der Universität und niemand ist Mitglied der Universität, der nicht Magister artium derselben ist; darum lautet die Formel für die Gesamtheit der Universität ‚Rector, magistri et doctores ...'"[7] Aber gerade diese beati possidentes legten mit der Zeit immer geringeren Eifer im Erfüllen ihrer Pflichten an den Tag. Sicher waren ihre Einkünfte nicht ausreichend, so daß sie außerhalb der Universität ihr Zubrot zu verdienen suchten: im Dienst von Fürsten, Städten und Kirchen. Der schönste wissenschaftliche Grad war nutzlos ohne das Einrücken in die Kollegiaturen, ohne Erwerb von Präbenden: So allein erreichte man eine feste Besoldung. Aber für viele war das nur das Sprungbrett zu noch reicheren Einkünften, natürlich unter Vernachlässigung der Pflicht, regelmäßig Vorlesung zu halten.

Die humanistischen Magister waren nicht oder nur ganz unzureichend besoldet, außerdem wurden sie in der Vergabe der Universitätsbenefizien benachteiligt. Ihr Eifer machte sicher Eindruck bei den Studenten, aber ohne Prüfungsrecht mußten sie an der überkommenen Struktur scheitern.

Dazu kamen die lectiones volventes und die überaus schädlichen lectiones circulares. Die sog. walzenden Lektionen wurden reihum oder nach dem Los von allen Magistern gelesen. (Erst 1557 wurden sie abgeschafft.) Bei den lectiones circulares lasen die Fakultisten abwechselnd: Jeden Tag ein anderer über ein anderes Thema, so daß die Studenten wochenlang auf die Fortsetzung warten mußten.[8] So kamen die oft gerügten Vorlesungen über Jahre hinaus zustande (natürlich nur bei den Inhabern der Kollegiaturen). Fortlaufende Vorlesungen gab es nur, soweit genügend Legenten vorhanden waren. Über die große Zahl von 45 Dozenten im Jahre 1502 wird noch zu handeln sein.

Die Folge dieser Mißbräuche der Mächtigen war zwangsläufig Erstarrung, Unfruchtbarkeit, Unfleiß usf. Die entscheidenden Positionen lagen in den Händen weniger Leute, die nicht nach Leistung, sondern nach der privilegierten Stellung entschieden: über die Verleihung der Grade, über die Vorlesungszeiten, über die Verteilung dieser Mittel –

[7] Zarncke, Die urkundlichen Quellen zur Geschichte der Universität Leipzig, S. 518 f.

[8] Urkundenbuch der Universität Leipzig von 1409–1555, S. 355 ff.

und damit über Sein oder Nichtsein des akademischen Nachwuchses. Dagegen „gab es nur ein wirksames Mittel; man mußte die zu schmale ökonomische Basis der Universität verstärken“[9], aber dazu fehlten bis zur Reformation die Mittel. Es war sicher nicht allzu schwer, dieses System zu durchschauen und zu erkennen, daß es hier keine Verdienst- und noch weniger Aufstiegsmöglichkeiten gab.

Wichtig ist es festzustellen, bei und mit wem Müntzer studierte, wen er vom Studium her gekannt haben kann. Von 1503 bis 1507 wirkte der bedeutende Humanist Hermann von dem Busche in Leipzig; er gab 1508 ein Spicilegium aus Diogenes Laertius' berühmtem Werk heraus, worauf noch zurückzukommen sein wird. 1507 folgte Johannes Rhagius Aesticampianus, der 1509 bei Melchior Lotter die „Germania“ des Tacitus herausgab.

1506 war Hieronymus Dungersheim aus Ochsenfurt wieder nach Leipzig zurückgekehrt, der führende Leipziger Theologe bis zu seinem Tode im Jahre 1540. Er hatte seit 1484 in Leipzig studiert, war 1489 Magister geworden und las 1495 über den Sentenzenkommentar des Petrus Lombardus. Von 1501 bis 1504 war er Prediger an der Zwickauer Marienkirche. In seiner frühen Leipziger Tätigkeit veröffentlichte er den „Tractatus de modo discendi et docendi ad populum sacra seu de modo predicandi“, gedruckt in Landshut 1514.

In einem neueren Beitrag werden nur zwei mögliche Leipziger Mitstudenten Müntzers genannt: Ulrich von Hutten, im Wintersemester 1507/08 immatrikuliert, und Christoph Schappeler, der 1510 zum Licenciaten der Theologie promovierte.[10] Der Nachweis Schappelers als Mitstudent ist neu und überraschend, da seine Rolle in Memmingen und seine Mitverfasserschaft bei den „Zwölf Artikeln“ allgemein bekannt sind. Sehr wahrscheinlich haben auch Johann Agricola, vielleicht sogar Georgius Agricola damals in Leipzig studiert. Müntzers Beziehungen zu Johann Agricola werden uns noch beschäftigen.

Konrad Wimpina, seit 1479 in Leipzig, war bereits 1505 zur Gründung der dortigen Universität nach Frankfurt (Oder) gegangen; wir werden ihm 1512 wieder begegnen. In Leipzig kann Müntzer mit ihm nicht in Berührung gekommen sein. Unsicher ist eine Begegnung mit Hieronymus Emser, der im Januar 1505 von Wimpina zum Kursus präsentiert wurde; er wurde etwas später Sekretär Herzog Georgs in Dresden, blieb aber mit dem Leipziger Humanistenkreis in Verbindung. 1518 heißt es in einer Widmung Mosellans für ihn „suo incomparabili amico“; und 1519 in einer Widmung Egrans „suo Emserio dono dedit“.[11]

[9] Kirn, Die Leipziger theologische Fakultät, S. 25
[10] Drucker/Rüdiger, Zu Thomas Müntzers Leipziger Studentenzeit, S. 452
[11] Clemen, Egranus, S. 20 und S. 38 bzw. Neudruck S. 144 und 162

Die wichtigste Gestalt in der studentischen Umwelt Müntzers, zudem bisher ganz übersehen, war Johannes Wildenauer de Egra, der sich Egranus nannte. 1500 wurde er in Leipzig immatrikuliert (Erler, Matr. I, 433) und blieb wahrscheinlich bis 1515 an der Universität. „Das früheste chronologische Datum aus seinem Leben ist, wie bei so vielen Männern der Reformationszeit, seine Immatrikulation.“[12] Wir kennen seine Lebensdaten bis zur Erlangung des Magister artium im Jahre 1508. Dann aber klafft eine Lücke bis zum Advent 1515, in dem er seine Predigerstelle in Zwickau antrat. Aber aus der Leipziger Literatur der Zwischenzeit ergibt sich, daß Egran an der Universität gelehrt haben muß. „Philosophiae professor“ nennt er sich in lateinischen Widmungsgedichten der Jahre 1508 und 1510, 1509 einmal Magister. Diese Gedichte in typisch frühhumanistischer Buchproduktion für studentischen Lehrbetrieb sind interessant, zeigen sie doch auch, daß Matrikeln und Akten nicht immer ausreichen.

Die ersten Verse Egrans tauchen 1508 auf, sogleich mit der anspruchsvollen Unterschrift: „Johannes Wildenauer Egranus philosophiae professor“. Und so erstaunlich diese humanistische Selbstanzeige, so bedeutsam ist das Büchlein: „Hermanni Buschii Spicilegium XXXV philosophorum auctoritates utilesque sententias continens ...“. Dieser Druck Martin Landsbergs von 1508 enthält einen Auszug aus des Diogenes Laertius „Leben und Meinungen berühmter Philosophen“. (In Müntzers Nachlaß finden sich Notizen einer lateinischen Ausgabe, MF S. 16.) Auf der Titelrückseite heißt es: „pulcherrimum sententiarum philosophicorum Spicilegium ex Diogene Laertio“.

Elf Distichen steuerte Egran zur Germania-Ausgabe des Aesticampianus bei, die Melchior Lotter am 31. Dezember 1509 druckte: „Cornelii Taciti Illustrissimi hystorici de situ, moribus et populis Germanie ... Aureus libellus.“ Hier nannte sich Egran nur mit dem Namen.

In der 1508 veranstalteten, aber erst 1510 und nochmals 1515 bei Landsberg in Leipzig gedruckten Ausgabe der drei Bücher „De officiis ministrorum“ des Ambrosius nannte sich Egran wieder „Johannes Wildenauer Philosophie Magister“ und „philosophiae professor“.[12]

In einer 1509 angefertigten, aber erst 1516 bei M. Landsberg in Leipzig gedruckten Ausgabe „De magistratibus et sacerdotiis Romanorum“, damals Fenestrella zugeschrieben, findet sich auf der Titelrückseite eine Prosawidmung von 1509: „Johannes Wildenauer Egranus philosophiae magister. Data Liptzgy ex edibus meis.“ Daraus ergibt sich, daß Egran damals in Leipzig wohnte und wirkte.[12] In etwa der gleichen Zeit veröffentlichte ein Johann Köler aus Freiberg das Carmen „De duobus amantibus“ des Philippus Beroaldus mit der Widmung

[12] Ebenda, S. 1, S. 30, S. 32 bzw. Neudruck S. 124, S. 154, S. 156

„J. W. egrensi preceptori suo“ (o. Jahr und Drucker). Herbert Kirchner hat die Angaben von Clemen ergänzt. Am Schluß einer Ausgabe der Paulinischen Briefe, gedruckt nach dem Text der Vulgata 1510 bei Wolfgang Stöckel in Leipzig, finden sich sieben Distichen Egrans. Und noch 1514 gab er Ambrosius' „Liber de bono mortis“, Leipzig bei J. Thanner, heraus.[13] Dann enden seine Spuren in Leipzig.

Aus diesen Nachrichten läßt sich eine gewiß nicht bedeutungslose Wirksamkeit Egrans in Leipzig erschließen, ohne daß die Bezeichnung „professor“ damals mehr bedeutete als Dozent heute. Seine Teil- bzw. Anteilnahme an einer auch für Müntzers Studienzeit wichtigen humanistischen Literatur ist bemerkenswert. In die gleiche Zeit fallen auch zwei Drucke von Schriften des Johann Faber Stapulensis (1506 und 1511), auf die später zurückzukommen sein wird.

Zusammen mit Egran hat 1507/08 ein Johannes Haß magistriert, der spätere Verfasser der Görlitzer Ratsannalen, kein unbedeutender Mann, der aber in seinem Geschichtswerk nichts über Müntzer zu sagen weiß; vielleicht ist aber die stereotype Erwähnung doch eine Art von Erinnerung.[14]

Eines ist sicher: Leipzig als Universität war seit dem Ende des 15. Jh. vom Thomismus geprägt. Thomas von Aquino bestimmte das Denken von Wimpina ebenso wie Dungersheim, Magnus Hundt, Georg Dottanius oder Gregorius Breitkopf (Bredekopf). Diesem „realistischen“ Denkansatz folgte auch Müntzer. Könnten die Auseinandersetzungen Müntzers und Luthers nicht „eine ihrer Wurzeln im spätmittelalterlichen Gegensatz von Realismus und Konzeptualismus“ gehabt haben?[15]

Als Müntzer sich im Herbstsemester 1506 in die Matrikel eintragen ließ, befand sich die Universität in einer ernsten Krise. Die Gründung Wittenbergs – eine Notwendigkeit des neuen sächsisch-ernestinischen Territoriums – bedeutete für Leipzig eine ernsthafte Konkurrenz. Herzog Georg hatte dafür ein Gespür. Kaum war am 18. Oktober 1502 die neue Leucorea eröffnet worden, da erschien er in Leipzig und beschied Rektor und Dozenten der Universität zu sich. Jeder Dozent mußte ein schriftliches Gutachten über die Zustände an der Universität für den Herzog anfertigen. 45 Schriftstücke ließ Georg am gleichen Tage einsammeln – bis auf ein Gutachten alle in deutscher Sprache abgefaßt. Diese Stellungnahmen sind eine einzigartige Quelle zur Geschichte der deutschen Universitäten: Keiner der Dozenten hatte Zeit, Absprachen mit anderen zu treffen, ungeschminkt enthüllten alle die Miß-

[13] Kirchner, Egranus, S. 17–20

[14] Haß, Görlitzer Ratsannalen, Bd. 3, S. 12 (in der Einleitung die Biografie von Haß)

[15] Junghans, Ursachen für das Glaubensverständnis Thomas Müntzers 1524, S. 149

stände der Universität. Berühmte Namen sind darunter: Heinrich Stromer von Auerbach, durch seinen Handelshof mit Weinkeller heute noch allgemein bekannt, Konrad Wimpina, 1506 Gründungsrektor der Universität Frankfurt (Oder), Magnus Hundt, Johann von Breitenbach und viele andere. 45 Dozenten waren eine stattliche Zahl, im Grunde ausreichend, um den Pflichten einer Universität nach damaligem Zuschnitt nachzukommen. Aber das Gegenteil war der Fall.

An der Spitze der Universität stand nach altem Herkommen, aber nicht nach der Bedeutung, die Theologische Fakultät; sie stand damals unter scharfem Beschuß. Wer Pfründen in Magdeburg oder Merseburg innehatte, der kam nur noch selten nach Leipzig. In 10 oder 15 Jahren hatte mancher keine 50 Vorlesungen gehalten. Der Stoff wurde dabei maßlos in die Länge gezogen; einer soll 24 Jahre lang über 8 Kapitel „in Jheremia" gelesen haben. Laurentius Zcoch, Jurist, schrieb spöttisch: „Wan eyner, der yn der heyligen schrifft alhie zu Leypczk studiret, methusalems jhar erlangen mochte, so konde er kaum librum Ysaye außhoren mit der weyße, als sye leßen."[16] Aber der Unmut wuchs in allen Fakultäten. Mit allen Mitteln wurden junge Magister schikaniert: Für ihre Resumptionen wies man ihnen die Zeiten von 4 und 5 Uhr früh an, für die die Studenten wenig Lust verspürten. Aber das Hauptübel war die Cliquenwirtschaft. Eine Gruppe wurde der „Schwäbische Bund", nach ihrem Haupt, Mag. Johann Fabri de Werd (Donauwörth, damals Schwäbisch-Wörth) genannt. Georg Dottanius schrieb über ihn: „der ist eyn heubt des schwebischen bunds in facultate arcium und als gezcencks und haders ursache."[17] Er enthüllt mit seinem Motto die tiefste Ursache: „justicia vacua cecidit pulcherrima Roma" (Ohne Gerechtigkeit ging das herrliche Rom unter). Die Akten, die zuerst Emil Friedberg 1898 veröffentlicht hat, vermitteln das Bild einer perfekten Cliquenherrschaft, die alle verdrängte, die nicht „ihre Leute" waren. Begabungen spielten dabei keine Rolle, da bei diesem „System" kein Leistungszwang bestand und Erstarrung und wissenschaftliche Stagnation notwendige Folgen waren. Dem Frühhumanismus, der in Leipzig eine ungewöhnliche Blüte erlebte, wurde vom „Schwäbischen Bund" das Eindringen in die Universität verbaut, so daß die Begabungen sich woanders ihr Brot suchen mußten. Es war sicher kein Ausgleich für die Vertreibung vieler Humanisten, wenn Konrad Wimpina und Martin Polich, um nur diese zu nennen, als Verseschmiede im Geschmack der Zeit auftraten. Es handelte sich nicht nur um einen Kampf zwischen Humanisten und privilegierter Schulgelehrsamkeit, sondern um einen Kampf um Pfründen, Privilegien, Einkünfte und um das Überleben an der Universität.

[16] Geß, Die Leipziger Universität im Jahre 1502, S. 179
[17] Friedberg, Die Universität Leipzig, S. 148

Georg von Sachsen versuchte es mit einer halbherzigen Reform, die er schon am 8. November 1502 erließ: ohne den gewünschten Erfolg.[18] Dazu wären größere Mittel für neue Lehrstellen erforderlich gewesen. Was soll man aber von einem Herzog erwarten, der wenige Wochen zuvor, am 23. Juli 1502, die Artistenfakultät um 500 Gulden anpumpen mußte?[19] So mußten Organisation und Lehrbetrieb der Universität bis zur Reformation fast unverändert bleiben. Erst Moritz von Sachsen fand den Weg zu einer wirklichen Erneuerung der Universität, bis dahin gab es nur wenig wirksame Maßnahmen.

Aber die Mißstände sind nur die eine Seite der Universität. Die Leistungen des Frühhumanismus vor der Jahrhundertwende in Verbindung mit dem Aufschwung des Buchdrucks in Leipzig dürften es gewesen sein, die, neben zahlreichen anderen Studenten, auch Müntzer dazu bewogen, nach Leipzig zu ziehen.

Im Jahre 1857 edierte der um die Geschichte der Leipziger Universität hochverdiente Friedrich Zarncke einen anonymen Studentendialog, „Manuale scholarium" betitelt. Er druckte die Fassung, die Knoblochtzer in Heidelberg um 1490 herausgebracht hatte. Jahrzehnte galt dieser Druck mit der ältesten Beschreibung einer „Fuchsentaufe" und der Darlegung der Verhältnisse von via antiqua und via moderna[20] als wichtige Quelle für den Heidelberger Studienbetrieb. Erst 1894 erkannte der Literaturhistoriker Rudolf Wolkan, daß die berühmte Schrift nicht für Heidelberg, sondern für Leipzig geschrieben worden war. Alois Bömer wies 1897/98 einen Leipziger Druck nach, deren Verfasser Paul Schneevogel war, der sich Niavis nannte. Gerhard Ritter hat dann 1922 den endgültigen Beweis erbracht, daß der Heidelberger Drucker den ursprünglichen Titel („Latina ydeomata") änderte und die Lokalanspielungen auf Heidelberg umstellte oder umändern ließ.[21] Das „Manuale" war das erste humanistische Schülergespräch, bestimmt zur Übung in der lateinischen Umgangssprache, sowohl für die Trivialschulen als auch für die Universitäten. In Dialogform wurden Vorgänge aus dem Bereich des Schülerlebens behandelt, aber auch Schilderungen des täglichen Lebens spielen eine Rolle. Die lateinische Sprache sollte als gesprochene Sprache erlernt werden. Das traditionelle mittelalterliche Latein war eine praktische Universalsprache für die Bedürfnisse der Kirche, der Gelehrten, der Scholaren, der Diplomaten und sogar der Fernhändler. Niavis erscheint zuerst als Ingolstädter Baccalaureus 1479 in der Leipziger Matrikel und 1482 unter den Leipziger Magistern. Nach einer Tätigkeit als Rektor in Chemnitz weilte er von

[18] Alma mater lipsiensis, S. 39
[19] Urkundenbuch der Universität Leipzig, S. 261
[20] Prantl, Geschichte der Logik im Abendlande, Bd. IV, S. 147 f.
[21] Ritter, Heidelberger Gesprächsbüchlein, S. 4—32

1488 bis 1490 wieder als Dozent in Leipzig, erhielt aber keine feste Stelle. Er starb als Stadtschreiber in Bautzen nach 1514. Niavis war ein Anhänger des Terenz, der als Muster lateinischer Umgangssprache galt; diese wollte er in seinen Gesprächsbüchern – drei hat er insgesamt verfaßt – allgemein verbreiten. Das „Manuale scholarium", eigentlich „Latina ydeomata", ist für uns eine wertvolle Quelle für das Studentenleben der Zeit und besonders für die Leipziger Verhältnisse.[22] Berühmt ist die Beschreibung der Deposition, einer Initiationszeremonie für die Studenten, denen ihre ursprüngliche Tölpelhaftigkeit und Unbildung ausgetrieben werden sollte durch Absägen der Hörner von einer übergeworfenen Ochsenhaut, durch Ausbrechen der Zähne, Abrasieren des Bartes, durch Ablegen einer seltsamen Beichte, nach der der Magister die Absolution erteilte. Merkwürdige Vorstellung für uns, den Bean Thomas Müntzer in einer solchen Zeremonie vor Augen zu haben, die damals Bestandteil der Aufnahme wurde. Weiter wird über das Studium, die Lehrveranstaltungen, die via antiqua und moderna gesprochen, was hier nicht weiter ausgeführt werden kann.

Wir haben Niavis an die Spitze des Leipziger Frühhumanismus gestellt, weil er eine wichtige Quelle für das Universitätsleben um die Jahrhundertwende gewesen ist, nicht weil er etwas mit Müntzer zu tun gehabt hätte.[23] Es läßt sich nicht beweisen, daß durch seine Werbeschrift, die in zahlreichen Drucken Verbreitung fand, Müntzer dazu bewogen worden wäre, nach Leipzig zu ziehen. Wahrscheinlicher ist, daß die Universität Leipzig seit langem Anziehungspunkt für Quedlinburger gewesen war.

Wichtig für Müntzers Entschluß dürfte Leipzig als Buchstadt gewesen sein. Hier wurde nicht nur schon sehr früh gedruckt, hier entstand ein Zentrum des Buchdrucks, das im mittleren und nördlichen Deutschland sehr bald konkurrenzlos war. Hier aber bildete sich auch ein leistungsfähiger Buchhandel heraus. Der erste Druck, den wir kennen, war ein Nachdruck eines italienischen Werkes von 1480: die „Glosa super Apocalipsim de statu ecclesiae" des Annius von Viterbo, 1481 gedruckt von Markus Brandis. Die berühmten Leipziger Frühdrucker, die vielfach Kleindrucke in Quartformat für den Universitätsunterricht herausbrachten, waren Konrad Kachelofen, Martin Landsberg, Arnold Neumarkt von Köln, Wolfgang Stöckel, Jakob Thanner und vor allem Melchior Lotter.[24] Otto Günther hat 1909 ein Verzeichnis von 485 Wiegendrucken aus Leipziger Offizinen veröffentlicht.[25]

[22] Bömer, Lateinische Schülergespräche, Teil 1, S. 27–30
[23] Alma mater lipsiensis, S. 34 ff.
[24] 500 Jahre Buchstadt Leipzig, S. 8 und S. 25
[25] Günther, Wiegendrucke der Leipziger Sammlungen, Nr. 1142–1627, S. 67 bis 89

Noch älter als der Buchdruck ist der Buchhandel gewesen. A. Kirchhoff hat in mehreren Abhandlungen eine Fülle von Material zusammengetragen über Sortiments- und Kleinbuchhändler; 85 Namen von Buchführern für die Jahre 1477 bis 1600 hat er zusammengestellt. Die Lagerinventare der Sortimenter reichen nur bis 1547 zurück. Aus dem Anfang des Jahrhunderts sind uns nur die Namen von Ludwig Horncken und Gottfried Hittorp überliefert. Ihr Geldgeber wurde der Kaufmann August Pantzschmann, dessen jüngste Tochter Horncken heiratete. „Pantzschmanns Buchhandel" war jedoch nicht von Dauer (Horncken starb 1521/22). Was aber der Leipziger Druckverlag damals leisten konnte, zeigt die Tätigkeit des bedeutenden Melchior Lotter. „Als Werkdrucker stellte er zunächst in reicher Fülle (seit 1497) Missale, Breviarien, Psalterien her, mit Typen und Holzschnittinitialen, die zu dem Besten gehören, was der Missaldruck hervorbrachte. Er erhielt die Druckaufträge des Bistums Meißen; er druckte das Breviarium des Erzbischofs Ernst von Halle, ein Missale für die Diözese Brandenburg, ein Havelsberger Breviarium und später ein Psalterium für das neue Stift Halle. Er entfaltete eine glänzende Verlagstätigkeit, brachte zahlreiche philosophische und theologische, einzelne juristische und mathematische Schriften heraus, baute einen reichen Verlag von Erziehungsliteratur, Grammatiken, Praktiken, Wörterbüchern, Briefstellern aus und pflegte vor allem die klassische Literatur mit lateinischen Übersetzungen der Ilias und Odyssee, der aristotelischen Schriften, einzelner Schriften von Plutarch und Lukian, Ausgaben plautinischer Komödien, des Terenz, Vergil, Horaz, Persius, zahlreicher Schriften Ciceros, Ausgaben von Seneca, Valerius Maximus, Tacitus' Germania; viele davon erschienen wiederholt in neuen Auflagen. Er handelte mit Papier und Pergament; der Leipziger Rat bezog einen großen Teil seines Bedarfs an Schreibpapier von ihm. Zwei ständige Buchführer waren mit dem auswärtigen Vertrieb des Verlags beschäftigt. Unterm Rathaus hatte er seinen offenen Laden. Er war ... der Kommissionär Ulrichs von Hutten. Zu seinen Kunden gehörte Thomas Müntzer."[26]

Wir besitzen eine zeitgenössische Schilderung einer Leipziger Buchhandlung. In der Leichenrede für Petrus Mosellanus (gest. 1524) führte Johann Musler über den Besuch in einer Buchhandlung (Ende Dezember 1513) aus: Als Mosellan mit Börner in eine solche kam und griechische Schriftsteller verlangte, fuhr sie der Buchhändler an: „Dir Bürschchen werden die Denkmäler so großer Schriftsteller wenig nützen, die selbst Männer, die hier für die allergelehrtesten galten, nicht anzurühren wagen. Du tätest nach meiner Meinung klüger, wenn Du Dir die Grammatik Alexanders und die ‚Summulae' des Petrus

[26] Goldfriedrich, J., in: Leipziger Kalender 1914, S. 164 f.

Hispanus anschafftest! Es dünkte ihn eine Frechheit, daß ein junger Bursch ... die Werke des Homer und des Demosthenes verlange." Mosellan soll dadurch keineswegs in Verlegenheit geraten sein, sondern erreichte, daß der Buchhändler die verlangten Schriftsteller brachte.[27] Auch wenn diese Schilderung übertreibt, wie es bei Leichenreden üblich ist, so zeigt sie doch die Leistungsfähigkeit der damaligen Leipziger Buchhändler und deren Verbreitung griechischer Drucke, an deren Herstellung in Leipzig damals kaum zu denken war. (Das erste Buch mit griechischen Lettern war die kleine griechische Grammatik des Engländers Richard Crocus, die Valentin Schumann 1516 druckte.)

Was oben über Melchior Lotter ausgeführt wurde, gilt auch für einen großen Teil der genannten Drucker, deren Tätigkeit nicht in solch glänzendem frühkapitalistischem Rahmen verlief. Gustav Bauch war der erste Forscher, der in einer umfassenden Untersuchung diese Zusammenhänge erkannte und darlegte. Felician Geß hat mit Recht hervorgehoben, daß Bauchs Werk „keine Nachtischlektüre" darstelle, daß der Autor aber mit der Anerkennung aller rechnen dürfe, „die für die Geschichte unserer Universität, für die Geschichte des geistigen Lebens in jener Zeit Herz und Verständnis haben".[28] Vielleicht hat man aber gerade der „schwergerüsteten Schrift" nicht die Aufmerksamkeit gewidmet, die sie verdient, denn in der universitätsgeschichtlichen Literatur hat sie wenig Beachtung gefunden. Bauchs These lautet, daß Leipzig die einzige Universität der humanistischen Aera gewesen sei, „die den Stoff für eine zusammenhängende Darstellung des Frühhumanismus von Anfang an in seinen Phasen gewährt".[29] Das war aber kein reines Verdienst der Universität, sondern ebenso das der Entwicklung der Stadt zu einem Hauptmittelpunkt des deutschen Buchdrucks und Buchhandels.

27 Wustmann, Geschichte der Stadt Leipzig, Bd. 1, S. 312
28 Geß, Rezension, S. 275 f.
29 Bauch, Geschichte des Leipziger Frühhumanismus, S. 3

Thomas Müntzer und die Bibel

Das für Müntzer entscheidende Buch, das er in Briefen und Schriften am meisten zitiert, das er auch am gründlichsten studiert hat, ist die Bibel, die zu den meist- und bestüberlieferten Schriften des Altertums zählt: „Biblia sacra iuxta vulgatam versionem." Diese Bibel war im Mittelalter in zahllosen Handschriften verbreitet; sie fand sich in allen Bibliotheken, vornehmlich in denen der Klöster. Das erste größere gedruckte Buch überhaupt ist die 42zeilige Gutenberg-Bibel von 1450 bis 1456, natürlich in der lateinischen Übersetzung der Vulgata. Die Bibel nimmt unter den Inkunabeln einen bevorzugten Platz ein: Bis 1500 erschienen nicht weniger als 93 lateinische Gesamtausgaben, dazu 15 hoch- und niederdeutsche Übersetzungen.

Diese christliche Bibel – denn um diese allein handelt es sich hier – war um 200 im wesentlichen abgeschlossen, die Schriften des Alten und des Neuen Testaments haben damals ihre endgültige Form und Bedeutung erhalten, auch wenn die „Versio vulgata" erst im 4. Jh. (unter Verwendung älterer Übersetzungen ins Lateinische) entstanden ist. Der Kanon, so die Bezeichnung für die anerkannten Schriften seit dem 4. Jh., hat natürlich eine lange Vorgeschichte. Für uns bleibt der Vulgatadruck aus der Zeit um 1500 entscheidend, ihn studierten alle späteren Reformatoren, die als Gelehrte natürlich nicht auf Übersetzungen in die Landessprache angewiesen waren. Die jeweils benutzte Ausgabe ist ohne Belang, da die Abweichungen der Drucke unwesentlich waren und man von den rund 250 000 – allein beim Neuen Testament – abweichenden Stellen, die man heute schätzt, keine Ahnung hatte.

Aber diese Vulgata war nur mühsam zu einem Buch zusammengewachsen. Wir kennen das Ringen um zahlreiche Texte, die ausgeschieden wurden und oftmals für Jahrhunderte in Vergessenheit gerieten. Dennoch muß man sich hüten, die Bibel als Einheit zu sehen, so wie viele heute die Lutherbibel oder eine katholische Übersetzung lesen. Der Historiker kann sich dieser Auffassung nicht anschließen.

Die neueste Forschung hat eindeutig nachgewiesen, daß die Bibel die Hauptquelle für Müntzers Entwicklung, Auffassungen und Lehren ist. Aber es fehlt der exakte Nachweis der von ihm zitierten Bibelstellen, seines Verhältnisses zu den einzelnen Elementen des Alten und Neuen Testaments, zu spezifischen Textgruppen; aus dem Zusammenhang herausgerissene Einzelzitate helfen hier nicht weiter, schon gar nicht der oft gelesene Hinweis auf die Rolle des Alten Testaments bei Müntzer. M. M. Smirin hat sehr viel für die Aufspürung von Müntzers Quellen getan, aber die Bibel hat er überhaupt nicht berücksichtigt. Hier muß die Forschung einsetzen.

Freilich wissen wir nicht, wie die Menschen um 1500 die Vulgata gelesen haben: in welcher Reihenfolge der Bücher, mit welchen Voraussetzungen, welche Hilfsmittel ihnen zur Verfügung standen. Wir kennen die Konkordanzen, die Postillen und dergleichen. Aber wie wurden sie benutzt? Wie gar ein solches Studium bei und nach nur kurzem Universitätsaufenthalt wie bei Müntzer, d. h. doch wesentlich im Selbststudium, erfolgte, dürfte besonders schwer zu erhellen sein, ganz besonders, wenn unmittelbare Quellen fehlen.

Natürlich müssen wir unsere Fragestellung einengen. Was bot die Vulgata an Schriften, Texten, Elementen einem Leser um 1500, der, besessen von dem „Instinkt der Rebellion" (A. Gramsci), eine biblische Legitimation für ein Denken und Handeln suchte, das wir heute als revolutionär bezeichnen würden? Wie sah die Bibel vor der Herausbildung des christlichen Kanons aus? Die ältesten Handschriften zeigen, daß die ursprüngliche Bibel viel umfassender war und noch den Barnabasbrief, den Hirten des Hermas, den 1. und 2. Klemensbrief, die Apostellehre (Didache) und Ignatiusbriefe enthielt. Und Verzeichnisse des 5. bis 7. Jh. nennen sogar bis 63 Bücher der Bibel als „apokryph".[1] Diese immer mehr auswuchernde Literatur umfaßte neben allerlei Evangelien, Apostelgeschichten und dergleichen die eigentlich apokalyptische Literatur des Neuen Testaments: die Petrusapokalypse, den Hirten des Hermas und natürlich auch die Johannesapokalypse, die nach langen Auseinandersetzungen schließlich anerkannt und — neben dem III. und IV. Buch Esra — in die Vulgata aufgenommen wurde. „Alle drei Schriften (ohne Esra) sind zuerst, wie sie sich gaben, gewertet, d. h. für inspirierte Offenbarungsbücher gehalten worden und mit höchstem Ansehen umkleidet gewesen."[2] Aber die griechische Theologie verdrängte den Hermas und die Petrusapokalypse aus dem Kanon. Eine um 400 entstandene, in alle Sprachen des Mittelalters übersetzte Paulusapokalypse blieb von vornherein außerhalb der neutestamentlichen Schriften.

Die Apokalyptik ist eine aus dem späten Judentum stammende Literatur, gegen Antiochos Epiphanes und die zwangsweise Hellenisierung der Juden seit 167 v. u. Z. gerichtet. In den Zeiten des Makkabäeraufstandes entstand das berühmteste Dokument, die erst biblische Apokalypse, die auch ihren Platz im Alten Testament gefunden und

[1] Hennecke, Neutestamentliche Apokryphen, S. 29 und S. 30
[2] Weinel, H., in: Neutestamentliche Apokryphen, S. 301

behalten hat: das Buch Daniel, das eine neue Literaturgattung eröffnete, die über drei Jahrhunderte lang seltsame Blüten trieb. Die Apokalyptik ist primär eine biblische Literaturgattung jüdisch-christlicher Prägung, von dem Buch Daniel bis zur Johannesapokalypse. Daneben gab es aber auch zahlreiche apokryphe, d. h. nicht in den jüdischen Kanon aufgenommene, aber doch geschätzte Apokalypsen unter dem Namen Henoch, Baruch usw. bis zur außerkanonischen Paulusapokalypse (um 400) und zur späten Methodiusapokalypse (7. Jh.). Alle Apokalypsen erscheinen unter fremden Namen, daher auch Pseudepigraphen genannt; der tatsächliche Verfasser nennt sich nicht (bis auf die Johannesapokalypse, wo das tatsächlich der Fall zu sein scheint, ohne daß freilich der Verfasser Johannes mit dem gleichnamigen Apostel identisch zu sein braucht). Sie enthalten unter Namen der Vorzeit wie Daniel, Henoch, Baruch Enthüllungen geheimen Wissens, Darstellungen von Visionen, Weissagungen zukünftiger Dinge. Offenbart wird der Lauf der Geschichte, besonders des Endes der Welt. Durchweg entstammen diese Zeugnisse den Not- und Krisenzeiten der Geschichte, angefangen beim Kampf der Juden um ihre Identität in den Makkabäerkriegen.

Man dürfte nicht fehlgehen, wenn man in der apokalyptischen Literatur ein Aufbegehren der armen, unterdrückten Schichten vermutet, der Schichten, die stets zuerst von allen Wandlungen betroffen waren, die größten Opfer bringen mußten und stets die Opfer waren. Und die an Rache und ein Gericht Gottes dachten, gerade dann, wo sie an wirkliche Änderungen nicht denken konnten. Gott als Rächer der Armen, Zertretenen, Ohnmächtigen. Gott, der die Großen stürzt oder züchtigt, die Reichen straft. Gericht, Rache und Strafe sind Grundzüge apokalyptischer Vorstellungen, die in Naturkatastrophen, im allgemeinen Untergang gipfeln. Wie ein unterirdischer Strom ziehen sich diese Vorstellungen als Wunschgedanken durch fast alle christlichen Jahrhunderte, besonders der sozial erregten Zeiten, und ganz besonders sind sie verbreitet in revolutionären Krisen des Spätmittelalters bei den aufständischen Schichten in Stadt und Land.

Die Apokalyptik ist, nach den Worten H. Weinels „entsprungen aus dem ewigen Schrei nach Gerechtigkeit, der von den Gemarterten und Gequälten auf der Erde ausging gegen ihre Bedränger". Die Grundüberzeugung gipfelt in der Auffassung, daß Gott siegen wird, „mag die Welt auch der Menschen und des Teufels sein; daß Gerechtigkeit triumphieren wird über Männer der Gewalttat und Sünde ... Das ist die alte ewige Hoffnung, die in den Apokalypsen ihren Ausdruck gefunden hat."[3]

[3] Ebenda, S. 304

Ungeachtet aller Kanonbildung und Ausscheidung apokalyptischer Texte blieben Daniel, Offenbarung des Johannes und Esra in der Bibel, die in der heute gültigen Fassung der Vulgata mit Esra III und IV als Anhang schließt. Während Henoch, Baruch und andere Texte zunächst verlorengingen und erst spät aus den Überlieferungen der Randkirchen wieder ans Licht gefördert wurden, ist der Hirt des Hermas 1513 in der lateinischen Fassung von Faber Stapulensis erstmals gedruckt worden: Es war die erste Neuentdeckung eines teilweise apokalyptischen Textes aus der Mitte des 2. Jh. Aber davon abgesehen ist das Neue Testament auch in den nicht apokalyptischen Teilen stärkstens von Apokalyptik und Eschatologie durchdrungen. Schon aus diesem Grunde ist die Apokalyptik seit Konstantins Mailänder Dekret, seit der Konstituierung der römisch-katholischen Staatskirche und dem Sieg der griechischen Theologie zwar zurückgetreten, aber niemals erloschen. Das zeigt die große Rolle der Kommentare besonders zur Johannesapokalypse und ganz besonders die Rolle apokalyptischer Gedanken seit der hussitischen revolutionären Bewegung. Die biblische Legitimation erlaubt unter bestimmten entwickelten sozialen Verhältnissen ein Umfunktionieren zu einer Begründung menschlichen Handelns im Sinne früher revolutionärer Bewegungen. So wird das Studium apokalyptischer Texte und Interpolationen (Jes 24—27; Sach 12—14, endgestaltet von Joel) wie auch der zahlreichen apokalyptischen Stellen des Neuen Testaments zu einer Quelle des Bibelverständnisses Müntzers. Von hier aus deutet er die Geschichte der Kirche als Abfall von den reinen Ursprüngen, von hier aus versucht er, die Geschichte des Urchristentums zu erfassen. Apokalyptische Interpretation der Bibel und Studium der Kirchenväter ergänzen sich.

Als Student an der Universität Frankfurt (Oder)

Das zweite urkundlich feststehende Datum in Müntzers Leben ist die Eintragung in die Matrikel der Universität Frankfurt (Oder) im Jahre 1512: „Thomas Müntczer Stolbergensis".[1] Was hat ihn, sechs Jahre nach dem Beginn seiner Studien in Leipzig, an die Oderuniversität getrieben, die erst 1506 gegründet worden war?

Frankfurt hat mancherlei mit Leipzig gemeinsam: Beide Städte waren Markt- und Messeorte[2], beide verfügten über ein bedeutendes Buchgewerbe.[3] Die Oderstadt war seit jeher ein wichtiger Brückenkopf und bis ins 17. Jh. Endpunkt der Oderschiffahrt. Aber niemals konnte Frankfurt, mit bedingt durch die geographische Lage, mit Leipzig wirtschaftlich oder kulturell konkurrieren. Außerdem darf man den im 16. Jh. beginnenden Gegensatz zwischen Brandenburg und Sachsen nicht aus dem Auge verlieren. Gerade zwischen 1511 und 1514 erreichte das Haus Hohenzollern, wie oben dargelegt, bedeutende Erfolge durch den Gewinn der Stifte Magdeburg, Halberstadt und der Stadt Halle.[4]

Viel Gemeinsames hatte Frankfurts Universität hingegen mit Leipzig. Die von Kurfürst Joachim I. gegründete neue Universität, die erste in den kurbrandenburgischen Landen, war geradezu ein Ableger der Leipziger Universität, da man aus politischen Gründen nicht an das modernere Wittenberg anknüpfen wollte. So übernahm man die Nationenverfassung, aber auch die ausschließliche Orientierung auf den Thomismus, vertreten durch den Gründungsrektor Konrad Wimpina, der ein alter Leipziger war.

Auch die wichtigsten anderen Professoren kamen aus Leipzig. Das soll an einigen Beispielen aufgezeigt werden, wobei nur solche Namen genannt werden, die auch gleichzeitig durch Druckerzeugnisse Frankfurter Offizinen nach- und ausgewiesen werden können. Wir versuchen

1 Friedländer, Ältere Universitätsmatrikeln I. Universität Frankfurt a. d. O., Bd. 1, S. 34

2 Straube, Die Stellung Frankfurts, S. 73—90

3 Grimm, Altfrankfurter Buchschätze, besonders S. 24—31 und S. 61—65. Im folgenden Angabe der Nrn. der Werke nach Grimm.

4 Mühlpfordt, Die Oder-Universität 1506—1811, S. 19 ff., besonders S. 33 f. zu Johann Blankenfeld (gest. 1527)

— der Einfachheit halber — die Arbeiten von Gustav Bauch (gest. 1925) und Heinrich Grimm (gest. 1975), der doch wohl besten Kenner der Oderuniversität Frankfurt in ihren Anfängen,[5] bibliographisch zu verbinden.

1506 begab sich von Leipzig aus an die Oder Johannes Lindholz aus Müncheberg, ein Vertreter der Spätscholastik, erster Dekan der Artistenfakultät, der bis zu seinem Tode im Jahre 1535 wirkte (Nr. 2, 9 und 28).

Mit ihm kam aus Leipzig der Mathematiker und spätere Mediziner Ambrosius Lacher aus Meersburg, der 1540 verstarb (Nr. 14, 16—19); von 1505 bis 1511 war er auch als Buchdrucker tätig. Leipziger und danach Wittenberger Student war auch Gregor Kopp oder Coppe, der in Frankfurt 1509 Dekan der Medizinischen Fakultät wurde (Nr. 32). Zu nennen ist weiter Andreas Heinz (Henrici), 1514 Doktor der Medizin in Frankfurt (Nr. 47 und 48).

Bekannter und wohl auch von größerer allgemeiner Bedeutung sind die Humanisten, die in Frankfurt tätig waren. Bei der Eröffnung der Universität wirkte zuerst der aus Straßburg stammende Latinist und Orator Schmerlin, der sich hochtönend Publius Vigilantius Axungia nannte (Nr. 3), mit. Schon vor Eröffnung der Hohen Schule hielt er in der Stadt Vorlesungen über Horaz' „Epistel über die Dichtkunst". 1512 starb er bei Wimpfen eines gewaltsamen Todes. Sein Gedicht über das Ruppiner Turnier des Kurfürsten Joachim von 1509, „bellica progymnasmata" betitelt, erschien 1512 in Frankfurt im Druck (Nr. 43): Unter dem kurbrandenburgischen Wappen stehen die Worte „homo homini deus".[6]

Der bedeutendste Humanist in Frankfurt zu Beginn des 16. Jh. war fraglos der Sorbe Johann Rhag aus Sommerfeld, der sich Aesticampianus oder Rhagius Aesticampianus nannte. In Frankfurt wirkte er nur kurz, hat aber doch vier wichtige Arbeiten hier veröffentlicht: die „Tabula Cebetis", die Grammatik des Martianus Capella und seine eigenen Erläuterungen sowie die Grammatik des Aelius Donatus (Nr. 20 bis 23). Schon 1507 ging er nach Leipzig, wo er bis 1511 wirkte, ehe er für 10 Jahre von der Universität relegiert wurde.[7]

Ihm folgte, von Wittenberg kommend, Hermann Trebelius, der von 1508 an in Frankfurt wirkte (Nr. 30, 35 und 37). In Wittenberg hatte

[5] Bauch, Die Anfänge der Universität Frankfurt a. d. Oder. Ders., Aus dem ersten Jahrzehnt der Universität. Grimm, U. v. Huttens Lehrjahre, S. 4: „Die Bekanntschaft mit Joachim von Fiore, dessen Mystik in ihrem Einfluß auf Müntzer festzustellen ist, dürfte M. in Frankfurt gemacht haben, mit dem Ketzer Fiore hatte sich Wimpina beschäftigt."

[6] Maushake, Frankfurt a. d. Oder als Druckerstadt, S. 20

[7] Irmscher, Die klassischen Studien an der Viadrina, S. 216—219. Grimm, Artikel Aesticampian, S. 92 f. und Artikel Hutten, S. 99—102

er eine griechische Elementargrammatik herausgegeben. Ähnliches hat er in Frankfurt nicht versucht. Er starb 1514, in welchem Jahr Richardus Sbrulius in der Oderstadt auftauchte und sich Doktor und Professor der freien Künste nannte (Nr. 44 und 45).

In den Jahren 1506 bis 1509 erschienen Textausgaben von Lukian, Horaz, Martial, Cicero zur Benutzung in den Vorlesungen (Nr. 24, 26, 27, 29), kenntlich am breiten Durchschuß zwischen den Zeilen.

Aber schon sehr früh setzte sich der konservative Grundzug der Viadrina durch. Führend war dabei stets Konrad Wimpina, der unterstützt wurde durch den Kanzler der Universität Dietrich von Bülow, als Bischof von Lebus eine einflußreiche Persönlichkeit. Auch die Rolle der Dominikaner in der Theologischen Fakultät kommt hinzu. Wimpina selbst hat viele kirchlich äußerst konservative Schriften veröffentlicht, die bei Grimm aufgeführt werden; er hat in Wolfgang Redorfer (Nr. 46, 54 und 55) einen später betont antireformatorischen Schüler gehabt. Alle seine Schriften werden gleichsam zusammengefaßt in dem Hauptwerk, der „Anacephalaeosis“ (Nr. 57), einem gegenreformatorisch-antilutherischen Werk, das breit den Nachweis zu erbringen sucht, daß Luther die Inkarnation aller Ketzereien der gesamten Kirchengeschichte darstelle. Ketzergeschichte ist das Werk im Kern, und darin liegt seine Bedeutung in der Vorbereitung der Gegenreformation. Die „Anacephalaeosis“ — der Name ist von dem Ketzerkatalog des Epiphanius (gest. 403) und seinem Werk „Panaria eorumque anacephalaeosis“, das Dionys Petavius ins Lateinische übersetzte, übernommen[8] — ist eine Hauptquelle der vortridentinischen katholischen Theologie.[9] Gedruckt wurde das Werk erst in Frankfurt (Oder) 1528, beruht aber auf älteren Manuskripten, auch wenn diese sich im Einzelnen nicht datieren lassen.

Was Müntzers Frankfurter Studien angeht, so haben Walter Elliger und besonders Günter Vogler[10] das vorhandene Material zusammengetragen, ohne daß beide zu neuen Ergebnissen zu gelangen vermochten. Wahrscheinlich wäre aber — ich folge hier Vogler —, daß Müntzer in Frankfurt einen theologischen Grad erworben hat, auch wenn wir nicht wissen, in welchem Jahr.

Und das führt uns wieder zu Wimpina, denn nur bei ihm oder doch wenigstens mit seiner Zustimmung konnte Müntzer an der Theologischen Fakultät studiert oder promoviert haben. Schauen wir uns das

[8] S. Epiphanii episcopi Constant (gest. 403), Panaria eorumque anacephalaeosis, in: Corpus haeresiologicum, hrsg. von Oehler, Franz, II, 3, Berlin 1851, S. 537—591

[9] Vgl. Negwer, Konrad Wimpina. Vgl. auch Lämmer, Die vortridentinische katholische Theologie (zitiert Wimpina massenhaft, aber nur unter dogmatischen Gesichtspunkten)

[10] Elliger, Thomas Müntzer, S. 26 ff. Vogler, Thomas Müntzer als Student der Viadrina, S. 243—251 (auch in: Mühlhäuser Beiträge, 4/1981, S. 28—35)

sog. Hauptwerk nochmals an. Der „Überblick über die Sekten, Irrlehren, Wahnvorstellungen und Spaltungen vom Anfang der christlichen Kirche bis auf unsere Zeiten“ enthält im 2. Buch ausführliche Darstellungen über Wiclif (45 Artikel, fol. VI b–XIX a), im 3. Buch über Hus (fol. XXIII b–XXII b, 29 art.) und im 4. Buch die Artikel der Taboriten (fol. XXX b). Im 5. Buch wird dann Luther behandelt (fol. XXXIX ff.).[11]

Eine Darstellung Joachims von Fiore findet sich in der „Anacephalaeosis“ nicht. Daß damals Joachim von Fiore in Frankfurt (Oder) eine Rolle gespielt habe, geht auf Heinrich Grimm zurück, läßt sich aber nicht erhärten. Diese Vermutung, die auf die bekannte Äußerung Müntzers in seinem Brief an den Allstedter Schösser Zeiß (Nr. 46) zurückgeht, zieht sich durch die Schriften Grimms seit 1938.[12] Zuerst scheint Ernst Walter Hut in seinem „Führer durch das Bezirksmuseum und die Geschichte von Frankfurt an der Oder“, I. Teil, 1964, S. 78 vergröbernd diese Legende aufgegriffen zu haben, wenn er behauptet, Müntzer sei während seines Studiums an der Oder „mit den Ansichten des Ketzers Joachim von Fiore durch seinen Lehrer Wimpina“ bekannt geworden. 1972 stützt sich Ferdinand Seibt in seinem Buch „Utopica“ auf eine Mitteilung von Grimm, Joachim von Fiore sei „an der neuen Universität Frankfurt an der Oder über Conrad Wimpina Männern wie Hutten und Müntzer bekannt geworden“.[13] Wenn das auch nicht zutrifft, so konnte ein Hinweis auf Wiclif und Hus durchaus möglich gewesen sein, zumal Wimpina schon in seiner Leipziger Zeit einen „Tractatus de erroribus philosophorum in fide Christiana“ (1493) und andere Schriften ähnlicher Art verfaßt hatte. Freilich ist das nur ein Hinweis, eine Vermutung, aber kein schlüssiger Beweis. Mehr ist bei dem gegenwärtigen Forschungsstand und in Ergänzung der Ausführungen von Vogler nicht zu sagen.

Nach dem Besuch von zwei Universitäten und dem Erwerb von einem, vielleicht sogar zwei akademischen Graden muß die Frage gestellt werden: Wie stand es bei Thomas Müntzer mit den drei Sprachen, die seit dem 16. Jh. für Wissenschaft und Bildung unumgänglich erschienen, so daß man vom Gelehrten als einem Mann der drei Sprachen redete? Diese drei Sprachen waren Latein, Griechisch und Hebräisch. Latein stand für lange Jahrhunderte an erster Stelle. Es war in der Gestalt des Mittellateins vom 6. bis 16. Jh., runde 1 000 Jahre, die Verkehrssprache des „Abendlandes“; es entwickelte eine umfassende und vielgestaltige Literatur und wurde „in den gesamten Bereichen der

[11] Zitiert nach dem Exemplar der Universitätsbibliothek Leipzig, Polemik 16
[12] Siehe unter Anm. 5
[13] Seibt, Utopica, S. 25.

Kirche und ihrer Institutionen, der Verwaltung, Diplomatie und des Rechts sowie der Universitäten und Wissenschaft gesprochen".[14]

Im Gegensatz zum Spätlatein, aus dem die romanischen Sprachen hervorgingen, war es keine Volkssprache, wohl aber eine gesprochene Sprache. Erlernt wurde es in den Lateinschulen – nicht ohne besondere Methoden, deren wichtigste das Verbot des Sprechens in den Volkssprachen darstellte, eine Maßnahme, die durch Androhung von Strafen durchgesetzt wurde. Der „lupus", ein bestellter Aufseher, mußte alle Verstöße gegen diese Grundregel melden. Das galt an den Universitäten Leipzig und Frankfurt. So haben die Schüler und Studenten alle rasch Latein gelernt, nicht nur passiv, sondern aktiv, mündlich und schriftlich, mehr oder weniger vollkommen. Freilich scheint der Lupus mit der Zeit weniger wirksam geworden zu sein, denn vielfach bediente man sich, auch im Umgang mit Studenten, einer eigentümlichen Mischsprache (vgl. Luthers Tischreden und Predigten). Aber in der Zeit, in der Müntzer studierte, war die Kraft der scholastischen Latinität noch ungebrochen. Die gesamte wissenschaftliche Literatur war lateinisch. Und die altchristliche in griechischer Sprache geschriebene Literatur wurde allgemein in lateinischen Übersetzungen gelesen. Das galt vor allem für die biblischen Schriften, die des Alten wie des Neuen Testaments, einschließlich der Apokryphen. In dem Maße, wie die Kenntnis der griechischen Sprache im westlichen Mittelmeerraum zurückging – seit etwa 250 stetig –, wurde es notwendig, die Bibel und die wichtigsten frühchristlichen Schriftsteller aus dem Griechischen ins Lateinische zu übersetzen. Hier wurde das Werk des Römers Hieronymus (gest. 419 oder 420) besonders wichtig. Im Auftrag des Papstes Damasus übersetzte er die Bibel teils neu, teils griff er auf vorhandene lateinische Übersetzungen zurück, eine Aufgabe, der er als Kenner des Griechischen und auch des Hebräischen hervorragend gewachsen war. Diese Übersetzung setzte sich durch und erhielt seit dem 13. Jh. die Bezeichnung „Vulgata", die „Allgemeingebräuchliche". Bis heute gilt sie in der katholischen Kirche als authentische Fassung der biblischen Schriften. Diese Vulgata war das Grundbuch des katholischen Mittelalters, der Kirche wie der Ketzer. Sie war auch das Grundbuch Müntzers, allerdings in der damaligen Edition und ohne Verseinteilung, die erstmalig 1528 in einer lateinischen Bibel erscheint.[15]

Hieronymus folgte sein Freund und späterer Gegner Rufinus von Aquileia (gest. 410) mit der lateinischen Übersetzung der griechischen Kirchenväter. „Ihm ward vor allem verdankt, daß die Geistestaten eines Origines und Eusebius, die Redegewalt eines Gregorius und

[14] Vgl. Lexikon der Antike, 2. bearb. Auflage, Leipzig 1977, S. 360
[15] Biblia iuxta vulgatam versionem

Basileios für den Okzident nicht verloren wurden, sondern in der Übersetzung philosophischen Sinn, geschichtliches Denken, rednerische Kunst weckten und nährten."[16] Aus der gleichen Zeit sind Marius Victorinus, aus der karolingischen Aera Scotus Eriugena, aus dem 13. Jh. Wilhelm von Moerbeke als bedeutende Übersetzer griechischer philosophischer Werke ins Lateinische zu nennen.

Diese Übersetzertätigkeit setzten in der Renaissancezeit für die klassische griechische Philosophie und Literatur Poggio Bracciolini, Marsilio Ficino, Pico della Mirandola u. a. fort. In Frankreich hat Faber Stapulensis viele der alten Übersetzungen neu herausgegeben.

Müntzer fußte in seiner ausgedehnten Lektüre völlig auf diesen lateinischen Übersetzungen; es kann als sicher gelten, daß er kein einziges Buch in griechischer Sprache gelesen hat. Die Bücherliste von Ende 1520 (MF S. 556–560) enthält keinen einzigen griechischen Originaltitel. Die Kenntnis der griechischen Sprache war im Mittelalter weithin erloschen. Der frühe Humanismus beruht überwiegend auf lateinischer Literatur und lateinischen Übersetzungen aus dem Griechischen. Müntzer bedeutet auch auf diesem Gebiet keine Ausnahme, wie die bei ihm nachweisbaren bzw. vermuteten Zitate aus der antiken Literatur beweisen.

Die griechischen Studien verbreiteten sich in Deutschland sehr langsam. Celtis war ihr Prophet und hat auf seiner Wandertätigkeit ihre Einführung an den Universitäten Leipzig (1486), Ingolstadt (1492) und Wien (1497) vorbereitet. Als Lehrfach hat sie aber erst Nikolaus Marschalk 1500 in Erfurt eingeführt: Er war der Lehrer von Johann Lang, der wiederum Eobanus Hessus und Justus Jonas unterrichtete. Von größter Wirkung war die Editio princeps des griechischen Neuen Testaments, die Erasmus besorgte und die Froben in Basel 1516 druckte.

Schon 1518 konnte Aldus Manutius die erste griechische Vollbibel vorlegen, aus der Complutensis und aus der Erasmusausgabe kombiniert. Damit aber war den griechischen Studien in Deutschland die Bahn gebrochen, Melanchthon vollendete in Wittenberg, was Erasmus begonnen hatte.

Aber die Arbeit von Erasmus von 1516 zeigt deutlich, daß auch seine Kenntnis des Griechischen lückenhaft war: Lopez Zuniga, Budaeus, Reuchlin waren ihm philologisch überlegen. Was Erasmus als schlechte lateinische Überlieferung – in der Nachfolge Lorenzo Vallas – ansah, war viel älter und besser als die späten griechischen Texte, die ihn so getäuscht hatten. Was Müntzer davon wußte und ob er überhaupt an den griechischen Studien teilgenommen hat, wissen wir nicht. Es ist kaum anzunehmen, daß er den philologischen Wert der griechischen

[16] Norden, Die römische Literatur, S. 109

Texte richtig zu würdigen wußte: Für ihn stand der Inhalt der Quellen der christlichen Überlieferung so stark im Vordergrund, daß ihm die lateinischen Übersetzungen, die er eifrig studierte, doch wohl genügten — wie sie Jahrhunderte hindurch genügt hatten und genügen mußten. Und die nur zwei griechisch geschriebenen Worte in Müntzers Briefwechsel (in Nr. 8 vom 3. Januar 1520 an den Buchführer Achatius Glov) beweisen keine sonderlichen Kenntnisse dieser Sprache.

Anders sieht es aus mit den hebräischen Studien. Hier findet sich in Müntzers Nachlaß eine eigenhändige Notiz (MF S. 539 f.) mit Erklärungen von 46 hebräischen Orts- und Personennamen, vorwiegend dem 1. Buch Samuelis entnommen. Die Notizen sind offensichtlich — nach Tinte und Schrift zu urteilen — zu verschiedenen Zeiten entstanden. W. Eilers würdigt in seinen Bemerkungen (MF S. 540) die Etymologie, behauptet aber zuviel, wenn er sagt, daß „Müntzers Bemühung in dieser Richtung ohne wirkliche Vorläufer zu sein scheint". Ernst von Dobschütz hat in anderem Zusammenhang darauf verwiesen, daß es von Origines oder seiner Schule Zusammenstellungen solcher etymologischer Deutungen hebräischer Eigennamen gibt, die Hieronymus ins Lateinische übertrug und die in vielen Bibelhandschriften und -inkunabeln übernommen worden seien — als unerschöpfliche Quelle allegorischer Ausdeutung. Es könnte also durchaus fraglich sein, ob die Notizen wirklich „als Frucht seiner eigenen Gelehrsamkeit zu gelten haben" (MF S. 540).

Eines dürfte klar sein: Müntzer hat hebräische Studien betrieben. Keineswegs als einziger, wie ein Blick in die Chronik Konrad Pellikans und in die Erinnerungen Thomas Platters zeigen.[17] Gerade die Erinnerungen beider an ihre Studienzeit beleuchten die großen Schwierigkeiten im Erlernen des Hebräischen. 1504 veröffentlichte Pellikan, der im wesentlichen autodidaktisch vorgehen mußte, die erste von einem Christen verfaßte Anleitung: „De modo legendi et intelligendi Hebraeum". Unabhängig von Reuchlin hat er begonnen, bis es zu einer Zusammenarbeit kam, von der beide profitierten. Reuchlins „Rudimenta hebraica" von 1506 wurden dann eines der erfolgreichsten Lehrbücher. Er, ein bedeutenderer Philologe als Erasmus, hatte schon für die Kenntnis des Griechischen durch Ausgaben und Übersetzungen viel getan, aber seine Hauptleistung war doch die Grundlegung der Hebraistik. Den Anstoß gab seine Beschäftigung mit der Kabbala, in der er die Offenbarung Christi nachweisen wollte („De verbo mirifico" 1494 und „De arte cabbalistica" 1517); diese Bemühungen veranlaßten ihn, sich das Hebräische anzueignen. Diese bahnbrechenden philosophischen und philologischen Studien — im Gefolge von Marsilio Ficino und

[17] Pellikan, Chronikon, S. 14—23

Pico della Mirandola – führten zum sog. Reuchlinschen Streit (1510 ff.). Die Kenntnis des Hebräischen verbreitete sich an den Universitäten nur sehr langsam. Der große Erasmus verstand diese Sprache nicht und schreckte vor ihrer Fremdartigkeit zurück. Die Gründe dieser Ablehnung liegen auf der Hand. Es bedurfte der Vermittlung von Juden, um über die Unvollkommenheiten des jungen Pellikan hinauszugelangen. Matthäus Adrianus spielte eine große Rolle, er war das Kind jüdischer Eltern aus Spanien. Er wurde der Lehrer Pellikans und der Mitarbeiter Reuchlins, der selbst von 1498 bis 1500 von einem Juden aus Cesena unterrichtet wurde. Wie Müntzer zu seinen Hebräischkenntnissen kam, ist nicht nachweisbar. In Leipzig lehrte 1519 als erster öffentlicher Lehrer Johannes Cellarius, sein Schüler war Philipp Novenianus, 1513 in Leipzig immatrikuliert. Von ihm erschien 1520 ein „Elementale hebraicum", das Valentin Schumann in Leipzig druckte, es wird in Müntzers Bücherverzeichnis genannt (MF S. 556, Nr. 7). Von Novenianus stammt die wohl einzige Gegenschrift gegen die Angriffe der Verfasser der Dunkelmännerbriefe auf die Leipziger Universität („Philippi Noueniani Hasfurtini Lucubratiunculae ... contra virorum obscurorum Epistolarum obscurum authorem ... Lector, eme, lege et probabis", Leipzig 1516).[18] Über die sonstigen hebräischen Elementarbücher unterrichtet der Index bibliographicus von Gustav Bauch.[19] Aber Beziehungen Müntzers zu Novenianus sind nicht nachweisbar, auch dürften seine Bemühungen um die hebräische Sprache nicht erst 1520 begonnen haben. Freilich kann er sich für das Buch auch interessiert haben, um Schüler zu unterrichten, zumal sich seit den Anfangsjahren der Reformation das Bedürfnis für hebräischen wie auch griechischen Unterricht überall verstärkt haben dürfte.

Nach allem ergibt sich daraus, daß Müntzer kein Philologe war, wie die genannten Autoren. Er ging auch nicht den Weg Luthers, der schon in Erfurt unter der Anleitung von Marschalk philologische Studien betrieb und von hier aus das Bibelstudium erneuerte. Für Müntzer handelte es sich doch im Grunde immer um das apokalyptische Verständnis der alten Texte. Und dieses läßt sich nur verstehen anhand der Apostelgeschichte 2, 6: Denn jeder hörte sie (die Ausgießung des Heiligen Geistes) in seiner eigenen Sprache reden. Müntzer geht von seiner Geistlehre aus, die für ihn zugleich ein direktes Verständnis der biblischen Offenbarung bedeutet, wobei die jeweilige Sprache der Verkündigung unbedeutend war.

[18] Witkowski, Geschichte des literarischen Lebens, Bd. 1, S. 39. Ich benutzte das Exemplar der Universitätsbibliothek Leipzig, das wahrscheinlich auch Witkowski vorlag.
[19] Vgl. Bauch, Die Einführung des Hebräischen in Wittenberg

Eines jedoch ist sicher: Müntzer gehört überwiegend der lateinischen Welt des späten Mittelalters an; der Humanismus hat ihn deutlich beeinflußt, aber mehr in der Arbeitsmethode als im formalen. Bezeichnend ist das Zitat aus den „Lucubratiunculae ornatissime“ des Peter Schott aus Straßburg, die Wimpfeling 1498 herausgegeben hat (MF S. 537). Sein Vordringen zu den ältesten Quellen des Christentums ist humanistisch und reformatorisch zugleich: die Bibel, die Berichte über die apostolische Zeit bei Euseb-Hieronymus, Josephus bzw. Pseudohegesippus, Plinius d. J., der Hirt des Hermas, die Kirchenväter Augustinus, Hieronymus, Tertullian, Basilius etc. Vorgeprägt ist dieses breite Vordringen zu den Quellen bei Faber Stapulensis, fast stärker als bei Erasmus.

Blick in die Zeit und die zeitgenössische Literatur

Die Jugendjahre Müntzers fallen in eine politisch äußerst bewegte Zeit. 1492 bis 1502 entdeckte Kolumbus Amerika, 1494 eröffnete Karl VIII. von Frankreich den Kampf um Italien und damit um die Vorherrschaft in Europa. Was wußte man in Müntzers Heimat, in den Städten um den Harz, von diesen Ereignissen? Sicher wenig genug, und auch das nur recht unklar und verschwommen. Man wußte vom Kaiser und vom Papst, Maximilian I. zumal war überall bekannt. Pellikan erinnerte sich aus seiner Jugend lediglich an die Gefangennahme des Habsburgers durch die Niederländer (1488). Eine Vorstellung von ihrer Politik, ihren machtpolitischen Zielen dürfte kaum bestanden haben. Zudem scheint die lokale Chronistik in den Städten um den Harz schwach entwickelt gewesen zu sein; nur Braunschweig macht eine Ausnahme.

Als Feldherr dürfte in Norddeutschland Albrecht von Sachsen, seit 1464 gemeinsam mit dem Bruder Ernst Regent von Sachsen, bekannt geworden sein. Er war es, der 1488 Maximilian befreite und Flandern unterwarf. 1498 wurde er Erbstatthalter von Friesland, wo er für seinen Sohn Heinrich ein eigenes Territorium schaffen wollte. Aber die Pläne des ehrgeizigen Mannes, den man „des Reichs gewaltigen Marschall und Bannermeister" nannte, scheiterten durch seinen Tod im Jahre 1500. Kein geringerer als Wimpina veröffentlichte 1497 in Leipzig ein Heldengedicht über Albrechts Kriege.[1]

Am 17. Februar 1500 wurde die spektakuläre Schlacht von Hemmingstedt geschlagen, in der das Bauernheer der Dithmarscher über den König von Dänemark und den Herzog von Schleswig mit ihrer starken Ritterschaft siegten; es gab weiterhin die Bundschuhverschwörungen am Oberrhein von 1493, 1502 und 1513, die allerdings erst durch die Schrift des Pamphilus Gengenbach „Der Bundschuh" vom Jahre 1514 weiter bekannt wurden; es gab den grausam geführten Landshuter Erbfolgekrieg, den Bayern, der Schwäbische Bund, Württemberg und die Reichsstadt Nürnberg gemeinsam gegen die Kurpfalz führten (1503 bis 1505), einen Krieg, der mit der völligen Niederlage Kurfürst Phi-

[1] Wimpina, Konrad, Bellorum illustriumque actorum Principis Alberti Ducis saloni ... Epithema. Negwer, Konrad Wimpina, S. 42 ff. und S. 202

lipps endete. Und es gab 1514 den Aufstand des „Armen Konrad" in Württemberg, grausam unterdrückt vom Truchseß von Waldburg, dem Feldherrn des Schwäbischen Bundes. Weitab gab es Bauernkriege: 1514 in Ungarn unter Dózsas Führung, worüber schon 1514 eine Nürnberger Flugschrift, gedruckt von Hieronymus Höltzel, berichtete; 1515 fand in der Windischen Mark ein bäuerlicher Aufstand statt. Aber was wußten die einzelnen Menschen darüber, was konnte Müntzers Ohr erreicht haben von den Ereignissen während seiner Jugendzeit bis hin zur Reformation? Da er sich später kaum darüber äußert, können wir nur Vermutungen anstellen.

Es wäre falsch, vom heutigen Wissensstand, gespeichert in Nachschlagewerken aller Art, auszugehen. Sehr vieles von dem, was uns heute als wesentlich vorkommt, wußte damals niemand, von wichtigen Tatsachen hatte man keine Kenntnis, die Zusammenhänge vollends sah man in gänzlich anderem Lichte. Das Geschichtsbild der Bibel beherrschte nach wie vor das Denken, ergänzt durch einzelne antike Historiker. Man muß nach den Geschichtswerken der damaligen Zeit greifen, um die Frage beantworten zu können.

An erster Stelle wäre zu nennen der „Liber chronicarum" des Nürnberger Stadtarztes Hartmann Schedel. Die lateinische Ausgabe wurde bis Juli 1493 von Koberger gedruckt, eine deutsche Übersetzung von G. Alt – „Das Buch der Chroniken" – folgte schon im Dezember 1493, ebenfalls von Koberger gedruckt. Die Darstellung reicht bis 1492 und ist berühmt geworden durch die rund 2 000 Holzschnitte von Michael Wolgemut und Wilhelm Pleydenwurf.

Schon 1496 und 1497 brachte der Augsburger Drucker Schönsperger Nachdrucke heraus. Die sehr konservative Darstellung lehnt alle Aufstandsversuche entschieden ab und ist betont antihussitisch eingestellt. Die heresis hussitarum wird behandelt, das Konstanzer Konzil, schließlich auch der Pfeifer von Niklashausen, aber alles relativ knapp.

Weitaus bedeutsamer ist das erste große humanistische Geschichtswerk des Johannes Nauclerus (Vergenhans) mit dem Titel „Memorabilium omnis aetatis et omnium gentium chronici commentarii". Da der Verfasser vor der Vollendung seines Werkes 1510 starb, übernahm der Hirsauer Mönch Nicolaus Basellius die Fortführung und die Herausgabe. Reicht der erste, von Nauclerus geschriebene Band bis 1500, so setzte Basellius das Werk bis 1514 fort, d. h., er fügte einen zweiten Band mit der Behandlung der Jahre 1500 bis 1514 hinzu: „complevit opus J. Nicolaus Basellius Hirsaugiensis annis XIII ad MD additis". Dieses wichtigste Werk zur Geschichte des frühen 16. Jh. wurde auf der Grundlage oder mit Benutzung der „Annales Hirsaugienses" des Trithemius fertiggestellt. Darum interessiert hier nicht die Weltchronik, die Naucler von Christi Geburt an bietet, sondern ihre Überleitung

„zur kritisch-humanistischen Beschreibung der deutschen Geschichte“.[2] Im März 1516 hat der Tübinger Drucker Anshelm das Werk abgeschlossen, das bis 1675 neun Auflagen erzielte. Die Register, für den 1. und 2. Band getrennt, befinden sich am Anfang des 2. Bandes und vermitteln einen Einblick in den Reichtum des Werkes. (Die Geschichte der Hussiten wird erst an späterer Stelle behandelt, sie wird hier auf 20 Seiten dargestellt.) Folio 294 b beinhaltet die Ereignisse von Niklashausen, 305 a und b den Bundschuh. Hier finden sich die Artikel des Bundschuhs von Untergrombach (1502) in der kürzeren Form, die A. Rosenkranz 1927 erstmals wieder abgedruckt hat.[3] Rosenkranz ist auch zuerst die Übereinstimmung mit den Artikeln bei Johannes Trithemius klar geworden (ebd. S. 89–92). In kursiv bringt er den gleichen Wortlaut zum Abdruck. Damit wird die Frage der Abhängigkeit aufgeworfen, die in der älteren Literatur stark behandelt wurde. Wenn Wegele aber 1885 nach dem damaligen Forschungsstand schreibt, es sei „jetzt auch ausgemacht, daß Trithemius wohl den Nauclerus, aber nicht dieser jenen ausgeschrieben hat“[4], dann ist das für das 15. und 16. Jh. völlig irrig. Schließlich hat Wegele auch bemerkt, daß Trithemius „nicht ohne Anlagen zum Geschichtsschreiber“ sei, wie namentlich die Darstellung des 14. und 15. Jh. in seinen Hirsauer Annalen bezeugt (S. 83 f.). Denn auch der kürzeste Vergleich der entsprechenden Partien bei Naucler-Basellius (1516) und Johannes Trithemius' „Annales Hirsaugiensis“, Erstveröffentlichung St. Gallen 1690, zeigt, wer wen ausgeschrieben hat. Was die Hussiten angeht, stehen 20 Seiten mehr als 100 gegenüber, beim Pfeifer von Niklashausen ist das Verhältnis ebenfalls 1 : 5 etc. So führt der 2. Band von Naucler-Basellius in die jüngste Gegenwart, enthält die Darstellung des „tollen Jahrs“ von Erfurt, der Speyrer Unruhen von 1512 und des siegreichen Kölner Aufstandes von 1513. Hier konnte man sich in einem herausragenden Werk humanistischer Geschichtsschreibung über die geschichtlichen Ereignisse orientieren. Das umfassendere Werk von Trithemius, allerdings durch die Erfindung des Chronisten Meginfried, mit dem die Darstellung von 830 bis 1050 bestritten wurde, ins Zwielicht geraten, wurde vollständig erst 1690 in St. Gallen veröffentlicht. Ob Müntzer den Naucler-Basellius gekannt hat, läßt sich ebensowenig beweisen wie das Gegenteil.

Zweifellos waren alle diese Nachrichten einseitig in der Auswahl und konservativ in der gesellschaftlichen Sicht der Ereignisse. Mit der venezianischen Informationspolitik – z. B. der Riesensammlung der „Diarii“ des Marino Sanuto – läßt sich das alles nicht vergleichen, aber alle Depeschen und Berichte waren geheim und nur für die Regierun-

[2] Srbik, Geist und Geschichte, Bd. 1, S. 62
[3] Rosenkranz, Der Bundschuh, Bd. 2, S. 93 f.
[4] Wegele, Geschichte der deutschen Historiographie, S. 67

gen bestimmt. Anders verhielt es sich mit Flugblättern und Flugschriften, die für breiteste Schichten der Bevölkerung bestimmt waren. Sehr wirksam waren die astrologischen Flugschriften, die Prognostiken, die in großer Zahl ständig auf den Markt kamen.

Müntzer kann auch andere Chronographien gekannt haben: Werner Rolevinks „Fasciculus temporum" war seit 1474 in 30 Ausgaben verbreitet, immer wieder lateinisch, aber auch deutsch (Straßburg 1492), Fortsetzungen der „Cronica summorum pontificum imperatorumque" (z. B. Rom 1476), die „Rapsodia historiarum Enneadum M. Antonii Coccii Sabellici", 1494 zuerst erschienen, in Paris 1513 f. bis 1519 fortgesetzt, eine breite chronologische Darstellung der Geschichte mit starker Betonung der italienischen Ereignisse. Immer wieder Kriege, Fehden, Überfälle, Landsknechtswerbungen, Schlachten, Streitigkeiten der Fürsten, Kaiser und Päpste. Alles schier endlos. Wichtiger wird sein herauszuarbeiten, wie Müntzer die Geschichte sah. Daß er kein modernes historisch begründetes Zeitbewußtsein besaß, dürfte nicht überraschen. Aber wie entstand sein biblisch-apokalyptisches Geschichtsbild? Hier dürfte uns die Untersuchung seiner Lektüre weiterhelfen.

In Müntzers Bibliothek befand sich ein im Jahre 1513 in Paris erschienenes bedeutsames Quellenwerk, das kein geringerer als Faber Stapulensis herausgegeben hatte. Der Titel lautet: „Liber trium virorum et trium spiritualium virginum. Hermae liber unus. Uguetini liber unus. F. Roberti libri duo. Hildegardis scivias libri tres. Elizabethae virginis libri sex. Mechtildis virginis libri quinque ... Emissum Parisiis ex officina H. Stephani ... Anno Mil. CCCCC XIII" (Das Buch der drei Männer und der drei geistlichen Jungfrauen). Zwar sind die Texte, die Faber edierte, frühchristlicher Herkunft bzw. Texte der deutschen Frauenmystik des Mittelalters. Aber aus der Tatsache, daß sie 1513 gedruckt wurden und Müntzer diesen Band besessen hat, ergibt sich doch ein enger Zusammenhang zur zeitgenössischen Literatur, zu der das Werk unbedingt zu zählen ist.

Das erste Stück dieses Bandes ist der berühmte Pastor Hermae. Der „Hirt des Hermas" ist eine der ältesten Schriften des Christentums. Das griechische Original, um 130/150 in Rom entstanden, gehörte zur frühen christlichen Bibel; es findet sich bereits im Codex Sinaiticus, war aber schon früh umstritten, so im Muratorianum. Da der „Hirt" relativ flach und trocken wirkt, ist es kein Wunder, daß er der „Begrenzung des neutestamentlichen Kanons" zum Opfer fiel.[5] Im Grunde handelt es sich um eine apokalyptisch angelegte Ermahnung zur Buße.

[5] Camphausen, Die Entstehung der christlichen Bibel, S. 252; hier auch S. 382, Fußnote 13, die scharfe Ablehnung Tertullians; zitiert wird nach der deutschen Übersetzung von Weinel, H., in: Neutestamentliche Apokryphen, S. 327–384

In 5 Visiones, 12 Mandata und 10 Similitudines (Gleichnisse) ist das Werk aufgebaut. Eine alte Frau, die die Kirche repräsentiert, verkündet die Geschichte; sie verjüngt sich ständig und offenbart sich schließlich als Jungfrau, nachdem sich die Kirche von der Sünde gereinigt hat. Im 2. und 3. Teil erscheint dem Verfasser der Engel der Buße in Gestalt eines Hirten, der dem gesamten Werk den Namen gegeben hat (Pastor Hermae). Dieser Engel verkündet und erläutert die 12 Mandate und die 10 Gleichnisse. Die Gebote in ihrer lehrhaften Art sind besonders interessant; im 4. Gebot mahnt der Bußengel eindringlich zur Keuschheit, wie überhaupt die Geschlechtsmoral im Hirten eine große Rolle spielt (Frage der Ehescheidung und der zweiten Eheschließung). „Zwei Engel", führt das 6. Gebot aus, „sind bei dem Menschen, einer der Gerechtigkeit und einer der Bosheit", deren Wirkungen dann genau erläutert werden. Ebenso antithetisch behandelt das 8. Gebot die Zwiefältigkeit der Enthaltsamkeit. Enthalten müsse man sich folgender Bosheiten: des Ehebruchs und der Hurerei, maßlosen Trinkens, schlimmer Schwelgerei, vieler Speisen und üppigen Reichtums, des Selbstruhms, des Hochmuts und der Überhebung, der Lüge, Verleumdung und Heuchelei, der Rachsucht und Lästerung. Und eine weitere lange Liste böser Werke wird angefügt, denen dann ebenso viele Werke des Guten gegenübergestellt werden, ganz wie bei den herkömmlichen Laster- und Tugendkatalogen. Diese moralisch-didaktischen Stellen (Aufmunterungen zur Tugend und Abmahnungen von der Sünde) haben sicher sehr zur Verbreitung des „Hirten" beigetragen. Das griechische Original ist erst spät aufgefunden worden. Dagegen haben die beiden lateinischen Übersetzungen eine weite Verbreitung gefunden. Woher Faber seine Druckvorlage hatte, gibt er nicht an. Jedenfalls ist sein Druck von 1513 die Editio princeps, die erst 1522 N. Gerbel in Straßburg wieder aufgelegt hat.

Dennoch ist die Bedeutung des „Hirten" nicht gering. Auch wenn es sich um ein uneinheitliches Buch handelt, das wenig eigene Gedanken vorträgt, so vermittelt es wichtige Überlieferungen, so die Betonung des urchristlichen Elements gegenüber der beginnenden Katholisierung und die Erhebung des Bischofsamtes an die erste Stelle. „Das weltgeschichtliche ... Problem, ob die Kirche reine Gemeinschaft der Heiligen, oder ob sie alle Christen umfassende Weltkirche sein soll, wird im Buche des Hirten zum erstenmal deutlich greifbar" (M. Dibelius 1928). Der Begriff des „Gottesknechts" durchzieht die ganze Schrift; die Erwähnungen sind häufiger als im Neuen Testament. Wenn man bedenkt, welche Rolle der Begriff „Gottesknecht" im Selbstbewußtsein Müntzers gespielt hat, könnte ein Einfluß des „Hirten" durchaus möglich sein.

Es folgen die Visionen des Mönches Huguetin nach einem Manuskript aus dem Benediktinerkloster Le Mans: „Libellus de visione Uguetini monachi". Über den Benediktiner ist nur bekannt, daß er in Metz starb. In seiner Vision hat er das göttliche Mitleid angerufen.

Bedeutsamer sind die Visionen des Dominikaners Robert d'Uzès, der aus adliger Familie stammte und 1292 in das Kloster von Avignon eintrat. Er durchwanderte Frankreich, Italien und Deutschland, predigte den Mönchen, Priestern, Prälaten und Päpsten. In seinen Visionen forderte er Umkehr und Besinnung. Den Päpsten Cölestin V. und Bonifaz VIII. drohte er die göttliche Rache an. In seinen Visionen will er die Klagen Christi über den Zustand seiner Kirche, über Papst und Mönche sowie von künftigen Verfolgungen der Kirche gehört haben. Ungeachtet aller radikalen Kritik an der Kirche seiner Zeit beteuerte er seine Treue zum Papsttum: „Abnego et reprobo omnes scismaticos et divisos ab unitate s. matris ecclesiae Romane catholice". Robert starb 1296.[6]

Am berühmtesten wurde Fabers Sammelband durch die Erstdrucke von Texten deutscher Frauenmystikerinnen aus dem Benediktinerorden. Im Widmungsbrief an die Äbtissin von Rupertsberg, Adelheid von Ottenstein, erzählt Faber, wie er in ihrem Kloster die Handschriften Hildegards las: „Nam cum in claustro vestro archetypos sanctae virginis Hildegardis legissem, multa cum benignitate vestra et vestrorum venerabilium patrum monasterii sancti Joannis in Rhingauia exemplaribus donatus sum unde hoc opus bona pro parte desumptum est" (Rückseite des Titelblattes). Faber verteidigte lebhaft die mystischen Schriften gegen alle Kritiker: „Einige wollen den Visionen der Frauen keinen Glauben schenken, als handle es sich um unmögliche oder neuartige Dinge. Die daran nicht glauben, haben niemals solche Emotionen gekannt, können sie nicht verstehen oder sind ihrer unwürdig."[7] Faber steht hier völlig in der spätmittelalterlichen Tradition, den Nonnen empfiehlt er die Lektüre der biblischen Schriften: „studium sacrorum librorum, quos canon ecclesiasticus celebrat, noctem continentium atque diem: nox vetus testementum est, dies autem novum". Dann weiter die Heiligenleben, die Visionen der heiligen Mönche und Nonnen. Das ist der Sinn einer Edition, auf deren kirchenpolitische Zusammenhänge hier nicht eingegangen werden soll.[8]

Hildegard (1098—1179) wurde auf Burg Böckelheim an der Nahe als Tochter eines Ministerialen geboren. Mit 8 Jahren wurde sie in der Frauenklause des Benediktinerklosters Disibodenberg a. d. Nahe unterrichtet. Dort wurde sie 1136 „Meisterin" der vorwiegend adligen weib-

[6] Renaudet, Préréforme et humanisme, S. 635 und 602 f. Bignamie-Odier, Les Visions, S. 258—310. Reeves, The influence of prophecy, S. 167 f.

[7] Renaudet, Préréforme et humanisme, S. 636

[8] Ebenda

lichen Klostergemeinde. Hildegard löste die Frauenklause von der Abtei Disibodenberg und verlegte das Kloster auf den Rupertsberg bei Bingen (wohl 1147/48), wo sie verstarb. Seit 1141 schrieb sie ihre Visionen mit Hilfe der Nonne Richardis und des Mönchs Volmar nieder. Sie stand im Briefwechsel mit Bernhard von Clairvaux und Kaiser Friedrich Barbarossa und unternahm drei größere Reisen nach Lüttich, Trier, Metz, Hirsau und Zwiefalten.

Ihr Hauptwerk „Scivias" (i. e. Sci vias Domini), entstanden zwischen 1141 und 1147, ist eines der frühesten Werke der deutschen Mystik. Faber besorgte 1513 die Editio princeps. Der Text sei nach Humanistengeschmack „gebessert", der ursprüngliche ist bis heute nicht ediert worden.[9] A. Osiander hat 1527 „Sant Hildegarten weissagung über die Papisten und genannten geistlichen, wilcher erfüllung zu unsern zeyten hat angefangen und vollzogen soll werden" herausgebracht, ein Beweis, daß gerade die Reformation ihre Prophetien als durchaus aktuell empfand. Gegenstand ihrer Visionen sind zumeist Gesichte, die sie in phantastischen Bildern in der Endzeit, die bevorsteht, über Kaisertum, Papsttum, Kirche und Klerus hereinbrechen sieht.[10]

Sie sah in ihren Visionen das himmlische Geschehen, vernahm den Zorn Gottes, der die Völker strafte und die falschen Mönche und unwürdigen Hirten züchtigte. Machtvoll griff sie die Mißbräuche in der Kirche an und kämpfte für deren Reinigung. Nichts ist abwegiger, als den prophetisch-apokalyptischen Charakter ihrer Mystik bestreiten zu wollen, wie es z. B. J. Koch tat, der Mystik und Prophetie als gegensätzlich trennen will und Visionen als für den Mystiker unwesentlich erklärt.[11]

Stark unter dem Einfluß Hildegards — 34 Handschriften mit Werken und Briefen von ihr sind heute noch erhalten — stand Elisabeth von Schönau. Auch sie entstammt einer adligen Familie des Rheinlandes, ist um 1129 geboren und trat mit 12 Jahren in das Benediktinerinnenkloster Schönau bei St. Goarshausen ein. 1147 wurde sie als Benediktinerin eingekleidet. Elisabeths Visionen datieren vom Jahr 1152. Ihr Bruder Egbert, der sein Kanonikat niederlegte und auf ihren Wunsch Mönch wurde, schrieb die Visionen lateinisch nieder. Er redigierte nach Elisabeths Tod (1164) die ersten Bücher ihrer Visionen, gegen 1160/63 den „Liber Viarum Dei", wo sich die Einflüsse Hildegards mit denen

[9] Koch, Der heutige Stand der Hildegard-Forschung, S. 558 ff. Texte bei Migne, Patrologia Latina, Bd. 197, Paris 1855, Sp. 383—738. Scivias, übertragen von Böckeler, M., Salzburg 1963

[10] Preger, Geschichte der deutschen Mystik, Bd. 1, S. 29—37. Biographien nach Wentzlaff-Eggebert, Deutsche Mystik, S. 288 ff.; hier auch umfangreiche Bibliographien, Ergänzungen S. 363 ff.

[11] Koch, Der heutige Stand der Hildegard-Forschung, S. 568

der Johannes-Apokalypse verbinden. Briefe und Visionen umfassen das 4. und 5. Buch. Das 6. stammt von Egbert direkt und bietet den Bericht des Todes der Elisabeth.[12]

Der letzte Text, den Faber vorlegte, stammt von Mechthild von Hackeborn (1241 oder 1242—1299). Auch sie entstammt einem begüterten Adelsgeschlecht. Früh trat sie (1249) in das Zisterzienserinnenkloster Rodersdorf bei Halberstadt ein, wo ihre Schwester Nonne war und 1251 Äbtissin wurde. Diese verlegte den Konvent nach Helfta. Mechthild war Vorsängerin (cantrix). Erst 50jährig enthüllte sie ihre Visionen, die durch ihre Schülerin Gertrud die Große aufgeschrieben wurden. Der Text des „Liber specialis gratiae" ist nur in dieser lateinischen Fassung erhalten.

Kurz vor Fabers Druck war 1510 in Leipzig bei J. Thanner eine andere Ausgabe erschienen, die der Franzose offenbar nicht kannte: „Speculum spiritualis gratiae ac mirabilium revelationum divinitus factarum sacris virginibus Mechtildi et Gertrudi monialium cenobii Helffede pro saluberrima in Christo proficientium instructione comfortatum".[13]

Helffede ist der alte Name von Helfta, das in der Nähe von Eisleben liegt und heute Ortsteil der alten Bergstadt ist. Im Dorf befinden sich dürftige Reste des alten Klosters Neu-Helfta, das 1268 als Zisterzienser- bzw. Benediktiner-Nonnenkloster nach hier verlegt wurde.[14] Es verfügte ursprünglich über reichen und ausgedehnten Grundbesitz.[15] 1525 von den Bauern zerstört — berichtet wird darüber im „Chronicon Islebiense" —, wurde das Kloster 1545 aufgehoben.[16] Neu-Helfta hat in der Geschichte der mittelalterlichen Mystik eine große Rolle gespielt. Nach E. Michael hat es „weitaus die erste Stelle behauptet in der Geschichte der deutschen Mystik des 13. Jahrhunderts".[17] Und F. Wulf spricht sogar von der „einzigartigen Bedeutung dieses Klosters", das innerhalb weniger Jahrzehnte die drei größten Mystikerinnen des deutschen Mittelalters in seinen Mauern barg: „Mechthild von Magdeburg (1207—82), seit 1270 (?) Zisterzienserin in Helfta, Mechthild von Hackeborn (1241 bis 1299), Schwester der gleichzeitig amtierenden Gertrud von Helfta,

[12] Text bei Migne, Patrologia Latina, Bd. 195, Paris 1855, Sp. 119—194

[13] Deutsch von Müller, J., Leben und Offenbarungen der hl. Mechthild ... Das Buch vom strömenden Lob

[14] Vgl. Hartig, Michael, Lexikon für Theologie und Kirche, Bd. 4, 1932, Sp. 945 f. Bunke, Walter, ebenda, Bd. 5, 2. Auflage 1960, Sp. 209 f. Schrader, Die Zisterzienserklöster, S. 237

[15] Schmidt, K., Die Grundlagen der Entwicklung des Territoriums der Grafschaft Mansfeld, S. 66—70

[16] Akten zur Geschichte des Bauernkrieges, Bd. 2, S. 193, Fußnote 2

[17] Michael, Geschichte des deutschen Volkes, Bd. 3, S. 174—199 (Zitat S. 174)

und Gertrud, von unbekannter Familie und Herkunft, die Große genannt (1256–1302)".[18]

Ob oder was man davon noch im 16. Jh. wußte, wird sich nicht leicht sagen lassen. Luther wie Müntzer dürften das Kloster gekannt haben, aber ob sie die Frauenmystikerinnen vor dem Erscheinen des Sammelbandes von Faber Stapulensis kannten oder ob zwischen dem Bucherwerb Müntzers und der Kenntnis des Klosters eine Beziehung bestand, ist kaum mehr zu ermitteln.

Mit dem stattlichen Band des „Liber trium virorum et trium spiritualium virginum", den der Pariser Drucker Henri Estienne (Stephanus) (gest. 1520), Stammvater einer der berühmtesten Druckerfamilien des 16. Jh., 1513 druckte, wurde nicht nur der Pastor Hermae in einer der beiden überlieferten lateinischen Fassungen präsentiert, sondern auch die deutsche Frauenmystik des 13. Jh. in großer Besetzung vorgestellt. Lediglich Schriften Gertruds der Großen („Legatus divinae pietatis", seit 1289 entstanden) fehlen. Faber legte in diesem text- und wissenschaftsgeschichtlichen Bande bedeutende Zeugnisse der Kritik an der bestehenden Kirche vor und vertrat in seiner Einleitung die Berechtigungen der Visionen und der Prophetie. Für Müntzer war wohl die stark eschatologische Färbung der Kirchenkritik seitens der Mystikerinnen von Bedeutung. Leider wissen wir nicht, wann Müntzer den Band erworben haben kann. Möglich ist, daß er ihn bald nach seinem Erscheinen, vielleicht sogar in Frankfurt (Oder), gekauft hat, wo es einen bedeutenden Buchhandel gegeben haben dürfte. Noch weniger lassen sich Müntzers Eintragungen datieren. Es sind Bemerkungen über Weissagungen, Visionen, Träume, Geistverkündungen durch Engel, vorwiegend aus Apg, aber auch aus Mt 1 und 1. Kor 12. Möglicherweise sollten es Notizen für eine Predigt sein. 1. Kor 12, 7 ist vielleicht der Nenner: „unicuique autem datur manifestatio spiritus ad utilitatem". Beziehungen zu den Texten bei Faber Stapulensis dürften nicht bestehen; sicher jedoch ein Zusammenhang zwischen den von Faber veröffentlichten Werken und den flüchtigen Bemerkungen Müntzers auf dem Titelblatt von 1513: Die Übersetzung von der lebendigen Offenbarung des „redenden Gottes", so wie die Schlußworte des „Prager Manifestes" in der erweiterten deutschen Fassung lauten: „Thomas Müntzer wil keynen stümmen, sondern eynen redenden Gott anbethen."[19]

Das führt uns zu zwei Schlußfolgerungen: Müntzer fußte nicht nur auf Tauler und der Dominikanermystik, sondern kannte wesentliche Werke der deutschen Frauenmystik des 13. Jh., wie es zuletzt bei Wolf-

[18] Wulf, Artikel Mystik, S. 762 f.
[19] MF, S. 505 und 511

gang Ullmann festgestellt wurde. Hier heißt es: „Es ist demnach sicher, daß Müntzer das Thema der geistlichen Wiedergeburt der Christen aus Zeiten des Verfalls nicht nur in der Fassung Eckehards, Seuses und Taulers, sondern genauso in den mehr die Gesamtkirche betreffenden Visionen Hildegards aus dem 12. und Mechthildens aus dem 13. Jahrhundert vertraut war."[20] Die Mystik ist für Müntzer in ihrer Verbindung von lebendigem Geistbesitz, der Bejahung des Leidens als Weg der Läuterung, der Erziehung und schließlich der Erkenntnis Gottes der einzige Zugang zur Nachfolge Christi, zur Christförmigkeit und schließlich zur Selbstvergottung. Bibel und fortwirkender Geistempfang sind für ihn niemals Gegensätze gewesen, sondern beide das Werk des „deus vivus et loquens".[21] Eine elitäre mönchische Mystik der Selbstversenkung in Gott hat Müntzer wohl nie als Ziel gesehen, eine „neue Möncherei", wie seine Gegner es nannten, war ihm darum fremd.[22]

[20] Ullmann, Das Geschichtsverständnis Thomas Müntzers, S. 50, Fußnote 40 mit dem Hinweis auf Mechthild von Magdeburg ist quellenmäßig nicht zu belegen.

[21] MF, S. 511

[22] Zum Untergang und zur Wiederauffindung des Mystikerbandes vgl. Steinmetz, Thomas Müntzer und die Mystik, S. 148 ff. Mit den Ausführungen dieses Kapitels ist nicht eine Gesamtdarstellung der Mystik bei Müntzer beabsichtigt, sondern es soll einen wichtigen ergänzenden Hinweis auf die fundamentale Bedeutung der deutschen Frauenmystik des 13. Jh. in Vervollständigung der Arbeit von Goerz darstellen. Die Rolle und der Einfluß der Mystik bei Thomas Müntzer sind zudem in der Forschung noch offene Fragen.

Das „Verbündnis" zu Aschersleben und Halle

Während die Daten von 1506, 1512 und 1514 eindeutig sind, ist das sog. Verbündnis weder exakt datierbar noch überhaupt genau einzuschätzen. Auf der Folter bekannte Thomas Müntzer am 16. Mai 1525: „Zu Aschersleben und Halle do habe er in der jugent, als er collabrator gewest, auch eyn verbuntnus gemacht." „Auch" – das bedeutet, weil vorher von dem Bund zu Allstedt die Rede war, ein ähnliches Vorkommnis in früheren Jahren. Im „Verbündnis" seien zu Aschersleben Peter Blinde und zu Halle der Kirchner Peter Engel, Hans Buttener und Cuntz Sander am Steintore gewesen. „Ist widder bischoven Ernsten hochloblicher gedechtnus gewest" (MF S. 548 f.). Diese Geschichte ist als frühe „Verschwörung" Müntzers gegen die Obrigkeit fast immer aus der Rückschau gesehen und bewertet worden. Sie ergab, zusammen mit anderen Verdächtigungen und Verleumdungen, das gewünschte Bild des Verbrechers von Jugend an.

Fragen wir nach den Quellen, so gibt es außer dem Geständnis in Heldrungen bzw. seiner Formulierung im „Bekenntnis" keinerlei schriftlichen Niederschlag der Ereignisse in Halle. Als es in Braunschweig 1513/14 zu Unruhen kam, fand sich auch ein Chronist; Hermann Boten hinterließ sein „Schichtbuch".[1] In Halle ist nichts derartiges bekannt. Und was J. Chr. Queintzius 1734 über „Thomas Müntzer weiland Schul-Bedienter zu Halle" veröffentlichte, fußt nur auf dem „Bekenntnis" von 1525, das aus den Luther-Ausgaben bekannt war, alles andere (Gnodalius, Maimbourg, Seckendorff) ist abgeleitetes Wissen und ohne Wert. Aber damit ist das Problem nicht gelöst. „Ist widder bischoven Ernsten ... gewest". Dieser war der Exponent der wettinischen Bistums- und Städtepolitik.[2] Gestützt auf die militärischen Mittel seines mächtigen Hauses sollten die Stifter Magdeburg und Halberstadt mitsamt den Städten unterworfen werden. Das war unter Friedrich III. und auch unter Maximilian I. eine Hauptform territorialer und dynastischer Machtpolitik, von den pfälzischen Wittelsbachern nicht anders gehandhabt wie von den Wettinern und sehr bald auch

[1] Boten, Schichtbuch, Bd. 2, S. 269–566, besonders 450–468, Einleitung S. 271 bis 298
[2] Schwineköper, Ernst von Sachsen, S. 615 f.

von den Hohenzollern. Die Schwäche der Kaisermacht ließ sie in ihrem Bereich schalten und walten.

Nach einem einheitlichen Plan verfolgten – es sei daran erinnert – die Wettiner das Ziel, ihre Macht auf Kosten der Stifter Magdeburg und Halberstadt auszudehnen (vgl. Harz-Kapitel).

„So hatte Ernst als mächtiger, selbstherrlicher Fürst den Freiheitsbestrebungen der Hauptstädte seines Erzstiftes Magdeburg und seines Stiftes Halberstadt endgültig den Garaus gemacht ... Halle und Halberstadt standen gänzlich gedemütigt da, Quedlinburg seit 1511 unter fester Schutzherrschaft, und Magdeburg war seines stolzen Zieles der Reichsunmittelbarkeit für immer beraubt worden."[3] Aber mit dem plötzlichen Tode Ernsts am 3. August 1513 – er starb an der Syphilis – brach das künstliche Gebäude der wettinischen Bistumspolitik jäh zusammen. War Ernst wirklich, wie Eduard Jacobs es formuliert hat, „einer der besten Fürsten, deren das Stift sich zu erfreuen hatte"[4]? Ist da nicht die Meinung von Schultze-Galléra richtiger, der von Ernsts „Hang zur Selbstherrlichkeit und zum unbedingten Herrschen" spricht[5]?

Mit großem Geschick verstand es das Haus Hohenzollern, die neue Situation zu seinen Gunsten zu nutzen. Bereits 1511 nach dem Tode des Hochmeisters Friedrich von Sachsen, des jüngeren Bruders Georgs des Bärtigen, gelang es, Albrecht von Hohenzollern, der der süddeutschen Linie des Hauses entstammte, zum Hochmeister des Deutschen Ordens kreieren zu lassen. Unter ihm wurde der Ordensstaat 1525 in ein weltliches Herzogtum verwandelt. 1513 erreichte die Dynastie die Wahl Albrechts, des jüngeren Bruders des Kurfürsten Joachim, zum Erzbischof von Magdeburg. Gestützt auf die märkischen Mitglieder der Domkapitel wurde Albrecht wenige Wochen danach auch Bischof von Halberstadt. Und am 9. März 1514 wurde er sogar Erzbischof und Kurfürst von Mainz. Es war ein glänzender Sieg über die seit der sächsischen Teilung von 1485 doch erheblich geschwächten Wettiner. Während sich die Albertiner und Ernestiner immer stärker verfeindeten und die Spaltung in nunmehr zwei Häuser bis zum Sturz aller Fürsten durch die Novemberrevolution im Jahre 1918 andauerte, verfügte das Haus Hohenzollern jetzt über zwei Kurfürsten. So „herrschte noch in weit größerem Umfange der Einfluß der Hohenzollern fast allenthalben vor".[6]

[3] Schultze-Galléra, Geschichte der Stadt Halle, Bd. 2, S. 410. Vgl. auch Piechocki, Halle, S. 11 f.

[4] Jacobs, Geschichte der in der preußischen Provinz Sachsen vereinten Gebiete, S. 312

[5] Schultze-Galléra, Geschichte der Stadt Halle, S. 404

[6] Jacobs, Geschichte der in der preußischen Provinz Sachsen vereinten Gebiete, S. 317

Bei alledem bleibt jedoch offen, ob bzw. welche Rolle Thomas Müntzer dabei spielte. Zu vermuten ist, daß er nicht ganz ohne Kenntnis dieser Ereignisse blieb. Ob es damals Einblattdrucke oder versifizierte Berichte gab, vermag der Verfasser nicht zu sagen; erhalten ist nichts davon. Der Buchdruck ist nördlich des Harzes in dieser Zeit nur in Ansätzen zu finden. Übrigens müßte Müntzer den Bischof von Halberstadt gekannt haben, denn dieser war für die Erteilung seiner Priesterweihe 1514 oder vorher im Dom von Halberstadt zuständig. Zwei sichere Daten gibt es: den Tod Ernsts von Sachsen am 3. August 1513 und die Priesterweihe Müntzers, die er vor dem 6. Mai 1514 empfangen haben muß. Da Albrecht von Brandenburg im September 1513 Bischof von Halberstadt wurde, könnte auch er Müntzer die Weihe erteilt haben. Höchstwahrscheinlich haben aber beide, als Fürstbischöfe weltliche Herrscher, Weih- bzw. Titularbischöfe für die geistlichen Obliegenheiten eingesetzt. Namen sind nicht überliefert.[7]

Das Wichtigste aber ist, daß Müntzers Aussage bei seinem Verhör undatiert ist, das Ereignis aber notwendig vor den Tod Erzbischofs Ernsts fällt. Mehr läßt sich auf keinen Fall ausmachen. Warum aber nannte er Aschersleben und Halle in einem Atem? Leider beruhen alle für den Aschersleben er Aufenthalt in der Literatur genannten Daten auf Vermutungen: 1512 oder 1513 oder 1514. Bensing will neuerdings sogar wissen, Müntzer sei von 1514 bis 1516 als Kollaborator am Stephaneum in Aschersleben tätig gewesen, während E. Straßburger 1512 oder 1513 annimmt.[8] Alles das bleibt Hypothese oder besser Spekulation. Nur ein Zusammenhang besteht: Aschersleben und Halle gehörten zum Herrschaftsbereich Ernsts von Sachsen, die eine Stadt war halberstädtisch, die andere magdeburgisch.

So bleibt das „Verbündnis“ von Aschersleben weiterhin ganz im Dunkeln. Aber die Hallenser Vorgänge – auch wenn sie noch so vage sein mögen – haben stets die Historiker zu Interpretationen angeregt. „Unerhört aber war es seit des dritten Burchards Zeiten, daß, wie die Überlieferung will, in Ernsts letzten Jahren unter einem Teile der Bürgerschaft geradezu eine Verschwörung vorbereitet wurde, die, sei es auf offenen Aufstand, sei es auf persönliches Vorgehen gegen den Erzbischof berechnet, dem tiefen Hasse gegen das bestehende Regiment blutigen Ausdruck geben sollte.“ Intellektueller Urheber und geistiger Führer sei Thomas Müntzer gewesen. Aber „die geplante Empörung ist aus uns unbekannten Gründen nicht zum Ausbruch gekommen“.

7 Ein Matthias episcopus Gadensis ist in einer Urkunde Ernsts von Sachsen vom 24. Januar 1500 aus Halberstadt als Weihbischof genannt. Urkundenbuch der Stadt Halberstadt, Teil 2, S. 436 f.

8 Straßburger, Geschichte der Stadt Aschersleben, S. 173. Bensing, Thomas Müntzers Kampf- und Weggefährten, S. 7

„Volle Klarheit" habe man erst durch Müntzers Verhör erlangt! Gustav Friedrich Hertzberg zweifelt demnach nicht an der Faktizität der Ereignisse, die er – bewußt oder unbewußt – im Lichte des „Sozialistengesetzes" sieht.[9]

Unter dem Einfluß Heinrich Böhmers versuchte Otto Schiff 1926, eine ganz andere Lösung vorzuschlagen. Kühn rückt er die Ereignisse in das Jahr 1523: „Zwischen dem Aufruf an die Böhmen und dem Bund von Allstedt steht die Verschwörung gegen Kardinal Albrecht"; Müntzer habe die Geschichte absichtlich in seinen ersten Aufenthalt in Halle zurückverlegt, „um die lebenden Mitverschworenen zu retten".[10] Schiff hat keine Zustimmung gefunden: Was für 1513 schwer beweisbar ist, ist es für 1523 in noch viel stärkerem Maße. Und so blieb Schultze-Galléra dabei, „die dunkle und wenig bekannte Verschwörung Thomas Müntzers" sei gegen Erzbischof Ernst gerichtet gewesen. Für ihn war Müntzer aus Aschersleben nach Halle gekommen, wo er „einer der oberen Lehrer an der Parochialschule der Gertrauden-Maria-Kirche" geworden sei.

Nicht um die Verhältnisse der Stadt Halle, den Groll der Bürger über ihre Unterjochung sei es Müntzer gegangen, sondern gegen den Plan Ernsts von Sachsen, in Halle ein Kollegiatstift zu gründen und dadurch „Roms Schalten und Walten" zu beleben und zu verstärken. Für den Verfasser war Müntzer kein Sozialrevolutionär, sondern ein antiklerikaler Eiferer gegen Rom und die „Römlinge". Da er keinerlei neue Quellen ausfindig machen konnte, schreibt er: „Wir sind über die Verschwörung sehr wenig unterrichtet, vielleicht hat Ernst und seine Regierung selbst damals nichts von ihr vernommen, vielleicht hat erst unter den Folterqualen vor seiner Hinrichtung Müntzer darüber ausgesagt."

Im Stile des 18. Jh. entwirft der Hallenser Historiker ein psychologisches Charakterbild. Müntzer sieht er bestimmt vom Pfaffenhaß, der sich besonders gegen den Erzbischof gerichtet haben soll. „Und so fand er ein paar Gesellen wie er . . . zuletzt beschworen die vier einen Bund, den Erzpfaffen Ernst und seine Klerisei zu stürzen und sein Kollegiatstift zum Teufel zu schicken." Was man nicht alles aus einer Stelle des „Bekenntnisses" machen kann! Richtig ist nur der Schluß: „Aber die Verschwörung ist nicht zum Ausbruch gekommen, vielleicht trat Ernsts Tod dazwischen."[11] Auch Walter Delius (1953), Erich Neuß (1958) und Werner Piechocki (1979) wiederholen nur die alte Nachricht.

Lediglich Václav Husa (1957) knüpfte an die Aussage Müntzers weiterführende Betrachtungen. Er vermutet, daß Müntzer nach dem Schei-

[9] Hertzberg, Geschichte der Stadt Halle, Bd. 1, S. 515
[10] Schiff, Thomas Müntzer als Prediger in Halle, S. 292 f.
[11] Schultze-Galléra, Geschichte der Stadt Halle, S. 440 f.

tern des Aufstandsversuches in Halle, der sich gegen die Wettiner richtete, nach Frankfurt (Oder) ging und von dort zu Albrecht von Brandenburg nach Mainz. Aber auch diese These ist nicht beweisbar.

Das Verhör von 1525 stellt aber eine letzte Frage: Wer wußte damals noch von den Ereignissen um Ernst von Sachsen? Wer konnte eine solche Frage an Müntzer überhaupt stellen? Doch nur Georg, der Ernst gut kannte, waren doch beide Geschwisterkinder, und beide hatten Hieronymus von Dungersheim zu seiner Schrift gegen die Böhmischen Brüder, Leipzig 1514, angeregt.[12] Was aber Georg tatsächlich gefragt hat, wissen wir nicht. Doch dürfte er sich mit Müntzers Antwort zufrieden gegeben haben, denn er wollte nicht an die schwere Niederlage der Wettiner erinnert werden. Das ist alles – und zugleich wenig genug –, was sich über das „Verbündnis" sagen läßt – nicht mehr als schon im „Bekenntnis" steht. Wie sich das alles in den Ablauf der kirchlichen und akademischen Tätigkeit Müntzers einfügen lassen soll, bleibt dunkel. Vielleicht kommt man der Wahrheit am nächsten, wenn man dieser Aussage „peinlich bekannt" keine allzu große Bedeutung beimißt.[13]

[12] Vgl. Peschke, Die Böhmischen Brüder
[13] Elliger, Thomas Müntzer, S. 15

Müntzer und Braunschweig

Das dritte sichere Datum für Müntzers Frühgeschichte ist die Präsentation für eine Altarpfründe der St. Michaelis-Kirche zu Braunschweig durch den Rat der Altstadt vom 6. Mai 1514. Die Urkunde ist, nicht ohne Zutun von Felician Geß, 1931 zuerst im Briefwechsel Müntzers veröffentlicht worden,[1] ohne daß man dem Dokument größere Bedeutung beimaß. Die Herausgeber zweifelten daran, daß Müntzer überhaupt die Pfründe erhalten habe, da ihre Blicke ganz auf das Harzvorland und besonders auf Halberstadt gerichtet waren.[2] Im späten Mittelalter war Braunschweig Mittelpunkt des niedersächsischen Städtebundes, zu dem auch Halberstadt, Quedlinburg und Aschersleben gehörten. Die Stadt gehörte zur Hanse und hatte in deren Fern- und Binnenhandel einen wichtigen Platz.

Als Müntzer vom Rat der Altstadt präsentiert wurde, war der „Aufruhr der Armut", bei dem besonders „Hans hinter der Mauer", d. h. die Bevölkerung der Vorstädte, mitgewirkt hatte, niedergeschlagen. Die im Oktober 1513 beschlossenen neuen Satzungen erfüllten jedoch die Forderungen der Aufständischen nicht.[3] Schon zu Müntzers Lebzeiten kannte man flüchtig seine Beziehungen zu Braunschweig,[4] ohne daß bis heute ermittelt werden konnte, wann er zuerst nach Braunschweig kam. Zweifelsohne, jedoch ohne einen einzigen Hinweis in den Quellen, setzt die Verleihung der Pfründe einen längeren Aufenthalt in Braunschweig voraus. Den wissenschaftlichen Durchbruch in der Erforschung der Beziehungen Müntzers zu Braunschweig verdanken wir Siegfried Bräuer[5] und vor allem Ulrich Bubenheimer[6]. Bei der gründlichen Durcharbei-

[1] Müntzer-Briefwechsel, S. 129, MF, S. 553. Fraglos befand sich die Urkunde ursprünglich im Briefsack Müntzers, wie aus einem Dorsalvermerk hervorgeht. Böhmer kannte sie nicht.

[2] Böhmer, Studien zu Thomas Müntzer, S. 11 f. und S. 15. „In der Tat waren Müntzers Eltern zwischen 1506 und 1520 nach Halberstadt übergesiedelt und hatten vielleicht das dortige Bürgerrecht erhalten. Jedenfalls finden wir Thomas Müntzer im Juni 1521 im Besitze einer Halberstädter Pfründe."

[3] Steinmetz, Deutschland 1476–1648, S. 63

[4] Bubenheimer, Thomas Müntzer in Braunschweig, Teil 1, S. 38 f.

[5] Bräuer, S., Thomas Müntzers Beziehungen zur Braunschweiger Frühreformation, S. 636 ff.

[6] Vgl. Bubenheimer, Thomas Müntzer in Braunschweig, Teil 1, S. 37–38 und

tung der Bestände des Stadtarchivs von Braunschweig fand letzterer umfangreiches Material zu den archivalischen Quellen über die Geschichte von Thomas Müntzers Braunschweiger Pfründe.[7] Fußend auf diesen und anderen Dokumenten konnte der ganze Personenkreis um Müntzer in Braunschweig dargestellt werden, womit zugleich eine wichtige Untersuchung zur vorreformatorischen Phase in Müntzers Entwicklung geliefert wurde.

Damit ist eindeutig der Beweis erbracht, daß Müntzer vom 6. Mai 1514 bis zum 21. Februar 1522 die Pfründe am Marienaltar der Michaelis-Kirche in der Altstadt von Braunschweig innehatte, wobei er sich durch einen Offizianten vertreten ließ, der die Pflichten des Inhabers wahrnehmen mußte. Müntzer hatte die Pfründe nachweislich bis zum 21. Februar, am 22. Februar 1522 ging sie an Gregor Harwen über.[8] Der ursprüngliche Plan frühreformatorischer Kreise um Hans Pelt, Peter Horneborch und Müntzers Vater, die Pfründe dem Zollschreiber Marsilius zuzuwenden, scheiterte am Widerstand altkirchlicher Kräfte. Freilich war diese Pfründe, wie es im Brief Hans Pelts heißt, nur ein „armes lehen".[9] Ließ sich Müntzer von einem Offizianten vertreten, so blieb ihm als amtierendem Pfründner lediglich die bescheidene Nebeneinnahme von 4, 8 Gulden jährlich. Alle diese Zusammenhänge um die Pfründe am Marienaltar sind bei Bubenheimer gründlich dargelegt.[10]

Die insgesamt 21 Einzelpersonen aus der Umgebung Müntzers in Braunschweig, die Bubenheimer ermitteln konnte, geben einen Einblick in die Vorgeschichte der Braunschweiger Reformation, wobei besonders der Fernhändler Hans Pelt (ein Braunschweiger Wollgroßhändler, nicht mit Hans Pelt aus Stolberg, der nachweislich 1520 starb, identisch[11]) von großer Bedeutung ist.[12] Wir verfügen kaum an einem anderen Wirkungsort Müntzers über eine so intime Kenntnis seiner gesellschaftlichen Kontakte.

Nach dem Lehen behandelt Bubenheimer besonders ausführlich die frühen Briefe an Thomas Müntzer und gibt einige Berichtigungen (Nr. 1–4, 26).[13] Er stellt an die Spitze den Brief Klaus Winke-

Teil 2, S. 79–114; ders., Thomas Müntzer und der Anfang der Reformation in Braunschweig, S. 1–30

7 Bubenheimer, Thomas Müntzer in Braunschweig, Teil 1, S. 46 ff.

8 Ebenda, S. 58

9 Müntzer-Briefwechsel, S. 27, Nr. 26. Bei Bubenheimer Nr. 5

10 Bubenheimer, Thomas Müntzer in Braunschweig, Teil 1, S. 48 f.

11 Bräuer, S., Thomas Müntzers Beziehungen zur Braunschweiger Frühreformation, S. 637

12 Bubenheimer, Thomas Müntzer in Braunschweig, Teil 2, S. 83 f.

13 Bubenheimer, Thomas Müntzer in Braunschweig, Teil 1, S. 44 ff.; ders., Thomas Müntzer und der Anfang der Reformation in Braunschweig, S. 1–4.

lers[14], Diener Hans Pelts, an Müntzer (Nr. 3, neu Nr. 1). Hierbei stützt er sich auf paläographische Studien, die die alte Deutung der Datierung – den 25. Juli 1515 – in der Ausgabe von Seidemann wieder neu bekräftigen. Damit ist dieser Brief der älteste aus dem Corpus des Müntzer-Briefwechsels. Geschrieben ist er von Winkeler in Halberstadt, was natürlich Böhmer sehr zupaß kam, da er hier einen Beweis für Beziehungen Müntzers zu Halberstadt in den Händen zu halten glaubte. In Wahrheit hat der Schreiber den Brief auf einer geschäftlichen Reise ganz zufällig in Halberstadt und, wie er selbst vermerkt, in Eile verfaßt.

Müntzer wird hier angeredet als „Vorfolger der unrechtverdicheyt", was so viel heißen soll wie Ungerechtigkeit oder Unrechtmäßigkeit. Auch der Inhalt des Schreibens bringt weitere Ausführungen im Sinne bibelhumanistisch-mystischer Tendenzen, die doch für den Braunschweiger Kreis der Frühreformation charakteristisch sind.[15] Auch wenn es uns nicht möglich ist, Herkunft und Zusammenhänge dieser Gedanken näher darzulegen bzw. den Anteil von Müntzer an diesen Auffassungen klar zu umreißen.

Winkeler hat offensichtlich den Kontakt zwischen Müntzer und dem Braunschweiger Freundeskreis vermittelt. Damals hatte er es übernommen, Braunschweiger Bürgersöhnen, die Müntzer in Frose in seiner Privatschule unterrichtete, Post und Geld zu übermitteln.

Zusammen mit diesem Brief erhielt Müntzer eine Sendung aus Braunschweig von einem Ludolf Wittehovet (gest. 1525) (Nr. 4, neu Nr. 2). Dieser besaß gleichzeitig mit Müntzer ein Lehen am Marienaltar der Michaelis-Kirche, hat also als Priester eine ähnliche Laufbahn hinter sich wie Müntzer. Der Brief ist bekannt geworden durch die Ausführungen über Müntzers Köchin, die wohl ständig in Braunschweig lebte. In Müntzers Abwesenheit waren Gerüchte über seine Beziehungen zu Frauen aufgetaucht. Wichtiger aber ist die Nachricht über die Wohnverhältnisse – Müntzer und Wittehovet mußten sich wohl eine Wohnung teilen, wobei es um das heizbare Zimmer zwischen Wittehovet und Müntzers Köchin zu Zwistigkeiten gekommen zu sein scheint.[16]

Von besonderem Belang ist der Brief des Rektors des Braunschweiger Martineums, eine der fünf Lateinschulen der Stadt (Nr. 2, neu Nr. 4), da es Bubenheimer doch wohl gelungen ist, die Person des

Müntzers Braunschweiger Korrespondenz neu ediert in: Bubenheimer, Thomas Müntzer in Braunschweig, Teil 1, S. 67–76

[14] Den Familiennamen des Dieners haben zuerst Siegfried Bräuer und Ulrich Bubenheimer aufgefunden.

[15] Bräuer, S., Thomas Müntzers Beziehungen zur Braunschweiger Frühreformation, S. 638

[16] Müntzer-Briefwechsel, S. 3 f.

Briefschreibers und damit eines wichtigen Korrespondenten aus Müntzers Frühzeit zu benennen. Es handelt sich um Heinrich Hanner aus Steimbke bei Nürnberg.[17] Hanner ist durch den Inhalt des Briefes und die offensichtlich stattgefundene Aussprache über den Ablaß noch vor Luthers Thesen von erheblicher Bedeutung. Wir werden uns diesem Schreiben im Zusammenhang mit den Fragen des Ablasses in Braunschweig näher zuwenden.

Heinrich Hanner wurde an der Universität Wittenberg am 3. Juni 1518 immatrikuliert. Ein eventuelles Studium Müntzers mit Hanner in Paris können wir nur ins Reich der Phantasie verweisen.[18]

Der letzte Brief, den Bubenheimer neu ediert hat, ist der von Hans Pelt an Müntzer vom 25. Juni bzw. 6. September 1521 (Nr. 26 und 28, neu Nr. 5) mit einer wichtigen Nachschrift, die wir im Zusammenhang mit Müntzers Prager Aufenthalt behandeln werden. Pelt erinnert an das Lehen, das Müntzer zu diesem Zeitpunkt aufgeben wollte, wozu er sich noch nicht näher geäußert habe. Pelts Briefe runden das Bild eines Kreises ab, der „bereits von einer biblizistisch orientierten Christusnachfolge geprägt" wurde.[19] Wir hätten hier einen frühreformatorischen Einfluß Müntzers und auf Müntzer am Beispiel Braunschweigs quellenmäßig greifbar als ersten Ansatz seiner frühen ideologischen Entwicklung in Richtung auf die Reformation – eine bedeutsame Tatsache der neuesten Müntzerforschung, die Ähnliches schon lange suchte, aber bisher niemals fand.

Da es sich bei den Korrespondenzen, die Bubenheimer neu ediert, durchweg um keine neu aufgefundenen Stücke handelt, sind sie nur durch die neue Datierung bzw. Neuinterpretation des Personenkreises um Müntzers Aufenthalt in Braunschweig von Belang. Gelungen ist zweifellos der Nachweis, daß er sich tatsächlich mehrfach in Braunschweig aufgehalten hat und dort im Verlauf der Vor- bzw. Frühreformation eine bisher in der Forschung noch nicht berücksichtigte Rolle gespielt hat. Eine genaue Aufstellung der Abfolge der Aufenthalte Müntzers in der Stadt ist aber auch der neuesten Forschung nicht möglich gewesen, zumal sich diese mit der Wirksamkeit Müntzers in Frose überschneiden.

Erinnert sei noch, daß Müntzers Vater mit Bezug auf das Jahr 1521 in den Quellen von Braunschweig auftaucht.[20] Er gehörte hier zu dem Kreis der frühen Reformation um Hans Pelt und Horneborch.

[17] Bubenheimer, Thomas Müntzer und der Anfang der Reformation in Braunschweig, S. 17

[18] Ebenda, S. 22

[19] Bräuer, S., Thomas Müntzers Beziehungen zur Braunschweiger Frühreformation, S. 638

[20] Bubenheimer, Thomas Müntzer in Braunschweig, Teil 1, S. 48

Besonders wichtig für die Müntzerbiografie ist die Mitteilung in der Präsentationsurkunde für die Braunschweiger Pfründe, daß nach dem Tode des letzten Inhabers derselben, Johannes Oppermann, der Rat der Altstadt Braunschweig „venerabilem virum dominum Thomam Munther Halber(stadiensis) dyocesis presbiterum" als Nachfolger vorschlägt. Hier erfahren wir zuerst, daß Müntzer am 6. Mai 1514, am Tage der Ausstellung der Urkunde, Priester der Halberstädter Diözese war, d. h., daß er bereits vor diesem Termin die Priesterweihe empfangen hatte. Den Zusammenhang zwischen Priesterlaufbahn und Universitätsstudien hat zuerst Walter Elliger zu klären versucht. Er wagt „mit der gebotenen Vorsicht" folgende Datenreihe: „Nach zwei- bis zweieinhalbjährigem Studium hat Müntzer im September 1508 oder im März 1509 die Universität Leipzig verlassen, sich dann mindestens ein reichliches Jahr in den niederen Diensten des Klerus betätigt, wurde wohl nicht vor dem Ende des Jahres 1510 Subdiakon und vielleicht noch, bevor er im Oktober 1512 auf die Universität Frankfurt a. d. Oder ging, auch Diakon." Diese „reine Konstruktion auf der Basis des normalen (aber nicht unbedingt notwendigen) Werdegangs eines Weltklerikers" würde dann als Termin der Priesterweihe „am Quatembersamstag vor Weihnachten" (17. Dezember) oder am „Karsamstag 1514" (15. April) als frühestmöglicher Termin, bei einem angenommenen Geburtsjahr 1489 die Ordination zugelassen haben.[21] Man wird sich mit dem Gedanken vertraut machen müssen, den kirchlichen und den akademischen Werdegang Müntzers zu verbinden, auch wenn für die kirchliche Laufbahn nur ein terminus postquem, eben der 6. Mai 1514, feststeht!

Noch eine Bemerkung zu den Gründen von Müntzers Weggang aus Braunschweig: Neben den bei Bubenheimer in diesem Zusammenhang genannten Quellen von Dappen und Johann Agricola[22] darf das „Onomasticum mundi generale", eine Kompilation des Pirnaer Dominikaners Johannes Lindner gen. Filanus (gest. 1530), 1529 Herzog Georg von Sachsen gewidmet, nicht übersehen werden. Erst 1728 druckte der Leipziger Historiker Johann Burkhard Mencke große Teile des Manuskripts, in dem es von Müntzer heißt: „wart vertriben von Braunsvicke, von Czwickawe, von Prage". Jedoch steht auch bei Lindner wie bei Dappen und Agricola eine antimüntzerische Haltung im Vordergrund. Alle diese Aussagen von einer Vertreibung Müntzers aus Braunschweig sind sehr vage. Es dürfte sicher sein, daß sein Weggang aus der Stadt mit der anhebenden antireformatorischen Welle in Braunschweig zusammenhängt; damals wurden zahlreiche Anhänger der Re-

[21] Elliger, Thomas Müntzer, S. 28
[22] Bubenheimer, Thomas Müntzer in Braunschweig, Teil 1, S. 38 f.

formation vertrieben.[23] Jedoch muß gleichzeitig bedacht werden, daß Müntzer Beziehungen zu Hans Pelt noch 1521 aufrechterhielt bzw. er sein Lehen bis zum 21. Februar 1522 am Marienaltar in der Michaelis-Kirche unangefochten weiter besaß, so daß von einer Vertreibung Müntzers aus Braunschweig nicht zu sprechen sein dürfte.

[23] Ebenda, S. 59 f.; ders., Thomas Müntzer und der Anfang der Reformation in Braunschweig, S. 25 f.

Im Kanonissenstift Frose

Lange hat man angenommen, Frose sei der erste längere Aufenthalt Müntzers gewesen, der dokumentarisch abgesichert ist. Was im Grunde schon bekannt war, wurde durch neueste Forschungen in überraschender Weise bestätigt: daß wir sehr wenig wissen und zu den alten Fragen neue hinzukommen.[1] Wir wissen weder, wann Müntzer nach Frose kam, noch wann er es wieder verließ. Unbekannt bleibt auch, wer ihn dorthin holte. Umstritten war bisher die Stellung, die er in dem Kanonissenstift einnahm, vor allem da Amt und Titel eines Probstes dort nicht nachweisbar sind.[2]

Von Müntzer selbst haben wir eine größere eigenhändige Aufzeichnung, die Günther Franz erstmalig unter der Überschrift „Officium St. Cyriaci 1516–17" veröffentlicht hat (MF S. 481f.) und deren wissenschaftliche Erläuterung Friedrich Wiechert verdankt wird. Unbeweisbar ist freilich, daß es sich um „eine nach dem Gedächtnis hergestellte Niederschrift der ... Texte für die Feier des Cyriacustages" handelt; es kann sich viel eher um eine Abschrift nach älteren Zusammenstellungen handeln. Aber eindeutig ist der Bezug zum Kanonissenstift Frose, das dem hl. Cyriacus als Titelherrn gewidmet war.

Die mögliche Stellung Müntzers in diesem Kanonissenstift setzt die Kenntnis der dortigen Verhältnisse voraus. Frose war kein Kloster mit Nonnen, es war auch keine selbständige kirchliche Institution, sondern seit der Umwandlung in ein Kanonissenstift dem jüngeren Gernrode unterstellt. Die beiden Stifte wurden von einer Äbtissin geleitet, die ihren Sitz in dem größeren und bedeutenderen Gernrode hatte. Frose unterstand lediglich einer von der Äbtissin abhängigen praeposita.

Die Kanonissen leben in einer klosterähnlichen Kongregation – ein gemeinschaftliches Leben in Gebet, Arbeit und Kirchendienst. Ihre kirchlichen Pflichten bestehen in der regelmäßigen Teilnahme am Gottesdienst und im reich ausgestatteten Chorgebet, das die Kanonissen an den sieben Tageszeiten in oft feierlichen Responsorien mit dem Priester am Altar und den Geistlichen im Presbyterium verrichten. Weiter

[1] Bubenheimer, Thomas Müntzer in Braunschweig, Teil 1, S. 37–78
[2] Vgl. Schulze/Specht/Vorbrodt, Das Stift Gernrode

pflegen sie die Armen und Kranken. Sie bekleiden Ämter im Kirchendienst, sorgen für Altargeräte, Beleuchtung sowie für die innere und äußere Verwaltung des Stiftes. In einer besonderen Schule werden junge Mädchen in der lateinischen Sprache, in christlicher und antiker Literatur sowie im Kirchengesang unterrichtet. Niemand war zur Profeß und zu Ablegung der ewigen Gelübde verpflichtet. Alle konnten sie das Stift verlassen und heiraten. Außerhalb des Stiftes wohnten die Kanoniker, die den Gottesdienst in der Stiftskirche zu verrichten hatten. Bei 12 wie in Gernrode wurde von diesen ein praepositus oder decanus gewählt; aber in Frose gab es sehr viel weniger. Daher konnte es nur eine praeposita, aber keinen praepositus oder praefectus wie in Gernrode, Gandersheim oder Nordhausen geben. Ursprünglich stammten sie aus dem niederen Adel, aber seit dem 15. Jh. wuchs die Zahl der nichtadligen Kanoniker.

Daß Müntzer sich um den Gottesdienst zu kümmern hatte, zeigt das „Officium S. Cyriaci"; ob er außerdem auch als Beichtvater wirkte, wie F. Wiechert (MF S. 481) meint, läßt sich nicht erweisen. Frose war Maria, dem hl. Petrus und dem hl. Cyriacus gewidmet. Gefeiert wurden der 16. März als dies natalis, der 16. Juli als Tag der dedicatio tituli Sancti Cyriaci in Thermis und der 1. August als dies translationis. Das erste und wohl auch älteste Manuskript Müntzers ist die Cyriacus-Liturgie. Es handelt sich um ein eigenhändiges Schriftstück, einen Zettel 17 × 11 cm groß, 6 beschriebene Seiten mit je 10 bis 26 Zeilen. Das Manuskript umfaßt vollständige Texte zweier Offizien und den Rest eines Meßformulars. Denn das Officium wurde auch sonst verwendet — zu Konventsversammlungen, zur Kirchweihe, zur Inthronisierung der Äbtissin und deren Jahresfeiern usw. Die Texte Müntzers entstammen alle der liturgischen Tradition. Ob Müntzer sich zuerst in Frose mit Liturgie beschäftigt hat, ist nicht zu sagen; nachgewirkt haben diese, zunächst vielleicht nur als Pflicht empfundenen Bemühungen auf diesem Gebiet ganz sicher. In Allstedt ist er durch sein Kirchenamt und seine Messe zum Vorkämpfer deutsch-evangelischer Liturgie geworden. Das Officium ist ein eindeutiger Beleg für Müntzers Aufenthalt in Frose, obwohl von Frose selbst nirgendwo die Rede ist. Die Regesten bei Schulze/Specht/Vorbrodt bieten keinerlei Anhaltspunkte, da zwischen 1493 und 1544 keine Urkunde erhalten ist.[3]

In zwei Briefen wird Müntzer als „praepositus" bzw. Probst in Frose bezeichnet.

Nach Bubenheimers Revision erweist sich, was schon J. K. Seidemann 1842 erkannt hatte, daß als ältester Brief aus Müntzers Briefwechsel das an ihn gerichtete Schreiben des Dieners oder Faktors von Hans

[3] Ebenda, S. 61

Pelt, Klaus Winkeler, anzusehen ist, der auf einer Geschäftsreise eilends in Halberstadt geschrieben wurde. Aus diesem Brief erfahren wir, daß Müntzer in Frose eine Privatschule leitete, in der er, sicher neben anderen, auch Söhne Braunschweiger Bürger unterrichtete. Daß unter diesen Schülern auch Halberstädter Bürgersöhne waren, ist wahrscheinlich.

Der zweite Brief ist der schon immer umstrittene von Matthäus Volmar an Müntzer (Nr. 1, neu Nr. 3). Böhmer und Kirn lasen als Empfänger — peken —, ohne etwas mit dieser Bezeichnung anfangen zu können. Bubenheimer entzifferte nun „parhen in Vrohsere", Pfarre in Frose, und verbindet eine im Grunde nicht zu beweisende These, wonach Müntzer überhaupt nur Pfarrer in Frose gewesen sei. Dem kommt natürlich die Fragwürdigkeit der Bezeichnung „praepositus" für Frose entgegen, da es nach der Verfassung des Kanonissenstiftes nur eine praeposita gegeben haben kann[4]. Für die Neuausgabe der Briefe glaubt der Dresdner Archivar Manfred Kobuch mit Hilfe ausgezeichneter technischer Mittel eine endgültige Lesart gefunden zu haben: provesten (mittelniederdeutsch für Probst). Damit scheint die Stellung Müntzers in Frose als Probst auch im Gegensatz zur alten Verfassung des Stiftes gesichert zu sein.

Es war damals leicht, von Frose nach Aschersleben zu gelangen: mit einem Nachen über den Ascherslebischen oder Gaterslebener See. 1446 hat Bischof Burkhard von Halberstadt den großen fischreichen See anlegen lassen. Das Wasser der Selke, eines linken Nebenflusses der Bode, wurde gestaut und auf das brüchige Gelände zwischen Aschersleben, Gatersleben und Nachterstedt geleitet.[5]

Der Name „Frose" bedeutet soviel wie „Herrensee", was doch wohl besagt, daß es auch vor 1446 ähnliche Anlagen gegeben hat. In der Schreibweise „Frose" existiert eine weitere Ortschaft nordwestlich von Schönebeck. Der Streit um den See hat das Stift Gernrode förmlich ruiniert. Der Damm, der bei Gatersleben die Selke staute, ließ ihre Wasser auf die Äcker und Wiesen der Gemeinden Frose und Nachterstedt abfließen. Was Bischof Burkhard begonnen, vollendete Erzbischof Ernst von Magdeburg, der ja Administrator von Halberstadt war. Der See, zwei Meilen lang und eine Meile breit, ist auf der ältesten Karte der Grafschaft Mansfeld von Tillmann Stella bzw. Ortelius aus dem Jahre 1573 eingetragen.[6] Er wurde, da er für Gernrode-Frose sehr nachteilig war, zum Zankapfel zwischen dem Stift und dem Bistum Halber-

4 Bubenheimer, Thomas Müntzer in Braunschweig, Teil 1, S. 55 und S. 69 f.

5 Jacobs, Geschichte der in der preußischen Provinz Sachsen vereinten Gebiete, S. 308

6 Hantzsch, Die ältesten gedruckten Karten, Karte VII und IX. Arnold, Die Karte „Mansfeldiae Comitatus", S. 54—59 (mit Faksimiledruck der Karte)

stadt. Zwei Äbtissinnen prozessierten, Scholastika, die etwa von 1469 bis 1504, und Elisabeth von Weida und Wildenfels, die seit 1504 amtierte (gest. 1532).[7] Der Prozeß wurde seit 1486 geführt und verschlang nahezu das gesamte Stiftsvermögen. 1492 mußte eine große Summe aufgenommen werden. Die Lage war so trist, daß 1504 die als Nachfolgerin vorgesehene Margarethe von Warberg das Amt nicht annahm. Schließlich gewann man eine Kanonissin des Servatiusstiftes Quedlinburg, die genannte Elisabeth von Weida. Elisabeth vermachte dem Stift, das wirtschaftlich nahezu am Ende war, nicht nur einen Teil ihres Vermögens, sie löste auch verpfändete Besitztümer ein und forderte energisch geraubtes Kirchenland zurück. Immerhin gelang es ihr, den Prozeß um den See mit einem Kompromiß zu beenden. Am 20. Dezember 1510 einigte man sich in Halle unter folgenden Bedingungen: Die Äbtissin verzichtet auf alle Rechte am See zugunsten des Stiftes Halberstadt und des Rats der Stadt Aschersleben; der Erzbischof zahlte dafür eine einmalige Abfindungssumme von 3 000 Rheinischen Gulden und verpflichtet sich zu einer jährlichen Lieferung von 2 Zentnern Hechte, ersatzweise pro Zentner 4 Gulden.[8]

Müntzer erlebte also auch in Frose die Nachwirkungen der harten Politik Ernsts von Sachsen. Die erhebliche Verschlechterung der wirtschaftlichen Lage wird auch die Zahl der Stiftsdamen und der Kanoniker — einstmals 24 : 12 bzw. 12 : 6 für Gernrode und Frose — stark reduziert haben. Vielleicht hängt der Weggang Müntzers direkt oder indirekt damit zusammen, sei es, daß er nur einen kurzen Kontrakt hatte, sei es, daß die Gelder nicht mehr ausreichten. Denn im Verlauf der Reformation, die erst nach 1525 von Elisabeth eingeführt wurde, kam es zur Schließung von Frose, indem die letzten drei Frauen nach Gernrode übersiedelten.

Müntzer dürfte aber nicht nur den Gottesdienst in Frose oder vertretungsweise in Gernrode betreut haben, sondern auch die nicht unbedeutende Stiftsbibliothek benutzt haben. Natürlich hatte das Doppelstift eine Bibliothek: Manuskripte und Bücher waren in jeder kirchlichen Einrichtung vorhanden. Die erste Veröffentlichung stammt von dem Dessauer Bibliothekar Dr. Gröpler: Er druckte — ohne Kommentar — das „Verzeichnis derjenigen Bücher, welche aus der Gernroder Stiftsbibliothek in die frühere Bernburger und aus letzterer in die gegenwärtige anhaltische Behördenbibliothek zu Dessau übergegangen sind". Insgesamt 258 Bände gelangten 1669 nach Bernburg: Entsprechend den bibliographischen Gepflogenheiten der Zeit ist das Verzeichnis von 1715/16, das Gröpler abgedruckt hat, sehr ungenau. Alle Bände, auch die 40 Bände mit Inkunabeln, sind verzeichnet in dem umfang-

[7] Franke, Elisabeth von Weida und Wildenfels, S. 313–335

[8] Beckmann, Historie des Fürstentums Anhalt, Bd. 1, S. 109 f.

reichen „Katalog der herzoglich anhaltischen Behördenbibliothek zu Dessau". Nun sind große Teile dieser Bibliothek im zweiten Weltkrieg verbrannt. In einem Handexemplar der Bibliothek sind die noch vorhandenen Bücher rot angekreuzt.[9] Die Geschichte der Bibliothek hat W. Kulpe beschrieben.[10]

Bleibt eine letzte Frage. Ist der Leipziger Dominikaner Johannes von Weida, der am 12. Dezember 1519 an Müntzer schrieb (Nr. 6), ein Bruder der Äbtissin Elisabeth von Weida und Wildenfels? Goebke hat das behauptet, aber nicht den geringsten Beleg angeführt. In dem Brief ist von einer Äbtissin die Rede – gemeint aber ist die Äbtissin von Beuditz, Margarethe Kellers (MF S. 356). Weida kann natürlich auch Geburtsort sein, was wahrscheinlicher ist als die Zugehörigkeit zu einem adeligen Geschlecht. Hier ist Vorsicht am Platze: wie bei der Behauptung in der älteren Literatur, daß Elisabeth von Weida frühzeitig (möglichst noch vor Luther) zur Reformation neigte; die Einführung der Reformation um 1521 gehört gleichfalls der Legende an.[11]

Aber es bleibt nicht nur die Beschäftigung mit der Liturgie als Ertrag der Zeit in Frose, auch wenn wir nicht sagen können, wie lange Müntzer dort weilte; es bleibt auch die Bezeichnung „vorfolger der unrechtverdicheyt" in dem Brief vom 15. Juli 1515 (Nr. 3). Damit sind wir wieder bei Müntzers Beziehungen zu Braunschweig. Aber auch die neue Sicht der Braunschweiger Verhältnisse gibt keine Klarheit, wann Müntzer nach Frose kam und wann er es später verließ. Klaus Winkelers Brief vermittelt das 1. Datum – 25. Juli 1515; Matthäus Volmars Schreiben vom August 1516 bietet das 2. Das ist weniger als bei der überholten Datierung vom 1. Datum vom August 1516 bis zum irrigen 2. Datum vom 25. Juli 1517. Juni/Juli 1517 aber ist Müntzer in Braunschweig gewesen.

9 Steinmetz, Thomas Müntzer und die Bücher, S. 602–612 (Korrekturen S. 1050)

10 Kulpe, Die herzoglich-anhaltische Behördenbibliothek, S. 38 ff.

11 Schulze/Specht/Vorbrodt, Das Stift Gernrode, S. 90

Der Ablaß in Braunschweig

Julius II. hatte schon 1506 einen Ablaß für den Neubau der Peterskirche in Rom ausgeschrieben. Leo X. setzte den Ablaß fort und ernannte den Italiener Arcimboldi für zwei Jahre zum Kommissar für weite Teile Deutschlands. Von ihm wurde im Jahre 1516 der Dominikaner Johann Tetzel zum Subkommissar gemacht. Nach dem Weggang Arcimboldis trat Tetzel in den Dienst des Kardinals Albrecht von Mainz. Tetzel, schon seit 1504 als Ablaßagent erfolgreich tätig, durchzog u. a. im Jahre 1517 die Gebiete des Erzbistums Magdeburg. Der Ablaß sollte die Wallfahrt nach Rom durch die Ablaßpredigten im jeweiligen Land ersetzen.

Nach verschiedenen Hinweisen in den Quellen hat Tetzel auch im Braunschweigischen im Sommer 1517 den Ablaß gepredigt.[1] Nachdem bereits 1509 der Livländer Ablaß dort ausgeschrieben worden war, erwachte frühzeitig eine kritische Distanz zum Ablaßhandel.

Zugleich überschnitt sich der Petersablaß mit den Interessen des Ablasses der Benediktinerabtei St. Petri und Pauli in Königslutter. Dadurch kam es zum Konflikt. Der übereifrige Tetzel verkündete, um sein Geschäft nicht zu schädigen, daß alle anderen Ablässe für Magdeburg und Halberstadt für die Dauer des Jubelablasses aufgehoben seien. Der Ablaß von Königslutter wurde jährlich am Peters- und Paulstag (29. Juli) ausgeschrieben. In Braunschweig war es üblich, zu dieser Wallfahrt in das 23 km entfernte Königslutter den Bürgern einen Geleitschutz des Rates zur Verfügung zu stellen.

Selbst der Landesherr, Heinrich d. J. von Braunschweig und Wolfenbüttel, intervenierte zugunsten des Klosters gegen Tetzel. Tetzel und seine Vorgesetzten ließen mit sich reden und gaben nach; in einem Schreiben Tetzels vom 22. Juni wurde der Ablaß von Königslutter wieder in seine alten Rechte eingesetzt. Da zugleich Herzog Heinrich d. J. Tetzel Unterstützung beim Ablaßgeschäft zusagte, bedeutete das für diesen eine Ermunterung, den Ablaß auch in Braunschweig zu verkünden, auch wenn wir über die Einzelheiten nicht unterrichtet sind.[2]

In dieser Situation entschloß sich der Rektor des Martinsgymna-

[1] Vgl. dazu Bubenheimer, Thomas Müntzer und der Anfang der Reformation in Braunschweig, S. 11 f.
[2] Ebenda, S. 12 f.

siums in Braunschweig, genauere Auskünfte über den Ablaß einzuholen. Dabei fiel seine Wahl auf Thomas Müntzer, den er schon vorher kannte.

Nach einer umständlichen Anrede in humanistischem Stil trägt der Rektor folgende Fragen vor:

1. Wie solle man jenen Satz in den apostolischen Briefen vom Erlaß der Strafe und Schuld verstehen, aufgrund dessen man glaubt, daß die Schuld in der Absolution des Sakraments vergeben wird?

2. Wie solle er jenes einfache Wort verstehen: Ein Mensch kann die gegen Gott begangene Sünde nicht vergeben, während die Geistlichen doch Menschen sind und dennoch ihnen die volle Gewalt übertragen worden ist, wie uns gesagt wird?

3. Ob der Herr Papst alles, was er beabsichtigt und will und in einem unverfälschten Schreiben als seinen Willen und seine Absicht bekundet, im Auftrag der Kirche tue und es durch ihn vor Gott geschehe, oder nicht.

4. Ob man dem unverfälschten Schreiben Glauben schenken solle und der Ungebildete und Laie den apostolischen Briefen glauben solle, daß sie unverdächtig und von Fehlern und aller Falschheit frei sind, nachdem sie von den Geistlichen durchgesehen, geprüft, zugelassen und öffentlich ernsthaft geprüft worden sind — glauben sage ich, sozusagen als Evangelium, so daß er auf den Wortlaut derartiger Briefe sein Seelenheil bauen könne, oder nicht.

5. Ob der Schatz der Kirche (das ist das Leiden Christi) durch das Verdienst der Heiligen (wie uns gepredigt wird) irgendwie gemehrt worden sei, oder nicht.[3]

Elliger hat die Fragen treffend gekennzeichnet: „Das hintergründige Motiv der an ihn (Müntzer) gerichteten Fragen war unverkennbar der Unwille über die Anmaßung des Papstes und die Willkür der Hierarchie, von ihnen selbst erdachte Garantien zum Erwerb des Seelenheils bieten zu können.“[4] Das Schreiben zeigt außerdem eine gründliche Beschäftigung mit den Dokumenten und Problemen des Ablasses. Das scheint für die Kreise der Frühreformation in Braunschweig kennzeichnend gewesen zu sein, wobei wir hier nicht auf Einzelheiten eingehen können, zumal die Antwort Müntzers nicht schriftlich vorliegt. Sie dürfte also nur in einem mündlichen Gespräch erteilt worden sein. Persönlich an Müntzer gerichtet ist die folgende Frage: „Der Herr Thomas wolle brieflich möglichst kurz erklären, was er selbst von den Ablässen halte, die die Brüder des Predigerordens uns neulich verkauften, wogegen die Geistlichen sehr scharf kämpften, wie

[3] Müntzer-Briefwechsel, S. 1—2, Nr. 2. Benutzt wurde eine ungedruckte Übersetzung des Briefes von Dr. W. Trillitzsch.

[4] Elliger, Thomas Müntzer, S. 48

bekannt ist. Gleichermaßen von den Ablässen in Königslutter, die schon vor vielen Jahren gepredigt wurden, ob sie widerrufen sind, wie einige zu behaupten wagen, oder nicht.“ Hier findet sich auch der Bezug des Briefes auf die Ereignisse im Sommer 1517 um das Auftreten Tetzels in Braunschweig und den Ablaß von Königslutter.[5]

Interessant ist die kritische Bemerkung des Rektors am Ende des Briefes. Er bittet Thomas Müntzer, auch wider seine Gewohnheit nicht Überdruß zu empfinden, sondern den Ungebildeten zu belehren und den Unwissenden zu unterrichten. Diese Aussage ist sicher für Müntzers Umgangsformen charakteristisch, auch wenn wir keine genauen Angaben darüber machen können. Die Kritik des Rektors deckt sich jedenfalls mit Müntzers später kompromißlos vertretenen ablehnenden Haltung zum vieldiskutierten Problem der Schonung und der Geduld mit den Schwachen.

Die Datierung des vorliegenden Schreibens bei Böhmer/Kirn „1517 vor Ende Juni“ wird von Bubenheimer mit Recht erweitert auf „Juni/ Juli 1517“.[6]

Eines hat sich jedoch klar herausgestellt, der Brief des Rektors ist nicht abhängig von den Ablaßthesen Luthers, sondern fußt ausschließlich auf den damals vorliegenden und allgemein zugänglichen Dokumenten zur Verkündigung des Petersablasses. Was Müntzers Haltung dazu angeht, so können wir lediglich Vermutungen anstellen, da seine Antwort nicht überliefert ist. Es deutet alles darauf hin, daß auch Müntzer damals die Ablaßthesen Luthers nicht kannte. Eine Bekanntschaft mit den 95 Thesen dürfte erst mit dem Erscheinen der niederdeutschen Übersetzung des Sermons „Von Ablaß und Gnade“ — 1518 in Braunschweig erschienen — als sicher gelten.

Der Braunschweiger Ablaßstreit stellte die erste Begegnung Müntzers mit einer Problematik der frühbürgerlichen Revolution dar.

[5] Vgl. über einen frühreformatorischen Kreis in Braunschweig Bubenheimer, Thomas Müntzer und der Anfang der Reformation in Baunschweig, S. 22—29
[6] Ebenda, S. 16 f.

Martin Luther, die Anfänge der deutschen Reformation und Thomas Müntzers Frühzeit

Mit dem Jahr 1517, dem Beginn des Ablaßstreites, ist es auch Zeit, Martin Luther ins Spiel zu bringen, von dem bisher im Zusammenhang mit Müntzers Lebensweg keine Rede war. Martin Luthers Lebenslauf von Eisleben bis Eisleben (1483—1546) ist durchaus bekannt und braucht nicht wiederholt zu werden.[1] Wir beschränken uns hier auf die wesentlichen Unterschiede zu Thomas Müntzers Lebenslauf. Bei Luther ist das ganze Leben gut dokumentiert. So empfindliche Lücken wie in Müntzers Biografie sind bei ihm unbekannt. Das hängt nicht nur mit seiner Herkunft zusammen, sondern erklärt sich doch wohl auch aus der Tatsache, daß Luther nach Studium und Klosteraufenthalt in Erfurt sein ganzes Leben in Wittenberg, der Universitätsstadt und fürstlichen Residenz, verbrachte. Nach seiner Romreise 1510/11, die er im Auftrag seines Ordens unternahm, ließ sich Luther endgültig in Wittenberg nieder, wo er am 18. Oktober 1512 an der dortigen Universität promovierte.

Was Müntzer angeht, sind für diese Zeit nur drei Eckdaten seines Lebensweges überliefert: 1506 Immatrikulation in Leipzig, 1512 Immatrikulation in Frankfurt (Oder), 1514 Präsentation für die Braunschweiger Altarpfründe. Alle weiteren Einzelheiten beruhen auf Schlußfolgerungen.

Luther trat 1505 in das Kloster der Augustinereremiten in Erfurt ein und wurde Mönch; erst 1525 legte er die Mönchskutte ab und heiratete. Die Ordensdisziplin hatte ihn für sein ganzes Leben lang geprägt.

Müntzer wurde Weltgeistlicher, wobei schon das Datum der Priesterweihe nur erschlossen werden kann. Sein ganzes Leben lang war er auf der Suche nach dauerhafter Tätigkeit im Dienste der Reformation. Als Folge der päpstlichen Bannung und der kaiserlichen Acht konnte Luther die Gebiete Kursachsens Zeit seines Lebens nicht mehr verlassen. Müntzers Leben blieb unstet; die längsten Aufenthalte waren in Zwickau, Allstedt und Mühlhausen, aber auch hier gab es früher oder später immer Probleme mit den fürstlichen bzw. städtischen Obrigkeiten.

[1] Vgl. u. a. Brendler, Martin Luther. Müller-Streisand, Luthers Weg von der Reformation zur Restauration

Luthers Verhältnis zu den weltlichen Obrigkeiten, insbesondere denen Kursachsens und den evangelischen Fürsten, war vorbildlich. Müntzer hingegen geriet überall in Konflikte mit Äbtissinnen, städtischen Räten und Fürsten. Vor allen Dingen zu den altkirchlichen Fürsten, seit Allstedt dann aber auch zu den lutherischen, geriet er in immer stärkeren Gegensatz.

Luther vertrat auch im Übergang zur Reformation stets konsequent die Position der offiziellen Bildung. Schon in seinem Studium erhielt er starke Anregungen humanistischer Art, die sich dann auch in seinen Vorlesungen, vor allem den Psalmenvorlesungen, niederschlugen.

Seit dem Einsetzen der neueren Lutherforschung ist es gelungen, die Manuskripte eines großen Teils seiner Vorlesungen, gehalten in Wittenberg, in den Bibliotheken wieder aufzufinden. Sie sollen hier genannt werden, da gerade diese Vorlesungsmanuskripte für die Entwicklung Luthers von allergrößter Bedeutung sind: Von 1513 bis 1516 las Luther zum ersten Mal über die Psalmen (Dictata super psalterium). Von November 1515 bis September 1516 hielt er seine berühmten Vorlesungen über den Römerbrief; 1516/17 folgte die über den Galaterbrief und 1517/18 über den Hebräerbrief. Von 1519 bis 1521 las er nochmals über die Psalmen (Operationes in psalmos).

Diese Vorlesungen waren bis auf die Druckmanuskripte der Psalmenvorlesungen in den älteren Jahrhunderten unbekannt. 1908 edierte Johannes Ficker erstmals die entscheidenden Vorlesungen Luthers über den Römerbrief, die er in der Berliner Staatsbibliothek aufgefunden hatte und mit deren Auswertung die neue Lutherforschung begann.

Alle diese Vorlesungen zeigen eine großartige Wirksamkeit Luthers als Hochschullehrer, wie wir heute sagen würden, jemand der in regelmäßigen Abständen Lehrveranstaltungen hält, bei Luther durchweg über biblische Texte. Eine Tätigkeit, die sich über sein ganzes Leben hin fortsetzte, die hier aber nur angedeutet werden soll, um den Unterschied zu Müntzer herauszuarbeiten, bei dem sich ähnliches noch nicht einmal in Ansätzen findet.

Nebenher ging Luther stets einer außerordentlich aktiven Predigttätigkeit nach, begleitet von der Erarbeitung einer Vielzahl theologischer Schriften, zunächst in lateinischer, dann aber auch sehr bald in deutscher Sprache.

In Wittenberg sammelte Luther frühzeitig Schüler und Anhänger um sich, die den Kern der späteren Wittenberger Reformation bildeten. Zu diesen frühen Anhängern gehörte wohl auch Thomas Müntzer, der von Ende 1517 bis Ostern 1519 in der Stadt geweilt haben könnte. Nach neuesten Forschungen wäre es möglich, daß er schon in der Zeit kurz vor oder nach Luthers Thesenanschlag nach Wittenberg kam. In dieser Zeit hat Müntzer auch eine Vorlesung des Humanisten Rhagius Aesticampianus über Hieronymus gehört.[2] Eine andere Möglichkeit wäre, daß Müntzer im Sommer 1518 zusammen mit Heinrich Hanner in die Universitätsstadt zog.

Luthers reformatorische Tätigkeit setzte mit den 95 Thesen über den Mißbrauch des Ablasses ein, die 1517 erstmals im Druck erschienen und den bis dahin wenig bekannten Mönch und Professor in Wittenberg schlagartig berühmt machten. In diesen Thesen und in den darin anschließenden literarischen Streitschriften, vor allem seit dem Sermon „Von Ablaß und Gnade" führte er nicht nur den Kampf gegen die Mißbräuche des Ablaßhandels, sondern entfaltete sehr bald auch die Grundlagen einer neuen Theologie, aufbauend auf seinen Vorlesungen, besonders über den Römerbrief, und gipfelnd in den Reformationsschriften des Jahres 1520.

Wie stark Müntzer allerdings in die Lehre Luthers und der Wittenberger eingedrungen ist, entzieht sich unserer Kenntnis, da Müntzer sich dazu nicht geäußert hat, wir jedenfalls in den erhaltenen Dokumenten und Briefen nichts darüber finden.

Der erste Brief Müntzers an Luther, der erhalten ist, stammt vom 13. Juli 1520 aus Zwickau und behandelt seine Auseinandersetzungen mit den dortigen Franziskanern und Egran. Das Schreiben zeigt, daß sich Müntzer damals eng mit Luther verbunden fühlte.

Seit den Ablaßthesen war Luther auf dem Wege, ein in ganz Deutschland berühmter Mann zu werden. Seine immer ausgedehntere Schriftstellerei begründete den Buchdruck in Wittenberg und machte ihn besonders durch seine lateinischen Werke über die Grenzen Deutschlands hinaus bekannt.

1518 wurde von der Kurie gegen ihn der römische Prozeß eingeleitet, der zwar durch die Kaiserwahl unterbrochen wurde, aber doch im Januar 1521 zur endgültigen Bannung führte. Der Reichstag zu Worms bildete den Höhepunkt der frühen Reformation. Luther war nicht nur vom Papst gebannt, sondern auch vom Reichstag im Mai 1521 in die Acht erklärt worden. An dem Tag, an dem Luther in Worms einzog, am 16. April 1521, verließ Thomas Müntzer Zwickau, um seine Reise nach Böhmen anzutreten.

Die kurfürstlich-sächsische Politik gipfelte in der Verbringung des Ketzers auf die Wartburg, wo sich Luther runde 300 Tage aufhielt. Hier begann er mit der Übersetzung des Neuen Testaments, seiner Verdeutschung der Bibel.

Im März 1522 kehrte er nach Wittenberg zurück – im stillen Einvernehmen mit dem Kurfürsten –, um der Wittenberger Bewegung Einhalt zu gebieten. In Abwesenheit Luthers hatte sich in Wittenberg

[2] Vgl. Bubenheimer, Thomas Müntzer in Wittenberg im (Druck)

um Andreas Bodenstein von Karlstadt ein bedeutsamer Kreis von Reformatoren gebildet, der Luthers Lehren weiterentwickeln und in die kirchliche Praxis Wittenbergs und anderer Orte umsetzen wollte.

Luthers bekannte Invokavitpredigten vom 9. bis 16. März 1522, die bald auch im Druck verbreitet wurden, führten zu langwierigen Auseinandersetzungen mit den „Neuerern" in Wittenberg. Eine Beziehung Müntzers zu diesen in jener Zeit ist quellenmäßig nicht belegt. Erst der Brief Müntzers an Melanchthon vom 27. März 1522 nimmt Stellung zu den Ereignissen in Wittenberg, wobei es unklar bleibt, ob Müntzer selbst in der Stadt anwesend war und woher er seine Kenntnisse über die Vorgänge in der Stadt nach Luthers Rückkehr bezog.

Es gelang Luther nach heftigen Streitigkeiten, seine Gegner zurückzudrängen und seine führende Position zurückzugewinnen. Offensichtlich hat Müntzer diesen Prozeß der Rückkehr zu den Positionen vor dem Wormser Reichstag nicht nur nicht gebilligt, sondern auch auf das schärfste bekämpft. In dieser Haltung traf er sich mit den Auffassungen Karlstadts, der am gleichen Tag wie Müntzer an Melanchthon an Hektor Pömer in Nürnberg schrieb und in diesem Brief Luther ob seines Abfalls von früheren Ansichten scharf tadelte. Auf Grund dieser Haltung zu Luther mußte Karlstadt Wittenberg verlassen und zog sich auf ein Landgut in Wörlitz zurück.

Luther formulierte seinen neuen Standpunkt in „Eine treue Vermahnung zu allen Christen, sich zu hüten vor Aufruhr und Empörung", die am 27. März 1522 im Druck erschien.

Für Müntzer endete die Zeit des „Elends seines Vertreibens" erst im März 1523 mit dem Antritt seiner Stelle in Allstedt, wo er nach einer verbreiteten Meinung, ein „Gegenwittenberg" zu gründen beabsichtigte.

Der Kanzelstreit von Jüterbog

Am 11. Januar 1519 schreibt Christian Döring, Goldschmied zu Wittenberg, Buchhändler und Mitbesitzer einer Druckerei, einen Brief an den in Leipzig bei dem Buchhändler Christian Breithut (gest. 1519)[1] in der Rittergasse wohnenden Müntzer (Nr. 5). „Ich thu euch zu weyssen, daß ich myt magister Bartolomeus geret habe eucherent halben. So spricht er, so ir seyn kappelann wellet werden, so sollet ir auff dy osteren zu im kommen. So ir das seyns syt, so solt ir im schriben, aff ir kommen welt aber nicht, daß her sich wes dar nach zu richten. Do mit fil guter nacht." In diesem Brief erscheint Müntzer als ein armer, stellungssuchender Geistlicher, der nach dem Wittenberger Aufenthalt, der wahrscheinlich bis zum Eintreffen in Jüterbog reicht, offensichtlich vorübergehend Anfang des Jahres 1519 in Leipzig weilte. Dieser Aufenthalt in Leipzig deutet vielleicht doch auf eine zeitweise Beschäftigung von Müntzer im Buchgewerbe hin, möglicherweise im Auftrag Dörings oder eines anderen Buchhändlers. Aber offensichtlich war Müntzer mit dieser Tätigkeit nicht mehr zufrieden. Der einflußreiche Döring hatte sich bei Bartholomäus Bernhardi, seit Ende 1518 Probst in Kemberg bei Wittenberg, für Müntzer verwendet. Die Sache zerschlug sich, ohne daß wir erfahren warum.

Es scheint, daß sich Müntzer 1517/18 dem Wittenberger Kreis der lutherischen Reformation zugewandt hatte. Von diesem wurde er wahrscheinlich nach Jüterbog geschickt, ohne daß wir genaueres darüber wissen. Bei Dappen heißt er „Thomas de Wittenberg". Franz Günther war in Jüterbog als Vertreter der frühen Reformation in Schwierigkeiten geraten. Er hat Müntzer sicher zu seiner Vertretung bzw. Unterstützung rufen lassen.

In der Fastenzeit war es zu einem Streit zwischen Günther, damals Prediger an St. Nikolai, und den Franziskanern in Jüterbog gekommen.

Am 24. April 1519 hielt Müntzer in der Marienkirche in Jüterbog seine erste Predigt; wann er in der Stadt eintraf, ist unbekannt.

Über die Ereignisse von Jüterbog im April 1519, die, von den Pro-

[1] Grimm, Die Buchführer des deutschen Kulturbereichs, Sp. 1153—1772, Nr. 702

blemen her, eine Art Vorspiel zur Leipziger Pleissenburg-Disputation darstellen, wissen wir nur von der Flugschrift, die der Ingolstädter Drucker Magister Andreas Lutz im Auftrag Doktor Ecks herausbrachte. Diese enthält die beiden Briefe, die Dappen am 4. Mai 1519 an den bischöflichen Vikar Gropper und einen Tag später an den Bischof von Brandenburg selbst gerichtet hatte. In keinem der zeitgenössischen Briefwechsel ist etwas Ergänzendes zu den „Articuli per fratres minores ... contra Luteranos" erwähnt. Erst Joachim K. Fr. Knaake, der erste Herausgeber der Weimarer Lutherausgabe, hat sie bei der Bearbeitung des 2. Bandes, der 1884 erschien, wieder aufgefunden. Und erstmals wieder gedruckt wurden sie von Jacobus Wallenborn im Jahre 1930.[2] Die marxistische Forschung hierzu setzte 1967 ein mit Manfred Bensings Aufsatz und der beigefügten Übersetzung von Winfried Trillitzsch.[3]

Der Jüterboger Kanzelstreit begann mit der Tätigkeit des Lutherschülers Franz Günther, der zu Beginn des Jahres 1519 vom Rat der Stadt als Prediger an die Nikolaikirche berufen worden war. Er vertrat die Auffassungen Luthers und mußte bei den Franziskanern des Wittenberger Konvents sehr bald auf Widerspruch stoßen. Einzelheiten und Daten seines Eintreffens in Jüterbog sind nicht bekannt. Aber die Wirkung der ersten Predigten muß beachtlich gewesen sein.
Dappen berichtet: „Von wem wurden in so kurzer Zeit in der Stadt Jüterbog so verkehrte Irrlehren ausgestreut, daß sogar auch die Laien fragen, wo denn im Evangelium stünde, man solle die Beichte sacramentaliter ablegen, wo es stünde, man solle fasten usw. ..." (S. 141). Jedenfalls wurde Günther vor den Franziskanerkonvent gefordert. Er erschien mit dem Wittenberger Augustinerprior Konrad Helt und mit einem namentlich unbekannten Lektor der Theologie. Schon diese Tatsachen zeigen, daß alles in Absprache mit Wittenberg geschah. In der Disputation traten die Gegensätze noch deutlicher zutage. Im April wurde nun Günther auch noch von dem Probst des Nonnenklosters in Jüterbog wegen einer Beleidigung der Äbtissin von der Kanzel beim Bischof von Brandenburg, Hieronymus Scultetus, angezeigt. Nun wurde Günther auch zum Bischof bestellt und gerügt. Das führte dazu, daß er nach der Rückkehr nach Jüterbog sich eine Zeitlang von der Predigt fernhielt. Als sein Vertreter erschien „Thomas de Wittenberg", kein anderer als Thomas Müntzer, der in den Dappenschen Berichten stets ohne Familienname genannt wird. Dafür wußte man, daß er aus Braun-

[2] Wallenborn, Luther und die Franziskaner, S. 140—159

[3] Bensing/Trillitzsch, Bernhard Dappens „Articuli ... contra Lutheranos", S. 113—147. Die Annahme, daß mehrere Druckfassungen existieren, ist irrig. Die vorhandenen Exemplare sind nachgewiesen bei Elliger, Thomas Müntzer, S. 49.

schweig kam, „non longo tempore elapso expulsus e civitate Brunsvicksensi".

Die Bedeutung der Jüterboger Vorgänge, so kurz sie auch waren, liegt in der ersten quellenmäßig nachweisbaren Verwicklung Müntzers in die Auseinandersetzungen der frühen Reformation, im Gegensatz zu Braunschweig, wo wir auf Vermutungen angewiesen sind.

Zum ersten Male ist sein Auftreten auf der Kanzel in Jüterbog relativ ausführlich dargestellt und in der Schrift von Dappen gegen Luther wirksam geworden. Jüterbog war ein territorialer Besitz des Erzstiftes Magdeburg, unterstand also Albrecht von Brandenburg als Landesherrn; kirchlich gehörte es zum Bistum Brandenburg. Die Nähe zu Wittenberg wollte wenig besagen.

Im Brief an den Bischof von Brandenburg heißt es: „Wo habe denn Christus im Evangelium geboten, daß wir fasten sollen und daß wir dem Priester beichten sollen, da doch Christus dies im Evangelium nicht geboten habe. Daher bringen auch andere folgerichtig vor, die Böhmen seien bessere Christen als wir; denn offenbar befolgen sie das Evangelium besser, indem sie nicht beichten, als wir, die wir beichten, was doch Christus nirgendwo im Evangelium geboten habe. Dies scheint aber von der Lehre des genannten Magisters herzurühren" (Bensing/Trillitzsch, S. 145). Hier fehlt allerdings der Artikel, „daß man nicht die Heiligen anrufen solle", der am Anfang des Berichtes an Jakob Gropper unter Nr. 3 steht (S. 133).

Die Diskussion kam noch vor den Osterfeiertagen zustande. Die Franziskaner wollten ein Abrücken von den genannten vier Punkten erreichen, „damit das Volk nicht in Irrtum geführt werde" (S. 133). Aber der Begleiter des Priors verschärfte die Diskussion und entwikkelte 14 weitere Artikel, „daß er von allgemeinen Konzilien nichts hielte, denn die allgemeinen Konzilien repräsentierten nicht die gesamte Kirche. Der Papst sei nicht der Stellvertreter Christi. Der hl. Petrus sei nicht der Fürst der Apostel. Die Konzilsbeschlüsse seien um der Habgier des obersten Bischofs und der anderen Bischöfe geschaffen ... Das Sakrament der Beichte stamme nicht aus dem göttlichen Recht ... Ferner müsse man einem einfachen Bauern – im lateinischen Text simplici rustico –, der sich auf die Schrift berufe, mehr glauben als dem Papst oder dem Konzil, die sich nicht auf die Schrift beriefen. Des weiteren sagte er, es seien gute Werke nicht nötig, und Gott habe dem Menschen Unmögliches geboten, und Christus habe für sich selbst kein Verdienst erworben, sondern nur für uns" (S. 135). Das wurde nicht auf der Kanzel vorgetragen, sondern nur in der Diskussion behandelt.

Über eine weitere Besprechung Günthers mit dem Rat, bei der der Abt von Kloster Zinna, das in der Stadt einen großen Klosterhof hatte, zugegen war, berichtet Dappen nach einer hinterbrachten Nachricht: „Er habe uns realiter überführt und wenn wir uns nicht vor ihm gedemütigt hätten, dann hätte er sich vorgenommen, etwas gegen uns zu schreiben und uns vor die Wittenberger Universität zu zitieren“ (S. 135). Die Mönche waren natürlich gegen alles Gedruckte und ganz besonders gegen eine Zitation vor die gerade durch Luther mächtig aufblühende Universität in ihrer direkten Nachbarschaft.

Man bat Günther in die Terminei des Ordens und fragte ihn schließlich, was er von den Artikeln der Diskussion dächte. Er wolle sie nicht alle verteidigen, wohl aber folgende sieben (oben nicht angeführt): Gott habe dem Menschen Unmögliches geboten und fordere von jedem Christen die summa perfectio, die höchste Vollkommenheit, und die Befolgung des ganzen Evangeliums. Die Konzilsbeschlüsse lehrten Üppigkeit, Hochmut und Habgier, viele seien gegen die hl. Schrift und legten sie verkehrt aus. Im Evangelium gäbe es keine Ratschläge (consilia), sondern alles, was im Evangelium stehe, seien Gebote. Die Beichte habe erst Innozenz III. als Sakrament eingesetzt. Die versprochene Schrift über diese Behauptungen hätten sie, die Mönche, aber noch nicht erhalten.

Obwohl Dappen nicht zwischen Günther und Müntzer unterschied, was Anfang 1519 auch nur schwer möglich war, muß man doch zwei Abschnitte unterscheiden:

1. Günthers alleiniges Auftreten bis Ostern, d. h. bis er sich der Predigttätigkeit enthielt, ohne daß von einem Predigtverbot die Rede sein konnte;

2. Müntzers Auftreten am 24. und 26. April.

Am 4. und 5. Mai sind Dappens Berichte an Hieronymus Scultetus und Jakob Gropper fertiggestellt worden, nachdem am 29. April in einer Beratung mit Gropper dieser Weg beschlossen worden war. Luther hat erstaunlich schnell davon erfahren und schon am 16. Mai 1519 ein Schreiben an den Jüterboger Konvent gerichtet. Alarmiert hatte ihn die Mitteilung – doch wohl der Teilnehmer an der Debatte in der Terminei –, daß man ihn für die Lehren Günthers und auch Müntzers verantwortlich machte. In dem genannten Brief verteidigte er die 14 Artikel (S. 134 und 135), einschließlich des Artikels über die Böhmen, nicht nur Günther und den Wittenberger Lektor, sondern auch Müntzer ausführlich.[4] Handelte es sich doch um zentrale Themen der Wittenberger Reformation: die Konzilsfrage, das Papsttum, das ius divinum und das Kirchenrecht, die Willensfreiheit usw.

Mit dem Auftreten Thomas Müntzers am 24. und 26. April verschärfte sich die Diskussion außerordentlich. Am Ostersonntag antwor-

[4] Vgl. Hammer, Franziskanerdisputation, S. 628 ff.

tete er auf die Passionspredigt des Guardians, wobei es nur zu unnützen Streitigkeiten kam; aber erst am 26., in der Antwort auf die Vormittagspredigt desselben, kam es zu ernsthaften Auseinandersetzungen. Der Guardian sprach über den Gehorsam zur Kirche und über die Schriften der Kirchenlehrer, nämlich des hl. Bonaventura (gest. 1274) und des hl. Thomas von Aquino (gest. 1274).

Müntzer brach „in folgende Worte aus: Erstens, der Papst müsse alle fünf Jahre ein Konzil einberufen, und doch wären in vierhundert Jahren nur drei Konzilien veranstaltet worden“ (S. 139). Gemeint sind doch wohl die sog. Reformkonzilien zu Pisa (1409), zu Konstanz (1414 bis 1418) und Basel (1431–1449), auf denen das Episkopalsystem die Oberhand gewonnen hatte. Aber auf der fünften Lateransynode (1512 bis 1517) war die Meinung, daß das Konzil über dem Papst stehe, ausdrücklich verworfen worden. „Dann erklärte er (Müntzer), die Bildung eines Konzils habe auch gegen den Willen des Papstes zu geschehen, und der Papst sei das Oberhaupt der Kirche, solange dies die anderen Bischöfe duldeten, und vielerlei sprach er gegen die Achtung des Papstes“ (S. 139). Im Bericht an den Bischof von Brandenburg drückte Dappen das noch härter aus: „Dieser Magister Thomas hat den verderblichen, schon früher entstandenen Irrlehren mit seinen Predigten nicht wenig Nahrung geliefert.“ Am dritten Ostertag, „um einiges von dem zu berichten, wovon wir sichere Kenntnis erhielten, äußerte er sich in schamloser Weise gegen den allerheiligsten apostolischen Herrn“ (S. 143). Früher sei die Heiligsprechung in allgemeinen Konzilien geschehen, „aber den hl. Bonaventura und den hl. Thomas habe nur ein einziger Mensch, nämlich der Papst, kanonisiert, womit er behaupten wollte, daß ihre Kanonisierung nicht gesetzmäßig sei. Ferner sagte er, keiner könne beweisen, daß einer der genannten Lehrer irgendeinen Ketzer bekehrt habe, und wenn das einer beweisen könnte, dann wollte er sich den Kopf abschlagen lassen“ (S. 139).

Interessant für die Predigtweise Müntzers ist der Satz, in dem Kanzeldemagogie mit tiefer Begründung gekoppelt wird: Die Lehren der genannten Lehrer und anderer Scholastiker würden von der Kirche zugelassen wie Huren und Hurenwirte in den Städten. „Die genannten Lehrer fußen auf natürlichen Vernunftgründen, und alle derartigen Vernunftgründe sind vom Teufel“ (S. 139): et omnes tales rationes a diabolo sunt (S. 138). Im Bericht an Scultetus heißt es: „Ferner verhöhnte man den Magister Sententiarum (Petrus Lombardus) wegwerfend als ein besudeltes Gewand (pannum menstruate) und ebenso die Doktoren, die über den Magister schrieben“ (S. 142 und 143), d. h. die zahllosen Kommentatoren der „Libri quattuor sententiarum“.

Ausführlich handelte Müntzer über die Bischöfe, die gehalten seien, „jedes Jahr ihre Untergebenen zu besuchen und im Glauben zu examinieren, so wie ein rector scholarum seine Knaben in den Schulen. Und wenn das geschähe, dann gäbe es keine Fledermäuse von Zitations-, Ermahnungs- und Exkommunikationsschriften, die er teufliche Briefe nannte" (S. 139). „Früher wurden zu Bischöfen heilige Väter eingesetzt, aber in heutiger Zeit setzt man Tyrannen ein, die sich selber pflegen (seipsos pascentes) und nichts tun, was von Nutzen ist. Früher erhoben die Priester in den Konzilien Klage gegen ihre Bischöfe, und wenn man sie schuldig fand, wurden sie abgesetzt und in die Klöster des hl. Vaters Benedikt zurückgestoßen, und andere Priester setzte man an ihre Stelle, und sie gingen nicht so tyrannisch mit ihnen um, Priester einzukerkern, wie es jetzt manche Tyrannen tun" (S. 141). Weiter sagte er über die Bischöfe, „sie umschmeicheln und verführen das irrende Volk, nennen Gutes böse und Böses gut und verstehen weder Griechisch noch Hebräisch, sondern nur ‚questen und stincken'".[5]

Die interessanteste Aussage betrifft die Heilige Schrift und ihre Stellung in der Kirche: „Ferner sagte er nicht nur einmal, sondern öfter, das heilige Evangelium habe mehr als vierhundert Jahre im Winkel gelegen; um das wieder hervorzuholen, müßten noch sehr viele ihren Hals wagen" (S. 141). Nach der anderen Fassung heißt es: „Obendrein erklärte derselbe Magister Thomas, das heilige Evangelium habe seit dreihundert oder vierhundert Jahren im Winkel gelegen, und es werden müssen viele dem Henkerschwert ihren Hals hinhalten, damit das heilige Evangelium wieder aus dem Winkel hervorgeholt werde" (S. 143).

Vielleicht hängen die Zeitangaben – ungenau und widersprüchlich wie damals üblich – mit Formulierungen zusammen, wie sie Martin Luther in den Vorbereitungsthesen für die Leipziger Disputation gebraucht. In der 12. These griff er die Stellung des Papsttums an. Man konnte aus der These herauslesen, das Papsttum sei nicht göttlichen Ursprungs, sondern könne erst auf eine Machtausübung von 400 Jahren zurückblicken. Gemeint ist wohl in beiden Fällen das Papsttum des Innozenz III., der Höhepunkt der Ausbildung einer absoluten Machtfülle (gest. 1216).[6]

Die Meinung Müntzers, daß noch viele dem Henker ihren Hals hinhalten müßten, damit das Evangelium wieder triumphieren könne, ist keinesfalls als eine Aufforderung zum Massenmartyrium zu verstehen.

[5] Griechisch und Hebräisch waren Müntzers Stärken keinesfalls, aber die Wendung gegen die Unkenntnis der Bischöfe weist doch darauf hin, daß er selbst sich um beide Sprachen bemüht hat, wohl stärker um die Sprache des Neuen als um die des Alten Testaments. Questen = betteln für fromme Zwecke, mit falschen Reliquien handeln, um den Leuten das Geld aus der Tasche zu ziehen; vgl. dazu Oediger, Über die Bildung der Geistlichen, S. 110
[6] Illustrierte Geschichte, S. 123

Wie hätte Müntzer es als wichtigste Aufgabe begreifen sollen, „die freiwillige Bereitschaft von vielen Menschen zum Martyrium“ herbeizuführen?[7] Eine derartige Überinterpretation paßt nicht in das Jahr 1519, paßt überhaupt nicht in die frühe Reformationszeit.

Sicher lauten Müntzers Predigten, soweit man den Formulierungen Dappens vertrauen kann, schärfer als manche Äußerungen Günthers. Aber das darf nicht dazu verführen, die Gemeinsamkeiten zwischen Günther und Müntzer zu übersehen. Da ist zunächst die Stellung zum Ablaß: „Doch eines wollen wir noch berichten, was der Magister Franziskus in öffentlichen Predigten gesagt hat – wie wir von sehr vielen glaubwürdig vernahmen –, daß derselbe Magister, als er die Verwerfung des päpstlichen Ablasses in unverschämter Weise predigte, den Weibern geraten habe, die Ablaßbriefe gekauft hatten, sie sollten mit diesen Ablaßbriefen Flachs oder Werg auf dem Spinnrocken festbinden – wie es die Spinnerinnen gewöhnlich tun –, damit sie für diese Ablaßbriefe nicht völlig unnütz Geld ausgegeben hätten“ (S. 145).

Dappen hat auch klar erkannt, daß die Predigten sich gegen das Mönchtum überhaupt richteten. „Worauf zielt denn eine solche große Geringachtung der Mönche, die sie – wenn auch nicht offen, so doch indirekt – Verführer des Volkes nennen, wenn nicht darauf, daß sich das Volk von ihnen abwenden und ihre Lehre für verdächtig halten solle?“ (S. 141).

Aber Günthers Ausführungen gingen tiefer. „Hartnäckig (erklärte er) in einer privaten Disputation, die einige von uns mit ihm abhielten, Gott habe dem Menschen Unmögliches geboten (deus preceperit homini impossibilia). Weiterhin: Gott fordere von jedwedem Menschen höchste Vollkommenheit und die Befolgung des ganzen Evangeliums (summam perfectionem et observantiam totius evangelii)“ (S. 144 f.). Das Unmögliche, das Gott fordert, ist eben die summa perfectio; da er sie von allen Menschen fordert, ist für Mönche aller Richtungen kein Platz und keine Verwendung. Die Gebote des Evangeliums, precepta, aber nicht consilia, gelten eben für alle (vgl. auch S. 135).

Außer Papsttum und Konzilsfrage, dem Problem des ius divinum und des Kirchenrechts ging es in den Streitigkeiten auch noch um die Willensfreiheit (S. 135) und die Christologie (ebenda), wenn auch nur am Rande. Erstaunlich ist die große Rolle, die die Kirchengeschichte in den „Articuli“ spielt. Sechsmal sind die „Böhmen“ erwähnt, die gewissermaßen den historischen Hintergrund bilden in Erinnerung an die hussitischen Wirren (S. 133, 135 2 ×, 137, 141 und 145).

Petrus Lombardus, mit seinem grundlegenden Lehrbuch der Theologie, Bonaventura und Thomas von Aquino werden genannt und kri-

[7] Tanaka, Eine Seite der geistigen Entwicklung Thomas Müntzers, S. 76–88

tisch behandelt, Papst Innozenz III. spielt in der Auseinandersetzung eine große Rolle, da ihm die Einführung des Sakraments der Beichte angelastet wird. In der Auseinandersetzung mit der frühen Reformation wird diese mit den Donatisten und Rogatisten verglichen, die eine ähnliche verderbliche Spaltung der Kirche bewirkt hätten. Mit Recht betont Gerhard Hammer: „Es kann den Jüterbogern das Verdienst nicht abgesprochen werden, daß sie als erste Franziskaner die ‚Gefährlichkeit' der von Wittenberg ausgehenden neuen Lehren begriffen haben."[8]

Der Höhepunkt des Jüterboger Kanzelstreits war erreicht, als Bernhard Dappen sich im Auftrag des Franziskanerkonvents an Vikar Gropper und Bischof Hieronymus Scultetus wandte. Die ganze Sache wäre wohl im Sande verlaufen, hätte sich nicht Dr. Eck des Manuskriptes angenommen, um es in Ingolstadt bei Andreas Lutz drucken zu lassen.[9] Für Luther aber behielt der Jüterboger Streit seine Bedeutung. Am 15. Mai 1519 schrieb er an den Konvent der Franziskaner. „Ich weiß nicht, was Thomas gepredigt hat, ich sehe nur wieder, daß sich eure Schlechtigkeit selbst verrät. Denn wenn jener allgemein die Prälaten rupft, Päpste und Bischöfe – was nicht nur durchaus erlaubt ist, sondern sogar geschehen muß, wenn anders ihr die Schrift nicht leugnen und (ihr) wehren wollt, wo Christus die Diebe, Räuber und Wölfe hart anfaßt –, wagt ihr es, ihm das als Schuld anzulasten. Ihr hättet das dann zu recht getan, wenn jener irgendwen persönlich genannt hätte. Nun aber seid ihr Verleumder und trügerische Ankläger, weil ihr nichts richtig aufnehmt und versteht. Was immer ihr anbringt, nehmt ihr auf, wie ihr es versteht, und sprecht es unbekümmert laut aus. Wann wollt ihr ihm und uns für eine so schwere Beleidigung genugtun?"[10]

Und Martin Luther war doch wohl auch der Sieger im Jüterboger Kanzelstreit. Seine Anhänger – Günther, der Prior Helt, der namentlich unbekannte Lektor der Augustiner und schließlich auch Thomas Müntzer – haben den Sieg für die Wittenberger davongetragen. Auf der Kanzel und in der Publizistik. Dappens Bericht zeigt Müntzer in Jüterbog als überzeugten Streiter für die Ideen der frühbürgerlichen Revolution.[11]

Freilich wurden die Jüterboger Ereignisse durch die Leipziger Disputation in den Schatten gestellt. Besonders der Kampf zwischen Luther und Eck vom 4. bis 14. Juli 1519 nahm die Debatten von Jüterbog auf und führte sie zu Resultaten, die für die ganze Reformationsgeschichte wesentlich wurden. Gestritten wurde über den päpstlichen Primat, von

[8] Hammer, Franziskanerdisputation, S. 632
[9] Schottenloher, Magister Andreas Lutz, S. 256
[10] WA Br. 1, S. 392. Deutsch von Elliger, Thomas Müntzer, S. 64
[11] Vgl. dazu auch Bubenheimer, Thomas Müntzer in Wittenberg

dem Luther behauptete, er stütze sich nur auf die päpstlichen Dekretalen der letzten vier Jahrhunderte. Am 5. Juli ließ sich Luther von seinem Kontrahenten widerwillig zu dem Satz hinreißen, der gegen die Beschlüsse des Konstanzer Konzils verstieß: „hoc certum est articulos Johannis Huß vel Behemorum, multos esse plane Christianissimos et Euangelicos, quos non possit universalis ecclesia damnare."[12] In der Frühgeschichte der Reformation bzw. der frühbürgerlichen Revolution war das ein Höhepunkt. Luther bestritt im Hinblick auf die Verurteilung des J. Hus die Unfehlbarkeit von Konzilsentscheidungen und entschied klar zwischen der Autorität der Papstkirche und der der hl. Schrift. Das wurde auf der einen Seite zur Grundlage für Luthers römischen Prozeß, auf der anderen Seite konnte er nun als Haupt der nova secta hervortreten.

Ob Thomas Müntzer, wie man seit Heinrich Boehmer glaubt, an der Pleißenburg-Disputation teilgenommen hat, läßt sich nicht zwingend beweisen. Möglich wäre es.[13] Ein undatierter Bestellzettel, den der Magister Konrad Glitzsch, damals Vikar in Orlamünde, Müntzer zur Erledigung in Leipzig mitgegeben haben soll, kann weder als eindeutiger Beweis eines Aufenthaltes Müntzers in Orlamünde noch in Leipzig gelten.[14] Der Zettel kann Müntzer ja auch zugeleitet worden sein, ohne daß er dafür nach Orlamünde reisen mußte. Von einer Erledigung in Leipzig jedenfalls ist nichts bekannt.

Auch was Müntzers Taulerlektüre mit der Köchin des Pfarrers Konrad Glitzsch in Orlamünde angeht, handelt es sich um eine Legende. Die Notiz darüber, die Cyprian erstmals 1718 veröffentlichte, ist erst 1529 niedergeschrieben worden.[15] Martin Glaser, ein Augustinermönch (nicht Caspar Glatz, eine Verwechslung, die auf Strobel — 1795 — zurückgeht und durch Heinrich Böhmer und Walter Elliger übernommen wurde), der diese Bemerkung schrieb, befand sich damals in großen finanziellen Schwierigkeiten und beschäftigte sich wohl gerade mit dem Schwärmertum. Das Taulerexemplar, das Luther diesem 1519 geschenkt hat, ist leider verloren gegangen, so daß eine Überprüfung nicht möglich ist. Offensichtlich entnahm Cyprian den Text noch dem Original.[16] Zur Kritik der Aussage als Quelle für Müntzers Taulerlektüre ist jedoch zu bemerken, daß Glaser nicht in Orlamünde war und es unklar bleibt, woher er die Nachricht hat. Die Jahreszahl 1529 zeigt,

12 WA Bd. 2, S. 279

13 Vgl. Böhmer, Studien zu Thomas Müntzer, S. 10

14 Bestellzettel undatiert in: Müntzer-Briefwechsel, S. 129 f., MF, S. 554 f.

15 Volz, Der Nürnberger Augustinermönch Martin Glaser, S. 38—45. Volz stützt sich auf Cyprian, der die Eintragung ursprünglich auf 1529 datiert hatte, andere Angaben beruhen auf Lese- bzw. Interpretationsfehlern.

16 Vgl. Text bei Steinmetz, Müntzerbild, S. 309 f.

daß die Niederschrift nach der Niederlage des Bauernkrieges und damit unter dem Einfluß der offiziellen negativen Meinungsbildung über Müntzer erfolgte. Es muß also aus all diesen Gründen am Quellenwert der Aussage gezweifelt und diese in das Reich der Legenden verwiesen werden.

Inzwischen wissen wir, daß es sich bei der in Müntzers Bibliothek befindlichen Taulerausgabe um dieselbe handelt, die auch Karlstadt für seine Randbemerkungen nutzte – Augsburg 1508.

Im Kloster Beuditz bei Weißenfels

Auch im Falle seines Aufenthaltes im Bernhardinerinnenkloster Beuditz wissen wir nicht, wann Müntzer kam und wann er ging, wer ihn gerufen hat und warum er Beuditz verließ. Möglich ist, daß Bürger aus Weißenfels, mit denen Müntzer bekannt war, ihm die Stelle im Kloster vermittelten (Brief Nr. 6 und 12). Aber abgesehen von Müntzer ist Beuditz ein Problem für sich. Das Kloster ist heute nahezu spurlos vom Erdboden verschwunden, von Kirche und Gebäuden ist nichts übrig geblieben. Nach Mitteilung des Stadtarchivs dürfte das Kloster beim heutigen Schleusenmeisterhaus an der Saale gestanden haben, in dessen Nähe sich auch ein alter, nicht mehr genutzter Friedhof befindet.

Weißenfels fiel bei der sächsischen Hauptteilung von 1485 an die albertinische Linie. Moritz von Sachsen ließ Kloster Beuditz säkularisieren. 1544 wurde es an Christoph von Ebeleben, Amtmann zu Weißenfels, erblich verkauft. 1556 kaufte Kurfürst August von Sachsen das Objekt zurück und verkaufte Kloster, Ländereien und Vieh an den Rat der Stadt Weißenfels gegen 16 714 Gulden. Im gleichen Jahr ließ der Rat alle Gebäude, die vielleicht inzwischen verfallen waren, völlig wegreißen. Steine und Vieh gingen an die Stadt. Die erhaltenen Verzeichnisse der Ländereien und der Viehbestände lassen noch immer einen beträchtlichen Wohlstand erkennen.[1]

In diesem 1519 noch intakten Kloster wurde Müntzer als Beichtvater (confessor) eingestellt. Äbtissin war von 1514 bis 1532 Margareta Kellers (nicht Keller), Probst 1521 Stephan Claus und Priorin Agnes Balbornia (1514–1536).[2] Wenn Brief Nr. 11 aus Beuditz stammt, dann muß das Kloster eine Schule gehabt haben, deren Vorsteherin die Schreiberin des Briefes Schwester Ursula war, die sich scholastica nannte.

Müntzers Beuditzer Korrespondenz ist spärlich, aber inhaltsreich:

[1] Ländereien bei Otto, Historischtopische Nachrichten, S. 182–186. Viehbestand bei Sturm, Chronik der Stadt Weißenfels, S. 206

[2] Vgl. Reliquiae diplomaticae sanctimonialium Beutizensium. (Urkunden von 1218 bis 1517 mit Materialien bis 1544), in: Diplomataria et scriptores Historiae Germanicae medii aevi ... opera et studio. Christiani Schoettgenii et M. Georgii Christophori Kreysigii. Tomus II, Altenburgi 1795, S. 416 f.

an erster Stelle die Antwort eines Dominikanermönchs auf einen verlorenen Brief Müntzers, an zweiter Stelle der erste von Müntzers Hand stammende Brief, noch dazu an Franz Günther gerichtet, dann die Korrespondenz Müntzers mit seinem Buchhändler in Leipzig, und schließlich der Brief Heinrichs von Bünau in Elsterberg.

Der Leipziger Dominikaner Johannes von Weida schreibt am 12. Dezember 1519 aus Naumburg an Müntzer einen äußerst scharfen Brief. Er wirft ihm vor, er sei „aller Tugenden ledig" und „ganz und gar vom Gift des Ehrgeizes erfüllt" (Brief Nr. 6). Da wir den Zusammenhang nicht kennen, ist eine Stellungnahme unmöglich. Müntzer scheint ein schwieriger Charakter gewesen zu sein, was schon die Braunschweiger Briefe an ihn andeuten (Nr. 2 und 4). Aber da wir in unserem Falle Müntzers Schreiben nicht kennen und auch den Anlaß des Streites nicht, ist es besser, die Angelegenheit auf sich beruhen zu lassen. „Gehe mit deinen Nonnen um, wie du es für gut hältst", zeigt, daß es wohl um eine Angelegenheit des „confessors monasterii" ging.

Im Brief vom 1. Januar 1520 (Nr. 7) bittet Müntzer Franz Günther, ihm den Ausgang des Streites mit den Kapuzenmönchen, den Franziskanern (nicht Kapuziner, die erst 1525 als besonderer Zweig entstanden), zu berichten. Müntzer mußte wohl nach seinem Auftritt auf der Kanzel das Weite suchen, ohne daß wir wissen, wo er sich aufgehalten haben mag. Er habe keine Gelegenheit zu schreiben, wo er sich aufhält. Das klingt beinahe konspirativ. Dennoch erkundigt er sich über die Lage in Jüterbog, besonders beim Volk. Dann berichtet er über seine Verhältnisse in Beuditz. Mit Erleichterung stellt er fest, daß er von dem lästigen Chordienst befreit ist, eine wichtige Rückerinnerung an Frose. Jetzt habe er endlich „reichlich Zeit für die Studien übrig". Es ist das erste Mal, daß Müntzer über seine Lektüre schreibt. Die Augustinusausgabe von Johann Amerbach, Basel 1506 bis 1517, bzw. deren Pariser Nachdruck von 1515 las er bis zum 6. Band. Er schrieb „relegi", wonach er schon einmal diese Bände gelesen hatte, vielleicht in Frose? Ob er sie in der Klosterbibliothek von Beuditz entliehen hat? Das ist bei der barbarischen Liquidierung des alten Klosters nicht zu sagen; sicher hat ein so wohlhabendes Kloster auch eine Bibliothek besessen.

Augustins Werke wurden grundlegend für die Reformation. Der Buchdruck hatte bis 1500 nicht weniger als 69 Drucke von ihm vorgelegt (einschließlich der pseudoaugustinischen Schriften). Der 2. Band enthielt „De libero arbitrio", der 4. Band die berühmten „Confessiones", der 5. Band „De trinitate", und im 6. Band steht die Schrift „De spiritu et litera", „das mit Abstand wichtigste (Werk) für alle Reformatoren".[3] Luther hatte von 1509 bis 1518 Augustin gründlich studiert

[3] Delius, Augustin als Quelle Luthers, S. 171

und für seine Vorlesungen in diesen Jahren „als Schild und Lanze für die neue Theologie gebraucht“.[4] Das wichtigste Werk hierfür stammt von A. Hamel.[5] In Wittenberg hielt Andreas Bodenstein von Karlstadt eine Vorlesung über „De spiritu et litera“, die 1517 bis 1519 bei Johann Grunenberg in Wittenberg gedruckt wurde.[6] Man darf die Vermutung aussprechen, daß Müntzer bei seinem freilich nicht genau datierbaren Aufenthalt in Wittenberg davon Kenntnis erhielt, zumal in der noch zu behandelnden Bücherliste von 1520 als Nr. 20 der Druck Grunenbergs genannt ist.

Müntzer fährt nach der Erwähnung Augustins fort: „et caetera historiarum volumina“. Was mit Geschichtsschreibern gemeint ist, läßt sich nur andeuten. In erster Linie des Eusebius‘ „Historia ecclesiastica“, daneben auch die Geschichte des judäischen Krieges von Flavius Josephus, beide in der Übersetzung des Rufinus von Aquileia. Darüber wird im Zusammenhang des Briefwechsels Müntzers mit Achatius Glov (Briefe 8 und 9) zu handeln sein. Müntzer bedauert lebhaft, daß er viele Autoren, die er nötig brauche, nicht erhalten kann. „Ich forsche nicht für mich, sondern für den Herrn Jesus. Wenn er will, wird er mich dorthin senden, wohin er mich haben will.“ Dann erinnert er sich an Jüterbog. Gott habe ihn Elenden in gerechtem Urteilsspruch gestraft, weil er sich selbst oft auf den Predigtstuhl gesetzt habe, ohne dazu gezwungen zu sein.

Der ganze Brief zeigt ein herzliches, ungetrübtes Verhältnis zu Günther, mit dem er doch wohl in Wittenberg Freundschaft geschlossen hat.

Für das Literaturstudium in Beuditz wichtig ist der Briefwechsel mit dem Buchführer Achatius Glov vom 3. Januar 1520. Zuerst macht Müntzer darauf aufmerksam, daß Glov Müntzers Name verwechselt hat mit einem Thomas Wittkenau; er bittet darum, darauf zu achten, daß Verwechslungen vermieden werden.

„Ich habe die Chronik des Eusebius zur Zeit der (Leipziger) Disputation erhalten, weiß aber nicht genau, wie teuer du mir dieselbe verkauft hast.“ Dieser Satz ist der einzige Beleg für eine Anwesenheit Müntzers in jenen Tagen in Leipzig. Eine vorübergehende Teilnahme an der Disputation ist möglich, aber nicht beweisbar. Schließlich erschien das Protokoll der „Disputatio inter Joannem Eccium et Martinum Lutherum“ schon 1519 im Druck.[7]

Die Chronik des Eusebius, ein Abriß der Weltgeschichte, geschrieben in der Absicht, die Geschichte seiner Zeit mit der biblischen Geschichte

[4] Grane, Thomas Müntzer und Martin Luther, S. 102
[5] Vgl. Hamel, Der junge Luther und Augustin
[6] Kähler, Karlstadt und Augustin, S. 45 ff.
[7] Neudruck in: WA Bd. 59, Nachträge, S. 427–605 (bearbeitet von Bos, Tobias)

zu verbinden, reicht mit ihren chronologischen Tabellen bis 325; sie wurde von Hieronymus ins Lateinische übersetzt und bis 378 fortgesetzt. Es lagen damals Ausgaben von 1512 bis 1518 vor.

Außer dem „Chronicon“ hatte er bereits den Hegesipp erhalten, ein Titel, der den Herausgebern Böhmer, Kirn und Franz Kopfzerbrechen bereitet hat.[8] Es handelt sich bei diesem Titel um ein Werk des 4. Jh., das heute in der Ausgabe „Hegesippi qui dicitur libri V Historiae“ vorliegt.[9] Der Verfasser ist unbekannt, vielleicht ein getaufter Jude. Er wollte die Geschichte der Juden von den Königen bis zum Brand des Tempels schreiben; seine Quellen sind die Chronik des Eusebius-Hieronymus, die Makkabäerbücher und Flavius Josephus, „De bello Iudaico“. Er will eine christliche Ausgabe des Juden Josephus bieten, den er kritisiert. Die erste Ausgabe erschien in Paris 1510 und 1511, Nachdrucke in Mailand 1513/14.[10]

Ebenfalls hat Müntzer bereits erhalten Emsers Schrift gegen Luther „A venatione Luteriana Aegocerotis assertio“ (Erklärung über Luthers Jagd auf den Steinbock; der Steinbock war Emsers Wappentier).[11]

Neu bestellt Müntzer die sämtlichen Werke des Hieronymus, die Erasmus von Rotterdam in 9 Bänden in Basel 1516 bis 1518 herausgebracht hatte. Außerdem die Sermone und die Briefe Augustins, die in Ausgaben von 1516 und 1517 vorlagen. Aber er will doch erst wissen, was diese Werke kosten. Die größte Freude für ihn wäre die Zusendung der Akten der Konzilien von Konstanz und Basel, die er ungebunden haben möchte.

Diese beiden Werke sind für Müntzer seit Jüterbog und seit Leipzig besonders interessant geworden. In erster Linie dürfte es sich um die „Acta scitu dignissima docteque concinnata Constantiensis concilii celabratissimi“, Hagenau, 11. April 1500 handeln.[12] Die Widmungsbriefe

[8] Volz, Rezension, S. 602

[9] Hegesippi qui dicitur libri V. Historiae: 1. Textus criticus; 2. Praefatio Caroli Mras ... et indices; Die Einleitung S. VII–L bietet alle Angaben. Vgl. Schanz, Geschichte der römischen Literatur, Bd. 1, S. 109–111

[10] Aegesippi Historiographi Fidelissimiae disertissimi et inter Christianos Antiquissimi Historia. Hier noch fälschlich Ambrosius zugeschrieben. Unter Ambrosius noch bei Migne, Patrologia Latina, Bd. 15, Paris 1845, S. 1961 bis 2224

[11] Luthers Antwort „Ad aegocerotem Emserianum M. Lutheri additio“, 1519, WA Bd. 2, S. 658–679

[12] Exemplar der Universitätsbibliothek Leipzig, Kirchengeschichte 646
- a) Wörtlicher Nachdruck, Mailand April 1511 (Stabi München Conc. 28m) mit neuem Vorwort, zusammen mit
- b) Decreta et acta Concilii Basiliensis nuper impressa ..., Mailand Juni 1511;
- c) Reverendi domini Zachariae Ferrerii Suhasiensis Abbatis Vincentini super acta sacri constantiensis concilii breve summarium. Eiusden super

stammen von Jakob Locher Philomusus, einem bekannten, damals in Ingolstadt wirkenden Humanisten, von Konrad Summenhart aus Tübingen und von dem Doktor beider Rechte Hieronymus von Croaria, Professor in Ingolstadt. Besonders wichtig sind Sessio VIII vom 4. Mai 1415, Articuli Johannis wicleff (C 1b–C 2b), und Sessio XV vom 6. Juli 1415 Articuli damnati Johannis huß (E 2a–E 3b). Diese Artikel sind in sämtlichen Ausgaben des Standardwerkes von Heinrich Denzinger (gest. 1883), „Enchiridion Symbolorum, Definitionum et Declarationum de rebus fidei et morum", erste Ausgabe 1854, zu finden, haben also bis heute ihre Geltung „in Sachen des Glaubens und der Sitten" bewahrt.[13] Müntzer hatte also die gleichen articuli damnati zum Studium vor sich wie heutige katholische Theologen. Damals war das Hauptwerk von Jan Hus „De ecclesia", aus dem die meisten der verdammten Artikel gezogen sind, noch nicht gedruckt. Erst im Laufe des Jahres erschien, von Luther veranlaßt, die Erstausgabe.

Bei dem Titel „Concordantiae canonici iuris cum bibliis", das Müntzer zurücksenden wollte, dann aber wohl doch kaufte, ist es schwer, Genaueres auszusagen. Das genannte Werk ist 1481 erschienen und dürfte 1520 nicht mehr im Handel gewesen sein. Die „Biblia cum concordantiis veteris et novi testamenti et sacrorum canonum", gedruckt Lyon 1512, 1514, 1516, 1518, 1520, kann es bei dem Preis von 4 Groschen sicher nicht gewesen sein, verlangte der Buchführer doch für Hegesipp 6 und für das Chronicon des Eusebius 10 Groschen.

Der Kauf der Werke des Hieronymus und des Augustinus sollte in der kommenden Fastenzeit (22. Februar bis 8. April 1520), vielleicht in Leipzig, erfolgen. Ob es dazu kam, ist nicht überliefert. Vielleicht war der Preis – 9 bzw. 8½ und je 1½ Gulden – doch etwas hoch. Immerhin muß Müntzer damals über etwas Geld verfügt haben, beläuft sich doch der Gesamtbetrag der großen Bücherliste aus dem gleichen Jahr immerhin auf 2 Gulden und 3 Groschen. Von den Akten der Konstanzer und Basler Konzilien, die Müntzer sich schicken lassen wollte, ist in dem Antwortschreiben des Achatius Glov nicht mehr die Rede.

Achatius Glov antwortete „im leipzigerten neuen jarsmarkgt" in einem rein geschäftsmäßigen Stile (Brief 9). Weiterhin taucht sein Name im Briefwechsel nicht mehr auf. So bleiben auch hier viele Fragen offen. Immerhin ist erwiesen, was Müntzer damals kaufte und bestellte, und wir erhalten einen Einblick in Müntzers Studien.[14]

acta basiliensis Concilii perbreve Summarium (6 Bde.), Mediolani 14. 5. 1514 (alle 3 Drucke Stabi München Conc. 28m)

[13] In der 31. Ausgabe als Denzinger, Heinrich und Rahner, Carolus, Barcelona, Freiburg Brg., Rom 1960, Nov., S. 581–625 und 627–656. In der 34. Ausgabe von Denzinger, Heinrich und Schönmetzer, Adolfus 1967, S. 316–320 und 321–325

[14] Steinmetz, Thomas Müntzer und die Bücher, S. 607 f.

Die Nonne Ursula aus Beuditz erwähnt neben Tauler in einem Brief an Müntzer auch Seuse (Nr. 11).

Erst am 21. April finden wir eine neue und zugleich letzte Nachricht an Müntzer in Beuditz, diesmal von Heinrich von Bünau, Archidiakon zu Elsterberg (Brief 10). Der Briefschreiber, der damals in Leipzig weilte, versuchte, Müntzer als Vikar für Elsterberg zu gewinnen. Der Stil des Briefes ist persönlich – vertraulich. Bünau, gewiß ein lebenslustiger Typ, rät Müntzer „lost bibliam lessen". Er beendet den Brief mit dem komischen Schluß: „Hans Worst, Hans Brathworst, mein leve soennchen". Aber der so jovial angeredete Müntzer, dem das doch vielleicht des Guten zuviel war, ging nicht nach Elsterberg als Vikar, sondern nach Zwickau als Vertreter des Johannes Sylvius Egranus an die Marienkirche. Sicher war er froh, das jammervolle Wanderleben des armen Klerikers endlich aufgeben zu können, der Erfolglosigkeit seines bisherigen Anklopfens an viele Türen endlich zu entrinnen. Wir kennen seine Einkünfte in Beuditz nicht. Aber die Art und Weise, wie er zu teure Bücherbestellungen zurückgeben mußte, zeigt doch, daß seine Beurteilung im Brief an Günther, daß er bescheiden leben müsse (cogor curta suppellectili esse contentus), richtig war.

Zwickau — St. Marien

Am 28. April 1520 schickte der Rat von Zwickau einen Boten nach Weißenfels zu „dem Newen predinger Mgro. Thomas Montzer. Zweene tage vorharret".[1] Damals war also Müntzer bereits vom Rat engagiert. Vielleicht weilte er noch in Beuditz, um die Abreise vorzubereiten. Damit war die Berufung als Vertretung für den am 29. April auf Humanistenreise gehenden Egran, Prediger von St. Marien, gesichert, allerdings nur für ein halbes Jahr, d. h. bis zu dessen Rückkehr nach Zwickau. Offensichtlich wollte Müntzer aus Beuditz weg. Die Möglichkeit dazu hatte ihm Luther selbst geboten, der ihn dem bei der Leipziger Disputation anwesenden Egran empfahl: „quem mihi commendaras Lipsie."[2]

So kam Müntzer in die damals bedeutendste Stadt des Kurfürstentums Sachsen.[3] Der beste Kenner Zwickaus in dieser Zeit, Helmut Bräuer, schreibt: „Innerhalb des gut ausgebildeten ökonomischen Systems des Kurfürstentums Sachsen nahm die Stadt Zwickau in der Zeit der frühbürgerlichen Revolution eine Spitzenstellung ein. Dieser Platz wurde bestimmt durch ein verzweigt ausgebautes traditionelles Gewerbenetz, das sich seit der 2. Hälfte des 14. Jh. ohne einschneidende Störungen entfalten und seine Nah- und Regionalaufgaben immer besser wahrnehmen konnte. Mit dem Fündigwerden der Silbergruben des erzgebirgischen Raumes seit den 70er Jahren des 15. Jh. wurde dieser sich im Rahmen der feudalen Verhältnisse vollziehende Prozeß in mehrfacher Hinsicht verändert. Einerseits bildete die Stadt schon recht bald eine wichtige Versorgungsbasis für das obererzgebirgische Bergbaugebiet, wobei neben Nahrungsmitteln auch Produktionsinstrumente geliefert bzw. Erzeugnisse aus anderen Orten vermittelt worden sind. Zum anderen legten viele Zwickauer Bürger ihre vorwiegend in Han-

[1] KR Zwickau (ab 1500 erhalten). Zitiert nach Wappler, Thomas Müntzer in Zwickau, Anm. 71. Zitiert nach der Originalauflage. Die Quellen wurden vom Verfasser sämtlich in der RSB und im Archiv Zwickau überprüft.

[2] Clemen, Egranus, S. 143. Vgl. auch Brief Egrans an Luther vom 18. Mai 1521, in: WA Br. 2, S. 346

[3] Wir danken Dr. W. Held für die Information, die er bei seinem letzten Aufenthalt im Ratsarchiv Zwickau in einer KR vom 28. 9. 1521 aufgefunden hat, aus der hervorgeht, daß ein nichtgenannter Bürger 25 gr. Miete für die Beherbergung Müntzers wahrscheinlich im Marienviertel vom Rat einfordert.

delsgeschäften gewonnenen Kapitalien im Bergbau an und trugen zu dessen Fortschreiten, zugleich aber auch zur Anhäufung beträchtlicher spekulativ erworbener Gewinne in der Stadt bei, die teilweise erneut in das Bergwesen abflossen."[4]

Müntzer erlebte hier eine blühende Stadt voller Leben und Gegensätze, geleitet und gelenkt von einem selbstbewußten Rat von 24 Mitgliedern, die eine Hälfte regierend, die andere ruhend. Zu den bedeutendsten Mitgliedern zählte der ehemalige Leipziger Student Erasmus Stüler, der sich als Humanist Stella nannte, wichtigster Stadtvogt und schließlich Bürgermeister war Herrmann Mühlpfordt. Die kurfürstliche Regierung vertrat als Amtshauptmann auf dem Schloß Osterstein der Ritter Wolf von Weißbach.

Müntzer konnte sich also in Zwickau im Schutz einer starken Obrigkeit fühlen. Nach kurzer Zeit schon hielt er seine erste Predigt, am 17. Mai 1520. Wir besitzen einen Bericht aus der Chronik Peter Schumanns, in dem es heißt: „1520 die ascensionis hat Thomas muntzer seine erste predigt allhie in v. l. f. kirche gethan. Do hat er vnter andern gesagt, die Munche hetter meuler, das man wol 1 Pfd. Fleische abschneiden konte, vnd behilten dennoch mauls genug. Item, die Natur vnd der pose machen schue vber ein leisten ek."[5] Die Ratsprotokolle von 1518 und 1519 zeigen deutlich, daß der Streit mit den Mönchen alt war und der Rat deutlich auf seiten seiner Prediger stand. Bei diesem ersten Zitat aus der Zwickauer Chronistik bedarf es einer Erklärung. Das Manuskript mit der Überschrift Petri Schumanni Annales Cygneenses, von dem nur die Bände 1, 2 und 4 erhalten sind, ist in der vorliegenden Fassung geschrieben von Peter Schumann dem Jüngeren, geb. 1539 oder 1541, begraben 23. Januar 1595; es ist also ein Werk der 2. Hälfte des 16. Jh. Das gilt nicht nur für den Schreiber, sondern auch für seine Vorlage, die Chronik seines Vaters, geb. ca. 1515, begraben am 16. Oktober 1580. Alles liegt nur in der Bearbeitung des Sohnes vor. Der alte Schumann hatte im Schmalkaldischen Krieg sein Haus in der Vorstadt verloren, das weggebrannt wurde. Erst 1549 konnte er in die Stadt ziehen, wo er Saigersteller des Rates wurde.[6] Wahrscheinlich hat er erst danach mit seiner Chronik begonnen. Für die ersten Jahrzehnte

[4] Bräuer, H., Luther und der Zwickauer Rat, S. 224. Die Arbeiten Helmut Bräuers (siehe Bibliografie) ergeben eine umfassende Geschichte Zwickaus in der Müntzerzeit.

[5] Petri Schumanni Annales Cygneenses, Bd. 2, Original in RSB Zwickau, fol. 117a. Vgl. Clemen, Egranus, S. 142, Anm. 45 und 137 (RP). Bräuer, S., Die zeitgenössischen Dichtungen über Thomas Müntzer, S. 365 f. zum Tag der ersten Predigt. Vgl. dazu Steinmetz, Müntzerbild, S. 169—182

[6] Die Lebensdaten der Zwickauer Chronisten verdanke ich einer freundlichen Mitteilung Karl Steinmüllers (†). Die Erinnerungen des älteren Schumann an die Jahre nach dem Schmalkaldischen Krieg: Annales Bd. 2, fol. 124b

des Jahrhunderts standen ihm u. a. die heute verlorenen Aufzeichnungen im „Zeitbuch“ des Mag. Lorenz Bärensprung (gest. 1533) zur Verfügung, so daß die Nachrichten für die Zeit Müntzers als zuverlässig gelten können. Nur wird man Zusätze und Veränderungen auffälliger Art beachten müssen, die nicht in die ursprüngliche Situation passen. Wenn es bei Schumann zum 1. Oktober 1520 heißt: „da ist Thomas Müntzer, der aufrührische Pfaffe“, an St. Katharinen angenommen worden, so ist das eindeutig eine abwertende Bemerkung ex eventu. Das zeigt auch ein Vergleich mit der streng sachlichen Sprache der Ratsprotokolle.

Über die angeblich zweite Predigt Müntzers am 20. Mai berichtet die Chronik: „Zu mittag vnter der predigt erhub sich ein großer Lermen Jn u. l. frauen pfarkirch alhie, also. Es wurde ein hultzerner stempffel am gestul des gebeus in der kirchen rege, vnd thet als wolt er ein fallen vnter dz volck, fil aber letzlich an ein fenster an einen stempffel oder treger vnd blieb also liegent.“ Damals wurde nämlich die Südseite der Marienkirche durch Caspar Teicher (1507–1537) um- bzw. neugestaltet (bis 1524).[7] Nur so erklären sich die hier geschilderten Ereignisse: „Do wurde vnter dem volck ein solch gedreng in der kirchen, das sie ein ander nahent erdruckt hetten, eins wolt zum fenster dz andere zur thur hinaus. Eine hatte die schue, der andere den hut, eines hatte den schurtz dz andere den latz verloren vnd fallen lassen vnd obgleich der prediger geschrien stehet still stehet stille etc. hat es doch nit helffen wollen, sondern reis aus wer da kan.“[8]

Die Vorgänge in Jüterbog schienen sich zu wiederholen. Diesmal beklagten sich die Franziskaner beim Administrator des Bistums Naumburg, Dr. Heinrich Schmiedberg oder Smedeberg, der in Zeitz residierte. Der Bischof selbst, Pfalzgraf Philipp, Sohn des Kurfürsten Ludwig V., war Bischof von Freising und nur der Einkünfte halber auch Bischof von Naumburg, das er selten aufsuchte. Dr. Schmiedberg beschwerte sich umgehend beim Rat, daß sich Müntzer in seinen Predigten „fast weitt vnd gröblich verlauffen“ habe.[9]

Der Rat bat den Prediger, an Luther zu schreiben, ihm die Streitigkeiten darzulegen und um seinen Rat zu bitten.

Müntzer verfaßte am 13. Juli 1520 einen sehr ausführlichen Brief mit

[7] Dehio, Handbuch, Bezirke Dresden, Karl-Marx-Stadt, Leipzig, S. 447, Plan der Marienkirche S. 446, Plan der Innenstadt S. 445

[8] Petri Schumanni Annales Cygneenses, fol. 117a/117b; ähnlich, nur gekürzt bei Tretwein, Hans, Annalen, fol. 9b (T. war Kirchner von St. Marien, geb. ca. 1520, gest. 31. Dezember 1597.)

[9] RP vom 13. Juni 1520, bei Clemen, Egranus, S. 138, Anm. 37 auf Egranus bezogen, aber bereits bei Wappler, Thomas Müntzer in Zwickau, Anm. 83 korrigiert

gründlicher Darlegung des Streites mit den Zwickauer Franziskanern.[10] Es handelt sich um eines der wichtigsten Dokumente aus Müntzers Frühzeit. Man habe ihn, Müntzer, vor den Provinzial der Barfüßermönche zu Breslau zitiert, um ihn zum Widerruf zu zwingen. Er habe aber nicht allein die Bettelmönche gemeint, sondern alle Heuchler, die mit ihren Gebeten die Häuser der Witwen auffressen und bei den Sterbenden nicht den Glauben, sondern die Befriedigung ihrer Habsucht suchen. „Diese – so habe ich gesagt – haben bis zum heutigen Tage die Kirche Gottes verführt, seien sie nun Mönche oder Priester; die Laien habe ich gleichermaßen schuldig genannt ... So vereine ich immer Mönche, Priester und Laien in der Schuld, keinen nehme ich aus, keinen schone ich, alle ermahne ich irgendwann, zur rechten oder unrechten Zeit, daß sie Buße tun sollen." Dann gibt er zu, daß er in seiner Predigt am 17. Mai in St. Marien „offen von Ungeheuern gesprochen habe, vor denen man sich hüten müsse". Durch ihre hl. Handlungen hätten die Mönche, so schreien sie herum, die Kirche verteidigt, die sonst schon längst untergegangen wäre. Über ihn verbreiten sie, er lästere die hl. Ordnung und zerstöre die brüderliche Liebe. Aber für ihn sind diese unsinnigen Verleumdungen Übung seines Glaubens. Schließlich wendet er sich an Luther direkt: „Du bist mir ein Schutz im Herrn Jesu. Ich bitte dich, leihe nicht denen dein Ohr, die mir widersprechen. Glaube denen nicht, die gesagt haben, ich sei unstet und bissig." Der gesamte Rat von Zwickau und fast die ganze Stadt gäben ihm ihre Unterstützung. Der Rat habe fast alles gehört, was er in St. Marien gepredigt habe. Bereitwillig habe er sich gegenüber dem Naumburger Kanzler Dr. Schmiedberg bereit erklärt, von seinem Glauben Rechenschaft abzulegen. Die Franziskanermönche „gehen rings umher von Haus zu Haus und heulen gegen den grimmigen Feind ... Wenn du es rätst, werde ich allen Vorgesetzten antworten; wenn ich vorstellig werden soll, schreibe mir. Wenn man ihnen eine Disputation

[10] Der Brief an Luther ist zuerst veröffentlicht von
a) Seidemann, Thomas Münzer, Dresden/Leipzig 1842, Nr. 6, S. 12;
b) Enders, Dr. Martin Luthers Briefwechsel, Bd. 2, S. 434.
Die derzeit gültige Edition nach den Dresdner Akten stammt von
c) Müntzer-Briefwechsel, Nr. 13, S. 11–14;
d) WA Br. 2, Nr. 311, S. 139–142;
e) MF, Nr. 13, S. 357–361;
f) Lichtdrucke, Tafel 12.
g) Nach den Lichtdrucken, in: Martin Luther. Dokumente seines Lebens und Wirkens, Weimar 1983, Taf. 50/51, S. 86 f. Hier auf Taf. 51, S. 87 die Vermutung, da eine Antwort Luthers nicht überliefert: „Ob der Brief überhaupt abgesandt wurde, bleibt ungewiß." Es handelt sich um ein Originalkonzept, wobei man nicht weiß, ob eine Reinschrift angefertigt und abgeschickt worden ist.

ankündigen soll, teile es mir mit. Was du mir auch rätst, ich will es tun im Herrn."

Dann folgen die Artikel des Minoriten Tiburtius aus Weißenfels, die er in der Predigt vor dem Volk in der Franziskanerkirche vorgebracht habe.[11] Er, Müntzer, habe ihn „mit aller Inbrunst ... ermahnt, nicht solche Irrtümer gegen das Seelenheil des Volkes auszustreuen ... Er solle mir und dem Rat eine Rechtfertigung seines Glaubens geben durch vollständige Schriften und Erklärungen derselben." Grimmiger als ein wildes Tier habe er Müntzer geantwortet, er werde weder das eine noch das andere tun, sondern habe frech versichert, der ganze Orden werde über ihn herfallen. „Ich habe seiner Wut gespottet und fürchte nichts ... Nicht mein, sondern des Herrn Werk treibe ich." „Falls du es rätst und mit dir meine aufrichtigsten Brüder, der Doktor Große und sein Stellvertreter Magister Heinrich und der Lehrer des Griechischen, Georg Agricola, sowie die übrigen Magister, die mich unterstützen, dann werde ich gegen diese Sätze schreiben, daß die Feinde des Kreuzes lernen, den Namen Gottes zu heiligen und den lästerlichen Mund zu halten." Er glaubt, noch für andere Kämpfe bestimmt zu sein. „Lebe wohl in Christo, du Vorbild und Leuchte der Freunde Gottes ... Thomas Müntzer, den du durch das Evangelium gezeugt hast."[12]

Dieser briefliche Bericht zeigt deutlich, daß Müntzer, zumindest in den ersten Monaten, als energischer Verfechter lutherischer Gedanken in Zwickau wirkte. Man darf nicht vergessen, daß die Bannandrohungsbulle „Exsurge Domine" erst am 15. Juni 1520 in Rom ausgestellt wurde und die Zustellung an Luther sich bis zum 10. Oktober verzögerte. Die großen Schriften des Jahres 1520 „An den christlichen Adel deutscher Nation", „Von der Babylonischen Gefangenschaft der Kirche" und „Von der Freiheit eines Christenmenschen" erschienen erst ab August im Druck. Die Reformation erreichte erst mit der Bannbulle vom 13. Januar 1521, Luthers Verhör auf dem Reichstag zu Worms vom 17. bis 24. April und der Veröffentlichung des Wormser Edikts ihren Höhepunkt. Müntzer war, wie die Mehrzahl aller Anhänger einer Erneuerung von Kirche und Gesellschaft, ein überzeugter Verfechter der lutherischen oder Wittenberger Reformation, die damals eine breite Bewegung war, die sich gegen das Papsttum richtete, aber kaum auf innere Differenzierung ausgerichtet war, die weder notwendig noch zweckmäßig gewesen wäre.

Leider ist keinerlei Antwort aus Wittenberg auf Müntzers Brief bekannt. Nur der spätere Brief Johann Agricolas vom 2. November 1520

[11] Vgl. die gründliche theologische Interpretation von Elliger, Thomas Müntzer, S. 81–93

[12] Diese Lesart der Unterschrift, die unleserlich gemacht wurde, stammt von Hirsch, Emanuel, Luther, 1955, S. 153, ohne völlig gesichert zu sein.

deutet darauf hin, daß die Auseinandersetzungen mit den Franziskanern bekannt geworden waren. Der Rat drängte auf Vermittlung. Am 21. Juli notiert der Schreiber im Ratsprotokoll: „Sall man nachmals" einen beauftragen, „mitt den monchen Zu reden vnd zuhandeln, In der gute von Radts wegen, ab man sie von yrem furnehmen wider den predinger (Müntzer) mochte abwenden do mitte der vnlust ettwo nytt weyter ejnreissen mochte."[13] Aber auch das verfehlte die erhoffte Wirkung. Schließlich wurden am 25. August des Jahres Thomas Müntzer und die Franziskaner vor die kurfürstlichen Kommissare Konrad Metsch und Wolf von Weißbach aufs Schloß geladen. Die Mönche erschienen „in einer grossen Zahl". Im Weimarer Archiv ist der ausführliche Bericht des kurfürstlichen Amtmanns vom gleichen Tage an Herzog Johann erhalten.[14] Darin heißt es: Beide Seiten wurden „nach nottorfft verhort vnd auff vilgehabten vleiß vnd mhue sy Miteinander vortragen vnd zcufride gestellet Wiewol wir vormarckt daß sy etwas fast eines hitzigen gemüths kegen Enander gewest". Der Amtmann berichtete weiter, daß er zum Rat geschickt habe, „das sy bey dem pfarvorweser (Mag. Heynrich) auch bei gemeltem Prediger so vil fürwendung thun wolten, das er sich vordrießlicher vnd schmelicher wort kegen gedachten brudern auff der Cantzel vnd auch sonst well enthalten". Der „gemain man" könne „von solchen geschwinden worten nicht besserung sonder Ergerung" empfangen. Es könne auch der Stadt bei geistlichen und obersten Prälaten „eine beschwerung darauß entstehn".

Dieser Bericht ist erst von Siegfried Bräuer richtig wiedergegeben und interpretiert worden. Offensichtlich hat erst das Eingreifen der kurfürstlichen Beauftragten den Streit beilegen können. Nur in diesem Zusammenhang ist der Ratsbeschluß vom 29. August zu verstehen: „Sall man vff gescheen furbeschaydt der furstlichen commissarien . . . dysem male dem Mgro kayen beystandt von Radts wegen thun, sunddern dem Mgro. sagen solle Er solle hören wy sich dy handelunge anlaßen vnd was dy furschlege seyn werden, wo yme so denne ettwas das yme unleidlich were furhalten wurde solte er an den Radtt weyter gelangen laßen So denn wölle yn der Radtt beystandts nicht verlaßen, vnd sich aller gebure Zuhalten wyssen."[15] Das bedeutete keineswegs, von einer Unterstützung Abstand zu nehmen.

Der Rat machte sich Gedanken, wie man den in der Stadt beliebten Prediger auch über den Halbjahreskontrakt halten könne. Unterm 18. Juli 1520 lesen wir in den Protokollbänden: „Dyweill man yme den

[13] Wappler, Thomas Müntzer in Zwickau, Anm. 90

[14] Text nach Dissertation von Bräuer, S., Die zeitgenössischen Dichtungen über Thomas Müntzer, S. 366 f., Anm. 76 (= Staatsarchiv Weimar Reg. KK 1564)

[15] Wappler, Thomas Müntzer in Zwickau, Anm. 95

predingstuhl nit lenger dann byß vff Michaelis (29. September) zugesagt vnd der predinger zu St. Katharin (Mag. Joh. Pultzen) seynen vrlaub genohmen, Sall man Mgro. Thoma, dem predinger zu vnser lieben Frawen, widervmb der predingstuhl aynen, den zu vnser lieben Frawen vnd aber vff den fahl, so Mgr. Egranus widerkomme, den predingstuhl zu St. Katharin zusagen."[16] Es mußte sich aber bei den Bekannten Müntzers herumgesprochen haben, daß er zu Michaelis „zu haben" sei. Denn die Mönche des Benediktinerklosters auf dem Erfurter Petersberg interessierten sich für ihn. Der Rat – eine Kämmereirechnung vom 4. August deutet darauf hin – scheint sich, „dem predinger zu schutz und gut", für einen Aufschub verwendet zu haben.[17]

Besonders wichtig ist für diese Zeit der Brief Erasmus Stellas an Spalatin vom 3. September 1520. Stella war mehrmals Bürgermeister und damit Mitglied des Rates, war Stadtarzt von Zwickau und ein gelehrter Herr, der sich durch seine historischen Fälschungen, die damals noch ungedruckt waren, einen Namen gemacht hat. Den Brief veröffentlichte zuerst Johann Friedrich Köhler (1756–1820) in seiner Müntzerbiographie, die er unter dem Titel „Thomas Müntzer, mit dem Schwert Gideons" im Sammelband „Gallerie der neuen Propheten, apokalyptischen Träumer, Geisterseher und Revolutionsprediger", Leipzig 1799, herausgab.[18] Man habe in Zwickau Frieden zu stiften gesucht zwischen den Franziskanern und Müntzer, seit langer Zeit Schüler Luthers (olim Lutheri discipulus). Er nennt ihn lobend „hominem vitae sanctimonia et eruditione christiana insignem ... Thomas forti animo fidem in Christum mentibus hominum conatus est inserere. Avaritiam, superbiam, invidiam aliaque vitia, quibis impostorres isti scatent, vehementi spiritu detestatus est." Wenn daher unserem frommen Fürsten die Lauterkeit des Evangeliums am Herzen liegt, möge er nach seiner Klugheit dafür sorgen, daß jenen heuchlerischen Kappenträgern nicht zugestanden wird, sich so viel gegenüber den guten und wahrhaft christlichen Menschen herauszunehmen, wie es bisher der Fall war. Dem Rat möge er die Vollmacht erteilen, die evangelischen Prediger vor den Beleidigungen solcher Verleumder zu bewahren und zu schützen. Zum Schluß wünscht er, Luther möge Müntzer ermahnen, Zwickau ja nicht zu verlassen.

Stella war wohl, als Beichtkind des Predigers, das Haupt der promüntzerischen Gruppierung im Rat. Der Brief an Spalatin, im Grunde an den Kurfürsten gerichtet, war wohl die letzte wirksame Hilfe, die er

16 Clemen, Egranus, S. 17 bzw. 141

17 KR Stadtarchiv Zwickau vom 4. August 1520. Wappler, Thomas Müntzer in Zwickau, Anm. 91. Vgl. auch Müntzer-Briefwechsel, Nr. 29 aus dem Jahre 1521 (ohne weitere Datierung). Dazu Elliger, Thomas Müntzer, S. 99 f.

18 Vgl. Steinmetz, Müntzerbild, S. 364–367

dem von ihm so hochgeschätzten Müntzer geben konnte. Er ist Anfang April 1521 gestorben und fand seine Ruhestätte in St. Marien.

Schon am 5. September beschloß der Rat, zu Egran zu schicken „vnd seynem ansinnen nach zusage zu thun“: Wolle er zurückkommen, so wolle man alle seine Wünsche erfüllen: einen Tisch bei einem Bürger der Stadt, im Winter keine Frühpredigt an Werktagen etc. „Item, das man yme auch wider alle der evangelischen warheyt widerwertigen, so Inen jm seynen predigten wider dy warheyt vnd billigkayt enfechten wurden, trostlichen beystand vnd, souil möglich, schutz zusagen wolle.“ Alle diese für einen Geistlichen doch recht seltsamen Forderungen wollte man erfüllen, was nicht nur für die charakterlichen Eigenarten Egrans spricht, sondern auch für die Bestrebungen im Rat, ihn gleichsam um jeden Preis wieder nach Zwickau zu holen.[19]

40 Gulden erhielt er laut Kämmereirechnung vom 29. September, „domitte man ynen desto gutwilliger machen vnd wider vmb anhero Zu kommen ... vermogen mocht“.[20] Und dennoch zögerte er mit seiner Rückkehr. Müntzer hat seine neue Stelle pünktlich am 1. Oktober 1520 angetreten; seine Bezüge für das Halbjahr an St. Marien quittierte er am 9. Oktober: „Ego Tomas munczer accepi a magnifico senatu Cignee civitatis stipendium predicandi verbi dei 14 et dimidium florenos ...“, als $14^1/_2$ Gulden.[21] Egrans, des Starpredigers Rückkehr verzögerte sich bis Ende Oktober. Das mußte zu Spannungen führen, sicher nicht aus Eifersucht Müntzers, sondern aus dem Widerspruch zwischen der tatsächlichen Leistung beider und den maßlosen Forderungen Egrans.

[19] Wappler, Thomas Müntzer in Zwickau, S. 10, Text bei Clemen, Egranus, S. 18 bzw. 142

[20] Wappler, Thomas Müntzer in Zwickau, S. 7, Anm. 70

[21] MF, S. 564. Die Originalquittung (eigenhändig mit Siegel Müntzers) hat Stadtarchivar Dr. Karl Steinmüller im Archiv aufgefunden.

Die sog. Bücherliste von Ende 1520

Es wäre seltsam, wenn Müntzer sein Bücherstudium in Zwickau nicht fortgeführt hätte. Ein Briefwechsel mit Buchführern ist 1520 nachweisbar, aber nur für die Zeit in Beuditz. Nun besitzen wir aber eine umfangreiche Bücherliste, überwiegend mit Neuerscheinungen aus der Zeit 1519 und 1520, wobei überall die Bogenzahl angegeben ist.

Diese Liste trägt weder Datum noch Namen. Sie entstammt dem Konvolut Alte Briefe aus dem Hauptstaatsarchiv Dresden und befindet sich heute in Moskau. Boehmer hat erstmalig die Bücherliste für den Druck vorgesehen, Paul Kirn hat den Apparat geliefert, der freilich recht unzureichend ausgefallen ist. Von Kirn scheint auch die erläuternde Einleitung zu stammen. Günther Franz hat alles übernommen und nur geringfügige Verbesserungen eingefügt.[1]

Die Handschrift stammt nicht von Müntzer, sondern von der Hand des Schreibers des Briefes Nr. 19 vom 17. Januar 1521, der in Zwickau geschrieben worden ist. Das deutet darauf hin, daß die Bücherliste ebenfalls in Zwickau geschrieben ist. Die nach der Bogenzahl berechnete Summe hat Müntzer eigenhändig hinzugefügt, desgleichen die drei letzten Titel Nr. 72—75, bei denen kein Bogenumfang angegeben ist. Natürlich ist die Numerierung der Buchtitel von Boehmer-Kirn hinzugefügt. Aus dieser Tatsache ergibt sich, daß es nicht eine beliebige Bücherliste ist, sondern daß die Zusammenstellung zumindest Müntzers Interesse erregte, er durch seinen Schreiber eine Abschrift herstellen ließ und am Schluß den Gesamtpreis zusammenzählte. Für eine Buchhändlerrechnung[2] spricht die Zusammenfassung in 4 Bänden, wovon allerdings der erste nicht numeriert ist. Die Blätter sind nur 6 cm breit und 22 cm hoch, eine Seite der Blätter ist mit dem undatierten Brief Nr. 14 an Müntzers Vater beschrieben worden.[3] Müntzer ist zwar

[1] Bücherliste ediert in:
a) Müntzer-Briefwechsel, S. 131—135, mit Numerierung von 1—75. Hier auch erster Nachweis der Drucke, wenn auch mit zahlreichen Fehlern.
b) MF, S. 556—560 mit 74 Nummern, da 7 und 8 im Müntzer-Briefwechsel einen Titel darstellen, da aber die Nrn. 18, 25, 26 und 52 doppelt aufgeführt sind, umfaßt die Liste tatsächlich nur 70 Titel. Bis zu einer Neuausgabe empfiehlt sich der Gebrauch der Nummern von MF.

[2] Buchwald, Archivalische Mitteilungen über Bücherbezüge, S. 7—11

[3] Lichtdrucke, Taf. 14

stets sparsam mit dem teuren Papier umgegangen, aber hier ist das auf die Spitze getrieben. Ob Konzept oder Abschrift ist darum nicht festzustellen.

Der Inhalt der Bücherliste ist im ganzen gut gegliedert: Band 1 (ohne Nr.) umfaßt die Humanistica, Band 2 (mit Nr. 1) die Schriften Karlstadts, Band 3 (mit Nr. 2) die Schriften des Franziskaners Augustin von Alfeld und Band 4 (Nr. 3) die Lutherschriften, in allen Fällen Veröffentlichungen der Jahre 1518 bis 1520. Probleme des Humanismus spielten in Müntzers Zwickauer Zeit eine entscheidende Rolle: Es war die Auseinandersetzung mit Egran, die sich in seiner Tätigkeit an St. Katharinen dramatisch zuspitzte. Der Streit mit den Franziskanern in Jüterbog und Zwickau ist uns bereits bekannt. Und das Studium der Schriften Luthers gerade im entscheidenden Jahr 1520 dürfte für Müntzer eine Selbstverständlichkeit gewesen sein. Erstaunen weckt aber das große Interesse für Karlstadt, der bisher in unserer Darstellung kaum eine Rolle gespielt hat. Er hat ihn also wahrscheinlich in Wittenberg Ende 1518/Anfang 1519 kennengelernt und wollte nun seine Schriften gründlich studieren. Unstreitig war Karlstadt in der Frühzeit der Wittenberger Reformation der wichtigste Mann nach Luther.

Die Liste der Humanisten beginnt mit Lorenzo Vallas berühmtem Werk „De libero arbitrio" (1436 oder später entstanden) (Nr. 1); wir fügen Nr. 67 hinzu, da vom gleichen Verfasser, „De voluptate ac vero bono" (1431). Die Frage nach der Willensfreiheit vermag dieser nicht zu lösen, da die Freiheit im Widerspruch steht mit Gottes Allmacht. Die menschliche Natur verlangt nach Lust und Glück; aber das wahre Glück wird nur in der ewigen Seligkeit möglich.[4] Valla hat am stärksten gewirkt auf Rudolf Agricola und Erasmus. Was den „Fürsten der Humanisten" angeht, so hat er über die „Antibarbari" (Nr. 3) sich selbst geäußert.[5] Auf der Liste der Erasmiana stand neben den Epistolae (Nr. 8), Schriften gegen Lee (Nr. 9) und Latomus (Nr. 12) im Zusammenhang des Streites um das Novum testamentum graece auch der für den jungen Karl V. geschriebene Fürstenspiegel „Institutio principis christiani", verfaßt 1516.[6] Ingesamt führt Erasmus mit sieben Titeln. Dann folgen Celtis (Nr. 4), Melanchthon und Mosellan mit programmatischen Reden (Nr. 5 und 16) und Reuchlin mit den Briefen der berühmten Männer (Nr. 69). Von Hutten ist nur genannt „De morbo gallico".[7]

[4] Frischeisen-Köhler/Moog, Die Philosophie der Neuzeit, S. 12 f. (Valla), S. 91 (Rudolf Agricola, Bücherliste Nr. 11)

[5] Vgl. Brief des Erasmus an J. Witz vom Juni 1520, deutsch in: Köhler, Walther, Erasmus von Rotterdam, Briefe. Erw. Neuausgabe von Flitner, Andreas, Sammlung Dieterich Bd. 2, Bremen 1956, S. 269 ff.

[6] Vgl. die Ausgabe mit Einführung, Übersetzung und Bearbeitung von Gail, Erasmus von Rotterdam

[7] Vgl. Steinmetz, Die Universität Leipzig und der Humanismus, S. 40

Philipp Novenians „Elementale hebraicum" gehört eigentlich nicht in diese Reihe, vielleicht aber unter die Bemühungen Müntzers um die hebräische Sprache.[8] Hätten die aufgeführten Werke eine Grundlage für die Auseinandersetzung Müntzers mit Egran darstellen sollen, so hätte man nichts besseres empfehlen können. Aber die Frage nach dem Verhältnis von Absicht und Zufall läßt sich weder stellen noch beantworten.

Die Karlstadt-Titel sind relativ übersichtlich durch die Bibliografie bei Hermann Barge.[9] Für unseren Zusammenhang sind die Nummern 19 und 31 wichtig, zwei von insgesamt 11 Karlstadt-Schriften. Nr. 19 ist der 1952 von Ernst Kähler herausgegebene Kommentar zu Augustins Schrift „De spiritu et litera".[10] Bei Nr. 31 handelt es sich um keinen verlorenen Holzschnitt, wie S. 555, Anm. 21 zu lesen ist, sondern um ein Werk Lucas Cranachs d. Ä., das Max Geisberg bereits 1930 veröffentlicht hat.[11]

Die Schriften des Franziskaners Augustin von Alfeldt oder Alveldt sind nun neu bearbeitet von Heribert Smolinsky, der die alte Monographie von Leonhard Lemmens ersetzt hat.[12]

21 Titel betreffen Martin Luther und die Reformation und bekräftigen damit die Bedeutung der Schriften des Jahres 1520. Die wichtigsten sind Nr. 46 „An den christlichen Adel deutscher Nation", Nr. 59 „De captivitate Babylonica ecclesiae praeludium", Nr. 60 „Von der Freiheit eines Christenmenschen" und Nr. 62 „Von den guten Werken", alle im genannten Jahr erschienen.[13] Außerdem enthält die Bücherliste Luthers vollständige Ausgabe der „Deutsch theologia", die in den Jahren 1518 bis 1520 nicht weniger als neunmal gedruckt wurde. Zu dieser Gruppe gehören auch die Titel „Hutteni ad Martinum Lutherum epistula" (Nr. 17) und Huttens Ausgabe der Bannandrohungsbulle (Nr. 54).

Einige Werke antiker Schriftsteller fügen wir an, so wie es Müntzer mit der handschriftlichen Hinzufügung der Nummern 72 bis 74 getan hat. Interessant ist Nr. 2 „De moribus et vita philosophorum" des griechischen Schriftstellers Diogenes Laertius aus dem Anfang des 3. Jh.

[8] Bauch, Die Einführung des Hebräischen in Wittenberg, Index Bibliographicus Nr. 53, S. 290–294

[9] Vgl. Freys/Barge, Die gedruckten Schriften des Andreas Bodenstein von Karlstadt und Barge, Andreas Bodenstein von Karlstadt

[10] Vgl. Kähler, Karlstadt und Augustin

[11] Geisberg, Der deutsche Einblattholzschnitt, Nr. 612. Himmelwagen und Höllenwagen. Holzschnitt von L. Cranach d. Ä. mit Texten von Andreas Bodenstein von Karlstadt, Einblattdruck, 1519. Abb. in: Illustrierte Geschichte, S. 148. Vgl. dazu auch Bubenheimer, Andreas Rudolff Bodenstein von Karlstadt, S. 5–58

[12] Smolinsky, Augustin von Alveldt und Hieronymus Emser, S. 422 Schriftenverzeichnis Alveldts. Lemmens, Pater Augustin von Alfeld

[13] Alle Schriften in: Martin Luther. Studienausgabe, Bd. 2, S. 12–305

u. Z. (vgl. Leipzig-Kapitel). Schon Heinrich Böhmer[14] behauptete, vor 1524 habe es keine lateinische Übersetzung dieses berühmten philosophiehistorischen Werkes gegeben; in Wahrheit handelt es sich um einen Klassiker der Inkunabelzeit, wie jeder große Bibliothekskatalog ausweist. Die erste Übersetzung schuf Ambrosio Traversari (gest. 1439), der erste Druck erschien in Rom vor 1475. Er enthält 99 Biographien in alphabetischer Reihenfolge. Die Plato-Biographie umfaßt allein 22 Seiten. Seitdem wurde das Werk immer wieder gedruckt, immer in der gleichen Übersetzung, zu Müntzers Zeit wenigstens zweimal (Paris 1510 und etwa 1515). Es gab also genügend Drucke. Es handelt sich um ein spätantikes Überblickswerk, wie es Müntzer zu seiner Orientierung wünschte. Tatsächlich besaß er dieses Werk, wie Blatt 23 des Nachlaßfaszikels (Lichtdrucke, Tafel 76) beweist. Auch Nr. 6, Diodorus Siculus, Historische Bibliothek, nur teilweise erhalten, gehört in die Reihe dieser Orientierungshilfen, 1516/17 in Wien gedruckt. Die Bücher 1—5 enthalten die Urgeschichte der Ägypter, Asiaten, Äthiopier und Griechen, 6—10 die griechische Geschichte bis zum Jahre 301.

Auf die übrigen zerstreuten Titel kann hier verzichtet werden; eine solche Vollständigkeit muß einer Neuausgabe der Schriften und Briefe Müntzers vorbehalten bleiben. Die Bücherliste enthält, schwerpunktmäßig von der Einteilung wie von den Problemen der Zwickauer Zeit Müntzers her gesehen, einen ausgezeichneten Querschnitt oder Überblick über die 1519/20 erschienene Literatur, das dürfte nur einem Buchhändler möglich gewesen sein, der sich laufend mit den Neuerscheinungen beschäftigte. Müntzer hat wohl nur die Kosten errechnet, um sich ein Bild zu machen von der Möglichkeit einer Bestellung, die ja auch später teilweise gegeben war.[15]

[14] Müntzer-Briefwechsel, S. 131, übernommen von MF, S. 556
[15] Damit sind die Ausführungen über die Bücherliste in: Steinmetz, Thomas Müntzer und die Bücher, S. 612, zurückgenommen.

Zwickau — St. Katharinen

Am gleichen 1. Oktober 1520, an dem Thomas Müntzer sein neues Amt in der Katharinenkirche antrat, beschloß der Rat der Stadt „Egrani halber", seinem erneuten Ansuchen, „als er durch Ern Hermann Mulpforten bei den Radte getan", stattzugeben. Alle seine Forderungen wurden ihm bewilligt, „damitte er in seynem studio desto weniger molestiert vnd verhindert werde". Und der Stadtvogt Mühlpfordt, der ganz auf seiten Egrans stand, sollte ihm das mitteilen.[1] Das zeigt deutlich den sich anbahnenden Szenenwechsel in der Stadt. „1520 Sontags Remigij ist Mgr. Johan Pultzen, so 2 Jar alhie prediger gewest ist zu St. Katharin, von hier gezogen; da ist Thomas Muntzer . . . an seine statt angenommen worden."[2]

Mit diesem Wechsel im Amt kam der Prediger mit einer neuen Problematik in Berührung. Schon lange spielte die Tuchmacherei in Zwickau eine bedeutende Rolle; es war neben Görlitz führend in diesem Zweig der Textilproduktion.

Durch die Bevölkerungsvermehrung wuchs die Nachfrage, aber die Wolle mußte immer mehr aus größerer Entfernung bezogen werden, da die Schafzucht der umliegenden Gebiete nicht mehr genügend Wolle liefern konnte. Der individuelle Einkauf des Rohstoffs begann die Möglichkeiten der einzelnen Meister zu überschreiten. Reichere Meister sprangen ein und „verlegten" die ärmeren. Dieses „Verlagswesen" wurde zu einer frühkapitalistischen Form der Produktion, ohne aber im Falle von Zwickau zur Manufaktur zu werden. Die Selbständigkeit der ärmeren Meister blieb also äußerlich erhalten, wich aber de facto einer völligen Abhängigkeit, die ganz im Interesse der Verleger war, die zu Wollhändlern wurden. Das hatte stärkste Folgen für den Status der ärmeren Tuchmacher, die mit ihren Familien mühsam ihren Lebensunterhalt erkämpfen mußten. Rund 250 Tuchmachermeister gab es damals in Zwickau. Die frühkapitalistische Produktionsform ließ sie

[1] RP Zwickau Stadtarchiv vom 1. Oktober 1520. Clemen, Egranus, S. 18 bzw. 142. Luther widmete ihm bekanntlich seine Schrift „Von der Freiheit eines Christenmenschen".

[2] RSB Zwickau, Petri Schumanni Annales, fol. 117b. Clemen, Egranus, S. 18 bzw. 142 (zitiert ohne den späteren Einschub Schumanns d. J.)

vor den übrigen Gewerben deutlich hervortreten, bei denen der „Verlag“ keinen Nährboden fand. Die starke Zunahme der Bevölkerung innerhalb der Mauern und besonders in den Vorstädten ließ die Wohnverhältnisse immer enger werden. Die plebejischen Schichten waren außerordentlich differenziert: So gab es Handwerksmeister, Gesellen und Tuchknappen, für die das Meisterrecht noch erstrebenswert war; es gab aber auch Knechte, Mägde, Dienstboten, Tagelöhner, Kämmerinnen, von den Alten, Kranken, Bettlern usw. ganz zu schweigen. Genaue Zahlen haben wir nur für die Jahre mit Türkensteuerregistern, d. h. für 1496 und 1542. Zwickau zählte damals etwa 5 000 bzw. etwas über 7 000 Einwohner, im Vergleich dazu Leipzig 1550 8 400 Bewohner. Wichtig für die Gesamtsituation der Tuchknappen ist, daß man 1496 mit 119 Knappen und 19 Kämmerinnen, 1542 aber bereits mit 193 Knappen und 122 Kämmerinnen rechnen kann. Damit hat besonders die Zahl der weiblichen Hilfskräfte stark zugenommen. Der größte Teil der plebejischen Schichten lebte innerhalb der Mauern, wo die Beschäftigungsmöglichkeiten am günstigsten waren.[3]

Im Dezember 1529 beklagte sich der Rat über die sozialen Mißstände in Zwickau. Eindrucksvoll schilderte er die menschenunwürdigen Lebensbedingungen, besonders die unzumutbaren Wohnverhältnisse der Tuchknappen: „Dan iderman klagt, die stat sey ganz voll der jugent, uberaus vil der frembden leute von tage zu tage vnd armer hausgenossen vil sich heimlich reinlasen, sticken in den kleinen heusern, leyt überejnander wie das krotengerich, das mir für mein person den andern meynen brudern gleych, begint zu grauen. Dan offentlich gespürt, sünderlich von denen, die in fürsteten wonen, vorachtunge gotlichs worts, vorterb irer armen kinder, wust unchristlich leben.“[4] Auch wenn die Verhältnisse um 1520 noch nicht so entsetzlich waren, ähnlich dürfte es in den Unterkünften der Tuchknappen auch zu Müntzers Zeiten in Zwickau durchaus gewesen sein.

Leider lassen uns die Quellen weithin im Stich. Die Ratsprotokolle beschäftigen sich nur mit den Interessen und Anliegen der herrschenden Kreise, denen es stets um die Sicherung ihrer Machtstellung ging. In der Zeit zwischen dem 1. Oktober 1520 und dem 16. April 1521, den Rahmendaten für Müntzers Wirksamkeit an St. Katharinen, war eines der Hauptziele des Rates die Sicherung der Kirchen und besonders der Kanzeln.

Von Müntzer wissen wir in diesen Monaten leider nur sehr wenig:

[3] Darstellung nach Bräuer, H., Zwickau zur Zeit Thomas Müntzers, S. 194 bis 198, Tabelle der sozialen Zusammensetzung. Ders., Luther und der Zwickauer Rat, S. 226

[4] Martin Luther. 1483—1546, Weimar 1983, Taf. 130, Transkription S. 361 f.; hier auch die Literatur

Kein einziger Brief die Zwickauer Ereignisse betreffend, keine einzige Predigt sind uns überliefert. Aber neuerdings besitzen wir die letzte Quittung Müntzers vor seinem Weggang aus der Stadt, auch ein Fund Dr. Steinmüllers, mit der charakteristischen Schlußbemerkung „Thomas Munczer, qui pro veritate militat in mundo". Die Wahrheit ist hier im johanneischen Sinne verstanden, z. B. nach Joh 1, 17. (Die Wahrheit ist durch Jesus gekommen.) Die Auseinandersetzung mit Egran war für Müntzer nicht nur ein Kampf gegen Mönche, sondern hier handelte es sich um prinzipielle Probleme der Reformation, um einen entscheidenden Beitrag Müntzers zur frühbürgerlichen Revolution und ihren Kampf um das Menschenbild. Es ging ihm um eine bewußte Abgrenzung vom Humanismus, der in der erasmischen Gestalt ganz Europa Ende des 15. und Anfang des 16. Jh. erfaßt und der die Reformation durch den Druck des griechischen Neuen Testamentes wesentlich vorbereitet hatte.

Für Zwickau ist Johannes Sylvius Egranus am besten dokumentiert. M. M. Smirin sah ihn fälschlich als Lutheraner, was die neuere Forschung korrigiert hat.[5] Egranus war und blieb bei allen Sympathien für die frühe Reformation Humanist im Sinne des Erasmus, wenn auch von untergeordneter Bedeutung. Sein historisches Überleben verdankt er nicht der eigenen literarischen Leistung, die gering ist, sondern ausschließlich Thomas Müntzer oder, besser gesagt, dem Zusammenstoß mit ihm in Zwickau. Für Müntzer war dieser Streit von großer Bedeutung: In dieser heftigen Auseinandersetzung wurde er sich seiner selbst bewußt, hat er die Eigenart seines reformatorischen Denkens zuerst klar erkannt und sein Humanismusverständnis präzisiert. Nur aus dem Briefwechsel Egrans und Müntzers mit den Wittenbergern kennen wir den Zwist genauer, vor allem aus den von Müntzer formulierten „Propositiones probi viri d. Egrani".

Ganz dürftig und vielfach quellenmäßig umstritten sind die Nachrichten über Nikolaus Storch und seine Anhänger. Hier sind wir weithin auf die Zwickauer Ratsbeschlüsse und vor allem auf die Zwickauer Chronistik angewiesen. In diesem Zusammenhang muß etwas ausführlicher auf das Zwickauer Bild von Müntzer und Storch eingegangen werden.

In den ersten Monaten nach dem 1. Oktober 1520 scheint es ruhig gewesen zu sein in Zwickau, auch wenn man immer bedenkt, daß nicht alles in den Akten steht. Aber Egran traf erst gegen Ende des Monats wieder ein, und er hat bereits vor Ende des Jahres wieder

[5] Smirin, Die Volksreformation des Thomas Münzer, S. 83 ff. Vgl. auch Kirchner, Egranus

Urlaub genommen, um nach Joachimsthal zu gehen.[6] So mußte der Rat sich nach neuen Kräften umsehen. Und das in einer Zeit, in der Müntzer noch persona grata war, wie die Ratsprotokolle zeigen.

Am 2. November schrieb Johann Agricola seinen ersten uns erhaltenen Brief an Müntzer (Nr. 15); er schrieb aus Wittenberg in sehr freundlicher Form. Wieder geht es um Bücher, diesmal um die Lieferungen der „Operationes in Psalmos", der 2. Psalmenvorlesung Luthers über Ps. 1–21, 1519 bis 1521. Das Kernstück des Briefes ist die Bitte oder Warnung, beides ist möglich, „nichts Feindliches zu tun oder zu unternehmen gegen Egranus". Unmöglich konnte es in den wenigen Tagen seit der Rückkehr desselben schon zu Spannungen oder Reibereien gekommen sein. Die Warnung kann sich natürlich auch auf den Charakter des Mannes beziehen, der in Wittenberg gut bekannt war als „rücksichtslos", „unberechenbar" und ohne „Menschenfreundlichkeit". Inzwischen hatte „ayn barfüßer monche" zu Zeitz „vff dy von Zwickaw" gepredigt, „wie es dem Radte glaublich furkommen" ist. Die Sache erschien wichtig genug, einen Boten zum Rat der Stadt Zeitz zu schicken.[7]

1. Bestrebungen des Zwickauer Rates um Berufung evangelischer Pfarrer

1520 war die Stadt Zwickau de jure noch altkirchlich, die bischöfliche Jurisdiktion noch intakt. Die reformatorische Bewegung hatte erst schwachen Eingang gefunden, Stadtpfarrer war Dr. Donat Groß, ein Repräsentant der alten Kirche, der sich in Zwickau vertreten ließ, um in Naumburg ein ruhiges Leben zu verbringen. Der Chronist Peter Schumann berichtet unterm 18. April 1520 vom Tod des Simon Heintz, Vikar zu St. Katharinen. Sei „in seinem hauß in der schergaß alhie thott fünden worden". Er lief „in bosen zerrissenen kleidern einher, hilt keine maß". Niemand wußte, wer ihn umgebracht hatte. Der Rat ließ das Haus durchsuchen. Man fand 847 Gulden, 9 Groschen und 3 Pfennige. „Darvon hatt man 4 fl armen leutten gegeben, das andere hatt der Radt bekommen."[8]

Das alte Kirchenwesen war, das darf man wohl sagen, zerrüttet. An

6 RP Zwickau vom 15. Dezember und 29. Dezember (wiederholt). Clemen, Egranus, S. 22 bzw. 146

7 KR Zwickau vom 3. November 1520. Wappler, Thomas Müntzer in Zwickau, Anm. 96

8 Schumann, Peter, Chronik 1520, fol. 114b und 115b (dazwischen die Aufstellung der Münzen 115a/b)

eine Reform der Kirchenordnung konnte der Rat noch lange nicht denken. So wendete er sich zunächst dagegen, daß Groß erneut einen Pfarrverweser einsetzte. Am 12. Dezember richteten die Bürger von Zwickau die Bitte an den Rat „wegen eines Christlichen Pfarrhern vnd nicht Curtisan oder Mittlings".[9] Als Egran am 15. Dezember „seynen vrlaub gebeten", beschloß der Rat, sich um einen Nachfolger zu bemühen „vnd furderlich vmb den, der zu Gutterbach predinger gewest vnd ytzo zu Wittenbergk sayn solle". Eindeutig handelt es sich bei diesem Ratsbeschluß um Franz Günther, der uns aus Jüterbog gut bekannt ist.

Man war also im Rat mehrheitlich für einen lutherischen Prediger, was ganz mit der reformatorischen Stimmung in der Gemeinde, die am 12. Dezember zu der Eingabe führte, zusammenpaßt. Noch interessanter ist, daß man wegen eines Nachfolgers für Egran „Doctori Martino zuschreyben adder Mgrum Thomam, den predinger zu s. Katharin schreyben lassen" wollte. Daraus scheint sich zu ergeben, daß die Empfehlung Franz Günthers auf Müntzer zurückgeht. Ob man bedauern kann, daß aus der Sache nichts wurde, dürfte kaum zu entscheiden sein.[10] Für Müntzers Wirksamkeit in Zwickau ergibt sich jedoch mit Sicherheit, daß er bis Ende Dezember 1520 durchaus persona grata gewesen ist.

Nach dem Scheitern einer Anstellung von Günther fiel die Wahl auf den Schneeberger Pfarrer Nikolaus Hausmann, der sich als der geeignetste Mann für die Durchsetzung der Pläne des Rates erwies. Freilich mußte vorher die Stelle, die Dr. Donat Groß innehatte, der aber ständig in Naumburg residierte, freigemacht werden, was schließlich durch Abfindung geschah. Durch Vermittlung Wolf von Weißbachs als fürstlichen Beauftragten erhielt Mag. Wolfgang Löhner, Pfarrverweser, 10 Gulden. „Nachdeme yn doctor groß Zu eynem Connentor vff dy pfar angenommen vnd dornach dy pfarr vff diß mal an Mgrm. Hawßman bracht, dorvmb er hat von der Conuenterey sich abscheiden müssen."[11] Bereits am 4. Februar 1521 „ist ayntrechtiglich vffe Mgrm. hawßman beschlossen. Wohe Er sich do zu wölle vormögen laßen, do vmb auch nach höchstem vermögen bey yme Zuerlangen vleyß solle furgewendett werden."[12] Im Mai 1521, Müntzer war schon nicht mehr in der

[9] Greff, Paul, Zwickauer Annalen, Auszug von Petrus Albinus, Landesbibliothek Dresden, Abschrift von Vogel, Curt, in der Zwickauer RSB unter dem 12. Dezember 1520

[10] RP Zwickau Stadtarchiv vom 15. Dezember 1520, wiederholt am 29. Dezember 1520. Vgl. Clemen, Egranus, S. 22 bzw. S. 146

[11] KR Zwickau Stadtarchiv vom 20. Januar 1520, gedruckt bei Wappler, Thomas Müntzer in Zwickau, Anm. 134

[12] RP Zwickau Stadtarchiv vom 4. Februar 1521

Stadt, wurde Hausmann in sein Amt als Stadtpfarrer eingeführt, nach 19 Jahren der erste Pfarrer, der „alhie residirt" hat. Für die Stadt war er ein großer Gewinn. Sicher war er ein Gegner Müntzers; aber man darf nicht übersehen, daß er ihm in mancherlei Hinsicht auch nahe stand. Bis 1531 war er die Stütze Bürgermeister Mühlpfordts, mit dem er sich dann endgültig überwarf und die Stadt verließ.[13]

2. Neue Verwicklungen in der Stadt

Erst die Ereignisse des 2. Weihnachtsfeiertages 1520 führten zu neuen Verwicklungen. Der Pfarrer zu Mariental, Nikolaus Hofer, ein altkirchlicher Eiferer, beschimpfte die Zwickauer als haereticos et seductores. Er hatte den verzweifelten Mut, in Müntzers Predigten zu gehen, was der Prediger von St. Katharinen sich nicht einfach gefallen ließ. Er mobilisierte seine Hörer gegen ihn: Der Tag des hl. Stephanus, der von zelotischen Juden gesteinigt wurde, gab wohl Anlaß zu einer zündenden Predigt. Der Chronist Hans Tretwein (ca. 1520–1597) überliefert in seinen Annalen folgenden Bericht: Müntzer habe auf der Kanzel „durch sein anregung das volck pewegt", daß sie den Pfarrer aus der Kirche jagten, mit Steinen bewarfen durch den Kirchhof; „durchs schloß naus den graben numb geworfen haben, das er kaum mit dem leben daruon kam ... ist entlich durch Peter Kolben hawß vnd hinden durch die gerten daruonkomen", wie es ausführlich bei Peter Schumann heißt.[14] Schon am 29. Dezember tagte der Rat in Sachen Pfarrer zu „Mergentaell". Man beschloß, dem Pfarrer „sicherung vnd geleydt" zu geben, um sich vor dem Rat zu verantworten, da er beschuldigt sei, „dem prediger vnd alle die yme anhengigk ketschερische schelck vnd beßwichte gescholten" zu haben. Wenn er keine befriedigende Antwort geben wolle, „sall man yme sagen, seynen hoff ferder zusetzen", d. h. zu gehen.[15] An die Räte und Statthalter zu Zeitz wurde ein Schreiben gerichtet, über dessen Inhalt nichts bekannt ist.[16] Inzwischen war Kaspar Tham, bischöflicher Offizial zu Zeitz, nicht untätig, sondern zitierte Müntzer „gen Zeits", um sich wegen Pfarrer Hofer zu verantworten. Aber der Prediger lehnte das rundweg ab und „hat den Official offentlich von der Cantzel wieder zitiert gen Zwickaw,

[13] Paul Greff nennt ihn unterm 18. Mai 1521 „pastor gregis dominicae, vir humanissimus, sacerdotum corona venerabilis" (Zwickauer Annalen, Abschrift Curt Vogel, RSB Zwickau). Th. Müntzers Urteil im Brief Nr. 25 wird uns noch beschäftigen.

[14] Wappler, Thomas Müntzer in Zwickau, S. 13

[15] Ebenda, Anm. 129 und dazu S. 13 f.

[16] RP vom 1. Januar und KR vom 6. Januar. Wappler, Thomas Müntzer in Zwickau, S. 132

sich vffn predigstuhl zu stellen vnd gottes wort zuvorkundigen".[17] Müntzer verlangte also nicht mehr und nicht weniger als eine Entschuldigung des bischöflichen Offizials und eine Verurteilung der Handlungsweise Pfarrer Hofers. Aus den Annalen Peter Schumanns wissen wir, daß es sich bei dieser Angelegenheit nicht nur um einen Einzelfall handelte.

„Item Thomas müntzer hatte sich von der Cantzel vernehmen lassen, wie das noch etzliche gottlose pfarrer vffn lande weren, als der pfarrer zu glauch (Glauchau) vnd andere mehr, welche wieder gotts wort vnd wieder ihn sein wolten vnd wo sich dieselbigen nicht welten bekeren, so wolt er sie in bahn (Bann) thun etc. oder, wen sie gen Zwickaw kemen, solten sie mit kot vnd steinen nausgeworfen werden etc."[18]

Zu gleicher Zeit beschloß der Rat von Zwickau, eine ganze Gesandtschaft nach Zeitz zu schicken, „dy notturft von Radts vnd der gemeyne wegen furzuwenden". Man beauftragte den Pfarrverweser Mag. Wolfgang Löhner, den Mag. Zceyner „dem Radte zugefallen vnd der sachen zugute". Zwei vom Rat und zwei von der Gemeinde bildeten mit den Geistlichen die Unterhändler. Fuhrleute kamen hinzu: „seint Zcehen personen gewest, mit 6 pferden".[19] Und es gelang auch, „die sache in der gute zu vortragen". Wir wissen nichts Näheres über die Unterhandlungen, aber offenbar hat der Offizial zu Zeitz nachgegeben. Nikolaus Hofer, der übrigens nach Schumanns Chronik am 24. August 1523 erstochen wurde, mußte seine Pfarre aufgeben; an seine Stelle kam „Er Johann Hendal"[20]. Damit hatte Thomas Müntzer in dieser Sache sich voll durchgesetzt. Und der Rat war bis dahin auf seiner Seite. Denn die Hofersache war eine von zahllosen Vorkommnissen in der Zeit der frühen Reformation — nicht mehr und nicht weniger. Müntzer war durchaus im Recht.

In den bewegten Tagen zu Beginn des Jahres 1521 schrieb Müntzer einen „bisher kaum beachteten Brief"[21] an Bürgermeister und Rat von Neustadt a. d. Orla. Es ging um die Verlobung von Philipp Römer und Dorothea Nürnbergerin. Wir kennen die Geschichte nicht, auch wissen wir nicht, wer und was Müntzer dazu veranlaßte, „traurige herzen zu trösten"[22]. Für uns ist Müntzers Forderung, „das erste Verlöbnis als allein gültig anzusehen" und „eine bereits vollzogene Ehe zugunsten eines früheren, aber nicht eingehaltenen Verlöbnisses wieder aufzu-

17 Clemen, Egranus, S. 24 bzw. 146
18 Petri Schumanni Annales fol. 125b. Clemen, Egranus, S. 24 bzw. 146
19 RP vom 14. Januar und KR vom 20. Januar 1521. Wappler, Thomas Müntzer in Zwickau, Anm. 135 und Clemen, Egranus, S. 24 bzw. 146
20 RP vom 6. Februar 1521. Wappler, Thomas Müntzer in Zwickau, Anm. 136
21 Elliger, Thomas Müntzer, S. 116 f.
22 Müntzer-Briefwechsel und MF, Nr. 19

lösen", nicht nachvollziehbar. Aber seine Grundforderung, daß die Leute Ehesachen in Frieden vor ihrem Pfarrer austragen sollen und daß man nicht der altkirchlichen Ehegesetzgebung folgen soll mit ihren Methoden, Zeit und Geld zu verschlingen, muß man als gut evangelisch bezeichnen. Schon Paul Kirn ist die Ähnlichkeit der Auffassungen Müntzers mit denen Hausmanns in dem bekannten Brief an die sächsischen Fürsten vom 7. September 1521 aus Zwickau aufgefallen: Er hatte 1930 den Brief in seinem Buch über Friedrich den Weisen veröffentlicht. Leider ist m. W. niemand dem Problem nachgegangen. Da es sich um Fragen handelt, die nach Müntzers Weggang aus der Stadt Zwickau eine Rolle spielten, müssen wir uns ein Eingehen darauf versagen.

Hier ist das neue Selbstbewußtsein Müntzers wichtig, das er in diesem Brief erstmals in dieser Deutlichkeit ausspricht: Unter Berufung auf Joh 20, 21 sagt er: „Darum bin ich gesant, gleich wye Christus vom vatter gesant wart, also seyndt wyr pryester von got gesant . . ., auf das wyr dye armen gewissen trosten mögen" (Nr. 19). In diesem Bewußtsein ging Müntzer der Auseinandersetzung mit Egran entgegen.

3. Der Streit mit Egran

Wer die Briefe Egrans und Müntzers aus der Zeit bis zu Müntzers Entlassung und danach liest, der wird immer wieder erstaunt sein über das Übermaß an Feindschaft und Haß, das sich beide entgegenbrachten. Während Otto Clemen und auch Paul Wappler Egran idealisierten und als Anhänger Luthers verherrlichten, hat Hubert Kirchner ihn erstmals als den geschildert, der er war und sein wollte, als Humanist.[23] Zeit seines Lebens war er ein glühender Anhänger des Erasmus, den er auf seinen Bildungsreisen besuchte und den er, wenn auch nur mit geringem Erfolg, nachzuahmen bestrebt war. „Malim cum Erasmo . . . honeste etiam mori quam cum crabronibus istis turpiter vivere", so schrieb er in der Zeit seines Fußfassens als Prediger in Zwickau an Bonifatius Amerbach in Basel.[24] An einem barbarischen Winkel der Erde — so nannte er die Stadt Eger — sei er geboren, und unter Hornissen müsse er leben. Er war, wie Kirchner treffend formuliert, „kein humanisierender Prediger, sondern ein predigender Humanist".[25] In einem Brief an Stephan Roth vom Herbst 1521 nannte er seine Devise: „ego tandem musis et mihi vivam".[26] Ein solcher Mann war sicher für

[23] Kirchner, Egranus, S. 48—60
[24] Ebenda, S. 10 f.
[25] Ebenda, S. 13
[26] Clemen, Egranus, S. 37 bzw. 161

gelehrte Beschäftigung geeignet, aber gewiß nicht als Prediger einer weithin mit der Reformation sympathisierenden Gemeinde. Zweifellos dachte Egran stärker kirchlich als Erasmus. Aber Zwickau war kein windstiller Ort. Mit den Franziskanern hatte sich der Humanist gut geschlagen.[27] Aber gegen Müntzer blieb er wohl von Anfang an auf der Strecke. „Müntzer war ganz Prediger, ganz Theologe, durchdrungen von seinem Auftrag, die Welt nach dem ‚Programm' der Heiligen Schrift umzugestalten. Dieses Werk vertrug sich mit keinem Kompromiß. Wer sich ihm entgegenstellte, wendete sich gegen Gott und sein Reich."[28]

Heute muß man die prüfende Frage stellen: Haben die Wittenberger das nicht gesehen? Die Äußerungen Luthers und Agricolas zeigen deutlich, daß sie die Gegensätze zwischen den beiden Predigern erkannten, wenigstens was Egran anging. Schon am 4. November 1520 schrieb Luther nach einem Besuch Egrans in Wittenberg: „et mihi factus est hostis" und nannte ihn „homo indoctissimus in re Theologica".[29] Das entspricht dem Urteil Agricolas, der am 2. November Egran rücksichtslos und unberechenbar nannte und ihm nachsagte, daß er keinerlei Menschenfreundlichkeit besitze, ja auch nicht einen Funken davon habe. Und im undatierten Brief von 1521 schreibt er an Müntzer: „Ich habe niemals von dieser (deiner) Schroffheit gesprochen, die du gegen Egranus gebraucht hast. In dieser Sache stimme ich nämlich durchaus mit dir überein, da ich deutlich erkenne, wie Egranus von der hl. Schrift nichts versteht. Wen verjagt nicht der böse Geist dieses Menschen! Außerdem weiß ich wohl aus dem, was ich öffentlich in Leipzig und Wittenberg hörte, welch ein Kind jener in der wahren Theologie ist, von der ich spreche."[30]

Hätte man von Wittenberg aus nichts tun können, um Egran ebenso zur Mäßigung zu ermahnen wie Müntzer? Im Grunde hatte man mit ihm auf das falsche Pferd gesetzt. Das zeigte doch sein Bemühen, sich mit Eck zu verständigen und von der Liste der Gebannten streichen zu lassen. Das waren mehr als Angst und Feigheit. Aber Luther und sein Kreis waren selbst vor große Entscheidungen gestellt. Man muß sich stets vor Augen halten, daß Luther, der gerade seine großen Reformationsschriften hatte im Druck ausgehen lassen, der die Bannandrohungsbulle Leos X. mit den päpstlichen Dekretalen verbrannt hatte, die Bannbulle des Papstes gegen ihn und seine Anhänger erwartete, daß am 27. Januar der für ihn so entscheidende Wormser

27 Ebenda, S. 2 ff. bzw. 126 ff.
28 Kirchner, Egranus, S. 56
29 WA Br. 2, S. 211. Er ist mir feind geworden, ein Mensch völlig unwissend in der Theologie.
30 Müntzer-Briefwechsel, Nr. 21

Reichstag eröffnet wurde und die kaiserliche Vorladung des nunmehr gebannten Ketzers bevorstand, und daß an dem Tage, an dem er in Worms einzog, Thomas Müntzer aus Zwickau vertrieben wurde.

In Zwickau war es nicht möglich, daß sich Luther, wie in Jüterbog, um seine Anhänger kümmerte und die Ereignisse lenken konnte. So mußten die Auseinandersetzungen ihren Lauf nehmen. Hören wir aber nochmals Hubert Kirchner: „Müntzer mahnte zur Erfüllung des unwandelbaren Willens Gottes innerhalb der sich konstituierenden Gemeinde der Erleuchteten. Egran führte den Gläubigen auf den Weg des humanistisch gebildeten Frommen, der sich auf das ‚Wesen des Christentums' konzentriert. Müntzer rief zum Aufbau eines Gottesvolkes und zum Sturz der überkommenen Formen auf. Egran mahnte zum Frieden, zur Respektierung der bestehenden Ordnungen und zu einer Frömmigkeit, die sich von allen Vergröberungen auf das Innerliche im Sinne einer rational-ethischen Bewährung des Glaubens innerhalb der Sphäre des Personalen zurückzog. Müntzer sah sich bewußt, wenigstens in seinen ersten Jahren und auch noch in Zwickau, in der Nachfolge Luthers."[31]

Aber erst, wenn wir die beiden Briefe von Agricola und Egran aus der ersten Hälfte Februar voll berücksichtigen, werden wir uns der Dramatik der Zwickauer Ereignisse voll bewußt. Der Brief Nr. 21 setzt einen verlorenen Brief Müntzers voraus, in dem dieser seine Lage in Zwickau und die Spannungen mit Egran schilderte. Agricola wirft ihm Großsprecherei, einen wilden Sinn und eine wachsende Erregung (affectum gliscentem) vor. Nicht ohne Grund hätte man ihm in Wittenberg Unbescheidenheit vorgeworfen. „Glaube mir, Thomas. Wir wissen, daß das, was wir über deine Schroffheit an dich geschrieben haben, durchaus nicht unbegründet gewesen ist." Er müsse vermeiden, „auf irgendwelche Stellen außerhalb der Diskussion" abzuschweifen. „Es haben nämlich diejenigen, die dein bestes wollen, angezeigt, daß du den Dienst des Wortes mißbrauchst, daß du, während du doch das Rechte lehren müßtest, andere ohne Anstand verfolgt und sogar Namen genannt hast ... Weil sie dich korrigieren wollten, haben sie dies geschrieben. Deshalb ist es unbegründet, daß du so wütest. Wir haben getan, was unsere Pflicht war. Die deinige ist es, diejenigen, die das Rechte mahnen, nicht zu verachten ... Lebe wohl in Christo und lege diesen persönlichen Haß ab, den dein Brief offen zeigt ... Vertritt die Sache des Glaubens unter Einsatz deiner Habe und deines Lebens, und du wirst Größeres empfangen vom Herrn des Lebens." Die Kritik der Wittenberger, die Agricola vorträgt, ist ganz gewiß nicht unbegründet. Auch in früheren Briefen anderer (Brief Nr. 2, Nr. 4 und Nr. 6)

[31] Kirchner, Egranus, S. 56 f.

klingen ähnliche Feststellungen und Mahnungen an. Wir wissen nicht, wie Müntzer darauf reagiert hat. Er neigte schon früh zu Schroffheit, vielleicht sogar zu Unbeherrschtheit. Agricola ermahnte nicht ohne Grund: „Die Bösen und Widerstrebenden strafe, bedrohe, ermahne ..., doch so, daß deine Demut allen offenkundig sei."

Auch Egrans Schreiben (Brief Nr. 20) ist Mahnung und Kritik. Er schreibt bewußt und absichtlich in deutscher Sprache, um Müntzer als Verächter der Gelehrsamkeit bloßzustellen. Zu Beginn des Briefes erinnert Egran an eine sonst nicht bezeugte Diskussion auf dem Schloß, d. h. also vor den Vertretern des Kurfürsten oder Herzogs, in deren Verlauf Müntzer ihn „also lesterlich ... zugericht" und übel von ihm gesprochen habe. Weiter erwähnt er Müntzers Predigten in der Katharinenkirche, in denen er Egran verteufelt und ausgeschrien habe. Das ist die Situation in Zwickau zu Beginn des Februar. Ein offenbarer Kanzelkrieg, denn Egran wird in St. Marien auch nicht geschwiegen haben. Er, Müntzer, solle ruhig so fortfahren: „hau drein mit beiden spornn, wy du hast vorgenomen und angefangen." Er, Egran, müsse es mit Geduld erleiden und weitere Streiche erwarten. „Allein eins bit ich dich umb Christus willen, du wollest doch, was du vornympst, mit der warheit (die got selber ist) umbgehen, off daß er (= der) einfeltige nicht mocht in irthum kommen." Gefalle ihm das nicht, so solle er seinem Geist folgen, er aber wolle ihm „forthin wider mit worten noch mit werken entkegen sein". Das geschehe aus brüderlicher Liebe. Wo nicht, so habe er geirrt. „derhalben vorzeihe mirs und far hin und richt es aus noch deinem lust und gefallen." Offensichtlich beruhigten sich beide Prediger aber nicht, sondern schlugen und redeten aufeinander los. Das wurde ein öffentlicher Skandal, zumal sich um beide Anhänger scharten.

4. Müntzer und die Tuchknappen

Am 28. Januar 1521 beriet der Rat von Zwickau über die Artikel der Tuchmacher, die leider nicht erhalten sind. Ein 24. Artikel wird scharf abgelehnt, es müssen also noch mehr Stücke gewesen sein. Nur der letzte Artikel, der sich anschließt an den Vorschlag vom Jahre 1511, wird genehmigt. Lapidar beschloß der Rat: „Den tuchmachern soll man yren angetragenen artickelln nach nicht eyn Rewhmen, sundern Itlich stucke den vierondzwantzigsten Insunderheyt mit ayner scherffe verantworthen was sie sich mit solchem antragen tzeihen."[32] Gerne wüßten wir, was dieser 24. Artikel forderte, der den Rat so erbitterte.

[32] Wappler, Thomas Müntzer in Zwickau, Anm. 142

Aber wir wissen im allgemeinen kaum etwas über das Leben und Treiben der Knappen. Selbst ihre Anzahl schwankt in der Literatur. Eine Studie nennt 1531 271 Knappen und 31 weibliche Knappen, als da sind Kämmerinnen, Radspinnerinnen und Knäppinnen.[33] Einverstanden war der Rat, gemäß seiner Haltung 1511, mit dem Artikel „dy Knappen belangend“, woraus man schließen dürfte, daß die anderen Artikel auch andere Fragen behandelten. Der genehmigte Artikel betraf die Knappenkasse. Jetzt sollten „alle acht oder virtzehen tagen eynen pfennigk“ gesammelt werden, um einen Vorrat anzulegen für Knappen und Kämmerinnen in Notzeiten. „Wohie sich dy knappen do eyn begeben wolten, solte man ynen nachlaßen.“ 1511 handelte es sich nur um drei Pfennige im Vierteljahr, jetzt werden zwei bzw. vier Pfennige im Monat vorgeschlagen.[34] Leider erfahren wir sonst nichts über die Situation der Knappen. 1538 verfügte die Knappschaftskasse wohl über beträchtliche Mittel, vielleicht in Folge des neuen Beschlusses vom 28. Januar. Am gleichen Tage wurde auch festgelegt, „Faß nacht zuhalten“ in alter Gewohnheit und den Tag „In frolickeyt Zuuvolbrengen“.[35] Aber so ganz ohne Vorkommnisse ging es nicht ab. Waren schon am 16. Januar Maßnahmen zur Sicherung Müntzers beschlossen worden: „ob der mgr. wisse ader ymandt vordechtig halte, der yme nachtrachte zubeschedigen ader der schandzettel halben, dy yme sollen in seyn hawß geworfen werden.“[36] Am 12. Februar nutzte man die Fröhlichkeit, um den Prediger von St. Katharinen die Fenster einzuwerfen. Schon vier Tage danach befaßte sich der Rat damit. Man kam überein, beim Sohn des Kirchners in Erfahrung zu bringen, „wer dy saynt, dy dem predinger dy fenster zu werffen“. Zugleich sollten aber dem jungen Burschen „der wegen ernste furhaltunge“ gemacht werden. Man ahnte also wohl, wer der Täter gewesen sein könnte.[37] Aber kaum waren die Tage der Fastnacht vorüber, da beschloß der Rat am 16. Februar, Egran und Müntzer vor den Rat zu fordern, „mit allem vleys furzuwenden, sie miteynander Irer Irrunge vnd gebrechen gutlich zuuertragen, do mit ergernus vnd vffrur zuuorkommen“. Und in der gleichen Sitzung einigte man sich, Magister Wolfgang Zeidler, Prediger in Freiberg in Sachsen, zum Nachfolger Egrans zu berufen.[38]

Offenbar war die Zitation vor den Rat ergebnislos, so daß sich der

33 Vgl. Költzsch, Die Türkensteuer Zwickaus Pfingsten 1531. Für die Exaktheit der Zahlen kann sich der Autor nicht verbürgen.

34 Vgl. Hoyer, Die Zwickauer Storchianer, S. 63

35 Bräuer, S., Die zeitgenössischen Dichtungen über Thomas Müntzer, Anm. 105, von Wappler übersehen

36 Clemen, Egranus, S. 24 bzw. 148

37 Ebenda, S. 24 bzw. 148

38 Ebenda, S. 25 und S. 22 bzw. 149 und 146

Amtmann Wolf von Weißbach einschaltete. Dabei ist unsicher, ob Egran und Müntzer zusammen vernommen wurden, oder ob man nur mit Thomas Müntzer ein ernstes Wort auf dem Schloß reden wollte.[39] Zum 6. März wurde durch Ratsbeschluß die Gemeinde zusammengerufen: „der schul ordenunge halber, Item der predinger vnd der prister halber furhaltung vnd fleyßige warnunge thun das Nymandt kaynen anhangk nach vffrur (weder Anhang noch Aufruhr) mache bey straff leybs vnd guts dergleichen dy prister mitt fride vnd gemach Zulaßen etc.“ Leider gibt es keine Berichte über Verlauf und Folgen dieser wichtigen Vermahnung, die wohl grundlegend wurde für die weiteren Ereignisse, die in Müntzers Entlassung gipfelte.

Als am 2. April „Erasmus Studler Doctor medicine ein berumbter man“[40] starb, war die letzte Stütze Müntzers tot. Die letzten Tage bis zur Entlassung des Predigers sind undurchsichtig. Hauptmotiv war doch wohl die Furcht, Müntzer könne sich mit den Tuchknappen näher einlassen, obwohl die Unruhen eigentlich erst nach seinem Weggang ausbrachen.

Erwähnen müssen wir noch die kirchliche Organisation der Tuchmacherzunft. Seit 1475 gab es in der Katharinenkirche einen Knappenaltar mit einer Stiftung für einen Priester. Um diesen Altar bildete sich eine Fronleichnamsbruderschaft, eine der acht Bruderschaften der Stadt. Sie existierte noch, als Müntzer im Oktober 1520 Prediger an dieser Kirche wurde. Aus ihr wuchsen Nikolaus Storch und auch dessen Anhänger heraus. Einzelheiten sind nicht überliefert. Wahrscheinlich vollzog sich aber das religiöse Leben in der Bruderschaft in den Bahnen üblicher Volksfrömmigkeit. Häretische Tendenzen dürfte es nicht gegeben haben; einmal weil die 1462 aufgespürten Waldenser grundsätzlich andere religiöse Auffassungen hatten als Storch und seine Anhänger, zum andern aber auch, weil der Rat der Stadt Abweichungen von der Norm in jeder Hinsicht aufmerksam beobachtete und verfolgte. Das Ratsregiment war außerordentlich straff und energisch. Im Dezember wurde bekannt, „wy dy knappen etc. vnd ander leutte neben ynen ayn heymliche bruderschaft vnter ynen vff Zu richten“ planten. Da „do awß nichts gutes Zuuermuten, sall man mit allem vleysse, trewher nachtrachtunge vnd Im geheyme“ versuchen, „hynter dy sache“ zu kommen.[41] Es handelte sich also um eine Anzeige, nicht aber um einen Tatbestand. Der Rat läßt die Sache untersuchen, ohne daß etwas entdeckt wurde. Freilich sind auf einem solchen Gebiet die Grenzen fließend. Und von einer Fronleichnamsbruderschaft zu einer „heimlichen“ Zusammenkunft dürfte kein weiter Weg gewesen sein.

[39] Bräuer, S., Die zeitgenössischen Dichtungen über Thomas Müntzer, S. 29
[40] Wappler, Thomas Müntzer in Zwickau, Anm. 158
[41] Ebenda, Anm. 295

Aber als Müntzer unter der Folter befragt wurde nach Hans und Heinrich Gebhart „in der hundesgasse“ zu Zwickau, die samt ihrem Anhange Wollweber gewesen, und er antwortete, sie „haben sich in seyn verbuntnus geben“, so ist das dem Delinquenten in den Mund gelegt worden und besagt darum nichts. Denn folgte man dem sog. Bekenntnis, das ein Verhörsprotokoll darstellt und für den Druck bestimmt war, so wäre Müntzers ganzer Lebenslauf eine einzige Kette von „Verbündnissen“ gewesen.[42] Von einer „secta Storchitarum“, die im Text der zuerst von Johann Karl Seidemann 1843 veröffentlichten „Historien von Thomas Müntzer“ eine Rolle spielt, ist in den übrigen Quellen der Ereignisse zwischen dem 10. und 16. April 1521 nicht die Rede. Das Dresdner Manuskript dürfte aus der 2. Hälfte des 16. Jh. stammen und ganz gewiß nicht original, sondern überarbeitet sein. Von dem Feuer-Ruf Müntzers ist Neues nicht zu sagen.[43] Die zeitgenössische Chronistik ging nicht auf dieses Ereignis in den Morgenstunden des 10. April 1521 ein, was auffällig ist. Erst in der Annalenkompilation aus der 2. Jahrhunderthälfte, die unter dem Namen Peter Schumanns d. J. bekannt ist, findet sich eine Erwähnung.

„1521 mitwoch nach quasimodo, frue vmb iii ohr, schrie der aufrurische ketzerische Magr. thomas muntzer prediger zu S. Kattarinen alhie etzliche mal aus seinem hause, feuer feuer.“[44] Hier macht, wie bereits bei der Stelle zum 1. Oktober 1520[45], der Zusatz „der aufrurische ketzerische“ stutzig, während es in der früheren Stelle „der aufruhrische Pfaff“ hieß. Beide Zusätze sind interpoliert, da sie 1520/21 undenkbar sind. Möglich ist, da eine kritische Behandlung des Quellenmaterials für unsere Ereignisse noch aussteht, eine Interpolation der ganzen Stelle. Lassen wir also die Sache auf sich beruhen.

5. Die Ereignisse um Müntzers Entlassung

Die Entlassung Müntzers, sicher insgeheim vom Rat der Stadt schon vorgesehen, wurde ausgelöst durch den literarischen Streit zwischen Egrans und Müntzers Anhängern. Die unmittelbaren Vorbereitungen blieben, entsprechend dem doch wohl konspirativen Charakter der Ak-

42 Müntzer-Briefwechsel, S. 164 und MF, S. 547

43 Bräuer, S., Müntzers Feuerruf in Zwickau, S. 127—153. Merkwürdig ist, daß Bräuer die Möglichkeit eines Brandes im Haus — es war damals kalt, Johs. Tretwein berichtet zum 16. April „es hat die selbige zeit sehr geschneidt“ — nicht in Betracht zieht.

44 Petri Schumanni Annales, fol. 139a, danach Wappler, Thomas Müntzer in Zwickau, Anm. 161

45 Petri Schumanni Annales, fol. 117b

tion, unbekannt. Am Sonntag Misericordias, dem 14. April, hat man fünf Schmähbriefe angeschlagen gefunden. Sie waren gegen Egranus gerichtet „,schendlichen vnd lesterliches leuts, vnd man hat ihn ein ketzer gescholten, solches schendens vnd schmehens war muntzer alles eine vrsache". So heißt es in Peter Schumanns Annalen.[46] Ein späterer Zusatz Schumanns lautet: „das theten des muntzers Junger." Es waren 91 Verse, die in fünf Exemplaren, u. a. an St. Marien, St. Katharinen und an der Franziskanerkirche angeschlagen wurden. Wahrscheinlich am nächsten Tage folgten die Egrananhänger mit einem noch längeren Schmähgedicht gegen Müntzer und seine Gefolgsleute. Beide Streitgedichte sind erhalten, allerdings nicht im Original. Siegfried Bräuer verdanken wir die erste vergleichende Untersuchung der Verse — oder wie man das nennen soll — mit den Texten von Albinus/Greff.[47] Aber auch heute herrscht keine Klarheit, welche Fassung die ältere ist. Daß es sich um eine wichtige, aber wesentlich literarische Quelle handelt, hat Bräuer in seiner Arbeit erhärtet. Die Schmähgedichte stammen wohl unverändert aus dem Jahr 1521, aber die Zwickauer „Historien" sind eine Kompilation aus späteren Jahren, als Müntzer für die Chronisten erneut „interessant" wurde, was allgemein 1525 der Fall war.

Die Ereignisse der Entlassung Müntzers sind nicht so gut dokumentiert, wie man das heute wünschen würde. In Schumanns Kompilation besitzen wir sicher die ältesten Nachrichten, die vielleicht aus Bärensprungs Chronik stammen.

„Dinstag nach Misericordias domini hatt herre wolff von weißbach ritter, neben einem Erbarn radt alhier, handlung gehabt mit thomas muntzern, der schmehebriefe halben vber Mgr. Egranum, do ist dem thomas muntzer vrlob gegeben worden." Auch die Fortsetzung dieser Eintragung dürfte echt sein. „vnd er hat den 16. aprilis grosen lerme angericht, hat sehr viel tuchknappen an sich gehengt, die waren im eckhause in der burggassen beisammen." Aber es heißt dann im folgenden: „vnd hatten sollen eine pose Meutterei anrichten, wu mit e. e. radt solches vor kommen hatte. setzten ihr in die 55 tuchknappen in die thurn, etzliche aber als die furnembsten gingen auß, man hette Inen sonst kopff abgeschlagen etc."[48] Die Teile des Berichts tragen einen

[46] Ebenda, fol. 138b

[47] Bräuer, S., Die zeitgenössischen Dichtungen über Thomas Müntzer, S. 40 ff. (Das 1. Kapitel handelt über „Die Zwickauer Spottgedichte von 1521", S. 9 bis 65 und Fußnoten 12—240). Nach Seidemann, Johann Karl, gibt es nur die Lichtdrucke, Tafel 73; eine Neuausgabe in den Müntzerschriften ist in Vorbereitung, da weder Müntzer-Briefwechsel noch MF die Zwickauer „Historien" aufgenommen haben.

[48] Petri Schumanni Annales, fol. 139a. Clemen, Egranus, S. 26 bzw. 150. Die bekannte Nachricht über die Urfehde des Hans von der Freystadt (Wappler, Thomas Müntzer in Zwickau, Anm. 167) stammt erst vom 31. 12. 1521 —

ausgesprochen retrospektiven Charakter und deuten auf spätere Abfassung.

Nun sind unverdächtige Zeugnisse in den Kämmereirechnungen erhalten. Da heißt es unterm 20. April: „46 gr. haben dy burger vff der wache vortrunken, als dy knappen yres angebens Mgr. Thomas begleiten wolten, ins Radts gefengknus gesetzt.“ Hier ist an einziger Stelle ausgesagt, daß die Knappen vorhatten, ihrem Prediger das Geleit zu geben. Zugleich heißt es: „1 scho 5 gr. dem gerichts knechte von 56 gefangen knappen chostgelt, eyn nacht vnd eyn tag.“[49] Der Rat hatte also 56 Knappen festsetzen lassen und eine Nacht und einen Tag festgehalten, sie zugleich aber verköstigt.

Am 16. April hat Müntzer seine ihm zustehenden Bezüge von der Stadtkämmerei gegen Quittung erhalten. Auf die stolze und selbstbewußte Unterschrift des Predigers wurde schon eingegangen. Alles das deutet auf Entlassung in den amtsüblichen Formen hin. Die Quittung selbst ist erst 1955 – wie erwähnt – von Karl Steinmüller[50] gefunden und später von Franz veröffentlicht worden.

Am gleichen Tage wurde auch Mathes Walther, der 22 Jahre Kirchner zu St. Katharinen gewesen war, beurlaubt. Sein Nachfolger wurde Franz Langhans.[51] Wenige Tage nach Müntzers Entlassung hielt Egran in St. Marien seine Abschiedspredigt und übersiedelte nach Joachimsthal. Mit Nikolaus Hausmann, dem neuen Zwickauer Pfarrer Johann Zeidler, dem Nachfolger Egrans als Prediger an St. Marien, und Wolfgang Zeuner, dem Nachfolger Müntzers als Prediger zu. St. Katharinen, glaubte Luther nun, Zwickau sei kirchlich wohl versorgt.[52] Egran und Müntzer haben sich in Briefen an Luther nochmals zu den Zwickauer Ereignissen geäußert. Ehe wir dazu Stellung nehmen, noch ein Wort zu den übrigen chronikalischen Berichten über Müntzers Entlassung. Es sind die sog. Oswald-Losansche Chronik, 1910 erstmals im Druck veröffentlicht[53], sowie die Bemerkungen von Paul Greff, die uns nur im Auszug des Petrus Albinus vorliegen. Beider Berichte sind nur Ver-

acht Monate nach Müntzers Weggang aus der Stadt. Die Quelle nimmt zwar Bezug auf Müntzers Tätigkeit in Zwickau und beinhaltet eine gewisse Verbindung zwischen Müntzer und Freystadt, besagt aber nicht, daß Müntzer einen Aufruhr angezettelt hätte. Wegen des späten Abfassungsdatums muß an der vollen Glaubwürdigkeit der Quelle gezweifelt werden.

[49] KR vom 20. und 21. April 1521. Wappler, Thomas Müntzer in Zwickau, Anm. 166 und 169

[50] Steinmüller, Thomas Müntzer, der für die Wahrheit kämpfte, in: ND vom 27. 1. 1958

[51] Mitteilung von Dr. Steinmüller vom 3. August 1957

[52] Clemen, Egranus, S. 26

[53] Fabian, Die handschriftlichen Chroniken der Stadt Zwickau, S. 1–68; Zitat S. 59 (Die Chronik stammt nicht von Oswald Losan und bleibt ein anonymes Werk.)

arbeitungen bzw. Übersetzungen ins Lateinische bekannter Materialien, in ihren räsonnierenden Betrachtungen aber nur Zusammenfassungen ex eventu aus späteren Jahren. Das zeigt folgende Stelle: „Ille Thomas valde sero elivit oppidum dedit fugam in campo vagans. Reliquit post se tantas guerras ac errores haereseos, quod omnium memoria non audita ...“[54] Das kann wohl erst nach Vorliegen von Luthers „Schrecklicher Geschichte“ geschrieben sein, aber nicht im Zusammenhang mit den Ereignissen.

Zeuge, Akteur und wahrscheinlich auch Verursacher der Streitigkeiten war Egran. Er schrieb am 18. Mai aus Joachimsthal einen Brief an Luther[55], der damals auf der Wartburg weilte: Es war eine Abrechnung, besser gesagt eine massive Verleumdung, im Gegensatz zu dem Brief an Müntzer diesmal in lateinischer Sprache. Müntzer habe ihm seine ganze Wirksamkeit verdorben: „insanis suis et quiritationibus (Geschrei) et dogmatibus, tante fuit pertinatia et impudentia hominis.“ Er hörte nicht auf die Ratschläge der Freunde, auch nicht auf die Autorität der Schrift. „... factiones excitabat, homo ad schismata et hereses natus.“ Er fiel in die Grube, die er anderen gegraben, und floh auf schimpfliche Weise. Im Pöbel hatte er seine Verschworenen, verschuldete Verbrecher und Aufsässige. Durch Zustimmung und geheime Konventikel verband er sich mit ihnen. Bis heute schreien noch seine Anhänger gegen alle Obrigkeit. Noch immer höre er diese Bestien mit unglaublicher Frechheit gegen ihn wüten usw.

Müntzer ließ sich mit seiner Stellungnahme Zeit. Warum er erst in Allstedt daran ging, an Luther zu schreiben, hängt doch wohl mit dem verlorenen Brief zusammen, den Luther an ihn gerichtet hat (Nr. 40).[56] Am 9. Juli 1523 machte er sich ans Werk, dem Manne zu antworten, den er eingangs fast überschwenglich begrüßt: „Von Anfang an wußte ich mit Bestimmtheit, daß du nicht deine eigene Sache, sondern die aller Menschen vertrittst. Aber daß du mir den allerverderblichsten Egran in deinem Brief empfohlen hast, erregte meine Verwunderung.“ Er nennt Egran einen Raben, der an stinkendes Aas gewöhnt ist, aber nicht zur Arche der Gerechtigkeit zurückfindet. „Es hat das drollige Tier des Bauches sich selbst geradezu leibhaftig mit seinen eigenen Farben gemalt in seinem hervorragenden Buch über die Beichte, worin er so gescheit die Kirche der Verworfenen und Bösen preist; er hätte den Gottlosen nichts nützlicheres als das beibringen können.“[57] „Wenn man aber mir die Schuld am Zwickauer Tumult zu-

54 Greff, Paul, Auszug von Petrus Albinus, Abschrift Curt Vogel (Ratsbibliothek Zwickau), fol. 105/106. Vgl. auch Elliger, Thomas Müntzer, S. 166 ff.
55 Clemen, Egranus, S. 36 f., WA Br., Bd. 2, S. 344 ff.
56 Auch WA Br., Bd. 3, Nr. 630
57 Ein Sermon von der beicht vnd wie einer seiner sunden mag geloßen,

schreibt, so wissen alle außer den blinden Obern (exceptis cecis primoribus), daß ich während der Ereignisse (sub seditione) im Bad gewesen bin und von solchen Dingen nichts ahnte." Das würde also heißen, daß die Aktion der Tuchknappen, die Müntzer das Geleit geben wollten, was sicher auch auf eine Art von Protest gegen die Entlassung hinauslief, ohne Mitwissen des Predigers geplant war. Überraschend klingt Müntzers Behauptung nach über zwei Jahren, daß, wenn er dem, was er mit seditio bezeichnet, nicht entgegengetreten wäre, in der Nacht der ganze Rat umgebracht worden wäre. Das klingt freilich wie eine nachträgliche, sicher aber unbeabsichtigte Rechtfertigung der Maßnahmen der also doch wohl nicht ganz blinden Obrigkeit. Müntzer wurde also entlassen, weil man ihn für eine Art Initiator oder Motivator der Knappenbewegung hielt. Daß Müntzer mit den Frömmigkeitsformen der Fronleichnamsbruderschaft um den Knappenaltar in Verbindung gekommen war, dürfte sicher sein. Auch als Prediger muß er das Echo unter den Knappen erlebt haben. Wieweit er auf die Interessen dieser „Sondergemeinde" einging oder sie vielleicht sogar erst zu einer solchen formte, wissen wir nicht. Predigten oder persönliche Äußerungen sind uns nicht überliefert. Es ist kaum anzunehmen, daß er von seinem Grundsatz, den er im ersten Brief an Luther geäußert hatte, abgewichen ist: „Sic semper coniugo et monachos, sacerdotes et laicos esse in culpa, nullum excipio, nulli parco" (Brief Nr. 13). Wir wissen nicht, wie die Entlassung auf Müntzer gewirkt hat. Er kam aus einer gesicherten Wirksamkeit „ins Elend der Vertreibung", das erst in Allstedt ein Ende nahm. Aber bis in die Allstedter Zeit beschäftigte ihn die Auseinandersetzung mit dem Erasmianer Egran. Die von ihm verfaßte „Proposition probi viri d. Egrani" nahm er mit auf die Wanderschaft.[58]

6. Nikolaus Storch

Die historische Gestalt Nikolaus Storchs, des verarmten Zwickauer Tuchmachers, ist umstritten und nur schwer faßbar. Geschrieben hat er nichts, auch Gedrucktes über ihn ist aus der Zeit, in der er lebte, nicht erhalten.[59] In Müntzers Briefwechsel ist Storch nur einmal erwähnt – und das recht beiläufig. Vor der zweiten Reise nach Böhmen

durch den wirdigen herrn magistrum Joannem Sylvium Egranum ... geprediget in der fasten nach Christi geburth 1522. Leipzig, V. Schumann; Clemen, Egranus, S. 39 bzw. 163

[58] Text im Müntzer-Briefwechsel, S. 135–138, MF, S. 513 ff. Kommentar: Elliger, Thomas Müntzer, S. 132–166

[59] Vgl. die Zusammenstellung über Storch bei Steinmetz, Müntzerbild, Register unter Storch (Ciconia, Pelargus, Storck, Turck), S. 497 f.

schreibt Müntzer an Stübner (am 15. Juni?): Miror Nicolaum nihil scripsisse nec reversum (Nr. 22). (Ich wundere mich, daß N. nichts schrieb und nicht zurückgekehrt ist.) Tatsächlich gibt es keinen Brief von Storch und auch sonst keine Erwähnung. Erst im „Bekenntnis" wird Storch zusammen mit Stübner wieder genannt, sicher als Antwort auf eine Frage zu den Zwickauer „Propheten". Das Urteil Heinrich Böhmers vom Jahre 1923 kann man heute nur noch mit Erstaunen lesen. Es entstammt einem sehr polemischen Beitrag gegen Ernst Bloch, Hugo Ball u. a. Publizisten jener Tage, einem Beitrag, der zu einer Generalabrechnung mit dem wurde, was Böhmer damals „das jüngste Deutschland" nannte. In diesem Zusammenhang hat der aus Zwickau stammende Kirchenhistoriker (1869—1927) auch ein Porträt Storchs geliefert, freilich ohne jegliche Belege. Da heißt es: „Die Begegnung mit Storch ist für ihn (Müntzer) ... geradezu zum Schicksal geworden. Sie hat für seine Entwicklung dieselbe Bedeutung, wie für die Entwicklung anderer Menschen ihre Bekehrung; sie scheidet sein Leben in zwei scharf voneinander unterschiedene Abschnitte, sie drängt ihm die Anschauungen und Meinungen auf, die sein Fühlen, Denken und Handeln seitdem beherrschen, sein Verhalten und sein Verhältnis zu seinen Mitmenschen bestimmen und ihn schließlich ins Verderben reißen."[60] „So wurde ihm erst durch den Storchismus etwas zuteil, wonach jeder Mensch bewußt oder unbewußt strebt: er wurde eins mit sich selbst ... Ich stelle nur die Tatsache fest, daß er seitdem als ein mit sich selbst gänzlich einiger und über seine Aufgaben und Ziele sich völlig klarer und insofern als ein neuer Mensch erscheint."[61] Müntzer wird als Agitator „im Sinne des storchischen Chiliasmus" bezeichnet. Aber die dürftigen Quellen besagen davon nichts. Eine Abhängigkeit von Böhmen, taboritischer Chiliasmus u. dgl. läßt sich nicht belegen und beweisen. Das hat zuletzt Hoyer deutlich gemacht.[62] Die Geistlehre als Ergänzung der Schrift kann auch andere Quellen haben, so z. B. die Bibel selbst. Aber das bedarf des konkreten Beweises, läßt sich nicht durch romanhafte Darstellungen ersetzen. Zudem muß Böhmer bekannt gewesen sein, daß die Lehre von der unmittelbaren Offenbarung, dem direkten Geistempfang als wesentliche Auffassung in allen Religionen zu finden ist. Böhmers Auffassung ist eine unerlaubte Vereinfachung einer längeren Entwicklung Müntzers, die vielleicht durch seine Entlassung und Vertreibung aus Zwickau sehr viel stärker beeinflußt wurde als durch persönliche Kontakte mit einer quellenmäßig kaum faßbaren Gestalt.

60 Böhmer, Thomas Müntzer und das jüngste Deutschland, S. 202
61 Ebenda, S. 205
62 Vgl. Hoyer, Die Zwickauer Storchianer, S. 60 f.

7. Die Zwickauer Chronistik über Müntzers Aufenthalt in der Stadt und die Zwickauer Geschichtsschreibung um die Jahrhundertwende (1899 ff.)

Hier dürfte es an der Zeit sein, meine Darlegungen im „Müntzerbild von Luther bis Engels“ zu vervollständigen.[63] Das kann nur geschehen durch eine Fortführung der Geschichte des Zwickauer Müntzerbildes über die im Buch von 1971 gesetzte zeitliche Grenze hinaus.[64] Die eine Seite ist die Zwickauer Chronistik selbst. Es wurde mehrfach darauf hingewiesen, daß die Zwickauer Chroniken ein merkwürdiges Schicksal hatten. Die wichtigsten Aufzeichnungen sind in der ursprünglichen Gestalt nicht erhalten, bis auf Reste der Chronik von Paul Greff. Die außerordentlich wichtigen Aufzeichnungen des Bürgermeisters Bärensprung sind zwar weithin in die Schumannschen Annalen eingegangen, aber in gewissen Partien nachträglich überarbeitet und dem Standpunkt der Zeit nach 1560 angepaßt worden. Das führte in Fällen, die gerade Müntzers Wirksamkeit betrafen, zu direkten Verfälschungen. In den meisten Fällen handelt es sich um Interpolation mehrerer Wörter oder ganzer Satzteile. Otto Clemen hat in seiner Arbeit über Egran, die zuerst auch die chronikalischen Aufzeichnungen benutzte und zitierte, diese Interpolationen für echte und originale Stellen gehalten und sein Müntzerbild geradezu auf sie aufgebaut. Paul Wappler hat das in größerem Umfang weitergeführt und das Müntzerbild dadurch vergröbernd verfälscht, ja stellenweise sogar gefälscht. Wo nimmt der Historiker den Maßstab her, der solche Verfälschungen erkennen läßt? Der wichtigste Maßstab ist die Echtheit, die verfälscht wird, wenn Auffassungen späterer Zeit in den alten Text einfließen. Was 1521, d. h. während des Wormser Reichstages und Luthers Aufenthalt auf der Wartburg (4. Mai 1521 bis 1. März 1522), also vor seiner Rückkehr nach Wittenberg, gedacht und geschrieben wurde, unterscheidet sich doch von dem, was nach den Invocavit-Predigten galt. Das galt natürlich erst recht durch und nach dem Bauernkrieg, für das Müntzerbild speziell nach der Niederlage und der Hinrichtung Müntzers. Luthers Flugschriften gegen Müntzer und die Bauern haben weit über das Luthertum hinaus die öffentliche Meinung bestimmt, niemals so stark wie in der Zeit der Orthodoxie. Die Zwickauer Chronistik des 16. Jh. ist ohne Berücksichtigung dieses Umdenkens ex eventu, das für die ganze Reformationsgeschichte wichtig wurde, nicht zu begreifen.

Das nicht berücksichtigt zu haben, war der grundlegende Fehler Otto

63 Steinmetz, Müntzerbild, S. 169—182

64 Vgl. den ersten Versuch einer solchen Ergänzung durch Bräuer, S., Die zeitgenössischen Dichtungen über Thomas Müntzer, S. 9—18

Clemens, Paul Wapplers und Karl Hahns, ein Fehler, der durch den Kampf gegen die Zwickauer Arbeiterbewegung als eines Teils der deutschen revolutionären Arbeiterklasse aktualisiert und verschärft wurde.

Sehr gut hat das Siegfried Bräuer in seiner ungedruckten Dissertation dargestellt: Es sei „vor allem durch Clemens und Wapplers lokalgeschichtliche Arbeiten üblich geworden, die Spottgedichte als historische Quellen zu verwerfen. Dadurch ist in Verbindung mit phantasievollen Konstruktionen häufig ein zwar eindrucksvolles, aber vielfach unbegründbares oder gar unhaltbares Bild von Müntzers letzten Zwikkauer Monaten entstanden, das bis in Veröffentlichungen aus jüngster Zeit geradezu kanonische Geltung erhalten hat."[65]

Als Beispiel diene der Artikel Zwickau des renommierten „Großen Brockhaus", wo es heißt: „Die Reformation fand hier schon 1521 Eingang. Unter Führung der ‚Zwickauer Propheten' und vor allem des Thomas Müntzer (!) geriet sie auf Abwege. Erst die Dazwischenkunft Luthers, der vom 28. April bis 2. Mai 1522 hier weilte und gegen überstürzte Neuerungen und Gewalttätigkeiten predigte, beendete das Treiben."[66] Und wir beenden damit das Kapitel Müntzer in Zwickau, da wir hier ja nicht eine Geschichte Zwickaus im Reformationszeitalter bieten können.

[65] Ebenda, S. 28
[66] Der Große Brockhaus, Bd. 20, Leipzig 1935, S. 748

Müntzer in Böhmen

Das letzte verbürgte Datum in Müntzers Zwickauer Aufenthalt ist die eigenhändige Quittung für seine Bezüge als Prediger an St. Katharinen vom 1. Oktober 1520 bis zu seiner Entlassung am 16. April 1521. Dann liegen erst wieder eigenhändige und abschriftlich erhaltene Briefe vor, die sich um den Tag der Heiligen Vitus und Modestus (15. Juni) gruppieren. Rund zwei Monate bleiben also im Dunkeln. Nur der Brief des Hans Sommerschuh, der sich Bürger von Zwickau und Diener Müntzers nannte, faßt die Ereignisse um Müntzers Weggang zusammen. Obwohl er erst am 31. Juli nach Prag geschickt wurde (Brief Nr. 27), ist er wohl schon früher konzipiert, denn Sommerschuh schreibt, daß er „oft zuschreiben gesint gewest" und ein Diener Müntzers ihm bei einem Aufenthalt in Zwickau („hyaussen") versprochen habe, den Brief bei ihm abzuholen. „Ist von ym nicht geschenn." Nach langem Säumen schreibe er also nun an ihn nach Prag. „Ist mir ewer abschied von Zwickaw sehr erschreckenlich und wider gewest." Er berichtet dann über den Ablauf der Ereignisse: „E. w. hatt gut wissen, wy meyn her und frundt Doctor Stuler gott seliger ewer beichtkint gewest, vorschiden ist, euch sunderlich geneigt und gunstig was von wegen des worte gottes. Ich hette mich auch vorsehen, wo es gots wille gewest wer, biß hy her lebende bliben, walt wir euch noch wol zu Zwickaw behalden haben, also vil ich bey seynem leben von ym offt gehort hab ewer gewenende (erwähnend, Erwähnung tun). Nu es aber gott alßo geschickt hat ... und euch iczundt gen Prag also vorsehen hat, ist bey mir nach bruderlicher libe kein unwillen dawider." Er bittet Müntzer, beständig in der Verfolgung zu bleiben und das Leben in dem Worte Gottes zu suchen, „wy uns dann e. w. zu Zwickaw oft vormanet hat, auch also bestendigk zubleiben, der wort ich mir auch zu herzen genomen hab". Er erinnert sich an die Worte in Müntzers Stube: „Haben sy dy propheten vor Christo unschuldigklich vorfolgt und getodtt, dornach Christum ..., nach ym dy aposteln und marterer von wegen der warheyt auch getodtt, sy werden noch allen denn, dy dy warheyt sagen, gehessig und blutdurstigk seyn" (Mt 10, 24/25), schreibt „als ein herzlicher zuhorer ewer predigten" und bittet, ihm wieder zu schreiben. Außerdem hat er von Gerüchten gehört, wonach Müntzer weiter verfolgt werde, man ihm Gift gegeben habe, oder er sehr krank sei: „etczlich sagen, ir seyt todt und andres vil.“ Eine Antwort Müntzers ist nicht überliefert. Dieser Brief spricht für sich und unterscheidet sich grundsätzlich von den Berichten der späteren Zwickauer Chronistik. Hier spricht ein Zeitgenosse aus unmittelbarem Erleben der Predigten Müntzers. Ohne Egran das Recht auf Meinungsäußerung bestreiten zu wollen, kommt der Bericht Sommerschuhs dem echten Müntzer sicher viel näher.[1]

Der wichtigste Brief Müntzers aus der böhmischen Zeit ist der an Nikolaus Hausmann in Zwickau, geschrieben am 15. Juni 1521 an einem unbekannten Ort, als er seinen zweiten Aufenthalt in Böhmen vorbereitete. Hier ist klar und eindeutig davon die Rede, daß er vorher im Böhmen war: „Demum cognoscito me Bohemiam visitasse“ (Nr. 25), ohne daß wir Näheres über diesen ersten Aufenthalt in Böhmen wissen. Er schreibt in diesem Brief nichts davon, daß er zur zweiten Reise ansetzte und diese zugleich mit der Versendung von zwei weiteren Briefen vorbereitete, am gleichen Tag geschrieben an Markus Stübner und Michael Gans (Nr. 22 und Nr. 24). Aus dem Schreiben an Stübner geht hervor, daß er es mit der Abreise eilig hatte; er fordert Stübner, der in Elsterberg weilte, auf, schon am nächsten Tag bei ihm zu sein. „Unsere Sache“ (res nostra) dulde keinen Aufschub. Müntzer kann sich also nicht weit weg von Elsterberg aufgehalten haben, wohin er nach seiner Rückkehr von der ersten Böhmenreise gegangen war. Wann er mit Stübner die Reise antrat, ist nicht bekannt. Aber bevor wir uns dem zweiten böhmischen Aufenthalt zuwenden, wollen wir die Briefe auf ihren theologischen Gehalt näher untersuchen.

Insbesondere in dem Brief an Hausmann wird ein neuer Ton vernehmbar, den wir aus den bisherigen Schreiben Müntzers nicht kennen; ich möchte ihn eschatologisch nennen (ohne mich hier schon auf diesen Begriff einzuschwören). Das beginnt mit der Anrede an Hausmann: „Thomas Munzer servus electorum dei“, Knecht der Auserwählten Gottes. Der Gegensatz zu den Auserwählten sind die Gottlosen, zu denen in diesem Brief besonders Egran gehört, „homo maledictus in aeterna tempora“ (der in alle Ewigkeit verdammte Mensch). Gleich in der Antwort an den Steinmetz Jakob, durch den Hausmann Grüße bestellen ließ und ihm mitteilte, daß er seine Handlungsweise nicht billige, legt Müntzer seine Haltung dar: Die „aequitas“ (Billigkeit) der Gebote Gottes habe ihn gelehrt, in der bewege er sich und richte seine Schritte nach dem Wort Gottes, das die Demut des Geistes lehre, nicht

[1] Zu Sommerschuh jun. vgl. Bräuer, S., Die zeitgenössischen Dichtungen über Thomas Müntzer, Register s. u. Sommerschuh. Nach Mitteilung von Helmut Bräuer zählte er 1531 über 1874 Gulden versteuerbaren Einkommens, gehörte also damals zu den Wohlhabenden. 1531 ist das Jahr der Türkensteuer, das dem Jahr 1521 am nächsten kommt.

die des Fleisches, die allen auserwählten Menschen offenbar sei auf dem Leuchter der Wahrheit, wie es auch der demütigste Knecht Elias empfand, als er die Baalspriester tötete (1 Kön 18, 22). Elias kämpfte gegen den Baalskult und für das alte soziale Recht und die Alleinverehrung des alten Volksgottes Jahwe. Für Müntzer ist das eine der Hauptbelegstellen für die Vernichtung der Gottlosen. „Damals", schreibt Müntzer, „war er besonders demütig, da er dem Fleische rasend erschien." Und er zitiert Gal 1, 10: Wenn ich noch den Menschen gefällig wäre, so wäre ich Christi Knecht nicht. Er nimmt zwar keinen direkten Bezug auf die Tötung der Gottlosen als gegenwärtige Aufgabe, aber das Beispiel des Elias war für Bibelkundige wie Hausmann verständlich genug. Als krönender Abschluß des Briefes dann der Hinweis auf die Böhmenreise. Nicht seines persönlichen Ruhmes wegen, noch aus Geldgier habe er Böhmen besucht, sondern in Erwartung seines bevorstehenden Todes. Er wolle damit erreichen, daß das von ihm gepredigte Mysterium des Kreuzes nicht ausgetilgt werden könne.

Kreuz Christi und Martyrium verschmelzen für ihn zur Einheit im Sinne einer äußerst radikalen „imitatio Christi".

Und zum Schluß erklärt er: „Iam est tempus Antichristi (Jetzt ist die Zeit des Antichristen.), wie ganz klar steht in Mt 24: „Wenn der Herr das Evangelium vom Reich predigen lassen wird in der ganzen Welt, dann wird man schon den Greuel der Verwüstung sehen." Das ist eine Wiedergabe aus dem Gedächtnis, bei der fehlt „und dann wird das Ende kommen". Müntzer fährt fort, nachdem er die synoptische Apokalypse nach Mt hat aufleuchten lassen: „Aber die Ungerechten werden nicht glauben ... Es irren alle, die in Julius II. den Antichrist sehen. Er ist nur der Vorbote von ihm. Das vierte Tier wird über die ganze Welt herrschen und sein Reich wird größer sein als alle anderen." Das ist frei nach Dan 7, 23, wo es heißt: „Das vierte Tier wird das vierte Königreich auf Erden sein, das wird ganz anders sein als alle andern Königreiche; es wird alle Länder fressen, zertreten, zermalmen." Müntzer hat nicht gesagt, was er damit meinte. Aber Hausmann dürfte es schwindelig geworden sein, als er diese kühne Vision zur Kenntnis nahm.[2]

In dem am gleichen Tage und ebenfalls ohne Angabe des Ortes geschriebenen Brief (Nr. 24) an Michael Gans in Jena[3] heißt es, daß er ihm seine Briefschaften übergeben habe. Im kommenden Winter will er aus Böhmen – was aber nicht gesagt ist – zurück sein. Seine Auf-

[2] Schwarz, Die apokalyptische Theologie Thomas Müntzers, S. 62 f. und Sachregister s. u. Elias

[3] Nach Mitteilung von Bensing ist der eigentliche Name des Adressaten Gansau oder Gansauge; vgl. Urkundenbuch der Stadt Jena, Bd. 2, Nr. 1157, 1189, 1280; Nachträge Bd. 3, Nr. 39, 44 und 50

gabe sieht er darin, das Werk der Predigt durch das Wort zu erfüllen. Alle sollen den Gekreuzigten durch die Gleichheit ihrer Entsagung (conformitate suae abrenunctiationis) erkennen. Und wieder schreibt er von der Möglichkeit seines Todes und der Ausfertigung eines Testaments. Er wandere durch die Welt „propter verbum, quod nos omnes custodiat" (wegen des Wortes, das uns alle beschirmt). Ein weiterer Brief (Nr. 23) von einem gewissen Jans Lebe, der sich „der Böhme" nennt,[4] ist undatiert, dürfte aber aus Zwickau stammen, da der Name des Hans von der Freystadt angeführt ist. Ob ihn Müntzer aufgefordert hat, mit nach Böhmen zu kommen – eventuell als Dolmetscher –, ist unsicher. Jedenfalls lehnt er ab, zu ihm zu kommen. Er rechnet sich zu denen, „dy von euch dy lere begriffen haben".

Wir wissen nicht, wann Müntzer zur zweiten Reise nach Böhmen aufgebrochen ist. In den Zwickauer Historien von Thomas Müntzer findet sich eine Stelle, deren Herkunft und Alter nicht zu bestimmen ist: „Thomas ille intravit Bohemiam ad Sacenses, ab illis missus fuit Pragensibus, salvo tamen conductu ibi vero predicabat audiutorio interpretis." (Jener Thomas betrat Böhmen bei Saaz, von jenen wurde er nach Prag geschickt mit freiem Geleit und predigte mit Hilfe eines Dolmetschers.)[5] Daraus geht hervor, daß Müntzer über Saaz nach Prag gelangte, wo er dann im Juni feierlich begrüßt wurde. Über seine Beziehungen zu dieser Stadt ist uns jedoch sonst nichts bekannt.[6]

Daß Otto Clemens' waghalsige Vollendung seines Zwickauer Müntzerbildes, wonach die Dokumente des Prager Anschlags in Sachsen irgendwo verfaßt worden seien, keiner Widerlegung bedarf, versteht sich von selbst.[7]

Man darf oder muß annehmen, daß Müntzer eine so schwierige Reise schon von Zwickau aus vorbereitet hat, auch wenn wir darüber nichts wissen. „Ego peregrinor in omni orbe propter verbum", hatte er an Gans geschrieben. „Verbum" ist hier im Sinne des griechischen Logos gemeint, beide Begriffe sind also Synonyme für Christus. Aber Müntzer mußte als Prediger wirken, für welche Tätigkeit ihm außer seiner Muttersprache natürlich das Lateinische zur Verfügung stand. Latein jedoch verstanden nur die Gelehrten. Und die deutsche Sprache war damals kaum in Böhmen verbreitet, eine notwendige Folge der revolu-

[4] Ob es sich um den in Enoch Widmanns Chronik der Stadt Hof genannten Hans Lew aus dem Jahre 1525 handelt, ist unsicher; letzter Abdruck der betr. Stelle bei Schornbaum, Quellen zur Geschichte der Wiedertäufer, Bd. 2, Nr. 6, S. 4–10

[5] Lichtdrucke, Tafel 73

[6] Steinmetz, Müntzerbild, S. 170 ff. Woher Fabricius seine Kenntnisse über Müntzers erste Böhmenreise nahm, wissen wir nicht, zumal ein Aufenthalt in Prag während der ersten Reise nicht bezeugt ist.

[7] Clemen, Das Prager Manifest Thomas Müntzers, S. 73–81 bzw. 29–37

tionären hussitischen Bewegung. War sich Müntzer von Anbeginn seiner Reise der doch wohl unüberwindlichen Schwierigkeiten einer Gedankenvermittlung in einer ihm völlig fremden Sprache und ebenso fremden gesellschaftlichen und politischen Umwelt bewußt gewesen? Ich glaube nicht. Allein die Tatsache, daß die tschechische Übersetzung des Prager Manifestes (das einzige Stück des Materials, das sich in Müntzers Briefsack befand) nicht zur Vollendung kam, beweist das. Wenn er an Gans schrieb, er hoffe, im nächsten Winter zurück zu sein, so meinte er damit doch eine erfolgreiche Rückkehr und nicht das tatsächliche Scheitern im November. Müntzer wollte als Prediger Bundesgenossen für seinen reformatorischen Kampf in Deutschland gewinnen. V. Husa schreibt darüber in seinem grundlegenden Buch über „Müntzer in Böhmen“:[8] „Er ging immerhin in ein Land, an dem nach wie vor das Stigma der Verdammung für den größten revolutionären Kampf klebte, der je gegen kirchliche Macht und Autorität entfesselt worden war. Und obwohl die besten Vertreter dieses Kampfes geschlagen worden waren, war ihr großes revolutionäres Werk noch nach 100 Jahren sichtbar. Böhmen war damals das einzige Land, wo die materielle und geistige Vorherrschaft der römischen Kirche für dauernd durchbrochen worden war, wo der Grundbesitz der Klöster und der hohen geistlichen Würdenträger fast vollständig hinweggerafft und die finanzielle Ausplünderung des Landes durch die Ablaßpraktiken unmöglich geworden war“ (S. 46 f.). Zugleich aber waren die Klassengegensätze in Böhmen in einen solchen Kontrast gelangt, daß das „Land an der Schwelle eines offenen Bürgerkrieges stand“ (S. 48). Der langwährende Machtkampf zwischen Adel und Städten entbrannte in der Zeit fast völliger Anarchie im Lande erneut mit voller Kraft. Es ging um Produktions- und Marktprivilegien, um den Besitz freier Ländereien auf dem Lande, um juristische Kompetenzen, um Entscheidungen im Landtag und die Teilnahme an der Landesherrschaft. Raubritter erklärten mit Zustimmung des Hochadels ganzen Städten ihre Feindschaft, beraubten Kaufleute und Städtebürger. Die Städte organisierten sich und führten mit Söldnertruppen Strafexpeditionen durch und brannten Burgen nieder. Alle diese Vorgänge entsprachen denen in den deut-

[8] Husa, Tomás Müntzer a Čechy, S. 109—121 deutsche Zusammenfassung (deutsche Übersetzung von Christa Thieme-Zschäbitz, maschinenschriftl. Exemplar, 107 und 41 Bl., UB Leipzig). Rezension zu Husa von Macek, J., in: CsCH VI/1958. Zahlreiche Einzelheiten wurden durch den Aufsatz S. Hoyers (1986) berichtigt. Vor allem Maceks Auffassung von der frühen Entwicklung der Taufbewegung in Zwickau können wir nicht teilen. Zuzustimmen ist ihm in seiner Kritik an der Überschätzung der Pragreise als Höhepunkt von Müntzers ideologischer Entwicklung. Macek stellte richtig fest, daß sich eine Wende in Müntzers Auffassungen erst 1524 vollzieht.

schen Territorien um 1520/21. Ob Müntzer diese Geschehnisse beobachtete und verglich, entzieht sich unserer Kenntnis, muß aber in Betracht gezogen werden. Auch die Unruhen in den Städten hatten ähnlichen Charakter.

Im Kampf gegen die reaktionären Tendenzen von Teilen des Hochadels und des städtischen Patriziats bildeten sich zu Beginn der 20er Jahre starke radikale Oppositionsrichtungen, wobei zu beobachten ist, daß die religiös-politische Situation in Böhmen damals wesentlich komplizierter als „irgenwo anders in der christlichen Welt“ war (S. 49). Die Anhängerschaft der römisch-katholischen Kirche war zahlenmäßig unbedeutend, aber wirtschaftlich und politisch sehr bedeutsam. Hierzu gehörten die reichsten Adelsgeschlechter und das Patriziat einiger bedeutsamer königlicher Städte. Aber man darf nicht vergessen, daß Adel und Städte die Kirchengüter an sich gerissen und die allgemeine Säkularisation des öffentlichen Lebens die katholischen Kreise fast um ihre ganze Macht gebracht hatten. Die Geistlichkeit hatte ja in Böhmen aufgehört, ein privilegierter Stand zu sein, und war demzufolge im Landtag nicht mehr vertreten. Die katholische Kirche hatte keine Bischöfe mehr, sondern nur einen Administrator, der vom Kapitel zu St. Veit auf der Prager Burg gewählt wurde. Von den 44 Pfarrgemeinden innerhalb Prags waren nur zwei auf dem Hradschin übriggeblieben. Aber die bedeutendsten Landesämter lagen in der Hand der katholischen Herrschaft. Es blieb also nur eine kleine Anzahl römischer Katholiken übrig, denen die Masse der hussitischen Utraquisten gegenüberstand. Ihr Symbol war der Kelch, der freilich nach den besonderen Interessen der Klassen und Schichten des tschechischen Volkes aufgefaßt wurde. Die kalixtinische Kirche wurde von allen Tschechen als die „wohlfeilere“ Kirche verstanden, die weder Ablaßbriefe noch andere finanzielle Opfer verlangte. Aber die kalixtinische Kirche war eine Schöpfung des rechten Flügels der Hussitenbewegung, der bei Lipany gesiegt hatte und zum Kompromiß mit Rom bereit gewesen war. In der Dogmatik und im Gottesdienst näherte sich die kalixtinische Kirche damals möglichst weit dem Katholizismus. Die konservativen Kräfte dieser Kirche kehrten sogar zur lateinischen Sprache im Gottesdienst zurück. Es gab beim Adel und beim Patriziat starke Kräfte, die eine völlige Verschmelzung der Kalixtiner mit der katholischen Kirche erstrebten. Freilich scheiterten diese Versuche an der unnachgiebigen Haltung des päpstlichen Stuhles. Verständlich war das Entstehen oppositioneller Volksströmungen in der kalixtinischen Kirche.

Die bedeutendste Komponente dieser Opposition war die Brüdergemeinde, die unter dem Schutz einiger Adelsfamilien ihre halb illegale Stellung behaupten konnte. In Wirklichkeit war sie die dritte selbständige Kirche im Lande. Eine weitere oppositionelle Strömung gab es in der utraquistischen Kirche selbst; sie teilte sich bald in einen gemäßigten und radikalen Flügel.[9]

In dieses Böhmen war im Frühjahr 1521 Thomas Müntzer unterwegs, um zu predigen. Etwa in der gleichen Zeit wurde in Braunschweig ein Brief an ihn geschrieben, der ihn aber erst im Herbst erreichen sollte, da er nach Zwickau adressiert war und zurückgeschickt wurde. Schreiber war Hans Pelt, ein Freund aus der frühen Zeit, die, wenn auch auf Umwegen, Müntzer nun ins Gedächtnis zurückgerufen wurde.[10]

Von der Korrespondenz Müntzers mit Braunschweig sind bekanntlich nur die Briefe der Braunschweiger erhalten. Der Brief vom 25. Juni war an Müntzer, den „predyker zu Swykaw", gerichtet. Er wurde vermutlich als Geschäftspost zunächst nach Naumburg geschickt, wo es wohl eine Art „Poststelle" gab. Von dort kam das Schreiben mit der Nachricht zurück, Müntzer weile jetzt in Prag. Das war für Pelt sehr überraschend, ein Beweis dafür, daß ihm die Geschicke Müntzers unbekannt geworden waren. Aber um die Geschichte mit der Pfründe zu klären, schrieb er erneut, da ihm Müntzers Antwort in dem verlorenen Brief nicht genügte.

Der Braunschweiger Jude, der den Briefwechsel beförderte, bestätigte bald, daß er selbst in Prag den feierlichen Empfang Müntzers gesehen habe. Er berichtete weiter, Müntzer verkündige in Prag das Evangelium und seine Predigt werde von zwei gelehrten Böhmen in die Volkssprache übersetzt. Als dieser Jude Anfang September die Reise nach Prag antrat, gab ihm Pelt erneut den Brief vom 25. Juni mit und fügte eine Nachschrift vom 6. September hinzu. Leider lassen die Mitteilungen keine genaue Datierung des Einzugs Müntzers in Prag zu. Beide Briefe enthalten eine Fülle von privaten Mitteilungen, die aber mehr in die Braunschweiger Reformations- bzw. Wirtschaftsgeschichte gehören und hier übergangen werden können.

Interessant sind die Berichte über den Reichstag zu Worms, das Wormser Edikt u. a. Von Müntzer wollte er im zweiten Schreiben wissen, was Christus durch sein Wort in Böhmen bewirke. Luthers Schriften wurden auch in Braunschweig gedruckt und gelesen, so der „Sermon von Ablaß und Gnade" und die Auslegung des 109. Psalms.[11] Pelt las alle Lutherschriften, deren er habhaft werden konnte, so die

[9] Vgl. auch die neueste ausführliche Darstellung zu Böhmen: Eberhard, Konfessionsbildung und Stände in Böhmen

[10] Vgl. Brief Nr. 26 und 28 bei Bubenheimer, Thomas Müntzer in Braunschweig Nr. 2 und 5, Erläuterungen S. 56—61

[11] Sermon von Ablaß und Gnade, 1518. WA Bd. 1, S. 243—246 (Aland, Hilfsbuch Nr. 5). Auslegung des 109. Psalms, 1518. WA Bd. 1, S. 689—710 (Aland, Hilfsbuch Nr. 615)

Antwort an Catharinus mit der Auslegung der auf den Papst gedeuteten Antichristvision nach Daniel 8.[12] Unterm 6. September notierte er schon den Besitz von drei neueren Lutherdrucken über den 36. Psalm, den 67. Psalm und die Auslegung des Magnificats.[13] In Auseinandersetzung mit einem altgläubigen Kleriker übergab er ihm sein Exemplar von „De captivitate Babylonica", das er mit dem Versuch einer schriftlichen Widerlegung und mit der Androhung der Exkommunikation zurückerhielt. Sogar die 1521 anonym erschienene Streitschrift Johann Agricolas „Ein kurze anred zu allen misgunstigen doctor Luthers und der christlichen Freiheit" kannte Pelt bereits und wußte auch, wer der Verfasser war. Auch in Braunschweig standen die Franziskaner in vorderster Front gegen die Anhänger Luthers. Auch über das Leben aus dem neuen reformatorischen Glauben schreibt Pelt und deutet damit doch wohl auf einen frühen Einfluß Müntzers in einem gewissermaßen frühpuritanischen Sinne hin. Pelt schreibt aber, daß er hinter diesen Forderungen seiner Gleichgesinnten doch zurückbleibe: „Ich byn, Got betert, noch in der lust." Ihm würden die Verpflichtungen sauer und er glaubt nicht, diesen nachkommen zu können.[14]

Wie Müntzer diese Mitteilungen in der völlig veränderten Umgebung aufgenommen haben wird, entzieht sich unserer Kenntnis und unseren Vermutungen. Uns erinnert die Briefsendung aus Braunschweig doch an die Ereignisse des Jahres 1521 und an die Tatsache, daß sich Luther damals auf der Wartburg befand und die Reformationsbewegung ernsten Auseinandersetzungen entgegenging. Luther und Müntzer hatten damals eine Gemeinsamkeit: Sie waren beide den bisherigen Hauptschauplätzen der Reformation entrückt und hielten Ausschau, wie die Reformation weitergeführt werden müsse.

Erstes Ziel von Müntzers Aufenthalt in Böhmen war Saaz (Zatec), eine Stadt mit hochentwickeltem Tuchmacherhandwerk. In den chiliastischen Prophezeiungen aus den Anfängen des Hussitentums gehörte Saaz zu den fünf Städten, die nicht zugrunde gehen und in denen sich die Gerechten versammeln sollten. Die Zerschlagung der Kreuzzugsheere im Sommer 1421 war einer der großen Siege der Hussitenzeit. Nach dem Fall Tabors wurde Saaz zum wichtigsten Sammelbecken der radikalen Kräfte, später zu einem organisatorischen Zentrum der

[12] Ad librum elimii nostro Mag. Ambrosii Catharini ... responsio M. Lutheri, 1521. WA Bd. 7, S. 705 ff. (Aland, Hilfsbuch Nr. 122)

[13] 36. Psalm, WA Bd. 8, S. 210—240 (Aland, Hilfsbuch Nr. 605); 67. Psalm, WA Bd. 8, S. 4—35 (Aland, Hilfsbuch Nr. 609). Das Magnificat verdeutscht und ausgelegt 1521, WA Bd. 7, S. 544—604 (Aland, Hilfsbuch Nr. 444)

[14] Außer der in Anm. 10 zitierten Literatur ist nochmals auf den Beitrag

Waldenser. Auch die Böhmischen Brüder waren im Saazer Gebiet verbreitet. Saaz war damals eine rein tschechische Stadt und eine der wirtschaftlich blühendsten. Zu Luther bekannte sich früh Nikolaus Cernobýl, genannt Artemisius, der in Wittenberg studiert hatte und 1518 als Magister nach Saaz zurückkehrte. Es ist wahrscheinlich, wenn auch nicht belegt, daß Müntzer mit ihm bekannt wurde, wenn er ihn nicht, was vermutet wird, von Wittenberg her kannte.

Im Zusammenhang mit dem ersten oder zweiten Aufenthalt Müntzers in Böhmen ist die Frage Joachimsthal bis heute umstritten. Ist Müntzer dorthin gegangen und hat er dort mit Egran diskutiert? Nach den Erlebnissen in Zwickau und den Briefen Müntzers und Egrans aus dieser Zeit halte ich eine weitere Diskussion zwischen beiden in dem für ersteren ganz unbekannten Joachimsthal für nur schwer denkbar. Für einen solchen neuerlichen Zusammenstoß scheinen die von Müntzer verfaßten, aber undatierten „Propositiones probi viri d. Egrani" zu sprechen, da sich am Schluß derselben ein Zusatz von Müntzers Hand findet, wonach er diese Grundsätze „gegen alle Welt verteidigen" werde und „besonders gegen den Esel Thomas Müntzer in Joachimsthal". Aber aus Thesen und Zusatz läßt sich nicht erschließen, daß ausgerechnet in Joachimsthal eine weitere Disputation über diese von Egran stammenden, aber aus polemischer Absicht von Müntzer formulierten und notierten Sätze stattfinden sollte. Geht man vom Manuskript aus[15], so ergibt sich kein klares Bild, schon gar nicht im Hinblick auf die behauptete Verwendung. Nach den Quellen und nach der neuesten Forschung läßt sich weder sagen, daß Müntzer in Joachimsthal war noch daß eine Begegnung mit Egran überhaupt stattgefunden hat.[16]

Noch ein anderes Dokument könnte auf die Reise nach Prag hindeuten, die „Questio M. Toma Munczer disputanda", die sich längst als von Melanchthon stammende Thesen herausgestellt haben. Müntzer hatte, schon das ist seltsam, diese Thesen eigenhändig auf einem Blatt abgeschrieben, ohne daß wir wüßten, wo und wie er an den Text gekommen ist. Oben drüber schrieb er, offenbar nachträglich, „Questio ... disputanda", aber, was merkwürdig ist, auf seinen Namen ausgestellt, als wollte er darüber disputieren. Wolfgang Metzger hat sich darüber 1927 Gedanken gemacht.[17] Von ihm stammt die Behauptung, die Thesen seien „duo semimiliaria a Praga" von Müntzer verfaßt für Zwecke

von Bräuer, S., Thomas Müntzers Beziehungen zur Braunschweiger Frühreformation zu verweisen.

[15] Lichtdrucke, Tafel 50. Vgl. Druck in Müntzer-Briefwechsel, S. 135–138, danach bei MF, S. 513–515

[16] Vgl. Mittenzwei, Der Joachimsthaler Aufstand 1525, S. 84

[17] Metzger, Wolfgang, in: Thüringisch-sächsische Zeitschrift, Bd. 16, 1927, S. 62. Abgedruckt in Müntzer-Briefwechsel, S. 139 zur Erläuterung der angeblichen „Thesen Müntzers aus der Zeit seiner Reise nach Böhmen".

seiner Agitation in Böhmen. Er ging dabei aus von der Dresdner Handschrift[18], auf deren Rückseite sich der Vermerk findet „Emulus Martini apud dominum, distat duo semimiliaria a praga“. Das Thesenblatt war kreuzweise gefaltet und auf einem Viertel mit dieser schwer deutbaren Bemerkung versehen, was richtig „Nacheiferer Luthers vor Gott“ heißen muß. Nun ist die Questio nicht datiert, so wenig wie feststeht, das die Dorsalbemerkung unmittelbar zum Text der Questio gehört. Müntzer hat vielfach Bemerkungen auf der Rückseite seiner Briefe notiert. Aber der Hauptinhalt von Metzgers Ausführungen, daß Müntzer sich unter der Flagge eines Martinianers in Prag einschmuggeln wollte, entfiel durch den Nachweis, daß es sich nicht um Thesen Müntzers aus der Zeit seiner Reise nach Böhmen handelt, sondern um Thesen Melanchthons.[19] Melanchthon hatte sie zur Erlangung des theologischen Baccalaureats (Wittenberg, 9. September 1519) angefertigt. Vielleicht stammt die Abschrift schon aus der Zeit 1519/20. Dann wäre die Überschrift mit Müntzers Namen vielleicht nachträglich hinzugefügt, ohne daß wir sagen können, zu welcher Zeit das geschah.

Zweifellos war das Hauptreiseziel Müntzers die Stadt Prag. Er war überzeugt, daß er von dort aus die neue apostolische Kirche aufrichten könne, was sich im Laufe seines dortigen Aufenthaltes aber als grundsätzlicher Irrtum erwies. Wann er in der Stadt eintraf, wissen wir nicht. Aber sicher ist, daß er Prag als die Stadt des Jan Hus, „des teurbaren unde heiligen Kempers“ begriff, wobei er nicht wußte, daß sich gerade dort die Verhältnisse gewandelt hatten.

Prag war auch zu Müntzers Zeit eine der größten Städte Mitteleuropas, aber die Stadt hatte seit den Hussitenkriegen viel von ihrem alten Glanz eingebüßt und war als Kreuzungspunkt der Fernhandelsstraßen längst hinter den deutschen, österreichischen und ungarischen Metropolen zurückgeblieben. Auch die böhmischen Könige aus dem Haus der Jagiellonen residierten meist in Budapest und nicht in Prag. Der Schwerpunkt der wirtschaftlichen Bedeutung der Stadt lag nun mehr in der handwerklichen Produktion als im Fernhandel. Das böhmische Kaufmannspatriziat war wesentlich schwächer als das entsprechende in den großen deutschen Städten, wie Augsburg, Nürnberg, Erfurt oder Leipzig.

Die Saazer hatten Müntzer mit Geleitschutz nach Prag gesandt, wohin ihn gewisse Kreise eingeladen hatten. Schließlich ging ihm der Ruf eines eifrigen Lutheranhängers voraus. Um den 20. Juni soll Müntzer in Prag eingetroffen sein. Den festlichen Empfang bestätigte Pelt in

[18] Lichtdrucke, Tafel 51
[19] Zur Forschungsgeschichte vgl. Lohmann, Zur geistigen Entwicklung Thomas Müntzers, S. 6 ff. Vgl. auch Müntzer-Briefwechsel, S. XI. MF hat dann auch auf einen Neudruck der Melanchthonthesen verzichtet.

seinem inhaltsreichen Brief aus Braunschweig. Husa hat recht in seiner Einschätzung: „Die erhaltenen Quellen deuten ... darauf hin, daß sich Müntzer damals noch für einen Anhänger der gleichen Gedankenrichtung hielt wie Luther, allerdings wurde ihm bereits bewußt, daß man in vielen Fragen viel weitergehen und für diese Ansichten noch entschiedener kämpfen müsse, als das der Wittenberger Kreis um Luther tat" (S. 72).

Der alte Utraquismus, vertreten von Teilen des Adels und des konservativen Patriziats, wollte damals den Anschluß an die katholische Kirche herbeiführen. Es darf daher angenommen werden, daß die Ankunft Müntzers von allen oppositionellen Kräften gegen die katholisch-altutraquistische Gruppierung begeistert begrüßt wurde.

So ist es erklärlich, daß Müntzer zeitweilig bei Magistern der Universität im großen Karlskollegium untergebracht wurde. Auch eröffnete man ihm die Möglichkeit, in den beiden Universitätskapellen, der Bethlehems- und der Fronleichnamskapelle, zu predigen. Das bestätigt der Brief Pelts ebenfalls, der sich auf den Bericht eines Augenzeugen, eines reisenden Braunschweiger Juden, stützen konnte. Aus den wenigen tschechischen Quellen ist uns eine, wenn auch spätere Notiz des Humanisten Jan Hodejovsky d. Ä. bekannt, der, wie es scheint, selbst gesehen hat, wie die Prager Müntzer „feierlich entgegengingen und ihn begrüßten". Das war unmittelbar vor dem 23. Juni vormittags. Am 23. selbst hat Hodejovsky die deutsche Predigt in der Fronleichnamskapelle — natürlich mit Dolmetscher — und „nach Mittag" seine lateinische Predigt in der Bethlehemskapelle gehört. Das dürften die ersten Predigten Müntzers in Prag im Zusammenhang mit seinem festlichen Empfang gewesen sein.[20]

Leider kennen wir nicht die Personen und ihre Namen, die Müntzer nach Prag eingeladen haben. Vielleicht lag diese Einladung schon vor, als er nach Sachsen um den 15. Juni 1521 zurückkehrte, um nach Begleitern Umschau zu halten und verschiedene Dinge zu erledigen.

Vavláv Husa nennt den späteren Stadtkanzler von Prag, Dr. Burian Sobek, als denjenigen, der eventuell die Einladung betrieben haben könnte. „Ein ziemlich angesehener Bürger", so heißt es in den Quellen, habe Müntzer ein Vierteljahr lang in seinem Hause logiert, nachdem der vorübergehende Aufenthalt im Carolinum — aus uns nicht bekannten Gründen — zu Ende gegangen war. Daß Müntzer zuerst im Carolinum wohnte, bezeugen die Quellen. Die „Alte tschechische Chronik" berichtet, daß „ihn die Herren für ihr Geld im großen Kolleg unter den Magistern" untergebracht haben. Müntzer war also nicht Gast der Universität, sondern seiner utraquistischen Freunde aus Bürgerschaft

[20] Husa, Tomás Müntzer a Čechy, S. 97, Beilage 4, Darstellung Bl. 74

und Adel, die ihm doch wohl auch die Möglichkeit, in den Universitätskapellen zu predigen, vermittelten. Rektor der Universität war damals Mag. Václav Sismánek, der auch Administrator der Utraquisten war. Wahrscheinlich war er zu Beginn von Müntzers Aufenthalt diesem geneigt. Vielleicht hat er ihm auch erlaubt, in der Prager Hauptkirche, der Theinkirche, zu predigen und Gottesdienste abzuhalten, da er, neben seinem Rektorat, gleichzeitig dort Pfarrer war. Dekan der Artisten – eine theologische Fakultät hatte die Karlsuniversität seit der Hussitenzeit nicht mehr – war damals Thomas Bakovnicky. Ob Müntzer mit ihm zusammentraf, ist ungewiß. Sicher aber war das der Fall mit dem Propst des Kollegs, Mag. Jiři Pisecký, der in seiner – auch erst später geschriebenen – Chronik Müntzer erwähnt. Er schrieb dort, daß eine Gruppe von Sektierern – so drückte er sich nach der Hinrichtung Müntzers aus – „quendam praedicatorem de Cwikow, M. Thomam Munczer dictum, evocavit et in collegio magna constituit, qui in capella Bethlem latine et alemanice suis praedicaverat".[21]

Obwohl wir nicht viel über Vorgänge und Zusammenhänge wissen, hat V. Husa doch wohl recht, wenn er formuliert, daß Müntzer im Carolinum nicht viel Sympathie gefunden hat, besonders als er seine ersten Predigten gehalten und wohl auch mit den Magistern disputiert hatte. Wir müssen ja von Müntzers Entwicklungsstand ausgehen, wie es im Brief an Hausmann dargestellt wurde. Hier beginnt – nach den erhaltenen Quellen – Müntzers Entfaltung apokalyptischer Gedankengänge, auch wenn sie noch vorsichtig formuliert waren.

Was Müntzer in Prag gepredigt hat, entzieht sich unserer Kenntnis. Wenn Husa vermutet, daß er, anknüpfend an seine Predigten in Jüterbog und Zwickau, erneut die Bettelorden angegriffen habe, so kann er sich auf die „Alte tschechische Chronik" stützen, die mitteilt, daß am Jahrestag von Hus' Tod und danach (6.–7. Juli) „Freunde und Verteidiger der göttlichen Wahrheit" gemeinsam zum Franziskanerkloster des Hl. Jakob, zum Dominikanerkloster des Hl. Clemens und zum Karmeliterkloster der Schneeweißen Mutter Gottes gezogen seien und dabei das Lied „Jan Hus in Gottes Hoffnung" gesungen hätten. Eine solche Kundgebung muß aber keineswegs auf eine doch recht fragliche Wirksamkeit Müntzers zurückgeführt werden. Wenn aber J. Pisecký in seiner Chronik gar vom Sturm auf Bilder und Heiligenstatuen spricht, die der „indomitum vulgus" (unbeherrschter Pöbel) auf die Straße schleppte und in die Pfützen warf, so ist da doch größte Vorsicht angeraten. Allerdings behauptet er keinen Zusammenhang mit Müntzer, sondern spricht nur von Vorkommnissen am Jahrestag des Jan Hus.[22]

[21] Ebenda, S. 96 f., Beilage 3, Darstellung Bl. 76/77
[22] Ebenda, S. 96 f., Darstellung Bl. 83/84

Sicher dürfte sein, daß Müntzer nicht den Zuspruch fand, den er wohl erwartet hatte. Das Prager Patriziat und die altkalixtinische Geistlichkeit scheinen sich sehr bald von ihm abgewandt zu haben. Ob es daran lag, wie V. Husa meint, daß er zu sehr auf die Volksmassen gewirkt habe, müssen wir mangels Beleg auf sich beruhen lassen. In einer Situation, wie sie in Prag herrschte, wo Altkalixtiner und Katholiken sich immer stärker einander näherten, war selbst für einen Lutheraner, und als solcher war er begrüßt und vielleicht gerufen worden, immer weniger Platz. Das zeigte sich schon, als er das große Karlskolleg verlassen mußte.

„Er zog sich in die Privatwohnung irgend eines Prager Bürgers zurück – vielleicht zu Burian Sobek aus Kornica, bei dem er dann bis zum Ende seines Aufenthaltes in Prag gewohnt haben könnte. Was sich in dieser Zeit mit Müntzer getan hat, ist nicht mit Sicherheit zu sagen" (S. 85). Das heißt also, daß wir über den Prager Aufenthalt, von den ersten Wochen abgesehen, so gut wie nichts wissen.[23] Husa vermutet zwar, daß Müntzer seine Predigttätigkeit fortsetzen konnte, aber er kann es weder belegen noch beweisen. Wir wissen auch nichts über seine damalige Lektüre, nichts über die Kreise, in denen er verkehrte. Nur eines ist sicher, daß sich der Konflikt mit der reaktionären Strömung in der utraquistischen Kirche schließlich derart zuspitzte, daß er, der offensichtlich am Predigen gehindert wurde, sich entschloß, in einem handschriftlichen Manifest an die Öffentlichkeit zu treten. Die enthaltenen Fassungen sind nur in zwei Fällen datiert: für den 1. und 25. November 1521. Aber es wäre falsch, die ganzen Vorbereitungen für den Prager Anschlag auf diese beiden Fixpunkte zu datieren, dazu war sicher eine längere Zeitspanne erforderlich.

1975 hat Friedrich de Boor einen neuen Versuch „Zur Textgeschichte des Prager Manifestes" vorgelegt.[24] Dieses Dokument ist uns in vier handschriftlichen Fassungen überliefert: 1. in einer in Müntzers Handschrift vorliegenden kürzeren deutschen Fassung A, datiert auf Allerheiligen (1. November) 1521; 2. in einer nur in einer zeitgenössischen Abschrift vorhandenen längeren deutschen Fassung B, datiert auf den Katharinentag (25. November) 1521; 3. in einer fragmentarisch gebliebenen, nicht datierten tschechischen Fassung C, und 4. in einer auf das Jahr 1521 datierten, in Müntzers Handschrift überlieferten lateinischen Fassung D. Die Aufgabe einer kritischen Textgeschichte als Voraussetzung jeder sachgemäßen Interpretation ist seit der Veröffentlichung durch Heinrich Boehmer und Paul Kirn (1931)[25] mehr-

[23] Vgl. auch Eberhard, Konfessionsbildung und die Stände in Böhmen, S. 131 f.
[24] Müntzer, Prager Manifest, S. 29
[25] Müntzer-Briefwechsel, S. 139–159

fach in Angriff genommen worden. So weiß man seit Annemarie Lohmann (1931) um den unterschiedlichen Charakter der längeren deutschen und der lateinischen Fassung.[26] Weiter hat Eberhard Wolfgramm (1957) nachgewiesen, daß die tschechische Fassung aus der Textgeschichte, soweit sie Müntzer zum Autor hat, auszuschließen ist.[27] Es fehlt bis heute eine Analyse der kurzen deutschen Fassung und ein wirklich umfassender Vergleich der beiden deutschen Fassungen mit der lateinischen. Die Frage der Reihenfolge ist seit Heinrich Boehmer (1922) erstmals kritisch durchdacht worden durch Friedrich de Boor.[28] Auch das Problem der Datierung und Veröffentlichung ist durch letzteren einer Klärung näher gebracht worden.

A ist im Dresdner Archiv, aber nicht unter den alten Briefen, erhalten, fehlt also in den Lichtdrucken. B liegt in der Neuausgabe von Eberhard Wolfgramm vor, die auch in MF übernommen wurde; das Original ist verloren, die Leipziger Universitätsbibliothek besitzt eine fast gleichzeitige Abschrift, die durch Wolfgramm wieder aufgefunden wurde. C findet sich im Dresdner Bestand der Alten Briefe, heute in der Moskauer Leninbibliothek (vgl. Lichtdrucke, Tafel 52). D befindet sich seit 1718 in der (heutigen Forschungs-)Bibliothek Gotha. Leider ist die 1975 von Friedrich de Boor angekündigte synoptische Textausgabe bis heute nicht erschienen, so daß wir uns mit dem gehaltvollen Bericht „Zur Textgeschichte des Prager Manifestes“ vorerst begnügen müssen, der die genauen Stellennachweise enthält.[29]

De Boor hat einen überzeugenden Entwurf gebracht mit dem Vorschlag, die lateinische Fassung D an die Spitze der Fassungen zu stellen, es müßte also künftig heißen D — A — B. Müntzer war ursprünglich ein Gelehrter, der erst allmählich einzusehen lernte, daß Gelehrsamkeit allein nicht zum Glauben führt. So entwarf er — vielleicht noch im Oktober 1521, wenn nicht noch früher — seinen geplanten Anschlag, der als Aufruf an die Böhmen gedacht war, aber im Sinne eines Kampfes gegen das Bündnis von katholischer und kalixtinischer Klerisei. Vielleicht ist ihm aber doch gerade bei der Niederschrift — wir besitzen in D zweifellos die Reinschrift, also sicher erst die Schlußfassung — klar geworden, daß es notwendig ist, in der Sprache des Volkes zu schreiben, was für ihn nur bedeuten konnte, zu seiner Muttersprache überzugehen. Das war ein Grundzug der Zeit; Luther, Hutten und viele andere hatten diesen Weg schon längst beschritten. Müntzer hat seit der Rückkehr aus Prag die lateinische

[26] Lohmann, Zur geistigen Entwicklung Thomas Müntzers, S. 18 ff.
[27] Wolfgramm, Der Prager Anschlag des Thomas Müntzer, S. 295–308
[28] Müntzer, Prager Manifest, S. 12 ff.
[29] Ebenda, S. 5 ff.

Sprache nur noch im Briefwechsel mit Theologen benutzt, die immer seltener seine Partner wurden.

Sicherlich hatte Müntzer vor, sein Manifest in der damals üblichen Weise an Kirchentüren anzuschlagen. Erst die erweiterte deutsche Fassung erschien ihm für die Übersetzung ins Tschechische geeignet. Aber alles das ging halsüberkopf zu Ende. Müntzer konnte alle Fassungen des Manifests mitnehmen. Unklar bleibt, warum das Original für die Übersetzung verloren und nur eine recht mangelhafte Abschrift vorhanden ist. Nur die Übersetzung ist mit Müntzers Briefsack ins Archiv nach Dresden gekommen; alle anderen Stücke sind erst sehr spät wieder aufgetaucht: merkwürdigerweise im Abwehrkampf gegen moderne Erweckungsbewegungen — 1702 und 1732 bzw. im Zeitalter der Französischen Revolution 1795.[30] Das bedeutet doch, daß die ganze Reformationszeit und die nachfolgenden Jahrhunderte nichts von Müntzers frühester theoretischer Darstellung seiner Glaubenslehre und Gedankenwelt wußten. Aus diesem Grunde können hier nicht alle Aspekte und offenen Fragen des Manifests dargelegt werden (was einer speziellen Monografie vorbehalten bleiben muß); ich verweise vor allem auf das umfassende Werk von Walter Elliger, das in der Bibliographie Friedrich de Boors noch nicht enthalten ist (IV. Prag, S. 181—213).[31] Diese Gedanken sollten im Zusammenhang mit Müntzers Biographie entwickelt werden, stets dort, wo sie in öffentlichkeitswirksamer Gestalt auftauchen, also vorwiegend in der Allstedter Periode und in der Behandlung der im Buchdruck erschienenen Arbeiten.

In der Entwicklung des Müntzerschen Denkens steht der Anschlag insgesamt zwischen der Abschiedsunterschrift in Zwickau „qui pro veritate militat in mundo“, dem Brief an Hausmann, seiner persönlichen Losung im Brief an Gansauge „ego peregrinor in omni orbe propter verbum“ und dem Schreiben an Melanchthon, das bereits eine Stellungnahme zur Wittenberger Entwicklung nach Luthers Rückkehr von der Wartburg und zu dessen Invocavit-Predigten enthält. Bei einer Deutung des gescheiterten Anschlags in Prag sollte man sich nicht nur auf Böhmen beziehen, auf die Nennung von Hus, der nur hier von Müntzer erwähnt wird, vielleicht auch als „captatio benevolentiae“, sondern auch auf die Worte, daß er für die Wahrheit kämpfen wolle in orbe, in mundo, nicht nur in Prag. So war er keinesfalls innerlich gebrochen, als sich die Böhmen ihm verweigerten, ihn festsetzten und schließlich auswiesen; entscheidend ist, was in einer „Zeitung aus Wittenberg“ steht: „aber sy haben jn nith wollen annehmen“.[32]

30 Vgl. die Bibliographie in Müntzer, Prager Manifest, S. 14

31 Hinzuzufügen ist die wichtige, auch bei de Boor noch nicht erfaßte Arbeit von Goertz, „Lebendiges Wort“ und „totes Ding“, S. 153—178

32 Müller, Die Wittenberger Bewegung, S. 160

Grundprobleme im Manifest sind Müntzers Lehre vom rechten Weg zum Glauben und der Kampf gegen alle institutionalisierte Klerisei, die diesen Weg versperrt durch das, was er später „Buchstäblertum", das alleinige Pochen und Beharren auf dem gedruckten Bibelwort, nennt.

Hier hat er zuerst umfassend seine Auffassung von der unmittelbaren Gottesoffenbarung in der lebendigen Gottesrede vorgetragen als Glaubensbegründung und alleinigen Weg zur Glaubensgewinnung. Die biblische Offenbarung, die er nie geringschätzte, sonst hätte er sich die unzähligen Schriftzitate ersparen können, bedarf der Ergänzung durch den Geistbesitz, beides verstanden als einheitlichen, lebendigen Prozeß.

Indem er die Reformationsbewegung, die das Priestertum aller Gläubigen verkündete, weiterführte, kam er zu einem radikalen Antiklerikalismus, der nicht nur die römischen Pfaffen verwarf, sondern auch die böhmischen Kelchler, was — im Ansatz — auch zur Verwerfung der Wittenberger Geistlichkeit, die sich gerade nach der Rückkehr Luthers von der Wartburg herauszubilden begann, führte: Der Antiklerikalismus mußte zwangsläufig so auch antiwittenbergisch werden.

Während Luther Mystik und Apokalyptik verwarf, finden sich im Manifest erstmals der Niederschlag mystischer Ideen und das entschlossene Weiterschreiten auf dem Weg zur Apokalyptik, zur Erneuerung der Prophetie. Zugleich aber scheitert der Versuch eines Anschlusses an die böhmische Revolution und die kalixtinische Kirche — ob die Böhmischen Brüder dabei eine Rolle spielten, wissen wir nicht —, wobei dieses Scheitern nicht das letzte Wort Müntzers sein konnte, der in orbe, in mundo wirken wollte. Luther, auf die Wartburg entrückt, übersetzte das Neue Testament, das erst kurz zuvor von Erasmus erstmals in der griechischen Urgestalt zum Druck befördert worden war, in die lebendige deutsche Sprache seiner Zeit und begann damit das gewaltige Werk der Deutschen Bibel, der Lutherbibel.

Alle drei Fassungen des Prager Anschlages bringen im letzten Teil als Beleg für Müntzers Sicht der Kirchengeschichte ein bedeutsames Zitat des frühchristlichen Autors Hegesipp, der in der Hauptsache nur durch Eusebs berühmte Kirchengeschichte überliefert ist.[33] Eusebius war ein griechischer Kirchenschriftsteller, der um 260 bis um 340 lebte, seit 313 Bischof von Caesarea. Als Schriftsteller wurde er besonders berühmt durch seine bis 323 reichende „Kirchengeschichte", eine höchst wertvolle Sammlung überlieferten Materials über Kirche und Ketzer, Verfolgungen und die Leiden der Juden seit der Kreuzi-

[33] MF, S. 494, 504 und 509, am vollständigsten im Müntzer-Briefwechsel, S. 139–159

gung Christi. Sein Werk ist bestimmt durch das Toleranzedikt und die Politik Konstantins, den er in einem Panegyrikos verherrlichte. In der universalen Sendung der Kirche sah er das Werk des göttlichen Willens. Die „konstantinische Wende" hat er literarisch begründet. In der lateinischen Übersetzung des Rufinus wurde seine „Historia ecclesiastica" ein Grundwerk des Mittelalters und ein Klassiker des Frühdrucks. Müntzer benutzte vielleicht die Ausgabe Paris 1497, oder aber einen der anderen Wiegendrucke (Nr. 9434–9439 des Gesamtkatalogs) mit angebundenen Werken von Cassiodors „Historia tripartita" (nach 550) (Straßburg 1474?). Auch die Hagenauer Postinkunabel von 1506 mit Bedas „Historia ecclesiastica" von 731 kommt in Frage.

In Eusebs Werk finden sich die meisten Reste des verlorenen Werkes des Hegesipp, über den man schon zu Eusebs Zeiten kaum mehr etwas wußte. Das Werk, das offenbar keine Geschichtsdarstellung lieferte, muß ca. 180 abgeschlossen gewesen sein; der gängige Titel „Hypomnemata" ist in seiner Bedeutung umstritten.[34] Damit hatte Müntzer eine Quelle aus der urchristlichen Literatur „entdeckt", die für sein Bild der Kirchengeschichte von großer Bedeutung war.[35] Es machte für ihn die Wende nach dem Tod der Apostelschüler deutlich: bis hin in die sog. Fürstenpredigt ein wesentlicher Bestandteil seines Geschichtsdenkens, das ihm die „konstantinische Wende" überwinden half.

Mit großem Fleiß hat er „der alten veter geschichte" studiert. Das wissen wir von ihm seit dem Brief an Franz Günther (Brief Nr. 7). In der kürzeren deutschen Fassung des Anschlags heißt es: „Finde, das nach dem tode der apostln schuler, dye unbeflecte jungffrawliche kirche ist dorch den geystlichen ebruch czur hurn worden der glerthen halben dye do ummer wolln oben sitczen, welchs dan Egesippus und nach ym Eusebius screybt am 4. buch am XXII. capitel" (MF 494 und Müntzer-Briefwechsel 142).[36]

Der Ursprung der Verfallsidee, die das Schema bildet, in dem alle Spiritualisten und Sekten des Mittelalters die katholische Kirche sehen, ist bei Hegesipp zu suchen. Das hat Erich Seeberg in seinem Buch über Gottfried Arnold auf breiter Quellengrundlage nachgewiesen.[37] „Zwei-

[34] Vgl. Vielhauer, Geschichte der urchristlichen Literatur, S. 765–774

[35] Vgl. Harnack, Die Überlieferung und der Bestand der altchristlichen Literatur bis Eusebius, S. XXIV: „Die katholische Kirche behauptet nur, daß sie immer dieselbe geblieben sei, in Wahrheit hat sie fünf Jahrhunderte hindurch an ihrer Glaubenslehre gearbeitet und die Kosten dieser Arbeit haben vor allem die vornicäischen Schriftsteller zu tragen gehabt."

[36] Eusebius, Historia ecclesiastica, nach der lateinischen Übersetzung des Rufinus, hrsg. von Mommsen, Theodor, im 2. Band der Ausgabe von Schwartz, Eduard, und Mommsen, Theodor, S. 371

[37] Seeberg/Arnold, Die Wissenschaft und die Mystik seiner Zeit. Vgl. besonders Kap. 5: Die Wurzeln der Kirchen- und Ketzerhistorie, S. 257 ff.

fellos haben wir hier die ursprüngliche Gestalt der Vorstellung vom Verderb des Christentums vor uns" (S. 277). Und diese Vorstellung ist in der Regel mit apokalyptischen und eschatologischen Ideen verbunden. Auf der einen Seite – bei den Ketzern – der fortschreitende Verfall der Kirche und die Depravation der Offenbarung, auf der anderen Seite – in der offiziellen Kirche – die Behauptung der unversehrten Wahrheit in der Tradition. Die Verfallsidee rückt „die Grundlage der Geschichte des Christentums in immer helleres Licht und legitimiert die Notwendigkeit einer Reformation um so deutlicher, je mehr sie die Geschichte der Kirche als ein immer krasseres Abweichen von der gottgewollten Wahrheit versteht" (S. 261). Es ist bekannt, daß Luther an der Tradition der einen Kirche stets festhielt, die zwar als römische Kirche entartete, aber durch die Reformation regeneriert wird. Die Gegner dieser Auffassung waren Johannes Campanus und Sebastian Franck, um nur diese zu nennen. Franck vertrat – wie Müntzer – die Auffassung, daß mit dem Tod der Apostel und ihrer Schüler die Kirche ihre ursprüngliche Gestalt verlor. Er hat das dargelegt in dem berühmten Brief an Campanus vom 4. Februar 1531, der uns nur in einer deutschen Übersetzung von 1563 erhalten ist.[38] Müntzers Stellung zu diesen Problemen ist bisher nur ungenügend erforscht worden. Aber es dürfte klar sein, daß seine Darlegungen im Prager Anschlag von hier aus interpretiert werden müssen, handelt es sich doch um das erste grundlegende Dokument der Müntzerschen Reformation. Nur von hier aus lassen sich „alle Rätsel dieser seltsamen Schrift", wie Paul Kirn 1931 schrieb (S. 139), wenn nicht aufklären, so doch einer Lösung näher bringen. Müntzer begreift sich schon damals als Auserwählter, in dem das Wort Gottes lebt. Er zitiert 1 Kor 14, 19, „das eyn prediger sal aufenbarung haben, anderst mag er das wort nit predigen". Daß er dieses Wort mit vollem Ernst auf sich bezieht, dürfte für sein Selbstbewußtsein deutlich sprechen. Dieses apokalyptisch-enthusiastische (im Sinne von entheos) Bewußtsein erfüllt ihn, ein prophetisches Bewußtsein, das ihn glauben läßt, „das got in unsz ist" (S. 141). Bibeltext und lebendige Offenbarung Gottes bilden für ihn eine Einheit. Auch die Gewaltanwendung mit und für Gott klingt an: „Unde auch das ich magk dyr sichtlich weysen dorch den geyst Helie dye dich haben lernen opfern dem abgot Baal" (S. 142). Und das Studium der Werke Tertullians, das in die Zeit der Rückkehr aus Böhmen fällt, dürfte diese Richtung seines Denkens nur noch bestärkt haben.

Was Müntzer in Böhmen begann, vollendete er später in Allstedt,

[38] In moderner Sprache abgedruckt bei Fast, Der linke Flügel der Reformation, S. 229–246

in Mühlhausen und im Bauernkrieg, freilich auf einer sozial-politisch wesentlich entwickelteren Grundlage, unter reiferen Bedingungen, unter denen er wahrmachen konnte, was er bereits in Prag formuliert hatte: „Aber am volk zcweiffel ich nicht“ (MF S. 500).[39] Der Prager Anschlag ist, auch wenn er den Zeitgenossen unbekannt blieb, die erste und wohl auch bedeutendste Stellungnahme Müntzers zu den Problemen der heranreifenden frühbürgerlichen Revolution.

[39] Müntzer, Prager Manifest, S. 5

Apokalyptik, Eschatologie und Chiliasmus

„Fürchte dich nicht, du kleine Herde! Denn es hat eurem Vater gefallen, euch das Reich zu geben“ (Lk 12, 32). Dieses Zitat aus dem Lukas-Evangelium ist ein spezifisch apokalyptischer Gedanke; denn in der Apokalyptik geht es um Wahrheiten, die nicht allen zugänglich sind, sondern die geheim offenbart werden müssen. Offenbarung meint hier im wesentlichen zukünftiges Geschehen, „Offenbarung dessen, was in Kürze geschehen muß“ (Offb 1, 1). Die Geschichte ist von Gott vorherbestimmt. Dem Apokalyptiker wird dieser Plan enthüllt, und damit sein eigener Ort in der Geschichte.[1]

Der Ursprung dieser Bewegung liegt im erstarkenden Widerstand jüdischer Kreise gegen den seit den Eroberungen Alexanders des Großen einsetzenden Prozeß der Hellenisierung. Zur Krise kam es jedoch erst, als 198 v. u. Z. Palästina von der syrischen Macht der Seleukiden erobert wurde. Besonders Antiochos IV. Epiphanes (175 bis 164/163) verstärkte die Hellenisierung der Juden. So kam es 169 zur Erhebung in Jerusalem, im Gegenschlag dazu zur Eroberung der Stadt durch Antiochos und zu einschneidenden Maßnahmen, die aber den Widerstand nur vergrößerten. Nach dem Tode des Mattathias, der mit dem Aufstand begonnen hatte, wurde 166 Judas Makkabäus Führer im Kampf. Im 1. Buch der Makkabäer – entstanden in den Jahrzehnten gegen Ende des 2. Jh., ursprünglich hebräisch, aus dem später verlorengegangenen Original ins Griechische übertragen – ist die Geschichte der Kämpfe eindrucksvoll beschrieben. Um 168 bis 164, wesentlich früher, ist das sog. Buch Daniel entstanden, verfaßt von einem anonymen Autor, die erste Apokalypse der Bibel.

Die umfangreichsten Darstellungen der Ereignisse bietet Flavius Josephus in seinen „Antiquitates“; Josephus' Schriften waren in der lateinischen Übersetzung, wahrscheinlich des Rufinus, eines der erfolgreichsten Bücher der Inkunabelzeit. Verbunden war mit dem Makkabäeraufstand eine Bewegung der religiösen Erneuerung, die Chassidim. Diese „Frommen“ wollten nur nach dem „Gesetz“ leben und erwarteten alles nur von Gott. Die Makkabäer hingegen wollten in Israel die „Gottlosen“ ausrotten und die politische Freiheit selbst

[1] Grundmann, Das palästinensische Judentum, S. 145 ff.

erringen: durch ihr aktives Handeln und im Vertrauen auf Gottes Beistand (1 Makk 2 und 3, wo aber nicht, wie in der Übersetzung Luthers, stets nur von „Gottlosen" die Rede ist, sondern wo in der Vulgata die Rede ist von peccatores (Sünder), iniqui (Ungerechte), filii superbiae (Söhne des Übermuts): 2, 44, 47, 48). Dennoch sind die Makkabäer in die Geschichte eingegangen: als Kämpfer gegen die Gottlosen, als Vernichter der Abtrünnigen wurden sie zu Vorbildern der Taboriten.

Niemand wird bei einer sich über fast vier Jahrhunderte erstreckenden apokalyptischen Literatur eine Einheitlichkeit erwarten; aber dennoch kann man von einer relativ geschlossenen Erscheinungswelt sprechen, von einem spezifischen „Welt-, Geschichts- und Daseinsverständnis".[2] „Die apokalyptische Eschatologie wird durch den kosmologischen Dualismus zwischen dem bestehenden und kommenden Aeon bestimmt ... Die Apokalyptiker sehen den bestehenden Aeon der Macht des Bösen unterworfen und erwarten das Hereinbrechen des kommenden Aeons als Untergang des bestehenden Aeons und als Erlösung der Gerechten aus ihm."[3] Radikaler Pessimismus gilt für die Gegenwart, ein Reich des ewigen Friedens und des Guten wird für die Zukunft erwartet. Aber zwischen beiden Welten gibt es keine Entwicklung, keinen Übergang. Gott allein bestimmt den Anbruch des neuen Aeons, der Fromme kann selbst nichts tun als warten und vertrauen. Aber Gott enthüllt in Visionen und Traumgesichten, durch Entrückung oder Ekstase den Gang der Geschichte und das kommende Gericht. Alle Apokalyptik ist „in radikaler Weise an der Geschichte orientiert" (Schmithals), die ewige Seinsordnung des Kreislaufs, die antike Vorstellung der ewigen Wiederkehr, lehnt sie ab. Der Apokalyptiker will wissen, „welche Stunde es für ihn in der bösen Welt geschlagen hat",[4] er will die Stunde kennen, die die Wende bringt. Aber zugleich ist die Geschichte heillos und sinnlos, ohne Hoffnung. „Nur jenseits der Geschichte und jenseits aller geschichtlichen Möglichkeiten liegt das gelobte Land."[5] Am Ende der Geschichte stehend, erhofft der Apokalyptiker das Heil von Gott her, jenseits der total verdorbenen Geschichte, aber zugleich nur das Heil der für den neuen Aeon auserwählten Frommen. „Die Grunderfahrung der Apokalyptik und der Kern des apokalyptischen Daseinsverständnisses"[6] ist der Zweifel an der Geschichte und ihren Möglichkeiten, ist der Glaube an das Ende der Geschichte. „Je näher es auf das Ende zugeht, um so mehr

[2] Schmithals, Die Apokalyptik, S. 22
[3] Grundmann, Das palästinensische Judentum, S. 223
[4] Schmithals, Die Apokalyptik, S. 23 und 25
[5] Ebenda, S. 66
[6] Ebenda

wächst die Macht der Bosheit, um so stärker wird die Bedrängnis der Auserwählten."[7]

Not und Bedrängnis der Geschichte ließen immer wieder leiderfüllte Kreise, die keine Hoffnung mehr auf Besserung sahen, nach apokalyptischen Gedanken und Vorstellungen greifen, verbunden mit Gelüsten nach Rache und Bestrafung der Bösen durch Gott. Wahrscheinlich ist es, daß sich apokalyptische Kreise meist „aufs Ganze gesehen aus einfachen Leuten zusammensetzten". Auch wenn die soziale Umwelt sich kaum in den apokalyptischen Texten spiegelt, geht man sicher nicht fehl, wenn man die apokalyptische Frömmigkeit „wesentlich als Armenfrömmigkeit bezeichnet" und den Ursprung der Apokalyptik „in einer sozial niedriger stehenden Schicht" erblickt.[8] Aber zugleich ist das apokalyptische Daseinsverständnis von seinen vermuteten politischen und sozialen Voraussetzungen ablösbar und wiederholbar. Dabei sind natürlich stets „wechselnde Einstellungen zum apokalyptischen Grundschema" festzustellen.[9] Die apokalyptische Ursituation wird immer dann neu erlebt und erlitten, wenn eine Zeit, eine soziale Gruppe oder auch eine einzelne Persönlichkeit glaubt, am Ende der Zeiten und der Geschichte zu stehen. Auch wenn der Anbruch des Gottesreiches sich immer wieder verzögert hat, so wird er doch in bestimmten Situationen der Ausweglosigkeit, der vollendeten Herrschaft des Bösen als unmittelbar bevorstehend erwartet. Das gilt gerade für Zeiten sozialer Spannungen unter unentwickelten Einsichten in Natur und Geschichte; gerade in solchen als hilf- und ausweglos erlebten Nöten und Leiden pflegen apokalyptische Vorstellungen sich erneut darzubieten, sich immer wieder als lebendige, wenn auch stets trügerische Hoffnungen zu empfehlen. Dabei tritt dieser alte aus dem Iran übernommene Dualismus von den beiden Aeonen zurück zugunsten christlicher Geschichtserwartung. Der kosmische Feuersturm am Ende der Zeiten verliert an Bedeutung, an die Stelle des Weltendes tritt das individuelle Schicksal nach dem Tode, die Fegefeuerlehre und das Buß- und Ablaßwesen. Und das schon in der frühkatholischen Kirche, die freilich der Apokalyptik immer feindlicher gegenübertritt und sie zur Ketzerei werden läßt. Zeiten der Frustration, der Ausweglosigkeit, das Scheitern der Hoffnungen, der Verzweiflung — das sind historisch die Zeiten der apokalyptischen Stimmungen. Das Versagen der eigenen Kraft läßt auf die Hilfe Gottes hoffen, auf das baldige Eingreifen der jenseitigen Macht.

Die sich konstituierenden christlichen Kirchen haben durch den Prozeß der Kanonbildung die apokalyptischen Texte weithin ver-

[7] Grundmann, Das palästinensische Judentum, S. 229
[8] Schmithals, Die Apokalyptik, S. 108 ff.
[9] Ebenda, S. 167

drängt; nur in Randgebieten wie Äthiopien und später auch Syrien blieben sie erhalten, sonst verschwanden sie aus den katholischen Kirchen wie später auch aus den Reformationskirchen, nachdem die vorreformatorische Zeit in Verbindung mit dem Frühdruck einige Texte wieder verbreitet hat (Sibyllen-Weissagungen und Hirt des Hermas). Aber es blieben die häufigen apokalyptischen Passagen im Neuen Testament (Mk 14, 62; Lk 10, 18; Mt 12, 39 f.; Mt 13, 44–46; Mt 4, 17; Mk 13; Mt 16,3; Mk 9,1; Mt 24, 27). Und es siegte die Johannesapokalypse über alle ihre Gegner, zumal aus dem Osten, und blieb für immer das letzte Buch der Bibel. Und es siegte – wenigstens in der Vulgata – das IV. Buch Esra (13, 25 ff.), das 1546 auf dem Tridentinum als kanonisch anerkannt wurde und seitdem als Anhang die Texte der Vulgata beschließt. Das ganze Neue Testament, mit Ausnahme der johanneischen Schriften, hält bis heute – entgegen aller Interpretationen – am apokalyptischen Endgedanken fest. „Dadurch bleiben die Vorstellungen der apokalyptischen Eschatologie vom Ziel der Geschichte ein gewichtiger Gegenstand christlicher Überlieferung und ein Stück der Dogmatik. Die Apokalyptik behält Einflußmöglichkeiten und kann sich von Zeit zu Zeit bemerkbar machen."[10] Das gilt besonders für die Würdigung des Urchristentums, wie sie Albert Schweitzer in zahlreichen Schriften dargelegt hat.[11]

Das Christentum ist als eschatologische Vorstellungswelt in die Geschichte eingetreten. Im Mittelpunkt der Predigt Jesu – was die synoptischen Evangelien des Matthäus, Markus und Lukas angeht – stand die Verkündigung des Reiches Gottes, der bevorstehenden Gottesherrschaft. Nur die Erwartung des Endes, der Wiederkunft Christi als unmittelbar bevorstehend: „et iterum venturus est in gloria iudicare vivos et mortuos", wie es im Symbolum Nicaenum heißt[12], konnte ein Aufgehen in den griechisch-orientalischen Mysterienreligionen wirksam verhindern. Die Parusie, das erwartete endzeitliche Kommen, die alsbaldige Wiederkehr Jesu noch zu Lebzeiten der frühen Gemeinde ist unbestreitbar (Mk 9,1 und 13,3; Mt 10, 23). Mit dieser Parusie hingen die eschatologischen Vorstellungen eng zusammen: Auferstehung der Toten, allgemeines Gericht und Schaffung des ewigen Gottesreiches. Auch die sog. Parusieverzögerung, das unerwartete Nichteintreten der erwarteten und geglaubten Geschehnisse, hat den eschatologischen Charakter der christlichen Religion nicht verändert; die Vorstellungen vom Ende der Geschichte und vom Anbruch der Heilszeit blieben stets fester Bestandteil des Glaubens. Der apokalyp-

10 Ebenda, S. 165

11 Vgl. Schweitzer, Geschichte der Leben-Jesu-Forschung; ders., Reich Gottes und Christentum, Bd. 4, S. 513 ff.

12 Die Bekenntnisschriften der evangelisch-lutherischen Kirche, S. 26

tische Charakter der Endvorstellungen tritt jedoch allmählich zurück zugunsten spiritualisierter Vorstellungen.

Alle Apokalyptik ist eschatologisch gerichtet, aber nicht alle Eschatologie ist apokalyptisch. Nur in Apc. (Offb) 19 und 20 – und in der slawischen Henochapokalypse – finden sich die Erwartungen des tausendjährigen Reiches Christi als messianisches Zwischenreich vor dem eigentlichen und endgültigen Weltende. Diese Vorstellung heißt nach dem griechischen Zahlwort für 1000 – alle neutestamentlichen Schriften sind im Original griechisch geschrieben – „Chiliasmus". In diesem tausendjährigen Reich regiert Christus mit den schon auferstandenen Märtyrern. Die allgemeine Auferstehung als Einleitung zum jüngsten Gericht und zum ewigen Gottesreich erfolgt erst nach dem Ende des Zwischenreiches, wobei der Spekulation kaum Grenzen gesetzt waren. Der Chiliasmus ist eine der wirksamsten apokalyptischen Konstruktionen, die in der frühchristlichen Zeit eine große Rolle spielte. Die beiden ersten Jahrhunderte des Christentums sind weithin von chiliastischen Vorstellungen beherrscht, die z. T. aus den Apokalypsen des Henoch und Baruch übernommen waren. Bedeutende Kirchenschriftsteller wie Justin der Märtyrer (gest. um 165) und Hippolytus (gest. nach 235) vertraten den Chiliasmus, letzterer in seinem Danielkommentar, dem ältesten uns erhaltenen biblischen Kommentar. Hier wird die Weltgeschichte, nach dem Vorbild des Barnabasbriefes, in eine Weltwoche von sieben Jahrtausenden eingeteilt: Der 7. Welttag dieser Woche ist der Weltsabbat, das Reich der Heiligen, auf das das Weltende folgt. Auch Victorin von Pettau (gest. 303 oder 304) galt mit seinem erhaltenen Apokalypsenkommentar als Chiliast, desgleichen Irenäus, Kommodian, Lactantius und vor allem Tertullian und die Montanisten.

Der Streit um den Chiliasmus wurde in den Kommentaren geführt, wobei dem leider verlorenen Kommentar zur Johannesapokalypse von Tychonius (gest. um 400) eine besondere Bedeutung zukam. Das Werk des Tychonius ist durch starke Benutzung in den Apokalypsenkommentar des Primasius von Hadrumetum eingegangen. Bereits Tychonius macht aus dem Millenium eine kirchenhistorische Periode, indem er das tausendjährige Reich in die Gegenwart verlegt. Augustinus folgte ihm: Die katholische Kirche wird dem tausendjährigen Gottesreich gleichgesetzt. Das war das Ende des Chiliasmus. Voraussetzung hierzu war freilich die konstantinische Lösung, die Einbeziehung des Christentums in den bestehenden römischen Staat. Origenes (gest. um 254) hatte die Eschatologie als Buchstabenglauben iudaico sensu abgelehnt, Hieronymus den mystischen Sinn der Apokalypse betont und in gleicher Weise gewirkt.

Wenn es selbst heute noch nicht leicht ist, Apokalyptik, Eschatologie und Chiliasmus exakt zu definieren und stets auseinanderzuhalten, was bei den Querverbindungen und Mischungen dieser Vorstellungen nicht immer möglich ist, so war begriffliche Klarheit im frühen Christentum noch weniger zu erwarten als in der frühen Reformation. Wahrscheinlich wäre das, ganz abgesehen vom jeweiligen Bildungsgrad, auch kaum sinnvoll oder nötig gewesen.

Deutlich wird man von allem Chiliasmus absetzen müssen den prophetischen Utopismus des Alten Testaments. Das gilt besonders für Jesaja, Hesekiel, Joel und die von ihnen ausgemalten Bilder des ewigen Friedens, einer überfließenden Natur, paradiesischer Unschuld und aufgehobenen Leidens. An der Spitze dieses prophetischen Utopismus steht Jesaja mit 2,2–4; 11, 6–9 und als Krönung 65, 17–24: „Denn ich will einen neuen Himmel und eine neue Erde schaffen, daß man der vorigen nicht mehr gedenken wird ... sondern sie werden sich ewiglich freuen und fröhlich sein über dem, was ich schaffe ... und soll nicht mehr gehört werden die Stimme des Weinens noch die Stimme des Klagens ... es sollen nicht mehr da sein Kinder, die nur etliche Tage leben, oder Alte, die ihre Jahre nicht erfüllen ... Wolf und Lamm sollen weiden zugleich, der Löwe wird Stroh essen wie ein Rind, und die Schlange soll Erde essen ... sie werden nicht schaden noch verderben auf meinem ganzen heiligen Berge, spricht der Herr“ (65, 17 ff.).

Die Johannesapokalypse zitiert Jesaja in ihrem vorletzten Kapitel: „Und ich sah einen neuen Himmel und eine neue Erde; denn der erste Himmel und die erste Erde verging, und das Meer ist nicht mehr“ (Offb 21,1). Aber wie anders ist der Charakter dieses Buches: Hier ist echte Apokalyptik, wenn auch die Deutung der eigenen Geschichte als Endgeschichte das Ziel ist. „Und der auf dem Stuhl saß, sprach: Siehe, ich mache alles neu“ (21,5). Aber die Erwartung des baldigen Kommens Jesu ist vorherrschend. Wie ein brünstiger Schrei spricht sich die Enderwartung aus: „Er spricht, der solches bezeugt: Ja, ich komme bald. Amen, ja komm, Herr Jesu!“ (22,20).

Die prophetische Utopie erstrebt Vollendung der Schöpfung durch Gott, eine Welt des Friedens und Glücks; die Apokalyptik verzweifelt an der Geschichte, aber die Gewißheit des Sieges Christi erfüllt den Verfasser der Schrift, die trotz allem stets am Rande des neutestamentlichen Kanons stand. „Die Protestbewegungen gegen die verweltlichte Kirche, die im Papsttum die Hure Babylon sahen und sich selbst als die heiligen Märtyrer fühlten, beriefen sich auf dieses Buch, das glühende Verehrer und harte Kritiker hat bis auf unsere Tage.“[13]

[13] Schenke/Fischer, Einleitung in die Schriften des Neuen Testaments, Bd. 2, S. 277

„Ym elende meyns vortreybens“

So nannte Müntzer in einem Brief an unbekannte Anhänger vom 19. März 1523 (Nr. 38) seinen damaligen Zustand, und so wollen wir die ganze Zeitspanne zwischen der Vertreibung aus Böhmen bzw. Prag Ende 1521 und dem Beginn seiner Wirksamkeit in Allstedt 1523 nennen. Müntzers Leben in dieser Zeit war unstet und voller Unruhe. Er wanderte umher und hinterließ nur wenige Spuren seiner kurzen Aufenthalte in verschiedenen Orten. Sicher hat er in Erfurt, Nordhausen und Glaucha bei Halle Station gemacht, höchstwahrscheinlich hielt er sich in Wittenberg und Umgebung und in Weimar auf. Jedoch läßt sich ein genaues Itinerar nicht aufstellen.

Bei diesem unruhigen Wanderleben ergeben sich für die Müntzerbiographie mehrere Fragen, die der Betrachtung des gesamten Zeitabschnitts vorangestellt werden sollen. Die dringendste, vor allem für Müntzer selbst, war, warum es ihm in diesen fast $1^1/_2$ Jahren offensichtlich nicht gelungen ist, eine feste Anstellung zu finden; daß er auch in Nordhausen nicht als Prediger tätig war, wird noch darzustellen sein. Weiterhin erhebt sich die Frage, wo Müntzer seine Bücher aufbewahrte, die er ja nachweislich erworben hatte, jedoch unmöglich auf einer so langen Wanderschaft mitgeführt haben kann. Vielleicht fällt auch der Verlust eines Teils von Müntzers Korrespondenz in diese Zeit ohne festen Wirkungsort — so gingen Müntzers Briefe an Buschmann vom 26. September 1522 (vgl. Nr. 26) und an Karlstadt von Ende 1522 (vgl. Nr. 37) verloren.

Es ist schwer, sich Müntzers Lebens- und Wirkungsweise auf seiner Wanderung, stets in Sorge um das tägliche Brot und in Erwartung des kommenden Winters, vorzustellen. Doch geben einige Briefe Müntzers aus diesen Monaten Eindrücke über seine damalige Gefühlswelt und seine Lebensumstände.

Am 25. Januar 1522 schreibt Franz Günther[1] an Müntzer, übrigens das letzte uns erhaltene Schreiben des alten Freundes an ihn (Nr. 30). Dieser weiß schon, daß Müntzer wieder in Thüringen sei, und gibt uns damit den ersten Beleg für dessen Rückkehr aus Böhmen. Zweierlei macht den Brief äußerst interessant, einerseits im Hinblick auf Münt-

[1] Vgl. Kirchner, F., Franz Günther, S. 27—38

zers Wirken in Böhmen und andererseits auf den vor ihm liegenden Zeitabschnitt.

Wir erfahren von Günther über die Ursachen von Müntzers Scheitern in Böhmen. Er weiß zu berichten: „Man sagt, daß die Böhmen in einigen Fragen des Evangeliums nicht weitergehen, sondern stehenbleiben, was dich vor allem fortgetrieben hat ..." Die Böhmen hatten sich geweigert, sich der lutherischen Reformation zu öffnen. Die alte Verbundenheit zwischen Günther und Müntzer erhellt schon die Anrede des Briefes: Günther nennt seinen Freund einen Mann des göttlichen Wortes und des apostolischen Lebens. Bezug nimmt er hier wohl auf die Wanderung der Anhänger der Böhmischen Brüder zur Ausbreitung des Evangeliums. Es ist ein hohes Lob, das hier ausgesprochen wird und das sich auf Müntzers Leben in Böhmen bezieht, wo er wahrscheinlich nach Art der Böhmischen Brüder predigend durchs Land zog. Günther spricht auch über die „Begeisterung" von Müntzers Rede. Ein solcher Hinweis ist gerade für Müntzers Wirksamkeit in dieser Zeit wichtig, da uns keine seiner damaligen Predigten erhalten ist. Er dürfte in der Regel frei gesprochen und, wie auch bei Günther, einen tiefen Eindruck bei den Zuhörern hinterlassen haben.

Bei aller Anerkennung Müntzers enthält der Brief vom 25. Januar doch vernehmliche Kritik an dessen Leben und Wirken. Dabei dürfte sich Günther im wesentlichen auf Nachrichten über Müntzers Aufenthalt in Böhmen beziehen, die sicher durch Dritte auch nach Lochau, wo er inzwischen wohlbestallter Hofprediger geworden war, drangen. Bemerkenswert ist in diesem Zusammenhang die Wendung: „Verschiedenes schwatzen verschiedene Leute über dich." Daraus geht hervor, daß auch nachteilige Äußerungen, möglicherweise verleumderischer Art, über Müntzer an Günther gelangt sind. Und auch Günther ist nicht ganz frei von Zweifeln an der Richtigkeit von Müntzers Lehre: „Ich hoffe, du hast den Geist geprüft und fabelst nicht mit einem falschen Namen, sondern glühst durch den Geist Christi." Deshalb meint er, ihm eine ernste Warnung, seine eigene Lehre nicht zu überschätzen, übermitteln zu müssen: „Im übrigen siehe zu, daß das Licht, das in dir ist, nicht Finsternis ist." Er weist ihn auch auf den Teufel hin, der nicht tot sei, sondern umhergehe wie ein brüllender Löwe und sucht, welchen er verschlinge.[2] Damit will Günther seinen Freund mit allem Nachdruck nochmals auf die Gefahren, die diesem drohen, aufmerksam machen.

Aber dieses Schreiben Günthers ist nicht nur ein Rückblick auf Müntzers Wirken in Böhmen, sondern hat geradezu prophetischen Charakter – nimmt Müntzers Entwicklungsweg bis zur Ankunft in

[2] Vgl. zum Bild des brüllenden Löwen z. B. Petrusbrief 5, 8

Allstedt vorweg. Zwei Umstände nämlich prägen Müntzers Leben in den folgenden $1^1/_2$ Jahren: Er bleibt weiterhin auf der Wanderschaft, um seine Lehre zu verbreiten, bzw. stets auf der Suche nach einer festen Anstellung. Außerdem zeigen seine wenigen aus dieser Zeit erhaltenen Briefe, daß er sich ständig gegen Zweifel und Vorwürfe seiner Gegner und Anhänger zur Wehr setzen muß. Franz Günthers düstere Befürchtungen finden damit ihre Bestätigung.

Höchstwahrscheinlich war Müntzers erstes Ziel nach seiner Rückkehr aus Böhmen Erfurt. Es blieb uns eine Einladung von zwei – nicht wie bisher angenommen von vier[3] – Mönchen des Erfurter Benediktinerklosters auf dem Petersberg, Veit Goldschmidt und Martin Gentzel, erhalten. Sie ist lediglich mit dem Jahr 1521 datiert. Die Mönche bitten Müntzer darin, bei ihnen im Kloster als Sprachlehrer tätig zu sein. Gentzel und Goldschmidt stammten beide aus Stolberg, Gentzel hatte in Erfurt, Goldschmidt in Italien studiert. Ob persönliche Beziehungen zu Müntzer bestanden, wäre möglich, ist jedoch nicht nachweisbar. Es scheint, daß die Mönche im Zuge humanistischer Bildungsbestrebungen besonders an einem guten Lateinunterricht interessiert waren. Allerdings ist nicht ganz klar, warum man sich gerade so intensiv um Müntzer bemühte. Sollte sich in Erfurt, der Universitätsstadt, kein guter Lateinlehrer finden lassen? Oder wollte man mit Müntzer auch den Mann der Reformation haben? Schon 1520, als dieser noch in Zwickau wirkte, hatten die Mönche ihm die Stellung angeboten. Damals lehnte Müntzer ab, setzte jedoch den Rat der Stadt Zwickau als Vermittler ein, da er offensichtlich darauf Wert legte, sich die Stelle offenzuhalten.[4] Aus dem Brief von Ende 1521 geht hervor, daß die Mönche ihren Abt erst überzeugen mußten, Müntzer die Stelle anzubieten. Bei Abfassung der Einladung handeln sie aber dann mit dessen Zustimmung, ihn für 30 Gulden im Jahr nach Erfurt zu holen.

Es ist nicht völlig von der Hand zu weisen, daß Müntzer dem Ruf Folge leistete und die Anstellung zustande kam, zumal der Winter vor der Tür stand, als er Prag verließ. Ob überhaupt und wie lange er sich jedoch auf dem Petersberg aufhielt, entzieht sich unserer Kenntnis. Einen Hinweis auf einen Aufenthalt Müntzers in Erfurt gibt sein Brief an Melanchthon vom 27. März 1522. Dort wird eine ernste Auseinandersetzung Müntzers mit Johann Lang, der 1516 bis 1522 im Erfurter Augustinerkloster Prior war, angedeutet. Welcher Art dieses Zerwürfnis war und ob es mit Müntzers Wirksamkeit im Kloster St. Peter zusammenhing, bleibt dahingestellt. Der Brief an Melanch-

[3] Müntzer-Briefwechsel, S. 31 f., Nr. 29

[4] Vgl. Kapitel über Zwickau. Die neueste Stadtgeschichte Erfurts von Gutsche enthält nichts zu Müntzers Aufenthalt in der Stadt zu dieser Zeit.

thon wird von uns außerhalb der Chronologie gesondert behandelt aufgrund seiner inhaltlichen Bedeutsamkeit.

Manfred Bensing vermutet, daß Müntzer von Erfurt nach Nordhausen ging.

Es existieren nur zwei zuverlässige Dokumente, die auf eine Anwesenheit Müntzers in Nordhausen hinweisen: der Brief Müntzers an einen Unbekannten, geschrieben am 14. Juli 1522 in Nordhausen (Nr. 35), aus dem jedoch inhaltlich nichts über eine Tätigkeit Müntzers in der Stadt hervorgeht; und ein Brief Johann Buschmanns vom 30. September 1522 (Nr. 36) – ein Antwortschreiben auf Müntzers Bitte um Vermittlung einer Predigerstelle in Allendorf vom 26. September 1522, das nach Nordhausen gerichtet wurde. Was sich in dem Zeitraum zwischen den beiden Briefen ereignet hat, entzieht sich völlig unserer Kenntnis.

Das Schreiben an einen Unbekannten macht in seiner apokalyptischen Diktion Müntzers innere Verfassung zu jener Zeit sehr eindrucksvoll greifbar. Mit der Bezugnahme auf Müntzers Geistlehre ähnelt dieser Brief dem Schreiben an Melanchthon vom 27. März – in beiden fühlt sich Müntzer als der Auserwählte im Kampf mit den Gottlosen, der die Geheimnisse des lebendigen Gottes verkünden will. Er fühlt sich in seinem Wollen mißverstanden und muß sich scheinbar mit Zweifeln und Vorwürfen seiner Anhänger auseinandersetzen: „Die da plärren, ich hätte die Lehre Christi widerrufen, reden eitel Lügen ..." Diesen Anfeindungen setzt er den unwandelbaren Willen Gottes, an dem er stets festgehalten habe, und das Bewußtsein seiner Auserwähltheit entgegen: „Ich zeige all den gottlosen Betrügern durchaus die allein rechte Kirche Jesu des Nazareners, die durch Gottes Vorbestimmung gegründet ist." Er muß wohl doch in dieser Zeit gepredigt haben, wie sonst sollte er seine Lehre den Menschen nahebringen. Interessant ist in diesem Zusammenhang auch die Selbstbezeichnung am Ende des Briefes: Thomas Müntzer – Sohn der Aussonderung (filius excussionis). Müntzer ruft den Zweiflern zu: „O ihr Zeugen meines christlichen Lebens ... Die völlig falschen Zeugnisse, die du angeführt hast, weise ich von mir ... Denn in ihnen ist die erwähnte Herrlichkeit des Herrn gescholten worden." So eindrucksvoll diese Sätze sind, so schwer ist es, einen konkreten Bezug zu den Ereignissen in Nordhausen zu finden – jedenfalls wird nichts über eine feste Anstellung Müntzers als Prediger erwähnt.

Der Brief Buschmanns zeigt, daß Müntzer jedenfalls im September 1522 ohne Anstellung war. Das Bittgesuch nach Vermittlung nach Allendorf scheiterte jedoch, wie Buschmann schreibt, weil ihn die katholische Geistlichkeit als „Martinianum et peiorem" (Martinianer oder schlimmeres) ansah. Eine Begründung, die wohl als Ursache angesehen werden muß, daß Müntzers Bemühungen, eine Anstellung zu finden, 1522 durchweg scheiterten.

Auch die ausgewerteten Nordhäuser Quellen zur Stadtgeschichte machen eine Wirksamkeit Müntzers als Prediger an der Kirche St. Georgen nicht wahrscheinlicher.[5] Der Martinsbube, ein „verlaufner Mönch", der 1522 in der Kapelle eingesetzt wurde,[6] kann nicht mit Müntzer identisch sein, da dieser kein entlaufener Mönch war, sondern Weltgeistlicher, was seine Zeitgenossen wohl zu unterscheiden wußten. Auch die wohl vorhandene Feindschaft zu Lorenz Süße, der Anfang 1522 in der St. Petri Kirche zu Nordhausen als lutherischer Pfarrer eingesetzt wurde[7], weist lediglich auf eine mögliche Begegnung zwischen beiden hin. „Du weißt wohl", so heißt es in der „Hochverursachten Schutzrede", jedoch erst 1524 an Luther gewandt, „... mit deinem ungebraten Lorenzen zu Nordhausen, was den Mißtätern schon zu Lohn gegeben mich zu töten etc. ..."[8] Falls sich diese Aussage überhaupt auf Lorenz Süße bezieht[9], ging es bei der Auseinandersetzung sicher um Probleme, die Müntzer auch in seinem Brief an Melanchthon beschäftigt hatten – die Art und Weise der Weiterführung der Reformation, die ihn in der Wittenberger Form nicht befriedigte. Der als ruhig und besonnen beschriebene Süße[10], der das Evangelium ohne Lärm predigte, konnte schon, falls er ihn gehört hatte, den Widerspruch Müntzers erregt haben, den die Zeit drängte. Aber hier bewegen wir uns schon auf dem Gebiet von Vermutungen. Der Gegenstand und das Ausmaß der Gegnerschaft Müntzer–Süße bleibt ebenso im Dunkeln wie sein Angriff auf Johann Lang in seinem

[5] Vgl. die Argumentation Bensings in: Bensing, Thomas Müntzer und Nordhausen/Harz, S. 1095–1123; ders., Thomas Müntzers Aufenthalt in Nordhausen 1522, S. 35–62; ders., Thomas Müntzer und die Reformationsbewegung in Nordhausen 1522 bis 1525, S. 4–18

[6] Perschmann, Die Reformation in Nordhausen 1522–1525, S. 17

[7] Ebenda, S. 16. Daß dieser in Anwesenheit zweier Vertreter des katholischen Reichsstiftes, dem St. Petri inkorporiert war, gewählt wurde, ist lediglich ein Zeichen des vorsichtigen Taktierens des Rates der Stadt, der sich zwar von kirchlicher Bevormundung frei machen wollte, jedoch die offene Konfrontation vermied. Zumal lag die Stadt in der Nähe des Herrschaftsbereichs Herzog Georgs. Außerdem war Süße seit 1519 Prior des Augustinerklosters in Nordhausen, was seine Einsetzung nahe legte. Vgl. auch Koch, Zum Einfluß Müntzers und der Mühlhäuser Bewegung auf die frühe Reformation in Nordhausen zwischen 1522 und 1524, S. 52–67

[8] MF, S. 338

[9] Vgl. Hinrichs, Luther und Müntzer, S. 183. Er meint, daß bei Müntzer der ungebratene Lorenz so viel wie unechter, ungeprüfter Heiliger bedeutet. Der wirklich heilige Laurentius wurde lebendigen Leibes auf einem Rost gebraten. Auf wen sich jedoch die Aussage bezieht, wenn nicht auf Süße, weiß Hinrichs nicht zu sagen.

[10] Perschmann, Die Reformation in Nordhausen 1522–1525, S. 17

Brief vom 27. März. Gar von Mordplänen im Zusammenhang mit Müntzers Bemerkung in der „Hochverursachten Schutzrede“ zu sprechen, die Luther gegen ihn schmiede und Süße ausführen solle, halten wir für eine falsche Interpretation. Wenn Müntzer hier vom Töten spricht, meint er das wohl im Sinne von mundtot machen bzw. diffamieren, was ja auch dem Tenor des Briefes vom 14. Juli entspricht.

Schwer zu erklären ist die Tatsache, daß Müntzer am Palmsonntag — am 13. April 1522 — eine Predigt in Stolberg gehalten hat, wie W. Elliger überzeugend darlegt.[11] Wie es zu dieser Predigt gekommen ist, ob eine kurze Anstellung mit ihr verknüpft war, wissen wir nicht. Bezeugt ist sie durch den Bericht des Cyriacus Spangenberg: Man habe viele „herrliche/ schöne und Christliche Predigten von jm gehöret ... Wie wol er zu letzt ein mal auff den Palmen Sontag eine Predigt gethan / welche verstendigen Leuten allerley nachdenckens gemachet ...“[12] Daraus geht doch hervor, daß Müntzer in diesen Ostertagen mehrere Predigten gehalten haben muß. Außerdem zeigt die Aussage Spangenbergs, „daß Müntzer bereits auf dem Weg zu einem eigenwilligen Verständnis der reformatorischen Lehre war“.[13]

Für die Wochen zwischen Ende September und dem Weihnachtsabend 1522, an dem Müntzer in Glaucha bei Halle wieder „auftaucht“, besitzen wir überhaupt keine datierten Quellen, die eine sichere Bestimmung von Müntzers Aufenthaltsorten erlauben würden.

Wenige aus dem Jahre 1522 stammende Sätze über ein Colloquium Magistri Vuolfgangi Steyn, Cygnei, et Thomae wurden erstmals von Franz 1968 ediert.[14] Bis dahin waren sie der Müntzerforschung unbekannt und erlangten bis heute kaum Beachtung.[15] Spalatin hat diese spärlichen Sätze einer Disputation, wohl anhand von Informationen eines Dritten, offensichtlich Stein, niedergeschrieben. Die Geschichte dieses Kolloquiums bleibt im Grunde jedoch unklar — Spalatin gibt weder Ort noch ein genaues Datum an. Es wird angenommen, daß es im November/Dezember 1522 in Weimar stattfand. Allerdings wird Müntzer von Karlstadt Mitte Dezember schon in der Nähe Wittenbergs vermutet, am 24. Dezember ist er dann in Halle, wobei Weimar doch

[11] Elliger, Thomas Müntzer, S. 219. Auch Bensing, Thomas Müntzer und die Reformationsbewegung in Nordhausen 1522 und 1525 akzeptiert diese Datierung, S. 7.

[12] Elliger, Thomas Müntzer, S. 219

[13] Ebenda

[14] MF, S. 565. Dieses Dokument wurde von Franz auf Vorschlag Bensings in die Edition aufgenommen. Der erste Druck erfolgte bei Kapp, Kleine Nachlese, S. 556 f.

[15] Elliger, Thomas Müntzer, S. 237 f. beschäftigt sich mit der örtlichen und zeitlichen Lokalisierung dieses Ereignisses.

erheblich von dieser Reiseroute abweicht. So wäre es auch denkbar, das Gespräch zwischen Stein und Müntzer in Wittenberg anzusiedeln. Elliger vertritt die Ansicht, daß das Kolloquium mit einem Gespräch von Jakob Strauß mit den Weimarer Barfüßermönchen in Verbindung steht, wobei die Beweisführung dafür nicht ganz schlüssig scheint.[16]

Trotz dieser Unklarheiten sollten die wenigen Aufzeichnungen Spalatins nicht unberücksichtigt bleiben, da sie recht eindrucksvoll sind:

Scientia Dei opus esse (Die Kunst Gottes sei notwendig.);
Quid esset scientia Dei? (Was ist die Kunst Gottes?);
Non posse haberi, nisi ex fide et experientia fidei (Man könne sie nur haben durch den Glauben und die Erfahrung des Glaubens.);

Quid fides? (Was ist der Glaube?);
Non posse doceri, nisi habentem experientiam fidei (Er könne nur dem gelehrt werden, der die Erfahrung des Glaubens besitzt);
Quid experientia fidei, aut quomodo posset acquiri? (Was ist die Erfahrung des Glaubens, oder auf welchem Wege kann er erworben werden?);

Ex scientia Dei (Aus dem Wissen Gottes);
Non posse doceri, nisi habentem spiritum et scientiam Dei (Er kann nur dem gelehrt werden, der den Geist und das Wissen Gottes besitzt);

Quomodo possit haberi scientia et spiritus Dei? (Wie kann man das Wissen und den Geist besitzen?);
Non posse doceri, nisi periculis et laboribus (Man kann ihn nur lehren durch Gefahren und durch Mühen);
Du must dir es gar sauer lassen werden, dann es ist mir gar sauer worden;

Fidem non esse nisi Christum et experientiam fidei vera opera fidei (Der Glaube ist nur Christus und die wahre Erfahrung des Glaubens, die wahren Werke des Glaubens);
Et eam credo haberi ex scriptura et Evangelio et Christo (Und ich glaube, daß man ihn nur erlangen kann aus der Schrift und der Botschaft aus Christus);

Ha lieber gesell, ich schiß dir eyn werk in die schrifft in das evangelium und in Christus, wenn du nicht hettest die kunst und geist Gottes;

De Wittenbergensibus male sentit et loquitur, nominans fatuos Doc. Martinum Lutherum, Doc. Carlostadium, Phil. Mel. atque adeo Doc. Langum (Er denkt und spricht schlecht über die Wittenberger und nennt den geschwätzigen Dr. Luther, Karlstadt, Melanchthon, Dr. Lang).[17]

Freilich stellen diese Notate, die durch ihre Flüchtigkeit an Quellen-

[16] Ebenda, S. 238
[17] Kapp, Kleine Nachlese, S. 556 f.

wert verlieren, keine Offenbarungen dar. Es sind uns schon oft begegnete Äußerungen Müntzers, die lediglich dadurch, daß er hier mit allem Nachdruck vor allem in den deutschen Sätzen ein Bekenntnis zu seiner Geistlehre gibt, interessant werden. Eines wird jedoch deutlich: eine stärkere Abgrenzung von Luther und dem gesamten Wittenberger Reformatorenkreis, was deren Verständnis der Reformation betraf in der Zeit des Ausklangs der Wittenberger Bewegung. Die Aufzählung der Namen am Ende zeigt das. Erstaunlich, daß hier auch Karlstadt genannt wird.

Am 21. Dezember 1522 schreibt Andreas Bodenstein von Karlstadt an Thomas Müntzer und bezieht sich dabei auf ein vorangegangenes Schreiben Müntzers an ihn, das verlorengegangen ist (Nr. 37). Wenn Karlstadt darin schreibt, er wünsche ihm Glück dazu, daß er „unsere Gegend" aufgesucht habe, so muß sich Müntzer im Dezember 1522 in der Umgebung Wittenbergs oder in der Stadt selbst aufgehalten haben. Die Anfänge von Müntzers Beziehungen zu Karlstadt sind unbekannt. Es läßt sich aber vermuten, daß sie in die Zeit fallen, als sich Müntzer über kurz oder lang in Wittenberg aufhielt.

Daß Müntzer Karlstadt und seine Schriften kannte, geht aus dem Literaturverzeichnis aus der Zwickauer Zeit hervor.[18] Hier sind neben humanistischen eine Vielzahl von Schriften Luthers und Karlstadts angeführt. Auch wenn nicht bekannt ist, ob Müntzer diese Bücher alle besessen bzw. gelesen hat, so hat er sich zumindest für sie interessiert.

Der Brief vom 21. Dezember ist sehr flüchtig geschrieben: dreimal wiederholt Karlstadt: „Darüber ein andermal ..." Dadurch bleibt vieles im Dunkeln, was nur aus dem Inhalt des verlorengegangenen Briefes Müntzers zu erklären wäre. Einige Andeutungen werfen aber doch ein bezeichnendes Licht auf Müntzers Lebenssituation nach einem Jahr unsteter Wanderschaft. Nach einer Anrede, die Müntzers Vorstellung vom Knecht Gottes aufgreift, schreibt Karlstadt: „Der Friede von dem Vater unseres Herrn Jesu Christi sei mit dir. Diesen muß ich dir wünschen, weil ich sehe, daß du in eine Verwünschung verfallen bist, die der Verwünschung des Jeremia nicht unähnlich ist und die ich deshalb nicht billigen kann, weil ich auch bei Jeremia bemerke, daß das Weizenkorn in die Erde gefallen, aber noch nicht erstorben ist." Bei Jeremia 20/14 heißt es: Verflucht der Tag, an dem ich geboren wurde; der Tag, an dem meine Mutter mich gebar, sei nicht gesegnet ...[19] Daraus dürfte hervorgehen, daß der verlorene Müntzerbrief in einer sehr düsteren Stimmung geschrieben wurde. Karlstadt

[18] Müntzer-Briefwechsel, S. 131, Anhang Nr. 3

[19] Das Alte Testament. Einheitsübersetzung wird zitiert, weil Müntzer die Lutherbibel nicht kennen konnte, da diese noch nicht vorlag.

fährt fort: „So wie jener scheinst du mir die Bitterkeit des Senfkorns zwar zu schmecken, aber noch nicht von allen der Geringste geworden zu sein." In Mk 4,31 ist das Senfkorn ein Symbol des Kleinsten, was große Früchte bringt. Karlstadt versucht hier wohl, Müntzer innerlich aufzurichten, tröstende Worte für ihn zu finden, indem er darauf hinweist, daß Gott seine Auserwählten zuerst einmal um der Sünde willen züchtigt, ehe er sie erhebt.

Müntzer scheint Karlstadt andeutungsweise von seinem apostolischen Leben berichtet zu haben. Letzterer meint, er habe in dem Brief „die Stürme des Meeres gespürt", auf dem Müntzer treibt. Eine sehr eindrucksvolle Charakterisierung von Müntzers Leben im Jahre 1522.

Das Mißfallen über die Zwickauer Ereignisse, das Karlstadt danach bei Müntzer anerkennt, dürfte sich wohl auf die Vorgänge um die Bewegung der Tuchknappen nach Müntzers Weggang aus der Stadt beziehen.

Wichtigstes Anliegen dieses Briefes ist jedoch eine Einladung an Müntzer, Karlstadt in Wittenberg bei Simeon Fleischer zu besuchen. Dort will er alles weitere mit ihm besprechen. Er meint wohl damit seinen Bruch mit Luther. Karlstadt hatte sich zu diesem Zeitpunkt schon ein Gut in Wörlitz gekauft und war im Begriff, dorthin überzusiedeln. Wenn Barge in dem Brief vom 21. Dezember eine Abkehr Karlstadts von Müntzer sieht, ist das irrig.[20] Der Hinweis auf Träume und Gesichte deutet doch eher eine gewisse Hinneigung zu Müntzers Auffassung an (vgl. dazu Joel 3,1). Karlstadt befand sich zudem nach dem Ende der Wittenberger Bewegung in einer ähnlichen Situation wie Müntzer – er war der harten Kritik Luthers ausgesetzt und in Wittenberg nicht mehr gern gesehen. Von einer Absage Karlstadts an Müntzer in dem Brief vom 21. Dezember 1522 kann also keine Rede sein, diese erfolgte erst später.

Ob Müntzer dieser Einladung Folge leistete, ist nicht bekannt. Schon drei Tage später finden sich Spuren Müntzers in Glaucha bei Halle. Hier soll er am Weihnachtsabend 1522 das Abendmahl in beiderlei Gestalt an Felicitas von Selmenitz ausgeteilt haben, wobei die vorliegende Quelle für dieses Ereignis das Jahr 1523 angibt, was sicher falsch ist, da Müntzer zu dieser Zeit schon in Allstedt eine feste Predigerstelle innehatte, die ihn gerade zur Weihnachtszeit von seiner Gemeinde unabkömmlich machte.

Felicitas von Selmenitz hatte „1523 (eigentlich 1522) von ihrem Sohne George lesen gelernt, und als sie solche Lehre für richtig und Gottes Wort gemäß befunden, hat sie dieselbe angenommen, und dem Papsttum abgedanket, auch darauf im bemelden Jahr in der Christ-

[20] Barge, Andreas Bodenstein von Karlstadt, Bd. 2, S. 15 ff.

nacht das Abendmahl im Kloster zu St. Georgen zu Halle von Thomas Müntzer heimlich in beiderlei Gestalt empfangen ..."[21]

Das Geschlecht derer von Selmenitz hatte seinen Ursprung im Dorfe Selmenitz bei Zeitz, verlor jedoch 1449 im Schwarzburgischen Krieg seine Güter und kaufte aus dem Erlös des geretteten Besitzes das Schloß Vitzenburg an der Unstrut. Interessant ist, daß der Gatte von Felicitas, Wolff von Selmenitz, der 1519 in Halle erschlagen wurde, seit 1502 als Hauptmann auf dem Allstedter Schloß wirkte, wo auch die Familie wohnte.[22] So ist es nicht ganz auszuschließen, daß Felicitas von Selmenitz 1523 noch einen gewissen Einfluß zugunsten einer Anstellung Müntzers in Allstedt geltend machen konnte.[23] Seit 1516 lebte die Familie auf dem 1509 erworbenen Hof in Halle, wo auch die erst dreißigjährige Witwe Felicitas mit ihren Kindern wohnen blieb. Es sei noch bemerkt, daß ein Cousin Wolffs, Bastian von Selmenitz, der auch in Halle lebte, sich schon „1521 vom Papsttum abwendete und zur lutherischen Lehre überging".[24]

Es deuten einige Quellen darauf hin, daß Müntzer nicht zufällig am Weihnachtsabend 1522 in Halle weilte, sondern dort an der Kirche zu St. Georgen in Glaucha als Prediger angestellt war. Ein Hallenser Bürger, Georg Gortler, sagt, im Dezember 1525 nach seiner Beziehung zu Thomas Müntzer befragt, aus: „Saget, er habe mit ym gessen vor tzweyen jaren (was allerdings wieder 1523 bedeuten würde, wenn Gortler nicht irrte) ungeverlich, als er zw Sanct Gorgen prediger gewest, dessgleichen Hans Moller."[25] Martin Luther erinnert sich noch 1533 in einer Schrift daran, daß Müntzer noch in Allstedt bekannt habe, „wie er zu Halle sey jm einem Kloster Caplan gewest und habe morgens die frue messe den Nonnen müsse halten ..."[26] Was die Aufgaben Müntzers in der Stellung als Prediger zu St. Georgen betraf, können wir uns durchaus auf Luther verlassen. Die Kirche in Glaucha war nicht nur Pfarrkirche, sondern zugleich Klosterkirche des Zisterzienserinnenklosters Marienkammer. Dieses war von Erzbischof Wichmann gestiftet worden, der jedoch 1192 starb, ohne seinen Plan vollendet zu haben. 1231 führte Erzbischof Albert II. das Vorhaben zur

[21] Kreysig, Beyträge zur Historie derer Chur- und Fürstlichen Sächsischen Lande, S. 106

[22] Vgl. Kapp, Genealogie derer von Selmenitz, in: ebenda, S. 76 ff.

[23] Vgl. Honemeyer, Müntzers Berufung nach Allstedt, S. 103—111. Hier findet sich S. 107 auch der Hinweis auf Hans Mönch, Vater der Felicitas, der ca. 1497—1502 kurfürstlicher Amtmann in Allstedt war.

[24] Kapp, Genealogie derer von Selmenitz, in: Kreysig, Beyträge zur Historie derer Chur- und Fürstlichen Sächsischen Lande, S. 89

[25] Akten zur Geschichte des Bauernkrieges, S. 741, Nr. 1956

[26] WA Bd. 38, S. 213 aus der Schrift „Von der Winkelmesse und Pfaffenweihe", 1533

Gründung eines Klosters zu Ende. Die damals schon existierende Kirche St. Georgen, die bis dahin dem Kloster Neuwerk bei Halle inkorporiert war, wird nun 1231 Klosterkirche für die Nonnen des Klosters Camera Mariae.

Diese romanische Kirche war noch zu Müntzers Zeit ein „80 Meter langes und 30 Meter breites Bauwerk aus Stein mit runder Dachwölbung aus Holz und Täfelwerk und aus der Mitte des Daches aufsteigendem, langem spitzen Turme, welche südlich jenseits der Hallischen Ringmauern (vor dem Ranischen und dem Moritz-Tor) auf einem Hügel an der Saale, neben dem Rittersitze der Herren von Glouch (Glaucha) sich erhob".[27] Von dieser Kirche blieb uns nichts erhalten – am 6. Januar 1740 brannte sie völlig aus.[28]

Das Kloster wurde gleich neben der Kirche errichtet. Ritter Volrad von Glaucha wurde dazu veranlaßt, sein unmittelbar südlich angrenzendes Kastell und seinen Gutshof für 130 Silbermark an die neue Stiftung zu verkaufen. Mit seinen Gebäuden, Gärten, Höfen und Wirtschaftsanlagen breitete sich nun das Kloster, das schnell erheblichen Grundbesitz in der Umgebung erlangte, auf dem an und über der Saale westlich, südwestlich und östlich die Kirche umgebenden Gelände aus und bedeckte den heutigen Hospitalplatz.[29]

In seinem Brief vom 19. März 1523 schreibt Müntzer: „Ich habe zwene gulden von der domina den ganzen winter ..." über erhalten (Nr. 38). Er scheint somit den Winter als Prediger in der Pfarr- und Klosterkirche St. Georgen verbracht und Lohn von der Äbtissin, von 1510 bis 1530 Barbara von Kotze[30], erhalten zu haben. Inwieweit diese Stellung Müntzers Ambitionen, der Ausbreitung des Evangeliums zu dienen, entsprach, oder ob sie nur eine Übergangslösung für die kalte Jahreszeit darstellte, läßt sich schwer sagen. Die Kirche in Glaucha war wohl der kirchliche Mittelpunkt aller südlich von Halle liegenden Ansiedlungen, wodurch doch seine Predigertätigkeit nicht auf die Enge des Klosters beschränkt blieb. In einem Brief vom 31. März 1523 spricht der Hallenser Küster Engelhard Mohr Müntzer seinen

[27] Hertzberg, Geschichte der Stadt Halle an der Saale, S. 77 bzw. 105

[28] Beschreibende Darstellung der ältesten Bau- und Kunstdenkmäler der Provinz Sachsen und angrenzender Gebiete, Stadt Halle und Saalekreis, S. 273–276

[29] Hertzberg, Geschichte der Stadt Halle an der Saale, S. 106. Zum Besitzstand des Klosters bei der Visitation 1561 vgl. Dreyhaupt, Ausführliche diplomatisch-historische Beschreibung des Saal-Creyses, Theil 1, S. 807. 1577 verlassen die Nonnen das Kloster. Dieses wird an den Rat der Stadt Halle übergeben, der dort ein Hospital einrichtet.

[30] Dreyhaupt, Ausführliche diplomatisch-historische Beschreibung des Saal-Creyses, S. 807 gibt als Äbtissin 1510–1523 Margaretha Mulings an. Knuth, Geschichte der Kirchengemeinde von St. Georgen zu Glaucha, Halle 1891, S. 211 gibt 1510–1520 Mulings an, ab 1520 Barbara von Kotze.

Beifall für dessen Lehrtätigkeit in Halle aus: „Als du bei uns lebtest, liebster Thomas, hast du verschiedene von Gott eingegebene Geheimnisse des inwendigen Menschen enträtselt ... Für diese Erkenntnisse werde ich an dir meinen Gott und meinen Erlöser Jesus Christus preisen ...“ (Nr. 39). Müntzer scheint also auch in Halle nachhaltigen Eindruck und nachdenkliche Gemüter bei seiner Zuhörerschaft hinterlassen zu haben. Es ist auch denkbar, daß er nach der unruhigen Zeit der Wanderschaft die relative Ruhe in den klösterlichen Mauern genoß, wie schon einmal im Kloster Beuditz bei Weißenfels. In Allstedt kam Müntzer mit dem fertigen Konzept einer Deutschen Messe an, was spricht dagegen, daß er es schon um den Jahreswechsel 1522/23 in Glaucha in Angriff genommen haben könnte?[31]

In diesen Monaten erhielt Müntzer einen Brief von Johann Esche (van der Esschen) (Nr. 34). Es handelt sich bei ihm um einen niederländischen Mönch, Mitglied des Konvents der Augustinereremiten in Antwerpen. Das dortige Kloster war von Johann von Staupitz 1514 der sächsischen Kongregation angeschlossen worden. Es bestanden durch Heinrich von Zütphen, gleichfalls Augustiner in Antwerpen, direkte Beziehungen nach Wittenberg, der erstmals seit 1508 dort studiert hatte und später, für die Reformation gewonnen, nochmals 1520 nach Wittenberg zum Studium ging. Die Antwerpener Mönche, vor allem Johann Esche und Hendrik Voes, schlossen sich weitgehend und früh der Wittenberger Reformation an. Beide wurden durch die Inquisition in Vilvoorde gefangengesetzt und bereits am 1. Juli 1523 auf dem Markt von Brüssel als erste Märtyrer der Reformation verbrannt.[32] Zütphen konnte entfliehen, erlitt jedoch 1524 in Heide im Dithmarschen das gleiche Schicksal. Über den Tod von Esche und Voes dichtete Martin Luther sein erstes geistliches Volkslied „Ein neues Lied wir heben an“.[33]

In dem Brief erwähnt Esche, daß ihm „Grüße“ und ein „kurzes Wort“ von Müntzers Geist von den Brüdern übermittelt wurde. Ob es sich um Grüße aus dem Kloster in Eisleben handelt, läßt sich nur vermuten, nicht aber beweisen. Wenn es aber heißt, daß die Brüder Müntzers Abwesenheit bedauern, so kann es sich nur um einen Ort handeln, wo Müntzer einmal weilte. Wir sind vereint im Geist Gottes, „indem wir durch die Wiedergeburt immerdar in einem Leibe und in

[31] Honemeyer, Thomas Müntzer und Martin Luther, S. 33

[32] Vgl. dazu Clemen, Das Antwerpener Augustiner-Kloster, S. 306—313 bzw. 434—441. Auch, allerdings von geringerem wissenschaftlichen Wert Boehmer, Julius, Die Beschaffenheit der Quellenschriften zu Heinrich Voes und Johann van der Esschen, in: ARG, Jg. 28, 1931, S. 112—133. Dort wird S. 131 auf einen möglichen Aufenthalt des van der Esschen im Eislebener Konvent hingewiesen.

[33] WA Bd. 35, S. 411—415

immerwährender Brüderlichkeit verbunden und so auch immer füreinander in wahrer Liebe gegenwärtig sind". Das spricht wahrscheinlich für engere Beziehungen zu dem Antwerpener Kreis. Er will darum beten, daß sie nicht im rechten Glauben nachlassen.

Der nächste Satz läßt aufhorchen: „Du weißt am besten, wie die Auserwählten Gottes unter Löwen, Schlangen und Skorpionen mit geduldigem Nacken und festem Herzen leben und die Erlösung Israels erwarten." Auf Verfolgung in den Niederlanden läßt die Wendung Esches schließen, daß der Herr sein einziger Helfer sei. Wie ein Trostwort klingt es, wenn er weiter schreibt, daß wir würdig befunden wurden, um Gottes Namen Willen allerlei Schmach, Verfolgung und Verleumdung zu erleiden. Er sieht schon sein Schicksal vor Augen: „Aber das Ende ist noch nicht so bald da; das Ende aber wird der Herr wissen. Vielleicht ist der Weizen und das Unkraut noch nicht zur Reife gekommen. Es reift aber, denn es wird weiß zur Ernte." Und wie ein Abschied klingt das Ende des Briefes von Esche an Müntzer: „Deshalb gedenke meiner, so wie ich immer mit dir leide und wolle mich nicht verachten, denn ich bin dein Bruder."

Nächst Böhmen dürfte die Begegnung mit Esche auf eine frühe Ausstrahlung der frühbürgerlichen Revolution auf nichtdeutsche Gebiete hinweisen.

Kurz vor der Übersiedlung nach Allstedt, von der Müntzer jedoch damals offensichtlich noch nichts wußte, schreibt er am 19. März 1523, vielleicht noch in Halle, an seine „allerliebsten Brüder" (Nr. 38) – einen Brief, der dem von Johann Esche geschriebenen in vielen Aussagen und Empfindungen ähnelt. Er ist einer der aufschlußreichsten Briefe dieser Zeit, der uns vor allem einen Blick in die Vorstellungswelt Müntzers werfen läßt. Die Brüder, so heißt es, sollen sich über sein Vertreiben nicht ärgern. Leider sind uns die näheren Hintergründe auch hier völlig unbekannt.[34] Von den zwei Gulden, die ihm die Äbtissin gab, ist einer für seinen Famulus Emmen bestimmt, der ihm stets treu war. Der andere reicht noch nicht einmal für die Begleichung seiner Schulden.[35] So bleibt es ein Rätsel, wovon Müntzer seinen

[34] Ob Ursache seiner Vertreibung eine Teilnahme an den Aktionen von 300 Hallensern im Januar 1523 gegen das reiche Kloster Neuwerk war, bleibt äußerst fraglich. Vgl. Halle. Geschichte der Stadt in Wort und Bild, S. 21. Bemerkenswert in Bezug auf das Kloster Neuwerk ist jedoch, daß dort von 1519 bis 1523 Nicolaus Demudt, der Onkel von Karlstadt, Probst war. 1523 flieht er aus dem Kloster nach Wittenberg. Vgl. dazu Bubenheimer, Ulrich, Gelassenheit und Ablösung, in: ZKG, Bd. 29, 1981, S. 252

[35] Möglicherweise war der zweite Gulden eigentlich für die noch fällige Bezahlung eines Buches an den Hallenser Buchhändler Wolfgang Juche vorgesehen, der ihn aber dann am 26. Juli 1524 wegen dieser Schuld ermahnen muß (Nr. 60).

Lebensunterhalt überhaupt bestritt. In seiner Vertreibung sieht er eine Anfechtung, durch welche „der selen abgrunt gereumeth, auff das er meher unde mer erleutert, erkant werde, das unuberwintliche gezeugnuß des heyligen geysts zu schepffen". Müntzer erlebt die Zeit seines Umherziehens nicht im Zustand des Niedergeschlagenseins, sondern erblickt darin ein Zeichen seiner göttlichen Erwähltheit: „Darumb lasth meyn leyden eurs eyn ebenbylde seyn. Lasth alles unkraut auffblosen, wye es wyl, es muß unter den dresflugel myt dem reynen weysen (Weizen), der lebendige got macht also scharf seyne sensen yn myr, das ich dar nach dye rothen kornrosen unde blauen blumleyn sneyden muge." So wenig aus diesen Zeilen etwas über die Vorgänge in Halle geschlossen werden kann, so packend schildert uns doch Müntzer sein inneres Erleben. Daß er keine feste Anstellung als Prediger finden kann und gezwungen ist umherzuziehen, ist für ihn unverkennbar eine Ursache seiner Berufung als Knecht Gottes.

Er bittet in diesem Schreiben seine nicht genannten Anhänger, ihn in seiner schwierigen Lage zu unterstützen, und verweist auf den Knecht, der seinen Tagelohn wert ist (Mt 10). Er scheint also doch auf teilweise finanzielle Hilfe von Anhängern gezählt haben zu können. Jedoch fügt er gleich darauf hinzu: „Wer sich dran ergert, der gebe myr nichts." Er wäre für diesen Fall auch bereit zu sterben.

Der Brief vom 19. März 1523 ist das letzte Dokument aus Müntzers Zeit der Vertreibung. In Allstedt beginnt für ihn ein neuer Lebensabschnitt, wo er alle seine Pläne in der Liturgie, in der Predigt und in der Gemeinde verwirklichen kann. Seine Wirksamkeit in Allstedt bildet gleichsam die Erfüllung seines Lebens.

Der Brief Thomas Müntzers an Philipp Melanchthon vom 27. März 1522

Der Brief an Melanchthon vom 27. März 1522 ist ein wichtiges Dokument der geistigen Entwicklung von Thomas Müntzer in der Zeit seiner Wanderschaft 1521/23. Er gehört zeitlich zwischen den wahrscheinlichen Aufenthalt Müntzers in Erfurt bzw. Nordhausen. Jedoch wird in dem Schreiben kein Ort genannt (Nr. 31). Böhmer/Kirn und G. Franz geben Erfurt an, Scheible Nordhausen – keine von beiden Behauptungen läßt sich beweisen.

Erstmalig tauchte dieser Brief als Anhang in der Schrift Johann Agricolas „Die Auslegung des 19. Psalms“ – gedruckt wohl Ende Mai 1525 in Wittenberg – auf.[1]

Thomas Müntzer hatte am 30. Mai 1524 in einem Brief an Christoph Meinhard den 18. Psalm (nach Luther der 19.) ausgelegt (Nr. 49). Agricola kam in den Besitz dieses Sendschreibens und gab es zusammen mit seiner Widerlegung Müntzers heraus. Ohne Müntzers Brief an Melanchthon in diese Schrift mit einzubeziehen, wurde er am Ende ohne Kommentar mit abgedruckt.

Das Original sowie das Originalkonzept des Briefes sind verlorengegangen.[2] Es wäre denkbar, daß ein Konzept überhaupt nicht angefertigt wurde, da der Briefschreiber so schnell wie möglich Stellung nehmen wollte.

Die Übereinstimmung des Druckes bei Agricola mit dem Original ist nicht erwiesen, jedoch durchaus wahrscheinlich.

Die erste wissenschaftliche Edition des Briefes erfolgte durch Otto Clemen 1926 in den Supplementa Melanchthoniana, Bd. 1, danach bei Böhmer/Kirn 1931 und 1968 in der Ausgabe von G. Franz. In der neuesten Ausgabe des Melanchthon-Briefwechsels ist der Brief nur als Regest enthalten.[3]

Der Brief fand bisher in der Literatur zu Thomas Müntzer noch wenig Beachtung, nur bei Walter Elliger findet sich ein guter und

[1] Steinmetz, Müntzerbild, S. 75 ff. Eine zeitgenössische Abschrift im Nürnberger Stadtarchiv zeigt, daß der Brief vor dem Druck zirkulierte und man sich mit dem Text beschäftigte. Müntzer-Briefwechsel, S. 32

[2] Müntzer-Briefwechsel, S. 32

[3] Scheible, Melanchthons Briefwechsel, S. 127

relativ umfangreicher Kommentar dazu.[4] 1977 ergänzte R. Schwarz unsere Kenntnis des Briefes in seinem wichtigen Buch über Müntzer vor allem in Hinblick auf die Schaffung einer „erwählten Nachkommenschaft".[5]

Müntzer gibt in seinem Brief keinerlei Hinweise für die Gründe, diesen zu verfassen und direkt an Melanchthon zu richten. Böhmer/Kirn, G. Franz und W. Elliger gingen davon aus, daß Müntzers Brief im Zusammenhang mit Luthers Rückkehr von der Wartburg und dessen Invokavitpredigten, die der Reformator zwischen dem 9. und 16. März 1522 gegen die radikal-reformatorische Bewegung in Wittenberg hielt[6], entstanden sei. Es besteht die Möglichkeit, daß sich Müntzer zu dieser Zeit in bzw. um Wittenberg aufgehalten hat. Er beweist in seinem Brief eine genaue Kenntnis des Inhalts der Invokavitpredigten, die damals jedoch noch nicht im Druck erschienen waren. Die Kritik in seinem Brief, daß die Wittenberger der Meßreform zu vordergründige Aufmerksamkeit widmeten, kann auf eine Kenntnis der heftigen Diskussionen um die Bedeutung und die Abschaffung der Messe während der Wittenberger Bewegung hinweisen. Luther äußerte sich dazu grundlegend in seiner Schrift „De abroganda missa" 1521.[7] Dieser Umstand würde zusammen mit dem Problem der Schonung der Schwachen, auf das Müntzer auch zu sprechen kommt, auf ein genaues Wissen über den Verlauf der Wittenberger Ereignisse vor und nach Luthers Rückkehr in die Stadt bei Müntzer hindeuten, was wiederum die Abfassung des Briefes in der Nähe Wittenbergs oder direkt in der Stadt in den Bereich des Möglichen rückt.

Müntzers Hauptanliegen in diesem Brief – die Kritik an der fleischlichen Eheauffassung, insbesondere der Priesterehe – könnte aber auch mit der Auseinandersetzung um die Eheschließung des Bartholomäus Bernhardi im Zusammenhang stehen. Im Frühjahr des Jahres 1521 war der Prediger in den Ehestand getreten. Es war eine der ersten bekannt gewordenen Priesterehen der Reformationszeit, die großes Aufsehen erregte. Dadurch geriet er in Schwierigkeiten mit seiner geistlichen Obrigkeit. Er wandte sich um Rückendeckung an Wittenberg, wo für ihn eine Verteidigungsschrift in lateinischer und deutscher Sprache entstand – „Apologia pro Bartholomea Praeposito"[8], die

[4] Elliger, Thomas Müntzer, S. 221 ff.

[5] Vgl. Schwarz, Die apokalyptische Theologie Thomas Müntzers, S. 33–45

[6] WA Bd. 10/III, S. 1–64. Benutzt wurde außerdem Martin Luther. Taschenausgabe, Bd. 3, S. 84–115 bzw. Studienausgabe, S. 520 ff.

[7] WA Bd. 8, S. 399 ff.

[8] Drucknachweise vgl. Supplementa Melanchthoniana I, 6. Abteilung, Melanchthons Briefwechsel, hrsg. von Clemen, Otto, Leipzig 1926, Reprint Frankfurt a. M. 1968, S. 147 f. Lateinische Fassung enthalten in: CR, Bd. 1, S. 421–440. Übersetzung bei Walch, Halle 1745, Bd. 15, Nr. 720

lange Zeit Melanchthon zugeschrieben wurde. So ließe sich erklären, wieso der Brief an Melanchthon gerichtet war. Den Sachverhalt und damit den richtigen Verfasser hat erst H. Barge 1903 nachgewiesen.[9] Durch ihn wissen wir, daß der wahre Verfasser Andreas Bodenstein von Karlstadt hieß. Karlstadts Thesen zur Verteidigung des Probstes von Kemberg betonen in erster Linie die Notwendigkeit der Befriedigung der männlichen Triebe zur Beweisführung, daß das Zölibat die Seele gefährde. 1 Kor 7, 9 heißt es: Können sie sich nicht enthalten, so mögen sie heiraten; es ist besser heiraten, als Glut leiden (Das NT, übers. v. C. Weizsäcker). Dabei wird auf die ethischen Gesichtspunkte kein besonderes Gewicht gelegt, die allerdings für Müntzer im Mittelpunkt standen. Johann Lang, der die Schrift Ende 1521 in lateinischer Fassung mit der Vorrede herausgab, scheint sich in seiner Einleitung gleicher Argumente bedient zu haben. Er selbst hatte im Januar 1522 das Kloster verlassen, wobei selbst Luther mit dessen Begründung vor allem mit fleischlichen Ursachen dafür nicht zufrieden war: Er wünschte, Lang wäre „über alle Ursachen erhaben gewesen".[10] Vielleicht hat sich Müntzer in diesem Kontext so hart gegen Lang am Ende des Briefes geäußert, da dessen Haltung seinem moralischen Rigorismus widersprach.

Im übrigen fand die Verteidigungsschrift weite Verbreitung; Anfang 1522 erschien eine deutsche Übersetzung samt der Vorrede in Erfurt, und selbst in Paris ist ein Nachdruck nachweisbar. Es ist wahrscheinlich, daß Müntzer den Brief in Eile verfaßt hat. Ein Indiz dafür ist der unvermittelte Übergang von der lateinischen zur deutschen Sprache, was nicht typisch für Müntzers lateinische Briefe ist. Auffällig ist in diesem Zusammenhang außerdem, daß er hier, im Gegensatz zu seinen sonstigen Briefen und Schriften, nur eine einzige Bibelstelle – Jeremia 23 –[11] angibt, obwohl er fortwährend die Schrift zitiert. Müntzer selbst gibt zu verstehen, daß er mit eiliger Feder schreibt und er dadurch einiges, was noch zu sagen wäre, vorerst schuldig bleiben muß: „Wenn ihr wollt, werde ich alle meine Worte durch die Schrift, die Ordnung und die Erfahrung und das offenkundige Wort Gottes bekräftigen . . ."[12]

Müntzer beginnt seinen Brief mit einem Gruß an Melanchthon und einer ausdrücklichen Bestätigung der Wittenberger Reformation. Danach behandelt er folgende wichtige Problemkreise:

1. die Priesterehe,
2. die Reform des Meßopfers,

[9] Barge, Karlstadt, nicht Melanchthon, S. 310–317

[10] WA Br. 2, S. 498, Walch, Bd. 15, S. 2596 f.

[11] Müntzer-Briefwechsel, S. 33

[12] Ebenda

3. die Schonung der Schwachen und
4. die Bedeutung des Fegefeuers.

Alle Aussagen zu den einzelnen Problemen fließen ineinander und stützen sich vor allem auf Müntzers Geistlehre.

Müntzer wirft den Wittenbergern vor, sie würden die Priester zur Eheschließung überreden, „obwohl das Ehebett nicht mehr unbefleckt“ sei. Diese Aussage zeigt, daß Müntzer zwei Tatsachen an der Wittenberger Auffassung für kritikwürdig erachtet: Ausgehend von einem falschen Umgang mit der Schrift beachteten die Wittenberger die Verantwortung der Ehe für die Zeugung einer erwählten Nachkommenschaft nicht, denn nur auf diesem Wege könne die neue Kirche gebildet werden.

Im Brief heißt es: „Während ihr den Mund Gottes als stumm anbetet und nicht wißt, ob aus eurer Unkenntnis die Auserwählten oder die Verworfenen vermehrt werden, verwerft ihr die zukünftige Kirche völlig . . .“ Hier kommt doch zum Ausdruck, daß er die Kritik an der Priesterehe auf den Aufbau der neuen Kirche bezieht und sich dabei auf seine Geistlehre stützt. Interessant ist seine Auffassung, daß hiermit auch eine Trennung in Auserwählte und Verdammte verbunden ist. Für Thomas Müntzer besteht der Zweck einer Ehe darin, „erwählte Nachkommenschaft“ heranzuziehen .

In diesem Zusammenhang kommt auch eine bestimmte Auffassung von Enthaltsamkeit zum Ausdruck: Nicht die sinnliche Lust ist das Fundament der Ehe, sondern die Mitteilung des göttlichen Willens. Dabei vertritt Müntzer eine rigoristische Moralauffassung, die die fleischliche Eheauffassung als Hinderung für die Heiligung ablehnt. „Im Bewußtsein, daß Gott selber zu ihnen spricht . . ., wissen sie auch genau, wann sie ihre Ehepflicht zu erfüllen haben, um eine erwählte Nachkommenschaft zu zeugen.“[13]

Die in Verbindung damit von Böhmer/Kirn angeführte Bibelstelle Hebr 13, 4. für Müntzers Aussage scheint von diesem eher im Sinne einer Anspielung, nicht aber eines konkreten Beleges gemeint zu sein. In der Schrift wird hier klar zwischen der Ehe und der „Hurerei“ unterschieden, worum es in der Frage der Priesterehe doch eigentlich nicht geht. Außerdem existierte für Paulus und die alte Kirche das Problem des Zölibats und des Mönchtums, mithin die Fragen der Priesterehe noch gar nicht.

Müntzer stützt sich hierbei völlig auf seine Geistlehre, die er zum ersten Mal in den drei Fassungen des „Prager Anschlags“ entwickelt hatte. An keiner Stelle legt er diese Lehre systematisch dar, sondern setzt sie einfach voraus. Unklar bleibt, ob Müntzer diese Lehre im

[13] Schwarz, Die apokalyptische Theologie Thomas Müntzers, S. 41

Sinne der göttlichen Vorausbestimmung versteht, wonach jeder Mensch von Ewigkeit her zum Guten oder zum Bösen bestimmt ist und damit zur ewigen Seeligkeit oder Verdammnis. Im Sinne einer doppelten Prädestination, wie sie später Calvin verkündet hat, könnte Müntzers Geistlehre als eine stark mystisch bestimmte Vorform verstanden werden. Doch scheinen die Quellen zu einer so deutlichen Aussage nicht auszureichen.

Wenn W. Elliger in diesem Zusammenhang von „absurd anmutenden Reflektionen Müntzers“[14] spricht, so deutet das die Unklarheit von Müntzers Ausführungen an, kann aber nicht als das letzte Wort in dieser Sache verstanden werden.

Die Wittenberger Reformation hat diese mystisch-chiliastische Auffassung der Ehe von Anfang an verworfen, so daß auch eine Trennung von Priester- und Laienehe, wie sie doch wohl für Müntzer bestand, der nur die Priester als Träger der ecclesia futura betrachtete, keine Rolle mehr spielen konnte.

Müntzer legt sein Verständnis von der Unmittelbarkeit des Geistwirkens in dem Brief an Melanchthon auch in Verbindung mit dem Begriff der Weissagung als einem Teil des lebendigen Gotteswortes dar: „O ihr Lieben, trachtet danach, daß ihr weissaget ...“ Müntzer bezieht sich zwar nicht direkt auf den Propheten Joel, hat aber sicher die Aussagen aus Joel 3, 1 im Sinn: „... eure Söhne und Töchter sollen weissagen; eure Ältesten sollen Träume haben, und eure Jünglinge sollen Gesichte sehen.“ Bei Joel stehen Weissagen, Träume und Gesichte in engem Zusammenhang. Davon ausgehend ist in Müntzers Brief das Wort Gottes als unmittelbare Weissagung, eventuell vermittelt im Traum oder als Gesicht, verstanden worden. Der Bezug auf das Alte Testament ist an dieser Stelle unübersehbar. In enger Beziehung mit dieser Geistlehre steht wohl auch, daß Müntzer meint: „Keiner kann zur Ruhe eingehen, wenn ihm nicht die sieben Grade der Vernunft durch die sieben Geister eröffnet werden.“ Den Bezug findet man hier bei dem Propheten Jesaja 11,2: „Auf ihm wird ruhen der Geist des Herrn, der Geist der Weisheit und des Verstandes, der Geist des Rates und der Stärke, der Geist der Erkenntnis und der Furcht des Herrn.“

Müntzer beschäftigt sich in seinem Brief auch mit der Wittenberger Reform des Meßopfers, wobei diese Frage jedoch bei ihm eine untergeordnete Bedeutung gegenüber dem Problem der Priesterehe einnimmt. Er kritisiert die Wittenberger, wobei er die Reformversuche vor der Rückkehr Luthers im Auge hat, da man dabei nicht zum altchristlichen Brauch zurückgekehrt sei. Wie Karlstadt strebte Müntzer eine Gottesdienstordnung nach der Norm der Heiligen Schrift an. So

[14] Elliger, Thomas Müntzer, S. 225

greift er auch beim Empfang des Abendmahls auf einen frühchristlichen Brauch zurück, wobei der Gläubige eine besondere Qualifikation dafür vorweisen mußte: „Die Abendmahlsgemeinde ist die durch ihr Selbstzeugnis sich bestätigende und bestätigte Gemeinschaft der vom Heiligen Geist erfüllten Christen, die als die electi zu der futura ecclesia hinführen werden."[15] So spielen auch hier wieder die Auserwählten als Wegbereiter der ecclesia futura eine entscheidende Rolle.

Wichtigstes Anliegen ist seine Kritik an Luthers Grundauffassung von der Schonung der Schwachen. Bei dieser Frage wird Luther direkt angesprochen: „Unser liebster Martinus handelt unverständlich ..." Der Reformator hatte in den Invokavitpredigten immer wieder gefordert, daß man bei der Erziehung der Gläubigen, bei der Ausbreitung des Wortes Gottes in den Herzen der Menschen diesen Zeit lassen müsse und sie nicht bedrängen dürfe. Müntzer hingegen vertrat die Meinung, daß bei der Errichtung der ecclesia futura keine Zeit zu verlieren sei. „Die Drangsal der Christen steht schon vor der Tür ..." und erfordert ein beschleunigtes Vorgehen.

Hier vertritt Müntzer wieder eine rigoristische Position, indem er Luther Kompromißbereitschaft und Passivität vorwirft. In der Überzeugung Müntzers läuft Luthers Schonung der Schwachen auf eine Vereinigung mit den Verworfenen hinaus, ausgehend von einer falschen Interpretation des göttlichen Wortes.

Dabei geht Müntzer davon aus, daß alle, die ihm in seinem kompromißlosen Vorgehen nicht folgen wollen, Gottlose, d. h. von Anbeginn an von Gott verworfen und verdammt seien. Die Auseinandersetzung über die Schonung der Schwachen ist einer der Grundwidersprüche zwischen Luther und Müntzer, wobei sich beide auf die Bibel stützten, Müntzer jedoch vor allem die apokalyptischen Züge der biblischen Schriften betont. Luther und Müntzer vertraten hier zwei unterschiedliche Wege zur Schaffung einer neuen Kirche. Keiner von beiden ist von vornherein zu verurteilen: Luther kam es darauf an, die Menschen in ihrer Gesamtheit mit Hilfe des Wortes Gottes zu erziehen; Müntzers Auffassung wurde vor allem durch seinen Blick auf das bevorstehende Ende der Welt und die baldige Errichtung des Reiches Gottes bestimmt. Apokalyptisches Gedankengut kommt bei der Erwähnung der Zornesschale, die Teil des Gerichtes über den Antichristen sei (Offb 16, 4–6), zum Ausdruck. Müntzer war überzeugt, daß der apokalyptische Prozeß schon weiter fortgeschritten sei als seine Zeitgenossen glaubten. Damit in Verbindung steht wohl auch Müntzers Mahnung an die Wittenberger in deutscher Sprache: „Lieben bruder, last euer merhen, es ist zeyt!" In ähnliche Richtung zielt seine

[15] Ebenda, S. 225

Aufforderung an dieselben, sie sollten ihren Fürsten nicht schmeicheln, die in diesem Brief von 1522 zum ersten Mal geäußert wurde. „Müntzer befürchtete, daß aus dem Einvernehmen mit der Obrigkeit allzu leicht eine Hörigkeit und Unterwürfigkeit werden könnte, die um der Gunst der Fürsten willen darauf verzichtet, dem abgöttischen Wesen der alten Kirche Einhalt zu gebieten und die Erneuerung der Christenheit mit allem Ernst voranzutreiben."[16] Es sollte sich zeigen, wie berechtigt diese Befürchtungen Müntzers im Hinblick auf die lutherische Reformation waren.

Der Brief an Melanchthon ist eine der wenigen Quellen, wo sich Müntzer nachdrücklich für die Existenz und positive Bedeutung des Fegefeuers ausspricht. Er glaubte, daß sich der Läuterungsprozeß der Seele nach dem Tode fortsetzen müsse.

Damit nimmt Müntzer zu der damals noch umstrittenen Frage nach der Rolle des Fegefeuers als Glaubensbestandteil Stellung: „Wenn ihr das christliche Fegefeuer leugnet, zeigt ihr euch unwissend in der Schrift und in den Werken des Geistes ..." Seit Luthers Thesenanschlag 1517 diskutierte man über die Bedeutung des purgatoriums, wobei schon Stimmen laut wurden, die das Fegefeuer ablehnten. Tatsächlich wurde dieses erst 1533 in der Apologie der Augsburger Konfession offiziell als nicht existent verworfen.[17]

Als Postscriptum schreibt Müntzer: „Befragt nicht den Gott Accoron, euren Lang; er ist nämlich ein Verworfener, der aufgrund seines unsterblichen Hochmuts den Knecht des Herrn verfolgt hat."[18] Mit dieser leidenschaftlichen Polemik schließt der Brief an Melanchthon. Unvermittelt greift Müntzer Lang, einen namhaften Mitarbeiter Luthers, an. Alle Herausgeber des Briefes konnten den merkwürdigen Zusammenhang zwischen diesem Brief an Melanchthon und dem fulminanten Schluß nicht erklären. Erst R. Schwarz hat darauf hingewiesen, daß Lang Mitverfasser bzw. Bevorworter der Apologia Karlstadt war. Schwarz hat auch als erster die Erwähnung Accorons klargestellt. Müntzer scheint Melanchthon warnen zu wollen, etwas auf Langs Meinung zu geben: „... das wäre genauso schlimm wie einst die Befragung des Götzen Baal-Sebub, des Gottes zu Akkron (im 2. Buch der Könige heißt er Ekron), durch den israelitischen König Ahasja, eine Gottlosigkeit, der damals der Prophet Elias entgegengetreten ist."[19]

[16] Ebenda, S. 226

[17] Vgl. Die Bekenntnisschriften der evangelisch-lutherischen Kirche, Apologie der Konfession, S. 141 ff.

[18] Müntzer-Briefwechsel, S. 35

[19] Schwarz, Die apokalyptische Theologie Thomas Müntzers, S. 39

Möglicherweise kam es zwischen Müntzer und Lang zusätzlich noch zu persönlichen Spannungen oder Auseinandersetzungen, die uns nicht überliefert sind. Müntzer hat sich als „Knecht des Herrn" von Lang, den er als Verworfenen bezeichnet, angegriffen gefühlt, ohne daß wir den genauen Tatbestand kennen. Erstaunlich bleibt, daß Müntzer in dieser Aussage einen namhaften Vertreter der lutherischen Reformation erstmals als gottlos bezeichnet. Als Lang 1524 tatsächlich heiratete – wohl eine reiche Witwe –, war das für Müntzer Anlaß zu einem ironisch gemeinten Brief an den Erfurter Reformator (Nr. 51).

Zweifelsohne stellt der Brief Müntzers an Melanchthon vom 27. März 1522 eines der bedeutendsten Schreiben aus der Frühzeit Müntzers dar. Vorher hat er sich nie so gründlich und ausführlich zur Entwicklung der frühen Reformation und seiner eigenen theologischen Auffassung geäußert.

Der Brief ist nur vergleichbar mit dem Prager Anschlag, der jedoch in keiner seiner Fassungen damals veröffentlicht wurde, sondern erst Anfang des 18. Jh. wieder auftauchte. Inhaltlich müßte man das Prager Manifest mit dem Brief an Melanchthon in Verbindung bringen. Dabei muß jedoch gleichzeitig bedacht werden, daß der Anschlag ohne jegliche Wirkung und in der gesamten Reformationszeit unbekannt blieb. Außerdem bleiben einige Aussagen und die Stoßrichtung des Manifests unklar, wogegen sich Müntzer in seinem Brief an Melanchthon erstmals ganz konkret zu reformatorischen Problemen äußert.

Insofern kommt dem vorliegenden Schreiben noch eine besondere Beachtung zu, da es frühzeitig (im Mai 1525) gedruckt wurde und sicher auch vorher schon im Wittenberger Reformatorenkreis zirkuliert war.

Obwohl sich Müntzer am Anfang des Briefes zur Wittenberger Theologie eindeutig bekennt, stellt er die erste Auseinandersetzung mit der lutherischen Lehre dar, beinhaltet zugleich auch die erste Weiterführung seiner Geisttheologie und seiner daraus resultierenden rigoristischen Schlußfolgerungen. Der Brief nimmt vieles vorweg, was sich in der Auseinandersetzung zwischen Luther und Müntzer späterhin entwickelte.[20]

Wahrscheinlich wollte Thomas Müntzer mit diesem Schreiben auf die Wittenberger einwirken, sie zum Nach- und Umdenken in bezug auf die Art und Weise der Schaffung einer neuen Kirche veranlassen. „Seine sich schon in Zwickau entwickelnde, in Prag stärker ausprägende Eigenständigkeit profiliert sich nach seiner Rückkehr aus Böh-

[20] Bubenheimer, Thomas Müntzer in Wittenberg

men immer stärker, und zwar infolge seiner Hinwendung zu einer forcierten Geisttheologie."[21] Der Brief stellt somit die wichtigste Äußerung Müntzers zwischen den Stationen Prag und Allstedt und neben dem Prager Anschlag zur frühbürgerlichen Revolution in ihrer Frühzeit bzw. zu den Fragen ihrer Weiterführung dar.

[21] Elliger, Thomas Müntzer, S. 228

Die Randbemerkungen zu den Schriften des Tertullian in der Erstausgabe des Beatus Rhenanus

Es hat sich gezeigt, daß der Lebensabschnitt Müntzers zwischen Ende 1521 bis Ostern 1523 quellenmäßig sehr schlecht dokumentiert ist. Der Briefwechsel für diese Zeit enthält nur elf Schreiben von bzw. an Müntzer (Brief Nr. 29—39). So geben die Notizen zu Tertullians Editio princeps eine wichtige, bisher zu wenig genutzte Ergänzung. Herausgeber der Editio princeps Tertullians war der elsässische Humanist Beatus Rhenanus aus Schlettstadt. Er nahm bei der Publikation der Schriften eines Mannes, der auf der einen Seite zum Montanismus überging, auf der anderen aber der eigentliche Begründer der christlichen Trinitätslehre war, eine vermittelnde Haltung ein, indem er sich gegen zu erwartende kirchliche Kritik an seiner Ausgabe absichern wollte. Das geschah in der ausführlichen Einleitung, in der er die offizielle Meinung zum Montanismus verteidigte.

Tertullian (geb. um 160; gest. nach 220), geboren und gestorben in Karthago als Sohn eines heidnischen römischen Hauptmannes, der im Dienste des Prokonsuls von Afrika stand, zählt zu den bedeutendsten vorkonziliaren Kirchenschriftstellern des frühen Christentums. Er erhielt eine gute wissenschaftliche Ausbildung, besonders eine juristische. Die griechische Sprache war ihm vollständig geläufig. Er wirkte in Rom als Sachwalter, wobei es ihm gelang, ein bedeutendes Vermögen zu erwerben.

Details der Biographie Tertullians und die Abfassungszeit seiner Schriften liegen weitgehend im Dunkeln. Der Überlieferung über sein Leben und seine schriftstellerische Tätigkeit wurde durch die Aufnahme seiner Schriften auf die Liste der verbotenen Bücher durch ein Dekret des Papstes Gelasius 494 der Todesstoß versetzt. Müntzer bezeichnete diese Verordnung in einer Randbemerkung als eine censura straminea, die aus dem römischen Sumpfe hervorgegangen sei.[1]

Um 193, sicher vor 197 trat er zum Christentum über. 197 entstand seine berühmteste Schrift, das „Apologeticum", in dem Tertullian das von der heidnischen Staatsgewalt gegen die Christen praktizierte Rechtsverfahren tadelt und Verdächtigungen gegen die neue Sekte entkräftet. Auch die in dieser Zeit verfaßte Schrift „De pallio" deutet

[1] Vgl. Schwabe, Ein Buch aus Thomas Müntzers Bibliothek, S. 388 ff.

an, daß er kurz vorher Christ geworden ist. 202 schreibt er dann „Ad martyres“, um die eingekerkerten Christen zu trösten, sich somit klar zum Christentum bekennt.

Ungefähr 193 kehrte Tertullian als reicher Privatmann nach Karthago zurück, wo er wahrscheinlich im Auftrag des Bischofs an der dortigen Katechumenenschule als Lehrer wirkte, wo diejenigen, die zum Christentum übertreten wollten, auf die Reinheit ihrer Gesinnung und ihre moralischen Qualitäten geprüft sowie in den Grundlagen der christlichen Religion unterrichtet wurden. Zur Verteidigung des neuen Glaubens entfaltete er nun eine rege literarische Tätigkeit. Seine Schriften zeigen, daß Tertullian intensive Studien der Bibel und philosophischer Schriften betrieb. Im Alten und Neuen Testament ist er vollständig zu Hause, und er zitiert häufig Philosophen aller Schulen, z. B. Justin und Irenäus. Welcher konkrete Anlaß ihn zum Christentum führte, ist nicht bekannt. Möglicherweise hatte ihn die Standhaftigkeit der Märtyrer, z. B. des Senators Appolonius, der unter Commodus in Rom hingerichtet wurde, nachhaltig beeindruckt. Sein Schritt entsprach jedoch der gesamten religiösen und kulturellen Entwicklung seiner Zeit.

Umstritten ist Tertullian in der Kirchengeschichte durch seinen zwischen 207 und 213 erfolgten allmählichen Übertritt zur Sekte der Montanisten. Der Montanismus war eine Erneuerung und Steigerung des alten enthusiastischen und rigoristischen Christentums, ausgelöst durch das Verblassen der Parousieerwartung und die unaufhaltsam fortschreitende „Verweltlichung“ der Gemeinden. Die Parousieerwartung wurde von den Montanisten schwärmerisch erneuert, der urchristliche Prophetismus in das ekstatisch-visionäre Extrem gesteigert, dazu der Anspruch auf den Besitz vollkommener Geistoffenbarungen erhoben, die urchristliche Sittenstrenge maßlos übertrieben. Den endgültigen Bruch mit der katholischen Kirche brachte wohl erst das Bußedikt des Papstes Callixtus 217, das Tertullian auf das schärfste bekämpfte, weil demnach Ehebrecher nach Ableistung der kanonischen Buße wieder in die Kirche aufgenommen werden sollten. In der damals entstandenen Schrift „De pudicitia“ bekennt er, daß er aus der kirchlichen Gemeinde ausgeschieden sei, wenn er sich auch noch zur Kirche gehörig rechnet, die er allerdings als Geistkirche, nicht als Bischofskirche auffaßt. In „Adversus Valentinianos“ bekennt er sich offen zum Montanismus.

Tertullian überwarf sich mit der katholischen Kirche, der er Mangel an urchristlicher Begeisterung vorwarf. Es war also seine rigoristische Sittlichkeit, die ihn zum Anhänger des Montan werden ließ, der lehrte, daß jetzt das Zeitalter des Heiligen Geistes gekommen sei. Weissagungen in ekstatischem Zustand will er als prophetischer Reformator empfangen haben und erblickte in ihnen die eigentliche Form der göttlichen Offenbarungen. In seiner Sekte verlangte er die Einführung einer strengeren Sittlichkeit (Verbot der 2. Ehe, Verschärfung des Fastens, Ausschluß aus der Gemeinschaft für schwere Sünden usw.). Seine kompromißlose Haltung führte ihn in seinem Kampf gegen die katholische Kirche zur Gründung einer eigenen Richtung der Tertullianisten, über deren Geschichte nichts bekannt ist.

Wahrscheinlich war Tertullian verheiratet – seine Schrift „Ad uxorem" ist seiner Frau gewidmet.[2]

Ob die mehrfach behauptete Auffassung, Tertullians Schriften hätten in Thomas Müntzer lauten Widerhall gefunden, stimmt, läßt sich kaum beweisen. In Müntzers Schriften und Briefen findet sich keine Erwähnung des Karthagers, lediglich im Sendschreiben Konrad Grebels aus dem Jahre 1524 (Nr. 69), das aber Müntzer wahrscheinlich nie erhalten hat, kommt der Name im Zusammenhang mit dem Taufproblem vor.

Und doch liegt die Annahme nahe, daß Müntzer nicht ohne innere Anteilnahme die Werke Tertullians studierte. Mußte er nicht eine gewisse „Seelenverwandtschaft" mit dem antiken Kirchenschriftsteller spüren?

Beide Männer durchlebten doch eine ähnliche Entwicklung, wenn auch in einem zeitlichen Abstand von über 1 200 Jahren. Beide führte ihre kompromißlose rigoristische Haltung zum christlichen Glauben in eine sektiererische Richtung – Tertullian zum Montanismus, Müntzer zur Abgrenzung vom Luthertum und zur Apokalyptik. So wie sich für den Montanisten Tertullian in unmittelbaren Empfindungen und unwillkürlichen Regungen der Seele Ahnungen christlicher Wahrheiten offenbarten, so meint Müntzer, daß sich Gott über Träume und Gesichte an den Menschen wendet.

Im Zusammenhang mit Müntzers Äußerungen in seinem Brief an Melanchthon vom 27. März 1522, in dem er über die Priesterehe schreibt, fallen vor allem Parallelen zu Tertullians Auffassungen von Sittlichkeit ins Auge. Beide lehnen die rein sinnliche Beziehung als Hauptinhalt einer Ehe ab. Tertullian geht sogar so weit zu sagen, daß sich die Ehe auf dem selben Akt wie die Hurerei gründet. Müntzer sieht den Zweck einer Ehe, insbesondere der Priesterehe, – wie schon

[2] Zur Biografie Tertullians vgl. Nisters, Tertullian; Altaner/Stuiber, Patrologie, S. 148–163; Bibliothek der Kirchenväter, Tertullians ausgewählte Schriften, Bd. 1, S. XXX–XLVI; Holl, Tertullian als Schriftsteller, S. 1–12; Ausgabe seiner Schriften: A. Reifferscheid–G. Wissowa, Q. S. F. Tertulliani Opera I, Wien/Leipzig 1890, CSEL Bd. 20, Kroamann, Ae., Opera III, Wien/Leipzig 1906, CSEL Bd. 47, Hoppe, H., Opera II, 1, 1942, Bd. 69, Bulkart, V., Borleffs, Ph., Opera IV, 1957, Bd. 76; Tertullian. Über die Seele. Auswahl, eingel., übers. und erläutert von Waszink, Jan H., Bd. 1, Zürich/München 1980

erwähnt – in der Zeugung erwählter Nachkommenschaft, die gesamte Persönlichkeit des Menschen wird also gefordert. Tertullian meint: Im Zeugungsakt soll der Mensch seine ganze Natur, Leib und Seele, reproduzieren. Müntzer wie Tertullian streben nach einem sittlich vollkommenen Christenleben. Ihr Kampf gilt dabei den vermeintlich minderwertigen Christen.

Die Erstausgabe des Tertullian von Beatus Rhenanus erschien in der zweiten Hälfte des Jahres 1521 in Basel. Wann sie jedoch von Müntzer erworben wurde, läßt sich nicht ermitteln. Man darf aber davon ausgehen, daß es bald nach Erscheinen des Buches gewesen ist.

Das Studium der Schriften Tertullians und damit die Randbemerkungen dürften den Zeitraum von Ende 1521 bis Anfang 1523 umfassen. Die meisten Randbemerkungen notierte Müntzer zu den Schriften „De patientia", „De carne Christi" und „De resurrectione carnis".

Die wichtigste Rolle in seinen Notizen spielt die von ihm vertretene Lehre vom ordo rerum. Mit diesem Begriff erfaßt Müntzer die Ordnung aller Dinge in der Welt: „Die Ordnung zu betrachten und zu machen, ist erstlich die vier Elemente und der Himmel, dornach das Gewächs, dornach das Viehe, dornach der Mensche, dornach Christus, dornach Gott Vater allmächtig, ungeschaffener, do verstehet man alle Ding innen."[3] Ordo rerum schließt dabei stets auch das Verhältnis aller Kreaturen zu Gott ein, das sich durch den Glauben realisiert.

Die Bemerkungen Müntzers im Tertullian-Band beginnen mit dem Satz auf S. 25[4]: „Am offensichtlichsten habt ihr erkannt, wie dieser den ordo rerum verknüpft." (Appertissime cognostis quomodo hic nectat ordinem rerum.) Die dazugehörige Tertullian-Stelle lautet: „Deswegen ist Gottes Sohn herabgestiegen und hat die Seele erlöst, daß sich nicht nur die Seele selbst erkennt in Christus, sondern auch Christus in ihr selbst. Er stellte nicht nur die Unkenntnis über das Heil auf die Probe, sondern Gottes Wort." Propterea dei filius descendit et animam subiit, non ut ipsa se anima cognosceret in Christo, sed ut Christum in semetipsa. Non enim se ignorando de salute periclitabatur, sed dei verbum. (S. 25.) Tertullian wendet sich hier gegen den berühmten Gnostiker Marcion, der die fleischliche Geburt Christi geleugnet hatte, weil für ihn das Geborenwerden zu der „schmutzigen Welt" des Schöpfergottes gehörte, mit dem der himmlische Erlöser nichts zu tun haben darf. So betont er auf das nachdrücklichste den physischen Charakter der Seele, fügt aber gleichzeitig hinzu, daß dieser Anima sensualis nicht etwa das Bewußtsein fehle, sie dieses erst von woanders her bekommen müsse: „Nun erhält sie aber in Christus

[3] MF, S. 519 f. Predigtentwurf, S. 219 „Vom gedichteten Glauben"
[4] Zitiert wird im folgenden nach dem Dresdner Original der Erstausgabe,

nicht ihr Ebenbild, sondern ihr Heil." (Nunc autem non effigiem suam didicit a Christo, sed salutem.) Es gehört zum physisch-geschöpflichen Wesen der Seele, ihr Heil nur von Christus bekommen zu können.

Gerade hier sieht Müntzer die Lehre vom ordo rerum wirksam werden. Das Heil vollzieht sich nicht nur in der Sphäre des Bewußtseins, sondern im physischen Zustand der Geschöpfe. Müntzers Verständnis machen seine erläuternden Randbemerkungen deutlich: „Ordo rerum wird hier in Einheit und Wechsel berührt. Adam entstand nicht aus dem Samen des Mannes – so in Christo. So wie Adam geboren ist aus jungfräulicher Erde, so hat es sich geziemt, Adam auch im folgenden zu sehen. Hier berührt dieser wiederum den ordo rerum, durch die Empfängnis der Abgeschiedenen." (Ordo rerum unita hic vice tangitur. Adam non est factus ex semine viri – sic in Christo. Sicut Adam natus est ex virgine terra ita decuit in secundo Adam fieri. Hic rursus tangit ordinem rerum de conceptione diversorum, S. 28)

Das sind die wichtigsten Aussagen zum Verständnis des Inhalts von ordo rerum. Ordo rerum ist demnach heilsökonomisch zu verstehen im Sinne einer christologisch gefüllten Heilsökonomie. Also ist die Adam-Christus-Beziehung ihr eigentlicher Inhalt. Müntzer meint: „Darum hat Christus den ganzen Schaden Adams gebüßt, daß sich die Teile zum Ganzen halten sollen, wie der heilige Bote Gottes klärlich sagt."[5] Adams Verführung durch die Schlange verursachte also die Erbsünde, und Christus mußte erscheinen, um diesen „Fluch" mit seinem Leiden von der Menschheit zu nehmen.

Man darf allerdings den heilsökonomisch-christologischen Sinn der ordo rerum bei Müntzer nicht in einem verengenden Sinn mißverstehen. „Wir haben ja gerade gesehen, wie Müntzer sich darum auf Tertullian bezieht, weil er Christus nicht länger im Sinne der institutionalisierten Erlösungslehre des Mittelalters verstehen will, sondern sein Wirken auf das Leben aller Kreaturen aussagen möchte."[6]

Müntzer war sich beim Studium des Tertullian bewußt, daß dieser dem verabsolutierten Offenbarungsdenken der Gnosis das aufrichtende und auferweckende Heilshandeln Gottes gegenüberstellte. „Die Auferweckung Jesu Christi überholt alle Offenbarungen prinzipiell dadurch, daß sich in ihr eine Erlösung vollzieht, die auch die Anfänge alles Seins und Geschehens noch erfaßt."[7] Damit wird der Kern der christlichen Lehre überhaupt erfaßt – der Glaube an den gekreuzigten und wiederauferstehenden Christus. Auch Müntzer wollte doch Gottes Werk als einzigen Inhalt des Glaubens anerkennen.

benutzt in Form einer Fotokopie, bereitgestellt von der Sächsischen Landesbibliothek Dresden. Die Übersetzungen stammen von Dr. W. Held.

[5] Nach MF, S. 397, Brief Nr. 46, Müntzer zitiert am Rande Kol 1, 15–20.

[6] Ullmann, Ordo rerum, S. 127 [7] Ebenda, S. 130

Wie aber konnte Müntzer diesen Sachzusammenhang als ordo rerum bezeichnen?

Er verwendet diesen Ausdruck schon im Prager Anschlag 1521 in einer bedeutungserfüllten Nachdrücklichkeit. Dort heißt es mit kritischem Akzent: „Und nicht einen einzigen von den besessenen Doktoren habe ich gehört, der die Gott und den Kreaturen innewohnende Ordnung mit dem geringsten Wörtlein erwähnt und erklärt hätte. Endlich haben auch die vornehmsten unter den äußerlichen Christen – die unheilbringenden Priester meine ich – das ganze und Vollkommene niemals gerochen, was doch der alleinige Maßstab ist, um die Naturen der Teile zu erkennen."[8] Dann kann er sich den Begriff der ordo rerum nicht erst bei der Tertullianlektüre angeeignet haben.

Neuerdings hat U. Bubenheimer als vielleicht wichtigste Quelle des ordo-Begriffes auf M. Fabius Quintilianus (geb. um 35, gest. um 96) aufmerksam gemacht. Dessen Hauptwerk „Institutio oratoria" in 12 Büchern stellt die wirkungsvollste Behandlung der griechisch-römischen Rhetorik dar. Diese lehrt nicht nur die praktische Beredsamkeit, sondern erstrebt die Vermittlung universeller Bildung. Im 11. Buch wird der ordo rerum ausführlich behandelt, wird gesprochen von Anfang und Ende, vom Ganzen und von den Teilen.

Möglicherweise fußte auch Müntzers Unterrichtung seiner Schüler in Frose, Zwickau und Allstedt auf Quintilian[9].

Das Manuskript der „Institutio" wurde 1416 von Poggio Bracciolini wiederaufgefunden und ist ein Klassiker des Frühdrucks. Eine der zahlreichen Ausgaben, nämlich die in Paris 1519 erschienene „Quintiliani Oratoriarum institutionum libri XII", hergestellt von Jodocus Badius, könnte auch Müntzer gekannt haben. Im 16. Jh. drang die Lehre der Rhetorik Quintilians unter dem Einfluß der Humanisten auch in die Universitäten ein.

Denkbar wäre auch die deutsche Mystik als Quelle von Müntzers ordo-Begriff oder die Lehre von Thomas von Aquino, die ihm in Leipzig und Frankfurt (Oder) nahegebracht worden war.

Der heilsökonomische Gehalt der ordo rerum spiegelt sich in der Lehre vom Geschöpf und in der von der Schrift wider. Auf Seite 34 schreibt Müntzer neben das Vorwort des Beatus Rhenanus zu „De resurrectione carnis": „Aus dem ordo rerum läßt sich die Auferstehung beweisen." (Ex ordine rerum probat resurrectionem.) Er gibt dafür auch gleich eine Begründung an: „Das Wirken der Allmacht Gottes bezeugt viel über Gott" (Opera manuum dei multa testantur de deo S. 36). Opera dei muß richtig verstanden werden. „Das Wirken Gottes

[8] Zitiert nach Müntzer, Prager Manifest. Das Zitat findet sich ganz ähnlich in der deutschen Fassung des Manifestes.

[9] Vgl. Bubenheimer, Luther-Karlstadt-Müntzer, S. 66

selbst ist gemeint, nicht das Gewirkte, nicht die Kreaturen."[10] Der ordo rerum ist der Zusammenhang der Rettungstaten Gottes. „Ist doch das Werk Gottes, an das Müntzer wie Tertullian zuallererst denken, wenn sie von den Opera dei sprechen, die Auferweckung."[11] Was meint Müntzer mit der Bemerkung auf Seite 43: „Unterstützt die Natur die Verkündigung?" (Natura iuvat prophetias?) Wenn vom Heilshandeln Gottes die Rede ist, gilt nach Müntzer: „Die Natur der Dinge wird hier (auf Erden) geprüft." (Natura rerum hic recensetur, S. 43.) Und in diesem Zusammenhang: „Der Tagesanbruch nach der Nacht hat Ähnlichkeit mit der Auferstehung des Fleisches." (Ortus diei post noctem similitudo resurgentis carnis.) Müntzer will die Universalität des Heils an seiner Intensität ablesen.

Auf Seite 41 hat Müntzer auf den Rand geschrieben: „Gott achtet unser Fleisch hoch." (Deus diligit carnem nostram.) Und wenige Zeilen weiter unten betont er noch einmal: „Ruhm und Schande unseres Fleisches" (Gloria et ignominia carnis nostrae). Durch den physisch-fleischlichen Charakter seiner Existenz steht der Mensch in Beziehung zu allen Kreaturen: „Der Mensch lebt deshalb im Fleisch wegen des inneren Triebes aller Kreaturen." (Propter studium omnis creaturae homo vivit in carne, S. 40.) Er wendet sich hier gegen die Gnostiker, die von einer „schmutzigen Welt" sprechen.

„Ordo rerum, das ist nicht die Ordnung der geistlichen Dinge neben den weltlichen. Ordo rerum, das ist vielmehr die Gesamtwirklichkeit, die von dem Heilshandeln Gottes wie von einem Sonnenaufgang allererst ins Licht gebracht wird."[12] Hieraus ergibt sich auch ein Zugang zu Müntzers Schriftverständnis. So schreibt Müntzer S. 74: „Er hat gefestigt den Sinn der Schrift aus der Natur." (Munivit sensus scripturarum ex natura.) Wenn Müntzer auch die bei Egran schon deutlich spürbare Tendenz zu einem historisch-literarischen Bibelverständnis mit Vehemenz bekämpft, so leugnet er doch damit keinesfalls die Autorität der Bibel. Bezeichnend ist in diesem Zusammenhang die Randbemerkung auf Seite 47: „Selbst ohne die Schrift bleibt die christliche Wahrheit." (Sine scriptura etiam perseverat veritas christiana.) Das etiam wurde dabei von Müntzer nachträglich darüber hinzugesetzt. „Selbst bei diesen nur für ihn selber gedachten Aufzeichnungen ... nimmt er Anstoß an einer Formulierung, die den rein konditional erwägenden Charakter des sine scriptura nicht genügend kennzeichnet. Selbst wenn es die Schrift nicht gebe — unauslöschlich ist die Wahrheit des Evangeliums den Dingen eingegraben."[13] Um diese

[10] Ullmann, Ordo rerum, S. 130
[11] Ebenda
[12] Ebenda, S. 131
[13] Ebenda

Worte der Heilstaten Gottes verstehen zu können, bedarf es des Heiligen Geistes. Hier zeigt sich Müntzers deutliche Abgrenzung von der Schriftgelehrsamkeit Luthers.

Typisch für Müntzers Schriftverständnis ist auch folgende Notiz: „Das Zeugnis der Schrift bringt das den Geist durchdringende Zeugnis hervor.“ (Testimonium scripturarum prodicit testimonium Spiritus pertransiens, S. 32.) „Nichts würde Müntzer weniger gerecht als die Meinung, er wolle Geist gegen Schrift ausspielen, die Schrift als Instrument eines kriterienlosen Geistsubjektivismus mißbrauchen. Im Gegenteil, hier wird gerade betont, wie Schrift- und Geistzeugnis aufeinander verweisen. Müntzer fürchtet gerade die billige Willkür, die dort droht, wo die beiden Zeugnisse voneinander gelöst werden, etwa dergestalt, daß das bloße Bibelzitat als Geisterweis zu gelten beansprucht.“[14]

An dieser Stelle setzt auch Müntzers Kritik an der scholastischen Theologie ein. „Keiner der Doktoren hat den ordo rerum beschrieben, deswegen hat er nicht einen Häretiker besiegen können, außer durch die Schrift, was durch verschiedene Erläuterungen bekanntgemacht und verglichen werden konnte.“ (Nullus doctorum scripsit ordinem, ob id non potuerunt vincere unum haereticum, ni si scripturis, quae possunt vario glossemate innotui et comparari, S. 19.) „Dieser Satz zeigt, wie Müntzer mit Hilfe seiner Lehre vom ordo rerum zu einer ganz anderen Begründung der biblischen Einheit von Altem und Neuem Testament kommt, als es später die theologisch wie historisch gleich fragwürdige Verbalinspirationsthese vermochte.“[15] Obwohl in bezug auf die Heiden und Ketzer nach Müntzer gilt: „Sie sind im Gegensatz dazu am besten dran, weil sie den ordo gewollt haben, den die Theologen aus Prinzip ignorieren.“ (Optime contrariati sunt, quia voluerunt ordinem, quem theologi ignoraverunt a principio, S. 27.), kritisiert er doch ihr Verständnis vom ordo rerum: „Die Häretiker verachten die Kreaturen als gering, weil sie den ordo rerum kaum verstehen.“ (Haeretici contempnunt viles creaturas, quia ordinem rerum minime intelligunt.)

Eine Anmerkung Müntzers, die besondere Aufmerksamkeit verdient, sei noch erwähnt: „Marcion ist die Grundlage der Türken.“ (Marcion est fundamentum Turcarum, S. 17.) Sie dokumentiert doch sein tiefes Eindringen in die Geschichte der christlich-islamischen Beziehungen.

Im Zusammenhang mit Müntzers Studium des Tertullian müssen auch seine Bemerkungen zu der Platobiografie des Diogenes Laertius in dessen Schrift „De moribus et vita philosophorum“ erwähnt wer-

[14] Ebenda, S. 131
[15] Ebenda

den.[16] Wir wissen nicht genau, wann diese Notizen von Müntzer niedergeschrieben wurden, nehmen aber doch an, daß es im Zusammenhang mit seiner Beschäftigung mit den Schriften Tertullians geschah. Die Aufzeichnungen befinden sich auf einem Zettel, den G. Franz in seine Edition nicht aufgenommen hat. W. Ullmann verdanken wir die Transkription des Textes.

Müntzer legte beim Studium der Platobiografie offensichtlich Wert auf solche Aussagen, die die körperlichen und geistigen Vorzüge dieses berühmten Denkers hervorheben. Was ihn dabei bewegte, sagen uns Worte, die er in kleiner, schwer lesbarer Schrift niedergeschrieben hat: „Ich werde eingedenk des abwesenden Jesaja sein und werde geschickt hinaufsteigen auf den Myrrhenberg. Johannes Gerson legt die Leiter zu Gott an.“ (Isaiae memor ero absentis et sollers ascendam ad montem myrrhae. Scalam Dei ponit Johannes Gerson.)[17] Daraus geht hervor, daß Müntzer fraglos die Werke des französischen Theologen und Mystikers Gerson (1363–1429) kannte.

Die Worte vom abwesenden Jesaja spielen offenbar auf Müntzers Lieblingskapitel 28 aus dem Jesajabuch, 19. Vers an: Dann wird man nur noch mit Entsetzen das Gehörte erklären.[18] Die Schroffheit, mit der sich Müntzer sowohl in den Tertullianbemerkungen wie in den Notizen zur Platobiografie dem Menschenbild von Humanismus und Renaissance entgegenstellt, ist erstaunlich. Sie erklärt zugleich, warum er bei Zeitgenossen, vor allem bei den humanistisch gebildeten, auf ebenso schroffe Ablehnung gestoßen ist.

Bei der Analyse von Müntzers Notizen muß man beachten, daß es sich hier keinesfalls um eine systematische Darlegung handelt, sondern eher um sporadische Anmerkungen während der Lektüre des Tertullian und des Laertius. Es wäre somit widersinnig, wollte man diese Äußerungen verallgemeinern. Dazu bedürfte es außerdem einer vollständigen Aufarbeitung der Randbemerkungen. Von einer solchen sind wir auch nach Ullmanns Artikel noch weit entfernt.

Jedoch haben wir mit diesen Bruchstücken Gedankenmaterial Müntzers vor uns, das er in diesen Jahren seines „vortreybens“ in sich trug, ohne es umfassend darzustellen. Es handelt sich dabei im wesentlichen um Ergänzungen und Erweiterungen seiner Vorstellungen aus dem Prager Anschlag.

Die Auswertung des vorhandenen Quellenmaterials aus der Zeit zwischen Müntzers Vertreibung aus Böhmen Ende 1521 und seiner Anstellung an der Glauchaer Kirche St. Georg um die Jahreswende 1522/1523 hat zweierlei deutlich gemacht: Zum einen ist es nicht nachweis-

[16] Vgl. Steinmetz, Thomas Müntzer und die Bücher, S. 609
[17] Lichtdrucke, Taf. 51. Ullmann, Ordo rerum, S. 134
[18] Vgl. Das Alte Testament. Einheitsübersetzung, S. 828

bar, daß Müntzer damals eine Predigerstelle innehatte. Sein Leben in dieser Zeit war ein unstetes Wanderleben, das er augenscheinlich als freudig auf sich genommenes Martyrium ertrug. Ausgehend von seiner Auffassung von der Bedeutung des Leidens erblickte Müntzer in seinem Vertreiben ein Zeichen für seine Auserwähltheit als Knecht Gottes zur Verkündigung des Evangeliums. Außerdem stellt sich die Frage, ob Müntzers damalige Lebensweise überhaupt ungewöhnlich für die Zeit des ausgehenden Mittelalters war. Sind denn nicht sehr viele Menschen in Müntzers Zeit heimatlos gewesen und zogen stellungsuchend umher?

Dabei geht aus den Quellen nicht hervor, wie es ihm überhaupt möglich war, seine physischen Lebensbedürfnisse zu sichern. Nur der Brief an die Anhänger in Halle vom 19. März 1523 deutet an, daß Müntzer teilweise finanzielle Unterstützung von religiösen Randgruppen erhalten haben könnte.

Zum anderen ist Müntzers geistige Entwicklung zwischen 1521 und 1523 durch eine allmähliche Abgrenzung von der lutherischen Reformation, wie sie sich besonders nach Luthers Rückkehr von der Wartburg seit Frühjahr 1522 gestaltete, gekennzeichnet. Seine Briefe, aber auch Überlieferungen von Zeitgenossen zeigen, daß Müntzer begann, auf eigenwillige Art zu predigen. Trotz aller anklingenden Kritik brach Müntzer jedoch nicht mit Luther und dem Wittenberger Reformatorenkreis, sondern unternahm wohl mit seinem Brief an Melanchthon vom 27. März 1522 einen Versuch, sie in seinem Sinne zu belehren. Er scheint doch reges Interesse an den Vorgängen in Wittenberg genommen und eigene Schlüsse für die Weiterführung der Reformation gezogen zu haben. Den endgültigen Bruch vollzog erst Luther mit seinem „Brief an die Fürsten zu Sachsen“ 1524.

Müntzer in Allstedt*

Nach langer Wanderschaft fand Thomas Müntzer eine Tätigkeit in Allstedt, die es ihm ermöglichte, zum ersten Mal seine Vorstellungen zu verwirklichen, den Versuch zu unternehmen, ein „Gegenwittenberg" zu gründen.

Anfang April 1523 wurde er vom Rat der Stadt als Pfarrer an St. Johannis, der Hauptkirche, in der Neustadt gelegen, angestellt. Die Kirche, an der Müntzer wirkte, existiert nicht mehr; 1775 wurde sie durch einen barocken Neubau, wohl auf dem alten Fundament, ersetzt. Mit St. Wigberti, der Pfarrei der Altstadt, hatte Müntzer nichts zu tun, obwohl das immer wieder behauptet wird. Hier verfügte das Kloster Walkenried über das Patronat, Pfarrer war damals Simon Haferitz, der sehr bald unter Müntzers Einfluß geriet und von dem ein „Sermon vom Fest der heiligen drei Könige", gepredigt 1524, erhalten ist, gedruckt in Eilenburg durch Nikolaus Widemar.[1] Das Exemplar der Universitätsbibliothek Leipzig hat die handschriftliche Bemerkung: „Periculosus est liber et ex Muntzeri spiritu profectus." (Dieses Buch ist gefährlich, aus dem Geist Müntzers hervorgegangen.)

Die Anstellung Müntzers, für die eigentlich der kurfürstliche Landesherr zuständig war, der das Patronat besaß, dürfte von der schon erwähnten Felicitas von Selmenitz vermittelt worden sein, die ausgezeichnete Verbindungen zu Allstedt und Wittenberg besaß.[2] Die kleine kursächsische Exklave Allstedt, am Ostrand der Goldenen Aue gelegen, wurde, wie alle thüringischen Besitzungen der Ernestiner, von Weimar aus regiert, wo Herzog Johann, der Bruder Friedrichs des Weisen, residierte. Ihn vertrat in Allstedt als höchster Beamter der

* Veränderter Neudruck des Artikels: Thomas Müntzers Allstedter Wirksamkeit im Zusammenhang mit der deutschen frühbürgerlichen Revolution, in: Allstedt — Wirkungsstätte Thomas Müntzers. Ein Beitrag zum 450. Jahrestag des deutschen Bauernkrieges 1975, Allstedt 1975, S. 2–27. Vgl. zur wirtschaftlichen Situation Allstedts auch den Aufsatz von M. Straube im gleichen Heft. Außerdem floß in dieses Kapitel der Artikel: Reformation und Kunst. Bemerkungen zur Stellung der frühen Reformation zur Kunst, besonders zu den Bildern (1521–25), S. 250–258 mit ein.

1 Flugschriften der frühen Reformationsbewegung 1518–1524, S. 316–351

2 Honemeyer, Thomas Müntzers Anstellung in Allstedt, S. 107

Schosser Hans Zeiß, der seinen Sitz auf dem Schloß hatte, das einst Kaiserpfalz gewesen war.

Müntzers Predigt übte sofort einen beherrschenden Einfluß aus: Der Rat, die Bürgerschaft, die Bauern der umliegenden Dörfer, aber auch der Schosser gerieten durchweg in den Bann einer Persönlichkeit, die sich hier erstmals frei entfalten konnte. Das waren günstige Voraussetzungen für eine erfolgreiche Tätigkeit, die von Anfang an auf breite Wirkung angelegt war. Aber man darf dabei nicht vergessen, daß das kleine Amt Allstedt von zwei mächtigen Territorien umgeben war, von den albertinischen Ämtern Sangerhausen und Salza sowie von Teilen der Grafschaft Mansfeld mit Eisleben im Norden und Heldrungen im Süden. Vor allem der herzoglich-albertinische Amtmann Sittich von Berlepsch verfolgte von Anfang an Müntzers Tätigkeit mit Argwohn und berichtete ausführlich an Herzog Georg in Dresden.[3] All das führte sehr bald zu gefährlichen politischen Konsequenzen für Müntzers Wirken.

Müntzer hoffte, gerade in Kursachsen des Schutzes Friedrichs sicher zu sein und im Bunde mit der Obrigkeit vorgehen zu können. Er war überzeugt, in diesem Land das Werk, das Luther begonnen, weiterführen zu können. Bis in den Sommer setzte er alle Kraft daran, die Obrigkeit für seine Ziele zu gewinnen, nicht im Sinne eines Kompromisses, sondern in der durchaus richtigen Erkenntnis, erst den Versuch unternehmen zu müssen, die christliche Obrigkeit ohne Gewalt auf seine Seite zu ziehen.

Die soziale Problematik trat zunächst für ihn hinter die Aufgaben der Erziehung des Volkes zurück, das er reif machen wollte für die innere Erleuchtung und den Empfang des göttlichen Geistes. Das waren für Müntzer unerläßliche Voraussetzungen für die Umgestaltung der Welt durch das Volk. In Allstedt entstand die Mehrzahl seiner liturgischen und theologischen Schriften. Hier eröffnete er eine eigene Druckkerei, um sich von der Leipzig–Eilenburger Offizin unabhängig zu machen. In Allstedt schuf er mit dem Christlichen Verbündnis auch eine erste Organisation zur Verteidigung und Propagierung seiner Lehren.

Um auf das Volk einzuwirken, begann Müntzer unmittelbar nach seiner Ankunft Ostern 1523 mit der Reform des Gottesdienstes. Die Schnelligkeit, mit der er diese Aufgabe löste, deutet darauf hin, daß er schon in Zwickau oder Halle damit begonnen haben könnte. Liturgische Interessen sind bereits aus der Tätigkeit in Frose bekannt, doch handelte es sich bei dem „Officium Sancti Cyriaci" aus der Zeit 1516/17 um eine durchaus im katholischen Herkommen wurzelnde Sammlung

[3] Vgl. Geß, Akten und Briefe zur Kirchenpolitik Herzog Georgs von Sachsen

von Texten. Jetzt setzte sich Müntzer für die deutsche Sprache im Gottesdienst ein. Die Hinwendung zum „gemeinen Mann“ und die Kritik an der katholischen Messe wird offenkundig, wenn er sagt, daß „man den Lateinischen worten wil eine Kraft zuschreiben, wie die zaubrer thun, und das arme volgk vil ungelerter lassen aus der Kirchen gehen dan hineyn“.[4] Vor Luther wurden hier die Grundlagen geschaffen für eine deutschsprachige Liturgie von selbständiger Bedeutung. Wort und Musik wurden in einer dem Volk verständlichen und miterlebbaren Weise von Müntzer neu gestaltet. Das geschah im Rückgriff auf die klassische liturgische Musik, den gregorianischen Gesang und unter bewußter Ablehnung des Wittenberger Gottesdienstes mit seinem reichen Wechsel von Ein- und Mehrstimmigkeit mit Instrumental- und Orgelpartien. Die Beschränkung der Musik im Gottesdienst auf den einstimmigen Choral ist zugleich eine deutliche Abkehr vom höfischen und bürgerlich-gelehrten Musikideal. Müntzers Allstedter Reform hat bewußt volksliturgischen Charakter und stellt einen wesentlichen Bestandteil seines revolutionären Gesamtwerkes dar.[5]

1523 wurde das „deutsche Kirchenampt“ von Nikolaus Widemar in Eilenburg gedruckt.[6] Die theoretische Begründung der neuen Gottesdienstordnung lieferte kurze Zeit danach eine kleine Schrift „Ordnung vnd berechnunge des Teutschen ampts zu Alstadt“.[7] Gleichsam als Motto für die ganze Reform des Gottesdienstes heißt es hier: „. . . auff das wir möchten wissen, was wir solten glewben.“[8] Und Müntzer verteidigt seine Verdeutschung unter Bezugnahme auf Kroaten, Armenier, Böhmen und Russen, die alle in ihrer Sprache Messe lesen. „Ach wie blinde unwißne menschen sein wir, das wir uns darüber zenken wie die wansinnige, vihische menschen.“[9]

Diese bedeutende Leistung war ungeachtet des Unwillens Martin Luthers der einzige Teil des Müntzerschen Werkes, der zunächst seinen gewaltsamen Tod überlebte: Seine deutsche Liturgie fand — freilich ohne Nennung seines Namens — in den Kirchen mehrerer deutscher Städte, so in Erfurt und Braunschweig, Verbreitung und bleibende Anerkennung.

In den Monaten des Jahres 1523, in denen Müntzer in Ruhe und mit Konzentration arbeiten konnte, widmete er sich der Entwicklung sei-

4 MF, S. 162 „Deutsch-Evangelische Messe. Vorrede yns buch disser lobgesenge“
5 Honemeyer, Thomas Müntzers Allstedter Gottesdienst, S. 473—478; vgl. auch ders., Thomas Müntzer und Martin Luther
6 MF, S. 25—155
7 Bräuer, S., Ullmann, Theologische Schriften, S. 52—63
8 Ebenda, S. 61
9 Ebenda

ner Lehre; hier verfaßte er den Sendbrief an die Brüder zu Stolberg, der 1523 in Eilenburg erschien[10], hier entstanden die Schriften „Von dem getichten glawben“[11] und „Protestation odder empietung Tome Müntzers ... seine lere betreffende“[12], die beide 1524 in Eilenburg gedruckt wurden.

In „Ein ernster Sendebrieff an seine lieben brüder zu Stolberg, unfuglichen auffrur zu meiden“, der das Datum des 18. Juli 1523 trägt, legt Müntzer seine Auffassung von der notwendigen Umerziehung der Menschen dar und warnt vor übereilten Maßnahmen. Die Stolberger hätten kein Vertrauen in Gott, wenn sie von ihm verlangten, er „sals in der christenheit eylende gut machen und yn schwinde zu hylffe kommen“.[13] Aber in Wirklichkeit sehnten sie sich nicht danach, durch Leiden arm im Geist zu werden. „Das rechte regeren Christi mus volzogen werden nach aller entplossung der zyrde der werlt, dan kumpt der Herre und regert unde stösth dye tyrannen zu bodem.“[14] Voraussetzung für den Sturz der Tyrannen ist für Müntzer die innere Läuterung des Volkes. Wenn aber das „regiment Christi ... yn unzurbrechen menschen angehet, so gehet es gewyßlich widder unter“.[15] Ohne Umerziehung der Menschen gibt es keine Herrschaft Christi und keinen Sturz der Tyrannen. In der Vorbereitung der Menschen auf diese Umwälzungen sah Müntzer in Allstedt seine Hauptaufgabe. Der Sendbrief ist in diesem Zusammenhang seit dem Prager Anschlag die erste für einen größeren Leserkreis bestimmte schriftliche Darlegung seiner Auffassungen.[16]

Im Sommer/Herbst 1523 kam es zu ersten Auseinandersetzungen mit dem Grafen Ernst von Mansfeld, der als Grundherr seinen Untertanen verbot, den neuen deutschen Gottesdienst in Allstedt zu besuchen. Müntzer verteidigte sich in zwei Briefen gegen dessen Angriffe — am 22. September 1523 an den Grafen selbst und am 4. Oktober 1523 an den Kurfürsten. Diese waren zugleich Müntzers Antwort auf das Mandat des Nürnberger Reichsregiments, auf das sich Ernst bei dem Verbot, seine Predigt zu hören, berief (Nr. 44 und 45).

In engem Zusammenhang mit diesen Ereignissen steht Müntzers Schrift „Von dem getichten glawben“, die, 1524 in Eilenburg bei Widemar gedruckt, nicht, wie bisher angenommen, eine Antwort auf elf Fragen, die Georg Spalatin Müntzer 1523 gestellt haben soll, beinhal-

[10] Ebenda, S. 12—17, Nr. 41
[11] Ebenda, S. 22—36
[12] Ebenda, S. 39—51
[13] Ebenda, S. 15
[14] Ebenda
[15] Ebenda
[16] Ebenda, S. 12

tet.[17] In 14 Thesen mit dem Untertitel „Widder den getichten glawben der christenheyt“ versucht Müntzer, seine theologischen Gedanken systematisch darzustellen, und grenzt sie nachdrücklich von der Theorie der Wittenberger ab. Wesentlich ausführlicher geschah dies im gleichen Jahr in der Schrift „Protestation odder empietung Tome Müntzer ... seine lere betreffende“, wiederum von Widemar in Eilenburg herausgebracht. Der Gedanke einer die Weltreligion einbeziehenden Öffentlichkeit, der zwar im Prager Anschlag schon anklingt, taucht hier jedoch erstmals gedruckt auf bzw. wird damit einem breiten Leserkreis zugänglich gemacht.

Die Schrift „Vom getichten glawben“ und die „Protestation“ wurden auch den Schweizer Täufern um Konrad Grebel bekannt und Ausgangspunkt eines Sendschreibens an Müntzer (Nr. 69). Hier dürfte ein Hinweis auf Müntzers Drucker am Platze sein. Alle Werke bis zur „Fürstenpredigt“ wurden in Eilenburg gedruckt. Dort unterhielt der Leipziger Drucker Wolfgang Stöckel eine Filiale, die von Nikolaus Albricht, genannt Widemar, geleitet wurde. Im zweiten Halbjahr 1523 und im ersten Halbjahr 1524 druckte Widemar 30 reformationsfreundliche und sozialrevolutionäre Titel von Luther, Argula von Grumbach, Eberlin von Günzburg, Jacob Strauß, Simon Haferitz aus Allstedt und – für uns die Hauptsache – fünf Schriften Thomas Müntzers, die alle in der zweiten Jahreshälfte 1523 entstanden waren.[18] So wurde die Eilenburger Filiale, die alles das druckte, was in Leipzig aus politischen Gründen nicht mehr erscheinen konnte, für die frühe Reformationsbewegung und die Herausbildung Allstedts als „Gegenwittenberg“ überaus bedeutsam.

Unter den Reformatoren war Müntzer einer der besten Kenner der Liturgie. Obwohl seine liturgischen Vorstellungen recht konservativ waren, ordnen sie sich in sein Gesamtwirken ein, da er konsequent die deutsche Sprache in den Gottesdienst einführte und den Menschen in den Prozeß des Gottesdienstes mit einbezog.[19] Seine liturgischen Schriften, das „Deutzsch Kirchenampt“, die „Deutsch Euangelische Messze“ und die „Ordnung und Rechenschaft des deutschen Gottesdienstes in Allstedt“, wirkten zum gottesdienstlichen Gebrauch noch über Müntzers Tod hinaus (z. B. Erfurt, Nürnberg). Der Druck der ersten beiden Schriften bereitete besonders große Mühen. Für die Noten mußten von Holzschneidern besondere Holzschnittzeilen hergestellt werden; 744 für das „Kirchenampt“ mit seinen 108 Quartblättern und 365 für die „Messe“ mit immerhin 44 Quartblättern.[20] Das bedeutete für das

[17] Ebenda, S. 20
[18] Claus, Zur Druckgeschichte, S. 124
[19] Bräuer, S., Ullmann, Theologische Schriften, S. 52 f.
[20] Claus, Zur Druckgeschichte, S. 125 f.

„Kirchenampt“ eine Herstellungsdauer von vier bis sechs Monaten, die ganze zweite Hälfte des Jahres 1523. Aus diesen Gründen kann mit der Herstellung der „Messe“ (Herstellungszeit etwa 3 bis 4 Monate) erst Anfang 1524 in Eilenburg begonnen worden sein. Als es im Frühjahr dann — vor allem durch den Druck des „Sermons vom Fest der heiligen drei Könige“ des Simon Haferitz, der in der Zeit zwischen Januar und März sicher bezeugt ist — zu Schwierigkeiten kam, in deren Ergebnis Nikolaus Widemar die Arbeit für Allstedt einstellte, dürfte sich für Müntzer als einziger Ausweg die Errichtung einer eigenen Druckerei in Allstedt geboten haben.

Frühestens im April 1524 entstand mit Widemarschen Materialien die Allstedter Presse, in der zunächst die „Messe“ fertiggestellt wurde. Fertige Exemplare lagen am 25. August vor, als der Schosser Hans Zeiß Herzog Johann von Müntzers Flucht und vom Charakter dieser Schrift berichtete. Interessant ist, daß der Allstedter Rat mit 100 Gulden Vorschuß an der Herstellung der „Deutsch Euangelischen Messze“ geschäftlich beteiligt war, woraus hervorgeht, daß Müntzer die hohen Kosten, die mit der Errichtung einer eigenen Druckerei verbunden waren, nicht selbst tragen konnte.

Der Name des Druckers ist bis heute nicht nachgewiesen worden; unmöglich kommt Widemar, der in Eilenburg blieb, in Frage. Auch die Vermutung, der Allstedter Bürger Hans Reichard habe für Müntzer gedruckt, hat sich nicht bestätigt, so daß die Frage offen bleibt.[21]

Alle diese Vorgänge zeigen, wie rasch das „Gegenwittenberg“ auf die Umgebung ausstrahlte, wie es zu einem Zentrum geistiger Kräfte wurde, so daß sehr bald Herzog Georg von Sachsen und durch ihn die kurfürstliche Regierung auf den Plan gerufen wurde. Zu Beginn des Jahres 1524 spitzte sich die Lage merklich zu. Am 24. März wurde die Mallerbacher Kapelle des Klosters Naunhof zerstört. Müntzer sagte dazu in seinem „Bekenntnis“: „Ist zu Mallerbach gewest und gesehen, das dye von Alstedt etliche bilde aus der kirche getragen und hernachmals dye kirche verbrant; habe geprediget, das es eyn spelungke sey und eyn apgotterey mit den zeychen, dye man von wachs hyn tragt, sey von got nit geboten. Sey der klausener doselbst wegkzuziehen ermanet, das also gescheen. Hernachmals sey dye kirche, wye gehort, ausgebrant.“[22] Dieses Ereignis ordnet sich ein in den Kampf der radikal-reformatorischen Bewegung gegen den Bilderkult. Es hat sich gezeigt, daß alle Reformation der Quelle nach biblizistisch orientiert war, wobei sich aber bald auch hier Differenzierungen zwischen radikalem und gemäßigtem Biblizismus herausstellen sollten. Jede Form des

[21] Bräuer, S., Hans Reichard, S. 389—398
[22] MF, S. 546

Biblizismus führte dazu, die kirchliche und gesellschaftliche Realität am Wort der Bibel zu messen: Ihr sollt euch keine Götzen machen, euch weder ein Gottesbild noch ein Steinmal aufstellen und in eurem Land keine Steine mit Bildwerken aufrichten, um euch vor ihr niederzuwerfen (Lev 26, 1).[23] Wir wissen sehr wenig von dem Bilderkult der einfachen Leute. Die magische Gegenwart des dargestellten, die Bilder als Träger und Vermittler höherer Kräfte, die Identifikation von Bildern und Heiligen dürfte die eine Seite sein, die Verehrung durch Gebete, Kerzen, Lampen, Räucherwerk — wie noch heute in den orthodoxen und katholischen Kirchen. Die andere Seite ist der latente Antiklerikalismus, der die Abhängigkeit von den Bildern als lähmende Knechtschaft empfinden läßt und den Wunsch und das Verlangen nährt, von dieser Knechtschaft befreit zu werden.

Für die gesamte Reformation galt der mittelalterlich-katholische Bilderdienst als Entartung. Die Reformatoren aller Richtungen gingen vom Wort aus und wollten überall dessen theologisch-ontologischen Vorrang durchsetzen. Seit dem Hochmittelalter war die Bilderkritik fester Bestandteil aller oppositionellen Bewegungen: der Waldenser, der Lollarden, Wiklifiten, Hussiten und der aufständischen Bauern. Es handelt sich also um keine untergeordnete Frage, wie man vielleicht vermuten konnte. Aber insgesamt geht es nicht um eine Kunstproblematik, sondern um die Frage der Neugestaltung des Gottesdienstes und des kirchlichen Lebens. Das muß man immer vor Augen haben.

Ausgangspunkt war die Wittenberger Bewegung Ende 1521 unter Andreas Bodenstein, genannt Karlstadt, der auch zuerst „Von abtuhung der Bilder“ eine programmatische Schrift ausgehen ließ, die Anfang 1522 in Wittenberg gedruckt wurde; das Datum der Vorrede ist der 27. Januar 1522.[24] Karlstadts erster Leitsatz lautet: „Daß wir Bilder in Kirchen und Gotteshäusern haben, ist unrecht und wider das 1. Gebot ‚Du sollst nicht fremde Götter haben‘.“ „Darum ist's gut, daß wir sie abtun“, wie der 3. Leitsatz lautet. Die Bilderfurcht der Masse sei groß gewesen. „So erschien das Verlangen naturgemäß, zuvörderst die sichtbare Ursache der fortgesetzten inneren Anfechtungen aus dem Wege und aus den Augen zu räumen. Die alsbald in einem gewaltigen Aufflammen der religiösen Gesamtstimmung vorgenommene Beseitigung der Bilder aus den Wittenberger Kirchen bedeutete und eine Befreiung der Massen von abergläubigen Vorstellungen.“[25]

Das Verhältnis von Karlstadt zu Müntzer kann hier nicht behandelt werden. Deutlich ist die Abhängigkeit Müntzers in der Bilderfrage,

[23] Zitiert nach: Das alte Testament. Einheitsübersetzung, S. 133

[24] Vgl. Barge, Andreas Bodenstein von Karlstadt, Bd. 1, S. 386—399; Karlstadt-Bibliographie Nr. 87—89

[25] Ebenda, S. 390 f.

ebenso klar aber die Selbständigkeit Müntzers in den Fragen der Kirchenmusik. Gemeinsam ist beiden die Ablehnung von Luthers Lehre von den Adiaphora, besonders von der Rücksichtnahme auf die sog. Schonung der Schwachen. Gemeinsam ist ihre Wirkung im Täufertum, besonders bei Hans Hut, aber auch im reformierten Kirchenwesen. Wenig bekannt ist, daß bei Müntzer sich die neue protestantische Auffassung von der Stellung des Altars als alleiniger Abendmahltisch bereits findet. Das zeigen einmal die Chroniken der Stadt Mühlhausen und zum anderen Visitationsprotokolle vom Jahr 1533.[26] Auch hier erweist sich Müntzer als Vorläufer der reformierten Kirche, wie sich überhaupt bei Zwingli und Calvin ein verdecktes Weiterwirken revolutionär-ketzerischer Züge Müntzers nachweisen lassen.

Nach seiner Rückkehr von der Wartburg hat sich Martin Luther gegen alle Neuerungen gewandt, so auch in der Invokavitpredigt „Von den Bildern und von den Speisen", gehalten am 11. März 1522. Luther bekämpfte Ikonoklasmus und trat für das Bestehende im Gottesdienst ein. Die Bilder hielt er weder für gut noch für böse, der abusus hebe den usus nicht auf. Adiaphora nannte er sie, vom religiösen Standpunkt aus belanglose Gebräuche. Sein Hauptargument entnahm er seiner Lehre von der Freiheit eines Christenmenschen. Die Bilderfeinde machten aus der neuen Freiheit wieder ein Gesetz, ein neues Müssen: Sie wollen auch das verbieten, was Gott nicht verboten hat. Aus einer belanglosen Sache machten sie das „Allerhöchste". Daß das religionsgeschichtlich falsch war, daß Judentum, frühes Christentum und Islam radikal bilderfeindlich waren bzw. sind, störte ihn nicht. Am ausführlichsten hat Luther seine frühe Meinung dargestellt in der Abrechnung mit Karlstadt „Wider die himmlischen Propheten, von den Bildern und Sakrament", verfaßt 1524/25. Seine Bilderauffassung indes wurde immer konservativer, er empfahl schließlich die Bilder geradezu für den kirchlichen Gebrauch als biblia pauperum, als Darstellung der Lehre auch und gerade für die Leseunkundigen.

Aber zurück zu Allstedt. Rat und Gemeinde der Stadt berichteten am 7. Juni 1524 Herzog Johann von Sachsen über den Kapellensturm: „Dan es offentlich und Kunt ist, das die armen Leute aus unverstand zur zeit unbewust den teufel zu Mallerbach unter dem namen Marie geehret und angebett haben." „Durch gutherzige trume Leute" ist jetzt derselbe Teufel zerstört worden. Sie wollen den Teufel von Mallerbach so wenig weiter anbeten, wie dem Türken untertänig sein.[27]

[26] Quellen zur Geschichte des Bauernkrieges, ges. und hrsg. von Franz, Günther, München 1963, S. 496; Steinmetz, Zur Entstehung der Müntzerlegende, S. 42

[27] MF, S. 401, 405, 546, Zitate S. 405 f.

Die Beseitigung der Bilder wurde hier wie in anderen Städten (Stralsund 1525, Dorpat 1524) weithin als eine Befreiung empfunden.

Für Müntzer jedoch stand die Bilderfrage nicht im Mittelpunkt seiner reformatorischen Bestrebungen, sie ist nur ein Problem unter anderen. So zitiert er in der „Fürstenpredigt" Dtn 7 (= 5 Mos 7, 5): „Ihr sollet euch nit erbarmen uber die abgöttichen. Zubrecht yre altar! Zuschmeisset yre bilde und verbrennet sie ... Diese wort hat Christus nicht auffgehaben, sondern er wil sie uns helffen erfullen."[28] Wörtlich heißt es im Pentateuch: Ihr sollt ihre Altäre niederreißen, ihre Steinmale zerschlagen, ihre Kultpfähle umhauen und ihre Götterbilder in Feuer verbrennen. Denn du bist ein Volk, das dem Herrn, deinem Gott heilig ist.[29]

Müntzer hat sich jedoch wenig zu den Fragen der Bilder geäußert[30], und auch Beziehungen von ihm zur bildenden Kunst überhaupt lassen sich nicht finden. Zwar wurde er wahrscheinlich im Dom zu Halberstadt zum Priester geweiht, studierte er in Leipzig und Frankfurt (Oder), war er tätig im Damenstift Frose bei Aschersleben, weilte er längere Zeit im Kloster Beuditz bei Weißenfels, im Kloster Marienkammer in Glaucha bei Halle und schließlich in Zwickau und Mühlhausen. Wir wissen, daß in der Marienkirche von Zwickau ein grandioser Hochaltar von Wolgemut und seiner Werkstatt 1479 aufgestellt wurde, wir kennen die Beweinung Christi von Peter Breuer in der gleichen Kirche. Aber wir wissen nicht, welchen Eindruck sie auf Müntzer gemacht haben. Wir kennen die Marienkirche von Mühlhausen, aber wie Müntzer und seine Zeitgenossen diese Leistungen der Künstler zur Ausschmückung der Kirchen beurteilten, bleibt uns verborgen. Jedenfalls finden sich in Müntzers Briefen und Schriften keine Hinweise, daß er besonders beeindruckt gewesen wäre.

Zu dieser Zeit, als der Mallerbacher Kapellensturm geschah, hielt es Müntzer für an der Zeit, in Allstedt das erste Verbündnis zu gründen, freilich zunächst nur in einem kleineren Kreis von 30 Bundesgenossen, die sich insgeheim vor dem Tore auf dem Stadtgraben versammelten. Es waren die engsten Gesinnungsgenossen und Anhänger, der Kern der Müntzerschen Bewegung in den nächsten Monaten. Die Geheimhaltung war vollständig, in den Quellen haben sich keine Einzelheiten erhalten; lediglich durch zwei Zeugenaussagen wissen wir überhaupt etwas von der Bundesgründung. Die Hauptrolle spielte Hans Reichard, der die

28 MF, S. 260, Zeile 14 f.

29 Das Alte Testament. Einheitsübersetzung, S. 186

30 Um so mehr aber tat das Konrad Grebel aus Zürich. Vgl. dessen Brief an Müntzer, datiert vom 5. September 1524, der niemals in Müntzers Besitz gelangte. 1. Ausgabe bei Cornelius, Geschichte des Müntzerischen Aufruhrs, Bd. 2, 1860, S. 240–249, MF, S. 437–447

Bundesgenossen in ein Verzeichnis eintrug und die Bundesformel vorsprach. Als weitere Bundesmeister kennen wir Barthel Krumpfe, Balzer Reiff, Andreas Keyler und Barthel Schramm. Müntzer war vermutlich weder anwesend noch Bundesmeister, eine Vorsichtsmaßregel, die nicht nur durch die Situation bedingt war, sondern auch seiner Haltung entsprach, die darin bestand, sich stets eine überlokale und überregionale Stellung zu sichern. Die 30 Mitglieder dürften in einer „Schule" unterrichtet worden sein, die aber von den Fürsten nicht aufgespürt werden konnte.

Wahrscheinlich Anfang Juni war es zu einer entscheidenden Erweiterung des Bundes gekommen, der zugleich öffentlich in Erscheinung trat. Anlaß dazu gab die Verfolgung der Kapellenstürmer, genauer die drohende Verhaftung angeblich Verdächtiger. Schosser und Schultheiß wollten die Bauern der Amtsdörfer gegen den Rat aufbieten – wie es später in Mühlhausen mit Erfolg geschah und zu Müntzers Ausweisung führte –, aber die Sache wurde ruchbar, und Müntzer läutete die Sturmglocke. Die Gemeinde, auch die Frauen und Mädchen, traten unter Waffen zusammen. In der Frühe des 14. Juli strömte „etlich volgk von bergkgesellen vnd anderen" nach Allstedt.[31] Da es an einem Wochentag war, handelte es sich sicher nicht um einen üblichen Besuch des Gottesdienstes. Offensichtlich trat der Bund in Aktion, dem also damals Berggesellen angehört haben müssen.

Aus einem späteren Verhör wissen wir, daß „der berggesellen vnd ander ... vber funffhundert auff einen tag zum bundt eingeschrieben" worden sind.[32] Diese Erweiterung, die also neben anderen auch zahlreiche Bergleute bewirkten, fand im Rathaus statt, wahrscheinlich an einem Sonntag nach Müntzers Predigt. Aber auch jetzt blieb der Allstedter Bund eine Organisation zur Verteidigung. „Es ist der Bund", schrieb Müntzer, „nicht anderst den eyne nothwere, welche nymant geweygert wyrt nach dem naturlichen ortheil aller vornunftigen menschen", Notwehr gegen die Aufrührer gegen Gottes Gebot, aber keinesfalls Empörung gegen die von Gott gesetzte Obrigkeit.[33] Jetzt wuchs der Bund weit über die Grenzen der Stadt hinaus. Ihm gehörten z. B. an: Tile Fischer aus Wimmelburg, Tile Banse, der Prediger von Quedlinburg und Sangerhausen, Peter Behr sowie Hans Rodemann und Peter Schütze aus Tal-Mansfeld.[34] Schon Mitte Juni wurde der Bund

[31] Zur Geschichte des Bauernkrieges im Thüringischen und Mansfeldischen, in: Neue Mitteilungen a. d. Gebiet hist.-antiquarischer Forschungen, Jg. 12, 1869, Nr. 24, S. 161, zitiert nach Bensing, Idee und Praxis des „Christlichen Verbündnisses" bei Thomas Müntzer, S. 459–471

[32] Akten zur Geschichte des Bauernkrieges, S. 453, Nr. 1645

[33] Ebenda, S. 76, Nr. 59

[34] MF, S. 548

erweitert, besonders durch zahlreiche Bergknappen der nahegelegenen Mansfelder Reviere. Der Bund war jetzt ein wirksames Instrument zur Abwehr der Feinde des Evangeliums, zum Schutz der Predigt und deren friedlicher Ausbreitung geworden, zugleich aber wurde er für die Obrigkeit zum endgültigen Anlaß, gegen Müntzer einzuschreiten.

Über die Ziele des Bundes sind wir aus einem Verhör vom 10. Juni 1525 unterrichtet: „Und das ir bund gewest: Bei dem evangelio zu stehen, monchen und nonnen kein zins mehr zu geben und dieselben helfen verstoren und vertreiben."[35] Die berühmte Forderung des Bundes „omnia sunt communia", nach einer anderen Lesart „omnia simul communia" (alles gehört allen), die Müntzer in Heldrungen durch die Folter entrissen wurde und die in das „Bekenntnis" vom 16. Mai eingegangen ist, dürfte zwar in Allstedt schon ihre erste Gestalt angenommen haben, gehörte jedoch in der Formulierung des Verhörs fraglos einer späteren Entwicklung an. Die Idee der Gleichheit aber war in Allstedt schon Mittelpunkt des Denkens Müntzers, wenn auch wohl ohne die letzten Konsequenzen bis zur Vertreibung der Fürsten und Herren. „Dye entporunge habe er dorumb gemacht, das dye christenheyt solt alle gleych werden."[36] Der Gedanke der Gütergemeinschaft könnte als Geheimlehre bereits auf die Allstedter Jahre zurückgehen, auch wenn sich noch kein Versuch einer Umgestaltung der Besitzverhältnisse notwendig machte: „Ist ir artigkel gewest und habens uff dye wege richten wollen: Omnia sunt communia und sollten eynem idern nach seyner notdurff ausgeteylt werden nach gelegenheyt."[37]

Den vollen Ernst der Situation zeigt Müntzers Brief an die Sangerhäuser vom 15. Juli 1524, denen er Mut machen wollte mit dem Hinweis, daß „meher dann 30 anschlege und verbundnis der auserwelten gemacht sein. In allen landen wyl sich das spiel machen."[38] Was mit diesen „Verbündnissen" gemeint war, läßt sich nicht mehr feststellen, auch nicht, wer die Organisatoren waren, wie groß das Ausbreitungsgebiet gewesen, ob nur Thüringen oder auch andere Gebiete des Reiches gemeint waren.

Das aufschlußreichste und inhaltsschwerste Dokument der heraufziehenden Entscheidung war die sog. Fürstenpredigt Müntzers: „Die Auslegung des andern vnterschyds Danielis deß propheten, gepredigt auffm schlos zu Alstet vor den tetigen thewren Herzcogen und vorstehern zu Sachssen durch Thomam Müntzer, diener des wordt gotte" (Auslegung des zweiten Kapitels des Propheten Daniel).[39] Über Vor-

35 Akten zur Geschichte des Bauernkrieges, S. 470, Nr. 1654
36 MF, S. 548
37 Ebenda, S. 548
38 Müntzer-Briefwechsel, S. 62, Nr. 53
39 MF, S. 241–263

geschichte und Entstehung hat neuerdings Siegfried Bräuer nähere Umstände dargelegt.[40] Der Entschluß, Müntzer anzuhören, dürfte im letzten Drittel des Juni gefaßt worden sein. Sicher ist, daß Herzog Johann und sein Sohn Johann Friedrich bereits am 1. Juli in Allstedt weilten. An diesem Tag wurde wohl die Predigt in Auftrag gegeben, die am 13. Juli dann gehalten wurde. Zweifelsohne wollten sich die Fürsten, der zu einer nachgiebigeren Haltung neigende Vater und der unter Luthers Einwirkung energische Maßnahmen befürwortende Sohn, über die Verhältnisse in Allstedt orientieren. Als Vorwand konnte dabei jederzeit die noch immer ausstehende Bestätigung Müntzers in seinem Amt als Pfarrer dienen, zu der eine Probepredigt die übliche Voraussetzung war.

Die Predigt, die sofort in Allstedt gedruckt wurde, war der letzte Versuch Müntzers, die der Reformation anhängigen Ernestiner, den Regenten Herzog Johann und seinen Sohn Johann Friedrich, für den christlichen Bund zu gewinnen. Das Thema der Predigt ist eine Zukunftsvision, die das christliche Geschichtsdenken von Anfang an befruchtet hatte. Das Buch Daniel aus dem Alten Testament ist die älteste Apokalypse oder geheime Offenbarung. Entstanden in der Zeit des Juden Makkabäus – etwa um 165 v. u. Z. –, versuchte der ungenannte Verfasser, seinem Volk Mut zuzusprechen zur Fortführung des Kampfes gegen König Antiochos IV. von Syrien. Wenn es am Gesetz Mose festhalte und das Martyrium nicht scheue, sei ihm der Sieg sicher. Zugleich seien das die letzten Verfolgungen, die das Volk Gottes erdulden müsse. Die Deutung eines Traumes des Königs Nebukadnezar II. gibt ein Bild der Zukunft: Das Reich des Antiochos sei das letzte der Weltreiche, binnen dreieinhalb Jahren breche das Messianische Reich an.

Dieses Thema benutzte Thomas Müntzer zur Deutung der damaligen Situation, und es gestattete ihm, das Programm des Allstedter Bundes und die Ziele seines Kampfes in einen weltgeschichtlichen Rahmen hineinzustellen und als Erfüllung des göttlichen Willens auszuweisen. „Es ist dieser text Danielis also klar wie die helle sonne, und das werck geht itztt im rechten schwangke vom ende des fünfften reichs der welt. Das erst ist erkleret durch den gulden knauff, das war das reich zu Babel, das ander durch die silbern brust und arm, das war das reich der Medier und Perser. Das dritte war das reich der Krichen, wilche erschallet mit seiner klugheit, durch das ertz angezeycht, das vierde das Römische reich, wilch mit den schwert gewonnen ist und ein reich

[40] Bräuer, S., Die Vorgeschichte von Luthers „Ein Brief an die Fürsten", S. 40–70. S. Bräuer hat in Wernigerode ein bisher unbekanntes Exemplar des Druckes von Müntzers Schrift entdeckt. Vgl. ders., Thomas Müntzers „Fürstenpredigt" als Buchhändlermaterial, in: ThLZ Jg. 112, 1987, S. 415–423

des zcwingens gewesen. Aber das fünffte ist dis, das wir vor augen haben, das auch von eysen ist und wolte gern zwingen, aber es ist mit Kothe geflickt, wie wir vor sichtigen augen sehen, eytell anschlege der heucheley, die do krymmet und wymmet auff den gantzen erdreich."[41] Müntzer legt hier seine Auffassung von den weltgeschichtlichen Perioden bis zur Endzeit dar. Seine Geschichtsauffassung verschmilzt mit seiner Geistlehre.

Der Zeitpunkt der Veränderung sei gekommen, der Sturz des fünften Reiches stehe unmittelbar bevor. Man sehe jetzt, wie sich die Aale und Schlangen verunkeuchen auf einem Haufen. Die Pfaffen und alle bösen Geistlichen sind Schlangen, und die weltlichen Herren und Regenten sind Aale.

„Darum, yr allerthewersten, liebsten regenten, lerndt ewer urteyl recht auß dem munde Gottis und last euch ewre heuchlich pfaffe nit verfüren ... Dann der stein, an hende vom berge gerissen, ist groß worden. Die armen laien und bawren sehen yn viel scherffer an dan yr. Ja, Gott sey gelobt, er ist so groß geworden, wann euch andere herren odder nachpawrn schon umb das evangelion willen welten verfolgen, so wurden sie von yrem eygen volck vertrieben werden."[42] Müntzer forderte hier die Fürsten des ernestinischen Sachsens auf, sich an die Spitze seiner Bewegung zur Bildung einer apostolischen Menschheit zu stellen. Sie seien dazu prädestiniert, da ihnen das Schwert zum rechten Gebrauch, zur Errichtung des Gottesreiches von Gott verliehen worden war. Sollten sie dieser Pflicht nicht Genüge tun, so muß den Fürsten das Schwert genommen und dem Volk gegeben werden.

Die sog. Fürstenpredigt ist die erste umfassende Darstellung von Müntzers Geschichts- und Obrigkeitsauffassung. Er verband darin seine Lehre vom Geist mit der Lehre vom Schwert. Das von Müntzer erstrebte Ziel, die Gewinnung des Kurfürsten Friedrich und des Herzogs Johann zur Durchsetzung seiner Vorstellungen, mußte freilich scheitern. Aber bereits der Versuch war für seine Zeit ein unerhörtes Wagnis, eine Herausforderung für die kursächsischen Fürsten, aber auch für Luther, Melanchthon und für alle, die für Müntzer die alte Ordnung verkörperten. Die Predigt stellte somit auch einen Höhepunkt der frühbürgerlichen Revolution dar.[43]

Müntzer verkündete visionär die Erkenntnis, daß das alte Reich ein Hindernis der weiteren Entwicklung sei, daß es auf Gewalt, Betrug und Irreführung beruhe, auf dem Bund der Gottlosen, der geistlichen und weltlichen Fürsten, die den gemeinen Mann unterdrückten, be-

[41] MF, S. 255 f.
[42] MF, S. 256
[43] Vgl. den bisher besten Kommentar von Hinrichs, Luther und Müntzer

raubten, verdummten. Aber wo die Fürsten versagten, gäbe Gott das Schwert und damit die Macht dem Volke, um das alte Reich zu zerstören und die Fürsten zu entmachten, um eine neue Ordnung zu errichten. Für Müntzer herrschte in Kirche und Staat der Antichrist, dessen Abwehr Aufgabe der von Gott Auserwählten sei. Jetzt stand für ihn der letzte entscheidende Kampf zwischen dem Bund der Auserwählten und den Gottlosen bevor. Die christliche Obrigkeit sei Dienerin, nicht Herrin des Schwerts, das sie gebrauchen müsse zur Vernichtung der Gottlosen. Weigerten sich die sächsischen Fürsten, so sei das Volk von Gott erwählt und verpflichtet, ihnen das Schwert zu nehmen. Dann müsse das geschehen, was Müntzer schon am 4. Oktober 1523 dem Kurfürsten geschrieben hatte: „Und wen sich das wirt verwenden, so wirt das swert yhn genommen werden und wirt dem ynbrunstigen volke gegeben werden zum untergange der gotlosen", so müsse die Gewalt übergehen an den gemeinen Mann.[44] Hier war das dem Volk von Müntzer zugesprochene Widerstandsrecht zum ersten Mal in der deutschen Reformation klar formuliert, die Pflicht zur Schaffung einer revolutionären Gewalt des Volkes in einer konkreten Situation für die Zeit überzeugend begründet.[45] Zum ersten Mal war eine echte Alternative für das arme Volk gegeben, eine Auffassung der Reformation, die durch den Sturz der gottlosen Tyrannen den Weg frei machen wollte für eine entscheidende Veränderung nicht nur im kirchlichen, sondern auch im sozialen und politischen Bereich.

In der zweiten Julihälfte 1524 drängten die Dinge zur Entscheidung. Damals fiel der Ritter Friedrich von Witzleben in das Dorf Schönewerda ein, nahm einen Teil der Müntzeranhänger gefangen, während er den anderen Teil verjagte. Die Opfer dieses Gewaltstreiches fanden schließlich Zuflucht in Allstedt, wo auch Flüchtlinge aus Sangerhausen Schutz fanden. Müntzer verlangte in einem Brief vom 22. Juli die Bestrafung der Schuldigen: Würde das nicht geschehen, so müsse es zum Aufruhr kommen. „Do ist der orthsprung alles todschlahens also erbermlich durch sichtige und beschydene menschen anzusehen, das eynem bylliche das herz vor angst zyttert."[46]

In seiner Sonntagspredigt vom 24. Juli, der sog. Bundespredigt, verkündete Müntzer zum ersten Mal die Idee eines allgemeinen Bundes in der Öffentlichkeit. Nach der Predigt zogen die 300 Teilnehmer zum Rathaus und verlangten vom Rat und vom Schosser, in den Bund einzutreten. Unter dem Druck des Bundes, der sich nachmittags bewaffnet in den Haufen zusammenfinden sollte, schlossen sie sich an, aber mit dem Vorbehalt, der Obrigkeit „Zinns und Renthe (zu) geben vnd

44 Müntzer-Briefwechsel, S. 50, Nr. 45
45 Vgl. Wörterbuch der deutschen Geschichte, Bd. 2, Berlin 1983, S. 1182
46 Müntzer-Briefwechsel, S. 71, Nr. 57

ander (zu) thun wie hiervor".[47] Offenbar fügten sie sich recht widerwillig dem Bundesbeschluß, „... welcher nit im bundt wolle sein, der solle aus Allstedt ziehen".[48] Das war die Anwendung des weltlichen Bannes, der die Ausweisung allen Bürgern androhte, die sich nicht dem Verbündnis anschließen wollten. Jetzt nahm der Bund einen allgemeinen Charakter an. Sein Ziel war die Abwehr der Feinde des Evangeliums, auch mit Waffengewalt. Zum ersten Mal befand sich auch Müntzer unter den Bundesmeistern. An die Stelle von Hans Reichard trat nun Peter Warmuth, der später in Frankenhausen sein Leben opferte. Aber noch immer blieben die Fürsten von Sachsen aus der Reihe der gottlosen Fürsten ausgenommen.

Der Kurprinz Johann Friedrich war der eigentliche Initiator der reaktionären Maßnahmen in Thüringen. Am 18. Juni hatte der Wittenberger Professor den Kurprinzen zur Bekämpfung Karlstadts und Müntzers ermuntert. Und im Juli verfaßte Luther die heftige Kampfansage an Müntzer, die sofort im Druck erschien: „Eyn briff an die Fürsten zu Sachsen von dem auffrürischen geyst."[49] Das war die offene Aufforderung, gegen den „Satan von Allstedt" einzuschreiten. Und der Kurprinz zog die Konsequenz: „Ich glawbe, got sey es geklagt, das In der teuffel gancz besessen hat, Ist gancz ayn tum kun man, dem nichtes zcu fyl ist, das zcu auffrur vnd desparation dynstlich Ist. Ich habe Sorge, so man nit anders dreyn sehen wyl, dan bisher geschen Ist, das eyn besses Spil draus werden wyrt."[50]

Müntzer hatte kurz nach seinem Erscheinen den Brief an die Fürsten zu Sachsen in Händen. Sofort machte er sich daran, Luther die gebührende Antwort zu geben. Sie sollte in der Allstedter Druckerei herauskommen. Da zitierte man Müntzer mit dem Rat der Stadt, dem Schosser und dem Schultheiß zum 1. August nach Weimar auf das Schloß. Beim Verhör vor Herzog Johann und Kanzler Gregor Brück spielte vor allem der Bund als strafwürdige Zusammenrottung gegen die Obrigkeit eine Rolle, obwohl den kursächsischen Fürsten klar war, daß er sich nicht gegen sie, sondern gegen katholische Adlige und Klöster richtete. Schon am nächsten Tage wurde Müntzer in Allstedt von den Ratsherren und Amtsleuten eröffnet, daß der Bund aufzulösen, der Drucker zu entlassen sei und jede aufrührerische Predigt zu unterbleiben habe. Müntzer erkannte, daß Ratsherren und Amtleute ihn verraten hatten; der Bruch mit den ernestinischen Fürsten war Tatsache geworden. Er mußte darauf verzichten, sich unmittelbar durch

[47] Bensing, Idee und Praxis des „Christlichen Verbündnisses" bei Thomas Müntzer, S. 465

[48] Ebenda

[49] Martin Luther. Studienausgabe, S. 85—104. Vgl. Anm. 40

[50] WA Br. 3, S. 306 f.

Wort und Schrift zu verteidigen. Da ihm Ratsherren und Amtleute in den Rücken fielen und der Bund ihn nicht mehr schützen konnte, floh er in der Nacht vom 7. zum 8. August 1524 über die Stadtmauer. Der Versuch, in Allstedt ein „Gegenwittenberg" zu schaffen, war zwar gescheitert, aber das hier geleistete behielt grundlegende Bedeutung für die folgende Zeit.

Auch die beiden Hauptschriften Müntzers, die „Ausgedrückte Entblößung des falschen Glaubens der ungetreuen Welt"[51] und die „Hochverursachte Schutzrede und Antwort wider das geistlose sanftlebende Fleisch zu Wittenberg"[52] gehen in ihren Anfängen noch auf die Allstedter Zeit zurück. Das gilt besonders für die „Ausgedrückte Entblößung", die nicht, wie man bisher annahm, die ursprüngliche Fassung ist, aus der Müntzer erst ein sog. Zensurexemplar, das „Gezeugnus des ersten capitels des evangelions Lucae" für den Weimarer Hof hergestellt habe. Die Forschung hat schlüssig nachgewiesen, daß das „Gezeugnus" eine selbständige Arbeit ist, entstanden in einer Zeit, als Müntzer noch nicht völlig mit den kursächsischen Fürsten gebrochen hatte, bei weitem nicht so konsequent wie die „Entblößung". Daß sie nicht veröffentlicht wurde, hängt einmal mit der Schließung der Allstedter Druckerei zusammen, zum anderen aber mit der Tatsache, daß sie, nach Änderung der Situation, von Müntzer erweitert und verschärft wurde zu der endgültigen Fassung, die dem Bruch mit der Obrigkeit Rechnung trug und unter dem Titel „Ausgedrückte Entblößung" schließlich in Nürnberg von den Gesellen des Druckers Johann Hergott gedruckt wurde.[53] Die Schrift handelt vom erfahrenen und erlittenen Glauben im Gegensatz zum Buchstabenglauben Luthers und der Wittenberger. Bedeutungsvoll ist Müntzers Neuinterpretation von Römer 13. Luther leitete seine Obrigkeitsauffassung von Vers 1 und 2 des Römerbriefes ab: Jedermann sei untertan der obrigkeitlichen Gewalt, denn es gibt keine Obrigkeit, die nicht von Gott wäre; wo sie ist, ist sie von Gott angeordnet. Wer also sich der Obrigkeit widersetzt, der lehnt sich auf wider Gottes Ordnung; die Aufrührer aber werden sich ihr Gericht holen. Müntzer interpretierte seine Überzeugung von Vers 3 und 4 her: Die Herrscher sind nicht zum Schrecken da für das rechtschaffene Tun, sondern für das böse. Willst du keine Furcht haben vor der Obrigkeit? So tue das Gute, und du wirst von ihr Lob haben. Denn sie ist Gottes Gehilfe für dich zum Guten. Tust du aber Böses, dann fürchte dich, denn sie trägt das Schwert nicht umsonst. Sie ist Gottes Gehilfe, Gerichtsvollstrecker für den, der Böses

51 MF, S. 265—320 (dort Paralleldruck der beiden Ausgaben der Schrift)
52 MF, S. 321—344
53 Vgl. auch Vogler, Günther, Nürnberg 1524/25, Berlin 1982, S. 213 ff.

tut.[54] Damit zielt Müntzer auf die Wiederherstellung der Gottesherrschaft und die Abschaffung der kreatürlichen Fürstenherrschaft. Für ihn sind Reichtum und Armut in gleicher Weise Hemmnisse für die Erlangung des wahren Glaubens. Zu großer Besitz verhindert den Glauben genauso wie drückende Armut. Höchst erstaunlich ist die Auffassung, daß das einfache Volk ebenso wie die Heiden zum Glauben prädestiniert ist.

Damit ist auch zugleich Müntzers endgültige Absage an die ernestinischen Fürsten verbunden. Die „Ausgedrückte Entblößung" ist der theoretische Höhepunkt in Müntzers Schaffen und ein Gipfelpunkt in der Ausprägung der Ideologie der frühbürgerlichen Revolution. Die „Hochverursachte Schutzrede" ist die berühmte endgültige Absage Müntzers an Luther, die Entgegnung auf dessen „Brief an die Fürsten zu Sachsen", gedruckt bei Hieronymus Höltzel. Sie ist eine der wirksamsten Kampfschriften aus der Zeit der frühbürgerlichen Revolution. Von dieser Schrift besitzen wir kein Manuskript aus der Allstedter Zeit, aber zweifellos hat sich Müntzer unmittelbar nach der Kampfansage Luthers an die Antwort gemacht, die erst später, nach dem ersten Mühlhäuser Aufenthalt, ihre letzte Gestalt erhalten hat.

Hauptinhalt dieser Schriften Müntzers ist seine Lehre vom revolutionären Widerstandsrecht des Volkes und von der Errichtung einer revolutionären Macht des gemeinen Mannes: Weiterentwicklung der alten Lehre vom göttlichen Recht, vom Sturz der Gottlosen und Schaffung einer Ordnung der Gleichheit. Der Anteil der Allstedter Erfahrungen an der Ausformung der Lehre Müntzers kann nicht hoch genug veranschlagt werden. Während sich Luther seit der Wartburgzeit immer weiter von den Volksmassen entfernte, während er seine Lehre vom leidenden Gehorsam als Christenpflicht ständig verstärkte, gewann Müntzer seit dem Sommer 1524 ein immer positiveres Verhältnis zum Volk. Das arme Volk ist nach seiner Vorstellung zur Auserwähltheit bestimmt, was für ihn aber niemals bedeutete, daß es sich nicht dieser Stellung würdig erweisen mußte. Seit dem Bruch mit den Fürsten von Sachsen wird zwangsläufig das Volk für ihn zur einzigen Kraft, die das göttliche Gesetz verwirklichen kann. Denn dieses Volk trägt das Kreuz das ganze Leben lang, kennt Not und Leid, wird ausgebeutet von den großen Hansen, den Knechten des Bauches und der Üppigkeit. Dieses Volk ist berufen, den ungetreuen Fürsten das Schwert zu nehmen, um es im Sinne Gottes zu gebrauchen. Damit geht parallel eine wachsende Einsicht in die konkrete Lage der Massen; jetzt sieht er die armen, elenden Bauern, das arme, grobe, gemeine

[54] Zitiert nicht nach der Lutherbibel, sondern nach Das Neue Testament, übers. von Weizsäcker, Carl, 11. Auflage, Tübingen 1927

Volk. So konnte er jetzt mit den Volksmassen vollenden, was sich seit dem Pfeifer von Niklashausen, mit den Bundschuhverschwörungen angebahnt hatte. Müntzers Schriften aus dem Jahre 1524 bildeten die theoretische Vorbereitung für sein Eingreifen in den thüringischen Bauernkrieg als dem revolutionären Höhepunkt der frühbürgerlichen Revolution.

Auch mit dem Ende des Bauernkrieges war Müntzers Wirkung in Allstedt nicht vorbei. Bernhard Walde, der neue Schosser, schrieb am 14. Juni 1525: „... das drei schwirmer, nemlich der pfarrer zu Enczingen, Wolfferstedt und Hegendorff, diselben halden sich Müntzers leher und vornehmen, undirsteen sich von naues aufruher zu machen also, sie ruffen und schreien auf der Canzell, das die fursten izt also toeben und wueten undir dem christenbludt, sollen sich des nit anfechten lassen ... Ist zu besorgen, das sie widerumb ein aufsteen machen werden.“[55] Besonders beklagt er sich über die Allstedter Frauen, bei denen der Geist Müntzers noch schwerer auszutilgen sei als bei den Männern. Und am 19. Juni heißt es in einem Bericht: „Es hoech von nöten, straeff vorzuwenden, dan Munczert geist regirt noch gewaldig.“[56] Sechs Bürger von Allstedt wurden hingerichtet.

Noch im Jahre 1533 wirkte Müntzers Geist in der Stadt. Im März dieses Jahres veranstaltete man die erste Visitation der Kirchen in Allstedt. Wigberti war verwüstet und nicht wieder aufgebaut worden, der Einfluß des Klosters Walkenried endgültig gebrochen. Aber in St. Johannis hatten von Müntzers Zeiten her sich zahlreiche Gebräuche erhalten. Obwohl der Pfarrer Jodocus Kern Lutheraner war, mußte er doch sehr auf die Gemeinde Rücksicht nehmen. Müntzers Kirchenordnung war noch in Kraft, seine Gesänge noch in Gebrauch. Die Stellung des Altars, die Kleidung der Geistlichen, der Wegfall des Glockengeläutes vor Beginn des Gottesdienstes, alles das hatte sich erhalten. Die geistlichen Güter hatte zwar der Rat zu seinen Gunsten beschlagnahmt, aber für die Kirche hatte er kein Geld: Das Inventar des Pfarrers verzeichnete drei Tische und drei Spanbetten, der Pfarrer erhielt im Jahr 70 Gulden, der Diakon 40.[57] Es hat auch noch offene Anhänger Müntzers in der Stadt gegeben, die jetzt als „Sinnlose“ streng verwarnt wurden. Jetzt erst wurden auf Ersuchen der Wittenberger Visitatoren die dortigen Gebräuche, Katechismuslehre und Gesangbuch, eingeführt.[58] Müntzers Werk geriet in völlige Vergessenheit.

Unvergessen bleibt jedoch der Aufenthalt Gottfried Arnolds in All-

[55] Akten zur Geschichte des Bauernkrieges, S. 478, Nr. 1663

[56] Ebenda, S. 495

[57] Burckhardt, Geschichte der sächsischen Kirchen- und Schulvisitationen, S. 141 f.

[58] Ebenda

stedt. Dieser große Geschichtsdenker der frühen Aufklärung veröffentlichte 1699/1700 sein berühmtes Hauptwerk, die „Kirchen- und Ketzerhistorie“. Hier findet sich nicht nur der erste Abdruck der „Ordnung und Berechnung des deutschen Amts zu Allstedt“, sondern auch der erste Versuch einer positiven Bewertung Müntzers überhaupt. Und dieser Mann wurde 1700 für kurze Zeit Hofprediger auf dem Schloß in Allstedt, dem damaligen Witwensitz der Herzogin Sophie Charlotte von Sachsen-Eisenach.

Freilich vermochte Arnold den Geist der Orthodoxie noch nicht zu besiegen. Den vertrat in Allstedt Ernst Stockmann mit seiner „Allstädtischen kleinen Chronika“, 1712 in Stolberg gedruckt und 1883 in neuhochdeutscher Bearbeitung von Ludwig Däumler in Allstedt neu aufgelegt. Hier findet sich die Allstedter Gestalt der Müntzerlegende:

„So hat sich ehemals in Alstäd auch begeben/
Daß Thomas Müntzer, ein verruchter Bösewicht
Viel Unglück unsers Orts/ und sonsten/ angericht.“[59]

Die marxistische Geschichtswissenschaft hat mit diesen Legenden ein für allemal aufgeräumt und die Allstedter Ereignisse der Jahre 1523/1524 als einen Höhepunkt der frühbürgerlichen Revolution erkannt und dargestellt.

[59] Stockmann, Ernst, Altstädtische kleine Chronica / In Alexandrinischen reinen Versen / Auf begehr entworffen, Stolberg 1712, zitiert nach Steinmetz, Müntzerbild, S. 305

Exkurs*
Thomas Müntzer und Martin Luther — Gemeinsamkeiten und Gegensätze im Zusammenhang mit ihrem Kampf um die frühbürgerliche Revolution

Alle marxistische Müntzerforschung geht davon aus, daß die Theologie Müntzers sich entwickelte unter den Bedingungen des Heranreifens des deutschen Bauernkrieges, daß sie also einen entscheidenden Beitrag darstellt zum Höhepunkt der deutschen frühbürgerlichen Revolution, daß sich in den theologischen Gedanken zugleich das soziale und politische Programm der Volksreformation vorfindet, daß es darauf ankommt, den sozialen und politischen Gehalt und Stellenwert der verschiedenartigen theologischen Komplexe aufzudecken und herauszuschälen.[1] Es ist danach keine volle Erklärung der Lehre Müntzers durch bloße Reduzierung auf einzelne Bestandteile oder ihre Kombinierung möglich. Erst die Entwicklung der Lehre im Zusammenhang mit den Klassenkämpfen von 1521 bis 1525 ergibt ein zuverlässiges Bild; erst die gesellschaftliche Praxis macht aus Elementen der Theologie und der Sektenideologie die Vorform einer Klassenideologie. Der Prager Anschlag, der wesentliche Momente der Lehre Müntzers schon enthält, bleibt wirkungslos, führt zu keiner Aktion, sondern zum völligen Scheitern — da weder in Böhmen noch in Deutschland Voraussetzungen für Aktionen der Volksmassen vorhanden waren. Die Schriften der zweiten Jahreshälfte 1524 enthalten das reife Programm der Volksreformation und bereiten den Bauernkrieg ideologisch unmittelbar vor: Die Praxis ist es also, die der Ideologie zur Wirkung verhilft.

Müntzer erkannte frühzeitig eines der Haupthindernisse der Weiterführung der Reformation in den regressiven Elementen der lutherischen Theologie, in ihren Tendenzen zur sozialen Passivität, in ihrem Bestreben, den gemeinen Mann zur Untätigkeit zu verurteilen, auf die bestehenden Verhältnisse der Ausbeutung festzulegen, die Reformation für ihn nicht voll wirksam werden zu lassen. Alles das wurzelt,

* Unveränderter Auszug aus: Steinmetz, Thomas Müntzer in der Forschung der Gegenwart, S. 675 ff.

[1] Die wichtigsten Arbeiten zur Ideologie Müntzers von marxistischer Seite von M. Bensing u. a. vgl. Quellen- und Literaturverzeichnis. Hinzuzufügen sind: Gropp, R. O., Das nationale philosophische Erbe, Berlin 1960; Ley, H., Geschichte der Aufklärung und des Atheismus, Bd. 2/2, Berlin 1971, bes. S. 715 bis 735; Smirin, M. M., Die Volksreformation, S. 83—337; Zschäbitz, M., Zur mitteldeutschen Wiedertäuferbewegung nach dem großen Bauernkrieg, Berlin 1958, S. 26—48

wie Müntzer mehr spürte als klar erkannte, in der sozialen Begrenztheit und Bindung Luthers. Müntzer bekämpfte diese Tendenzen mit theologischen Mitteln. Er setzte Luthers Lehre seine Theologie mit ihren drei Hauptbestandteilen entgegen: 1. die Lehre vom Geist als der ständigen, an keine Schranken gebundenen göttlichen Offenbarung, die sich nicht nur der biblischen Schriften bedient hat, sondern immerwährend sich in der inneren Stimme den Menschen enthüllt; 2. die Lehre vom Kreuz als der Läuterung der Menschen durch das Leid, das unentbehrlich ist, um zu einem „bewährten" Glauben zu kommen, zur Gewißheit des Glaubens, wobei es die Armen sind, die das Kreuz tragen und sich dadurch bereit machen für den Empfang des Geistes; 3. die Lehre vom Schwert oder von der Obrigkeit, bestehend im Widerstandsrecht gegen die gottlosen Herren, in der Pflicht, der gottlosen Obrigkeit zu widerstehen, ihr das Schwert zu nehmen, in der Berufung der Armen und Unterdrückten zur Führung des Schwertes, zur Übernahme der Gewalt.

In diesen drei Bestandteilen kommt der Gegensatz zu Luther besonders deutlich zur Sprache: 1. Luther hatte die Schrift als alleinige und endgültige Quelle der Offenbarung anerkannt — sola scriptura — und wird darum von Müntzer als Schriftgelehrter, Buchstabengelehrter bekämpft; 2. Luther hatte die Rechtfertigung sola fide et gratia proklamiert, ohne Zutun der Menschen, d. h. letztlich auch ohne die Werke als Ausdruck menschlicher Aktivität; 3. Luther hatte das „Pathos des Gehorsams", den leidenden Gehorsam gefordert, die Anerkennung jeglicher Obrigkeit, die stets von Gott gesetzt sei und deren Willen der Mensch sich unterwerfen müsse.

So wie Müntzers Ausgangspunkt ein anderer ist als der Luthers, so weicht auch die erkennbare Zielsetzung seines Strebens von der Luthers ab. Während Luther in der Möncherei groß geworden ist und sich erst spät von ihr hat lösen können, war Müntzer Weltgeistlicher, allerdings durch mehrfache — wenn auch keineswegs ausschließliche — Tätigkeit als Geistlicher in Nonnenklöstern mit dem Klosterwesen vertraut. Während Luther sich lange mit der occamistischen Spätscholastik herumschlug, spielte die Scholastik bei Müntzer so gut wie keine Rolle — ähnlich wie bei Melanchthon, Zwingli und Calvin, die alle stark humanistisch orientiert waren. Während Luther seine theologische Überzeugung aus dem Studium des Römerbriefs des Paulus gewann und die Lehre von der Rechtfertigung sola fide et gratia entwickelte, wandte sich Müntzer früh den Quellen des Christentums und der Kirchengeschichte, aber auch dem Alten Testament zu. Beide hatten enge Berührungen mit der Mystik: Luther gab die „Theologia deutsch" zuerst teilweise, dann vollständig heraus, Müntzer jedoch tauchte tief hinab in das mystische Denken des Mittelalters, das seine

Sprache entscheidend mit geformt hat. Während aber Luther sich mit der Ablaßfrage und dadurch mit der römischen Kurie herumschlug, zog sich Müntzer in die Ruhe der Studierstube im Kloster Beuditz zurück; er verarbeitete also eine ganz andere Überlieferung, drang bewußt zu anderen Quellen vor. Nicht Occamismus, Augustinismus, sondern alttestamentliches Prophetentum, Taboritentum und mittelalterliche Mystik, ketzerische Ideen des Mittelalters und humanistische Literatur sowie die Veröffentlichungen der frühen Reformationsbewegung – neben Luther vor allem Karlstadt – bestimmten ihn, wobei die Aneignung und Auseinandersetzung unter aktiven Vorzeichen und ohne Neigung zu quietistischer Gottschau und Selbstbespiegelung erfolgten.

Nur dadurch konnte Müntzer zum Repräsentanten anderer Klassenkräfte werden als Luther, nämlich solcher Klassen und Schichten, die die Reformation weiterführen und auch auf den gesellschaftlichen Bereich übertragen wollten, d. h. der städtischen und ländlichen Unterschichten, der Plebejer und der armen Bauern. Das befähigte Müntzer, Luther zu kritisieren, die Grenzen des lutherischen Denkens und die Tragweite seiner Ideen zu durchschauen und schließlich den historisch notwendigen Bruch mit der lutherischen Bewegung zu vollziehen. Nur dadurch wurde es möglich, die Reformationsbewegung weiterzubringen und die frühbürgerliche Revolution auf den Höhepunkt zu führen, d. h. die Entscheidung zu versuchen, die Klärung der Widersprüche von unten her, mit den Mitteln der revolutionären Gewalt zu erstreben.

Müntzer hat also erstens ein anderes Schriftverständnis als Luther, das zwar auf dessen Bibelverständnis aufbaut, auf der Benutzung der Bibel als Gotteswort zur Abwehr und Zertrümmerung der katholischen Grundlehre vom Priestertum als Mittler zwischen Gott und Mensch, aber Müntzer führt diese Auffassungen radikal zu Ende: Das allgemeine Priestertum macht jeden zum selbständigen Bibelleser, schafft die Gängelung durch die Kirche ab, läßt jeden unmittelbar auf Gottes Wort hören: Gottes Offenbarung ist nicht beschränkt auf das geschriebene Bibelwort, der Geist ist nicht an die Schrift gekettet, sondern hat selbst erst die Schrift ermöglicht, ist der Schrift übergeordnet; Gottes Offenbarung ist ein nicht abgeschlossener Prozeß; Gott schreibt mit seinem Finger in die Herzen der Gläubigen, spricht zu seinen Gläubigen. Müntzer lehnt Luthers Vorstellung vom verborgenen Gott ab, dessen Pläne undurchschaubar seien, der mit Menschen spiele wie ein Puppenspieler, ohne zu sagen, warum und wozu, der lediglich verherrlicht werden wolle, dessen Wille ein mysterium tremendum bleibe; Gott offenbart sich, das war Müntzers Auffassung, seinen Gläubigen, seinen Knechten ständig –, darum bedarf es der

Wittenberger Theologen nicht, die nur schaden, da sie Gottes Evangelium verdunkeln. Gott offenbart sich ständig denen, die ihn hören wollen, die bereit sind, seine Stimme zu vernehmen. Damit entwickelt Müntzer einen neuen Offenbarungs- und Geistbegriff; eine letztlich universale Geistlehre, die die Grenzen des Christentums hinter sich läßt, die Monopolstellung des Christentums durchbricht und Gottes Geist nicht nur bei den Christen, sondern auch bei den Heiden, den Mohammedanern u. a. sucht und findet. Die ganze Bibel ist Gottes Gesetz, das Neue Testament und das Alte Testament werden als Einheit verstanden, es gibt keinen Gegensatz zwischen Gesetz und Evangelium. Moses und die Propheten werden nicht als Gegensatz zum Evangelium paulinischer Interpretation gesehen, sondern beide als Einheit göttlicher Offenbarung von Moses zu Christus begriffen. Die Linie von Paulus zu Augustin, die Luther erneuert und fortsetzt, tritt zurück. Die Reduzierung der geltenden Normen auf das Neue Testament lehnt Müntzer ab; er interpretiert den Römerbrief des Paulus revolutionär. Röm 13 ist für Müntzer die Begründung des Widerstandsrechts und für Luther die Begründung der Gehorsamslehre, wobei sich Müntzer auf Vers 3 und 4 stützt, Luther jedoch auf Vers 1 und 2, aber auch auf 5 bis 7. Geist—Schrift—Offenbarung—Gesetz werden revolutionär gedeutet; zwar nicht ohne Widerspruch (Spiritualismus und Gesetzeslehre), aber doch höchst wirksam zur Begründung der Volksreformation genutzt.

Der Geist Gottes ist lebendig und die Offenbarung nicht an die Schrift gebunden, aber das Gesetz des Alten Testaments ist dennoch gültig, der Kampf gegen die Gottlosen eine ständige Aufgabe, die nicht nur den Juden aufgetragen wurde. Zwischen Offenbarung und Gesetz besteht kein Widerspruch für Müntzer; Geistglaube und göttliches Recht sind letztlich identisch — der gleiche göttliche Wille verbindet beide: Die Verbindung beider ist aber nur möglich als revolutionäre Lehre. Das bedeutet zugleich Hochschätzung des Prophetismus, der Traumgesichte: der Propheten des Alten Testaments, der Apokalypsen des Daniel und Johannes, des Hirten des Hermas — bis hin zu den Gesichten der Mechthild von Hackeborn, der Hildegard von Bingen, der Elisabeth von Schönau. Das bedeutet zugleich Überschätzung der Träume, da Müntzer glaubte, daß sich Gott im Traum offenbaren könne.

Müntzers Sakramentslehre ist weithin lutherisch: Abschaffung des Zölibats, der Klöster, der Ablässe, der Wallfahrten, der Stiftungen und Winkelmessen, der Marien- und Bilderverehrung; er behält die Taufe bei (Kinder-Spättaufe), behält das Abendmahl bei — aber alle Sakramente werden zurückgedrängt, in ihrer Bedeutung abgeschwächt. Müntzer hat eine andere Stellung zur Grundlehre des Christentums, der Trinitätslehre, damit zur Christologie und Abendmahlslehre als Luther; Johann Lang hat 1525 ihn in den Streit um die Abendmahlslehre einbezogen, indem er eine Schrift von Urbanus Rhegius auch auf Müntzer bezog.[2] Eine gewisse Nähe zu Erasmus ist gleichfalls nicht zu verkennen, kannte er doch die Editio princeps des Neuen Testaments, das „filioque", das sog. Comma Joanneum (1 Joh 5, 7), den einzigen Schriftbeweis für dieses Dogma nicht, da die Stelle in sämtlichen älteren griechischen Handschriften fehlt. Bei Müntzer findet sich eine merkwürdig geringe Betonung der Christologie. Vielleicht tendierte Müntzer doch zum Antitrinitariertum, vielleicht auch nur zum Unitarismus; seine Betonung der Einheit Gottes spräche dafür. Schon Agricola warf ihm 1525 Abwertung Christi und dessen Erlösungstat vor. Sicher wirkte sich hier die Betonung des Alten Testaments, des Gesetzes, aus, das keinen Ansatz bot für eine Trinitätslehre; vielleicht auch der universale Offenbarungsbegriff, der einer Überbetonung Christi und dessen Erlösungstat entgegenwirkte und die Erlösungstat Christi weder als zentralen Lehrbegriff, noch als zentrales Ereignis der Geschichte verstand.

Müntzer lehrt zweitens einen anderen Weg zum Heil, zur Seligkeit als Luther. Die Läuterung des Menschen erfolgt nicht allein durch die Rechtfertigung, nicht sola gratia, sola fide, sondern durch aktive Mitwirkung des Menschen. Müntzer lehnte die zur Passivität führende lutherische Rechtfertigungslehre entschieden ab. Die Läuterung des Menschen erfolgt durch seine Mitwirkung, durch das Leid, die Not, das Kreuz. Diese „Nachfolge Christi" ist ein Reifungsprozeß des Menschen, der durch Übernahme des Kreuzes geschieht. Scharf lehnte Müntzer die Unterschätzung der Werke, der Aktivität des Menschen ab. Für Müntzer ist eine aktive Nachvollziehung der Erlösung erforderlich. Die Kreuzeslehre ist mit ethischer Aktivität gekoppelt; kein Warten auf Gott – hier weicht Müntzer auch stark vom Judentum ab. Mit Hilfe der Mystik entwickelt er ein Verfahren, das in etwa Ignatius von Loyolas Exercitia spiritualia vorwegnimmt. Daraus folgt eine andere Prädestinationsvorstellung, die auf die Armen bezogen und angewandt wird, denn die Armen sind allein prädestinierte Werkzeuge Gottes zum Kampf gegen die Gottlosen. Freilich ist zu große Armut ebenso hinderlich wie zu großer Reichtum: Beide hindern den Geistempfang, wobei die Armen belehrt, aus ihrer Dumpfheit im Lebenskampf und aus Existenznot befreit werden müssen, den verhärteten Reichen aber nicht zu helfen ist. Darum kennt Müntzer auch keine falsche Glaubensgewißheit, sondern die Forderung eines „bewährten" Glaubens: Der Glaube wird zum umgestaltenden, revolutionären Prinzip.

[2] Vgl. Steinmetz, Müntzerbild, S. 116 f.

Damit verbunden ist ein anderes Menschenbild, eine andere Ethik. Der Mensch ist kein verlorener Sünder, in Sünde hoffnungslos verstrickt, sondern Träger aktiver Verantwortung und Gestaltung der Gesellschaft. Stark betont Müntzer die Willensfreiheit gegen das lutherische servum arbitrium. Der Mensch ist fähig, die Gesellschaft zu verändern; freilich nicht ohne oder gegen Gott, sondern im Sinne der göttlichen Forderungen, im Sinne des Gesetzes.

Diese Auffassung hängt eng mit der Obrigkeits- und Gehorsamslehre Müntzers zusammen, mit der Ablehnung der passiven Rolle des Menschen im göttlichen Weltplan in der Geschichte.

Dennoch gibt es Grenzen. Zwar lehnt Müntzer die Askese, die erzwungene Ehelosigkeit ab, aber er vertritt doch eine asketisch-rigoristische Eheauffassung, die mit der Luthers in gewisser Beziehung verwandt ist. Alle Lüste als Selbstzweck werden abgelehnt, da sündhaft, den Menschen von Leid und Kreuz, vom Weg der Besinnung und Einkehr abwendend. Müntzer verkörpert den denkbar schärfsten Gegensatz zum Paganismus der Renaissance; bei ihm findet sich keine Renaissancehaltung wie bei Poggio, in den Dunkelmännerbriefen, bei Bebel u. a., keine Emanzipation des Fleisches.

Müntzer lehrt drittens eine andere Obrigkeitslehre als Luther. Der Staat ist kein Organ über den Klassen, sondern revolutionäres Instrument zur Verwirklichung des göttlichen Willens; die Fürsten sind Beauftragte Gottes, denen das Schwert nicht zur Willkür, zur Unterdrückung usw. gegeben ist, sondern mit einem klaren Auftrag, gebunden an diesen Auftrag; der Fürst ist nicht legibus absolutus. Das Schwert ist an die Erfüllung des Auftrags gebunden, sonst wird es entzogen und dem gemeinen Mann gegeben. Für Müntzer ist Fürstenmacht nicht heilig, er lehnt das Geblütsrecht, das Gottesgnadentum als Betrug und Erschleichung ab und kennt keinerlei Verherrlichung der Fürstenmacht. Die Fürstenmacht ist auftragsgebunden, kann gestürzt werden, wenn der Auftrag verraten wird. Daraus ergibt sich das Recht zum Widerstand, das revolutionäre Recht des Volkes, das Schwert zu nehmen, falls die Obrigkeit ihrer Pflicht nicht genügt. Hier ist kein Platz für eine „natürliche" Unterordnung des Volkes, für eine Rechtfertigung der „organischen" Ständeordnung wie bei Luther. Zugleich bildet Müntzer die mittelalterliche Herrscherlehre von pax et iustitia weiter; vielleicht liegt eine Abhängigkeit von Marsilius von Padua vor. Das hängt zusammen mit der ganz anderen Vorstellung vom Volk, das nicht „Herr omnes" wie bei Luther, sondern zur Umgestaltung auserwählt, zur Bekämpfung und Vernichtung der Gottlosen prädestiniert, berufen ist zur Umgestaltung, da der Adel, die Fürsten und die Reichen nicht fähig und willens sind, ihr Wohlleben und die Unterdrückung der Armen aufzugeben.

Der Volksbegriff – auch wenn er sich vom Gottesvolk des Alten Testaments zum revolutionären Volk der Bauern und Plebejer entwickelt, konkretisiert, mit sozialem Inhalt erfüllt – trennt Müntzer am entschiedensten von Luther, den Wittenbergern, den lutherischen Obrigkeiten auch der Städte, aber ebenso auch von den Humanisten, von Mutian, Erasmus und ihrem Elitebegriff, ihrer Volksfremdheit, ihrer Überheblichkeit, ihrem Bildungshochmut.

Luthers Theologie ist für Müntzer eine Theologie ohne das Volk und gegen das Volk: nicht in ihren Ansätzen, sondern in ihrer regressiven Entwicklung seit 1521. Luther vertritt für Müntzer eine Theologie der Passivität, des reinen Gnadenempfangs ohne Zutun des Menschen, der der Sünde verfallen ist und sich aus eigener Kraft nicht erheben kann. Die Lehre von der Rechtfertigung des Sünders sola fide et gratia zerstörte zwar das Gebäude der Papstkirche, machte die Mittlerstellung des Priesters überflüssig und die Mehrzahl der alten Sakramente. Aber indem Luther die Mitwirkung des Menschen am Heilswerk, bei der Gewinnung des gnädigen Gottes leugnet, indem er den passiven Gehorsam aus dem passiven Heilsempfang, der passiven Rolle gegenüber Gott ableitet, kommt er zu Schlußfolgerungen, von denen Müntzer nichts wissen will. Mit einem großartigen Scharfsinn hat Müntzer die letzten Konsequenzen der lutherischen Theologie durchschaut – modern gesprochen: ihren Klassencharakter erkannt – und diese Theologie verworfen. Müntzer verlangt vom Menschen eine „Nachfolge Christi", einen „bewährten" Glauben, d. h. einen durch Taten erwiesenen Glauben; er fordert ein Tragen des Kreuzes, eine Bejahung des Leidens, da der Mensch erst durch das Kreuz geläutert werde, christförmig werde, nur durch Kreuz und Leid bereit werde, Gott zu hören, seine Stimme zu vernehmen. Und das ist – wie er immer deutlicher selbst erlebt – ausschließlich bei den Armen der Fall, da die Reichen in Wollust und Bauchesfreuden verstrickt, vom Mißbrauch der Macht für eigennützige Zwecke nicht lassen können.

Luthers Lehre von der passiven Rolle des Menschen, seiner Unfähigkeit, sich selbst zu erheben, von dem passiven Gnadenempfang, von dem leidenden Gehorsam, von der Heiligen Schrift als der einzigen abgeschlossenen göttlichen Offenbarung, von der Rechtfertigung des Sünders allein durch den Glauben setzte Müntzer seine Überzeugung von dem Geist Gottes als der ständigen Offenbarung, unabhängig vom Buchstaben der Heiligen Schrift, als Quelle aller Erkenntnis und als umgestaltendes Prinzip, von dem Kreuz als der Voraussetzung des Geistempfangs, der Bewährung der Erkenntnis in Leid und Armut, von der Widerstandspflicht gegen die gottlosen Obrigkeiten und der Notwendigkeit der Schaffung einer revolutionären Gewalt des Volkes, vom Charakter der Obrigkeit als eines göttlichen Auftrags zur Vernichtung der Gottlosen und zur Herbeiführung einer gerechten Ordnung, vom gemeinen Volk, das allein von Gott zur Herrschaft prädestiniert ist, von dem Volke als einziger Kraft, die das göttliche Gesetz durchführen, den Willen Gottes vollstrecken kann, entgegen.

Was hier dargelegt wurde, ist nicht im Hinblick auf Vollzähligkeit der Bestandteile der Müntzerschen Lehre gemeint, sondern als Versuch einer Systematik. Eine „Theologie Müntzers" ist bis heute von keiner Seite versucht worden. Auch die Problematik der Entwicklung des Müntzerschen Denkens ist hier bewußt beiseite gelassen worden. Sie bedarf weiterer Überlegungen. Daß Müntzer Theologe war, daß er als Theologe Revolutionär war im umfassenden Wortsinne, der in der Lösung der Machtfrage das Ziel seines Kampfes erblickte, daß er aber als Revolutionär stets Theologe blieb und an der Theologie scheitern mußte, alles das unterliegt keinem Zweifel. Von Müntzer wie von der Zeit her, in der er lebte und eine exemplarische Rolle spielte, bleibt als Hauptproblem der Nachweis der Relevanz der Müntzerschen Lehre für den Ablauf der frühbürgerlichen Revolution, speziell des deutschen Bauernkrieges als ihres Höhepunktes. Auch wenn noch nicht entschieden ist, ob es eine geradlinige Entwicklung ist, die Müntzer in den Bauernkrieg führte und zum ideologischen Führer der revolutionären Kräfte unter den Bauern werden ließ, oder ob diese Entwicklung Widersprüche aufweist: Das sozialpolitische Programm der Volksreformation kann für Müntzer keine Abweichung oder Preisgabe seiner ursprünglichen Lehre, sondern nur die Erfüllung und Krönung seiner Bestrebungen gewesen sein.

Die Auffassungen der Böhmerschule, erneuert durch H. J. Goertz u. a., erweisen sich als blasse Konstruktionen ohne geschichtlichen Inhalt, die den Quellen ebenso Gewalt antun wie dem Verlauf der deutschen frühbürgerlichen Revolution. Am meisten widersprechen diese krampfhaften Bemühungen der historischen Gestalt Müntzers seinem Selbstbewußtsein, das aus Briefen und Schriften eindrucksvoll zu uns spricht. Sein Selbstbewußtsein ist schon früh an den starken polemischen Tönen zu erkennen. Seine stets kurzen Aufenthalte, endend mit Vertreibungen oder Entlassungen, hängen sicher damit zusammen, daß er sich immer wieder mit seinen Vorgesetzten überwarf. Müntzer ist seit seiner Jugend, d. h. soweit unsere Quellen zurückreichen, erfüllt von Sendungsbewußtsein, betontem Selbstbewußtsein bis zur Überspanntheit. Stets tritt er uns entgegen als schroffe Persönlichkeit, unduldsam und unbeugsam. Gerade im eigenen Leidensweg, den er bewußt beschritt und herausforderte, erkannte er die Voraussetzung und Gewißheit der eigenen Berufung: Das Kreuz des Leidens und Verfolgtwerdens war für ihn Inhalt und Wirklichkeit des Lebens, nicht nur Frucht umfangreicher Lektüre.

Die großen Männer machen die Geschichte nicht, aber diese macht sich nicht ohne sie: Sie haben eine bestimmte und notwendige Rolle in ihr. Besonders in Zeiten überwiegender Spontanität und geringer Bewußtheit der Volksmassen kann der großen Persönlichkeit eine besonders große Aufgabe zufallen – gleichsam den fehlenden Klassenhegemon ersetzen.[3] Aber Müntzer überfordert seine Anhänger und deren Bewußtheitsstand. Gerade dadurch gerät er – in Prag, in Allstedt wie in Mühlhausen – immer in Gefahr, nicht voll verstanden zu werden, eine Gefahr, der er durch Intensivierung seiner Worte und Predigten, seiner Agitation, durch den gewaltsam übersteigerten und überreizten Ton begegnen will. Und gerade diese Übersteigerung seiner Aktivität, sein revolutionärer Aktivismus, vergrößert die Gefahr der Überforderung der Menschen, wie sie damals lebten und dachten. Das machte die Tragik Müntzers aus. Er sah deutlich die Unreife der Menschen, die ihm für die Durchführung seiner Ziele weithin ungeeignet erschienen durch egoistische, „fleischliche", engstirnige, „lokalbornierte" Denkweise. Aber der Reifungsprozeß wurde von ihm unterschätzt. Er glaubte, mit den Mitteln der Theologie die Menschen auf die Revolution vorbereiten zu können – was hätte er auch anderes tun sollen. Er war ein Volkserzieher großen Stils – freilich mit den Mitteln der Zeit, durch den Gottesdienst, die Liturgie, die Predigt, das Bibellesen, die mystische Praxis, die Sakramente. Durch sie will er das Volk läutern, zum Geistempfang vorbereiten, reif machen zum Handeln im Sinne des göttlichen Gesetzes, bereit werden lassen zur revolutionären Tat: zuerst im Bunde mit den sächsischen Fürsten, dann aber gegen alle Fürstenmacht. Er hatte, wie Ernst Werner überzeugend dargelegt hat[4], ein betont messianisches Sendungsbewußtsein. Als Gottesknecht fühlte und bezeichnete sich Müntzer in vielen Briefen – 62 Stellen sind nachzuweisen; in den Gottesknechtsliedern Deuterojesajas (Kap. 40–55 stammen bekanntlich nicht von Jesaja, daher die Bezeichnung) erkannte er sein eigenes Leben, wie überhaupt „Gesetz und Propheten", d. h. das sog. Alte Testament, für sein Sendungsbewußtsein von größter Bedeutung war.

[3] Vgl. Bensing, Thomas Müntzer und der Thüringer Aufstand 1525, S. 251
[4] Werner, E., Messianische Bewegungen im Mittelalter, in: ZfG Jg. 10, 1962, S. 371–396

Nachwort

Thomas Müntzer spielte in meinen Geschichtsstudien an den Universitäten Heidelberg, Frankfurt (Main) und Freiburg (1932 ff.) keine Rolle; er kam nirgendwo vor. Das hatte mehrere Gründe, die zu erörtern aber hier nicht der Raum ist.

Mit der Müntzerforschung wurde ich erst nach 1949 – nach der Rückkehr aus sowjetischer Kriegsgefangenschaft – bekannt und vertraut. Es war zunächst im Zusammenhang mit meiner Vorlesungstätigkeit an der Humboldt-Universität Berlin.

Das erste Buch über Thomas Müntzer, das ich las, war der historische Roman von Ernst Sommer.[1] Gleichzeitig befaßte ich mich auch gründlich mit der Studie Friedrich Engels' über den Bauernkrieg. Das Exemplar mit den zahlreichen Randbemerkungen – Dietz Verlag 1949 – gibt noch heute Kunde davon.[2]

Kautskys „Vorläufer" folgten[3] und das sowjetische Schullehrbuch über das Mittelalter, verfaßt von Jewgeni A. Kosminski, ins deutsche übertragen von Alfred Siggel[4].

Bereits in meiner Berliner Zeit arbeitete ich an der Herausgabe der sowjetischen Geschichte des Mittelalters in zwei Bänden, die dann 1958 im Druck vorlag und im zweiten Band eine ausführliche Darstellung der Reformation und Thomas Müntzers enthält.[5]

Der entscheidende Durchbruch zur marxistischen Müntzerforschung war das Buch des sowjetischen Historikers M. M. Smirin mit dem Titel „Die Volksreformation des Thomas Münzer und der große Bauernkrieg", das 1952 in Berlin in der Übersetzung von Hans Nichtweiss erschien. Die Ausgabe dieses grundlegenden Werkes, dessen zweite Auflage 1956 in verbesserter Gestalt herauskam, hat bei uns außerordentlich gewirkt und die Müntzerforschung in den fünfziger Jahren stärkstens bestimmt. Die enorme Belesenheit des Autors in den Quellen und in der Literatur wurde allgemein bewundert; die nicht zu leugnenden Mängel des Werkes, bedingt durch die Abfassung in

[1] Sommer, Thomas Müntzers Sendung
[2] Engels, Der deutsche Bauernkrieg
[3] Kautsky, Vorläufer des neueren Sozialismus
[4] Kosminski, Geschichte des Mittelalters
[5] Geschichte des Mittelalters, bearb. von Steinmetz

Taschkent während des zweiten Weltkrieges unter schwierigsten Bedingungen, traten damals mit vollem Recht in der Beurteilung zurück. Fast gleichzeitig mit der ersten Auflage des Werkes von Smirin erschien in Berlin der Essay Alfred Meusels „Thomas Müntzer und seine Zeit", beruhend auf weit geringeren Quellenstudien. Die enormen Schwächen der Meuselschen Arbeit veranlaßten mich zu einer prinzipiellen Kritik, die auch den Quellenanhang zur Geschichte des Bauernkrieges von Heinz Kamnitzer einbezog.[6] Diese Rezension, erschienen in der „Zeitschrift für Geschichtswissenschaft" 1953, kann als erster grundsätzlicher Beitrag zur marxistischen Müntzerforschung in der DDR betrachtet werden. Andere wichtige Rezensionen aus späteren Jahren behandelten u. a. Werke westdeutscher Autoren, vor allen Dingen die Müntzeredition von Günther Franz[7] und die Müntzerbiografie von Walter Elliger[8].

Der Aufsatz von 1953 war zugleich mein Einstieg in die Erforschung von Leben und Werk Müntzers. Mir war klar, daß ohne eine Kritik der Quellen und der Überlieferung, der Beseitigung der zahllosen Fehler, Fälschungen und Ungenauigkeiten nicht von einer marxistischen Müntzerforschung gesprochen werden könne. Der Anfang war mit Meusel und Kamnitzer gemacht; der nächste Schritt sollte der Erforschung der Entstehung der Müntzerlegende seit dem 16. Jh. dienen. Dieser erste größere Beitrag von mir erschien in der Festschrift zum 60. Geburtstag Meusels 1956.[9] Diese Linie wurde fortgesetzt in meiner Habilitationsschrift über das Müntzerbild von Luther bis zur Französischen Revolution, eingereicht in Jena 1957, Gutachter waren Friedrich Schneider und Willi Flach. Im Druck vorgelegt wurde diese umfassende Untersuchung erst 1971, wesentlich überarbeitet und fortgeführt bis zur Mitte des 19. Jh. unter dem Titel „Das Müntzerbild von Martin Luther bis Friedrich Engels".[10] Den Abschluß des Buches bildet der Aufsatz von Engels über den Bauernkrieg aus dem Jahre 1850, in der Müntzerliteratur ein wichtiges Datum. Die zweite Hälfte des 19. Jahrhunderts, die ich danach darstellen wollte, erwies sich in jeder Hinsicht als für Müntzer dürftig und wenig Neues bietend.

Nach Alfred Meusels Tod (1960) wurde dem Verfasser die Bearbeitung des Lehrbuches der deutschen Geschichte „Deutschland von 1476

[6] Steinmetz, Rezension von Meusel, A., Thomas Müntzer und seine Zeit, S. 968—978

[7] Steinmetz, Schriften und Briefe Thomas Müntzers. Zum Erscheinen einer westdeutschen Müntzerausgabe, in: ZfG Jg. 17, 1969, S. 739—748

[8] Steinmetz, Besprechung von Elliger, W., Thomas Müntzer. Leben und Werk, Göttingen 1975, in: ZfG Jg. 25, 1977, S. 740 ff.

[9] Steinmetz, Zur Entstehung der Müntzerlegende, S. 35—70

[10] Steinmetz, Müntzerbild, 498 S.

bis 1648" übertragen[11], allerdings ohne die Geschichte des Dreißigjährigen Krieges, die von Roland Franz Schmiedt verfaßt worden war und der konzeptionell eigene Wege ging. Die erste Auflage erschien in Berlin 1967. Müntzer war in diesem Gemeinschaftswerk der damals noch existierenden Leipziger Forschungsgruppe in den Gesamtzusammenhang der deutschen frühbürgerlichen Revolution hineingestellt, freilich nicht ohne Überspitzungen, die später in der zweiten Auflage 1978 zurückgenommen wurden.[12]

Schon 1960 hatte in Wernigerode die erste theoretische Konferenz über die Fragen der frühbürgerlichen Revolution in Deutschland stattgefunden[13], in der zwar auch von Müntzer die Rede war, ohne daß dieser aber im Mittelpunkt der Erörterungen gestanden hätte. Der Protokollband ist 1961 in Berlin erschienen mit einem ausführlichen Forschungsbericht zum Abschluß. Das Autorenverzeichnis gibt einen Überblick über die wichtigsten damaligen Mitarbeiter der Arbeitsgemeinschaft „Frühbürgerliche Revolution".

1974 erschien, gemeinsam verfaßt von Adolf Laube, Max Steinmetz und Günter Vogler, der repräsentative Band der „Illustrierten Geschichte der deutschen frühbürgerlichen Revolution", die bislang umfassendste Darstellung der Zeit zwischen 1470 und 1555 aus marxistischer Sicht.[14] Hier ist Müntzer ausführlich im Zusammenhang mit der deutschen Reformation behandelt und mit zeitgenössischem Bildmaterial illustriert. (Eine zweite unveränderte Auflage erschien 1982.)

War schon in der „Illustrierten Geschichte" eine vergleichende Betrachtung Müntzers und Luthers enthalten, so wurde eine solche auf höherer Stufe systematisiert in einem Vortrag auf dem Leipziger Kongreß über den Bauernkrieg und Müntzer im Jahre 1975.[15]

Überhaupt wurden die Jahre 1974 bis 1978 mit einer Vielzahl von Tagungen und Veröffentlichungen zur Geschichte des deutschen Bauernkrieges und zu Thomas Müntzer sehr fruchtbar.

Die Sammlung und Sichtung des Quellenmaterials zu Müntzers Leben und Wirken begann bereits mit den Vorarbeiten zu dem Buch über das Müntzerbild. Die hier vorliegende Darstellung wurde durch eine ganze Reihe von Spezialuntersuchungen zu Einzelfragen von Müntzers Biographie vorbereitet: 1. Dem Kapitel „Müntzer und die Bücher" liegt nicht nur der gleichnamige Artikel in der ZfG[16], sondern

[11] Steinmetz, Deutschland 1476 bis 1648, Berlin 1967

[12] Ebenda, 2. Auflage 1978 (überarb. und erweitert)

[13] Die frühbürgerliche Revolution in Deutschland. Referat und Diskussion zum Thema: Probleme der frühbürgerlichen Revolution in Deutschland 1476 bis 1535, hrsg. von Steinmetz, Max, Berlin 1961

[14] Illustrierte Geschichte, 1974 und 1982

[15] Steinmetz, Thomas Müntzer in der Forschung der Gegenwart, S. 93—104

[16] Steinmetz, Thomas Müntzer und die Bücher, S. 602—612

auch der Aufsatz in der Festschrift für Günther Franz über Müntzer und die Mystik[17] zugrunde. Ganz besonders wichtig ist die Abhandlung über Luther, Müntzer und die Bibel, erschienen 1983 in der Lutherfestschrift[18], in der es in erster Linie um das Problem der Apokalyptik geht.

2. Grundfragen der Theologie Müntzers wurden in dem Leipziger Vortrag von 1974 „Thomas Müntzer in der Forschung der Gegenwart"[19] und in einem Beitrag über Michael Gaismair, gehalten auf der Innsbrucker Tagung 1976[20], behandelt.

Zum Schluß sei noch verwiesen auf die Rolle der Astrologie für Müntzer, die dargestellt wurde in einem Vortrag über Johann Virdung von Haßfurt und seine astrologischen Flugschriften, zuerst gehalten auf einer Tübinger Tagung über Rolle und Bedeutung der Flugschriften 1980.[21]

Die vorliegende Darstellung geht aus von den Quellen und scheidet alle unbeweisbaren Behauptungen und Vermutungen, die sich um Müntzers Leben ranken, aus. So ergibt sich ein weithin neues Müntzerbild, das M. M. Smirin und auch Manfred Bensing teilweise korrigiert.

Dieses Buch mit dem Titel „Thomas Müntzers Weg nach Allstedt. Eine Studie zu seiner Frühentwicklung" sollte ursprünglich eine umfassende Biographie Müntzers werden. Wenn heute die Darstellung nur bis Allstedt reicht, so hat das seine Gründe, über die der Leser informiert sein sollte.

Ich habe Jahrzehnte Material zur Biographie Thomas Müntzers gesammelt, bin aber in der Fertigstellung des Buches nur bis zum Frühjahr 1523 gelangt. Hauptursache dafür war eine Erkrankung der Augen. So ist dieses Buch ein durch Erblindung erzwungenes Fragment, aber bei näherem Hinsehen zugleich eine notwendige Darstellung. Thomas Müntzers Weg nach Allstedt ist auch sein Weg in die frühbürgerliche Revolution, die in diesem Buch zwar nicht behandelt, aber doch in ihren Ansätzen angedeutet wird.

Nach langer Pause – nach Verlust eines halben Jahres – ist es schließlich mit Hilfe von Frau Dr. Christiane Griese gelungen, zu einer Arbeitsweise zu gelangen, die es ermöglichte, die Darstellung über Müntzers Leben und Wirken bis zum April 1523 bzw. bis zum Bruch mit Luther zu führen und alle schon vorhandenen Kapitel zu überarbeiten.

17 Steinmetz, Thomas Müntzer und die Mystik, S. 603–612
18 Steinmetz, Luther, Müntzer und die Bibel, S. 147–167
19 Vgl. Anm. 15
20 Steinmetz, Die Stellung des Tiroler Bauernkrieges und Michael Gaismair, S. 141–152
21 Steinmetz, Johann Virdung von Haßfurt, S. 353–372 bzw. S. 195–214

Dieses Buch soll – wie auch andere Veröffentlichungen – ein Beitrag zum 500. Geburtstag Thomas Müntzers sein. In der DDR hat man sich dafür entschieden, dieses Jubiläum im Jahre 1989 zu begehen, da 1489 seit Heinrich Böhmer als Geburtsjahr Müntzers angenommen wird.

Die Fortführung der Darstellung von Müntzers Leben hätte ihren Ausgang von den einschlägigen Kapiteln der „Illustrierten Geschichte" genommen.[22] Die marxistische Forschung hat außerdem eine Anzahl wichtiger Beiträge zur Gesamtdarstellung geliefert, so vor allem Manfred Bensing über den gesamten Thüringer Aufstand, Gerhard Günther über Mühlhausen, Ludwig Rommel über das Verhältnis zwischen Müntzer und Pfeiffer, Manfred Bensing und Siegfried Hoyer zum gesamten deutschen Bauernkrieg. Bedeutend sind auch die Abhandlungen der Kirchenhistoriker, von denen in erster Linie Siegfried Bräuer genannt werden muß, seine Edition von frühen Schriften Müntzers gemeinsam mit Wolfgang Ullmann, die Arbeit Karl Honemeyers über die Kirchenmusik und natürlich auch die bisher umfassendste Biographie von Walter Elliger (vgl. Bibliographie).

Wir können dieses Nachwort schließen mit einem Zitat aus einem Aufsatz von Horst Bartel und Walter Schmidt anläßlich einer Rückschau auf das Lutherjahr 1983: „Die marxistische Forschung wird sich nun aber auch stärker der Theologie Thomas Müntzers zuwenden müssen. Auch Müntzer war in erster Linie Theologe, seine politischen Äußerungen und Aktivitäten haben eine tiefe theologische Verwurzelung. Eine allein sozialpolitische Interpretation seines Wirkens stößt daher auf Grenzen. Hier liegt das auffälligste Desiderat der bisherigen marxistischen Müntzer-Forschung."[23]

In diesem Sinne versteht sich das vorliegende Buch als ein Beitrag zur Lösung der genannten Probleme.

Leipzig, im November 1986 *Max Steinmetz*

[22] Vgl. Illustrierte Geschichte zu Allstedt, S. 195– 201; zum ersten Mühlhäuser Aufenthalt S. 213–217; zu Nürnberg S. 217–222; zum zweiten Mühlhäuser Aufenthalt S. 262–266; zum Thüringer Aufstand S. 266–276

[23] Bartel/Schmidt, Das historisch-materialistische Lutherbild, S. 301

Verzeichnis der benutzten Sigeln

ADB	Allgemeine Deutsche Biographie, 1875–1910
Aland	Aland, Kurt, Hilfsbuch zum Lutherstudium, 3. Auflage, Witten 1970
ARG	Archiv für Reformationsgeschichte, 1903 ff.
BNP	Bibliothèque Nationale Paris
CR	Corpus Reformatorum, hrsg. von Bretschneider, Karl G., 1834 ff.
CsCH	Ceskoslovenský časopis historicky
CSEL	Wiener Corpus der lateinischen Kirchenväter, 1890 ff.
HZ	Historische Zeitschrift, 1859 ff.
KR	Kämmereirechnung der Ratsschulbibliothek Zwickau
Lichtdrucke	Thomas Müntzers Briefwechsel. Lichtdrucke nach Originalen aus dem Sächs. Landeshauptarchiv Dresden, Leipzig (1953)
MEW	Marx-Engels-Werke
MF	Thomas Müntzer. Schriften und Briefe. Kritische Gesamtausgabe. Unter Mitwirkung von Kirn, Paul, hrsg. von Franz, Günther, Gütersloh 1968
Migne	Migne, Jaques Paul, Patrologia Latina, Bd. 197, Paris 1855
Müntzer-Briefwechsel	Thomas Müntzers Briefwechsel, hrsg. von Böhmer, Heinrich, Kirn, Paul, Leipzig/Berlin 1931
NASG	Neues Archiv für Sächsische Geschichte
NDB	Neue deutsche Biographie
OSB	Ordo Sancti Benedicti (Mitglied des Benediktinerordens)
RGG	Religion in Geschichte und Gegenwart
RP	Ratsprotokoll des Zwickauer Stadtarchivs
RSB	Ratsschulbibliothek Zwickau
ThLZ	Theologische Literaturzeitung
WA	Martin Luthers Werke. Kritische Gesamtausgabe, Weimar, 1883 ff. (WA Br. = Briefwechsel, WA TR = Tischreden)
WZ	Wissenschaftliche Zeitschrift
ZfG	Zeitschrift für Geschichtswissenschaft
ZG	Zeitschrift für Geschichte des Oberrheins
ZKG	Zeitschrift für Kirchengeschichte

Quellen- und Literaturverzeichnis

Akten zur Geschichte des Bauernkrieges in Mitteldeutschland, Bd. I, 1 und 2, hrsg. von Merx, Otto, Franz, Günther, Leipzig/Berlin 1923 u. 1934, Band II, hrsg. von Fuchs, Walther Peter, Jena 1942, Neudruck 1965

ALTANER, BERTHOLD, STUIBER, ALFRED,
Patrologie, 8. durchges. u. erw. Auflage des zuerst von Bardenhewer, Otto hrsg. Werkes (Freiburg 1894), Freiburg/Basel/Wien 1978

Die Amerbachkorrespondenz, hrsg. von Hartmann, Alfred, Bd. 1–6, Basel 1942–1967

ARNHOLD, HELMUT,
Die Karte „Mansfeldiae Comitatus“ von Stella-Hogenberg, in: Historische Beiträge zur Kyffhäuserlandschaft, Heft 5, Bad Frankenhausen 1975, S. 54 bis 59 (mit Faksimiledruck der Karte)

BARGE, HERMANN,
Karlstadt, nicht Melanchthon der Verfasser der unter dem Namen des Bartholomäus Bernhardi von Feldkirch gehenden Schrift Apologia pro Bartholomeo Praeposito, in: ZKG Bd. 14, 1903, S. 310–317
– Andreas Bodenstein von Karlstadt, 2 Bde., Leipzig 1905, Neudruck 1968

BARTEL, HORST, SCHMIDT, WALTER,
Das historisch-materialistische Lutherbild in Geschichte und Gegenwart, in: ZfG Jg. 32, 1984, S. 291–301

BAUCH, GUSTAV,
J. Rhagius Aesticampianus. Die Vertreibung aus Leipzig, in: ARG Jg. 13, 1885, S. 1–33
– Die Anfänge des Studiums der griechischen Sprache und Literatur in Norddeutschland, in: Mitteilungen d. Gesell. f. Deutsche Erziehungs- und Schulgeschichte, Jg. 6, 1896, S. 163–193
– Geschichte des Leipziger Frühhumanismus mit besonderer Rücksicht auf die Streitigkeiten zwischen Konrad Wimpina und Martin Mellerstedt, in: Zentralblatt für Bibliothekswesen, Beiheft 22, Leipzig 1898
– Die Anfänge der Universität Frankfurt a. d. Oder und die Entwicklung des wissenschaftlichen Lebens an der Hochschule (1506–1540), in: Texte und Forschungen zur Geschichte der Erziehung und des Unterrichts, Heft 3, Berlin 1900
– Die Universität Erfurt im Zeitalter des Frühhumanismus, Breslau 1904
– Die Einführung des Hebräischen in Wittenberg. Mit Berücksichtigung der Vorgeschichte des Studiums der Sprache in Deutschland, in: Monatsschrift

für Geschichte des Judentums, Jg. 48, 1904; mit Index Bibliographicus S. 290–294
– Aus dem ersten Jahrzehnt der Universität und die ältesten Dekanatsbücher der Juristen und Mediziner (Akten und Urkunden der Universität Frankfurt a. d. O., Heft 6), Breslau 1906

BECKMANN, JOHANN CHRISTOPH,
Historie des Fürstentums Anhalt, Bd. 1, Zerbst 1710

Die Bekenntnisschriften der evangelisch-lutherischen Kirche, 4. Auflage, Göttingen 1959

BENSING, MANFRED,
Thomas Müntzer und Nordhausen (Harz) 1522. Eine Studie über Müntzers Leben und Wirken zwischen Prag und Allstedt, in: ZfG Jg. 10, 1962, S. 1095 bis 1123
– Idee und Praxis des „Christlichen Verbündnisses" bei Thomas Müntzer, in: WZ der KMU Leipzig, Jg. 14, Heft 3, 1965, S. 459–471; Neudruck in: Thomas Müntzer, hrsg. von Friesen, Abraham, Goertz, Hans-Jürgen, Darmstadt 1978, S. 299–338
– Thomas Müntzer, Leipzig 1965, 3. neubearb. Auflage 1983
– Thomas Müntzer und der Thüringer Aufstand 1525, Berlin 1966
– Thomas Müntzers Frühzeit. Zu Hermann Goebkes „Neuen Forschungen ...", in: ZfG Jg. 14, 1966, S. 422–430
– Thomas Müntzers Aufenthalt in Nordhausen 1522 – Zwischenspiel oder Zeit der Entscheidung?, in: Harz-Zeitschrift, Jg. 19 und 20, 1967/1968, S. 35–62
– Thomas Müntzers Kampf- und Weggefährten, in: Veröffentlichungen der Bauernkriegsgedenkstätte „Panorama", Heft 1, Bad Frankenhausen 1977
– Thomas Müntzer und die Reformationsbewegung in Nordhausen 1522 bis 1525, in: Beiträge zur Heimatkunde aus Stadt und Kreis Nordhausen, Jg. 8, 1983, S. 4–18

BENSING, MANFRED, TRILLITZSCH, WINFRIED,
Bernhard Dappens „Articuli ... contra Lutheranos". Zur Auseinandersetzung der Jüterboger Franziskaner mit Thomas Müntzer und Franz Günther 1519, in: Jahrbuch für Regionalgeschichte, Bd. 2, 1967, S. 113–147

BENSING, MANFRED, HOYER, SIEGFRIED,
Der deutsche Bauernkrieg 1524–1526, 4. unveränd. Auflage, Berlin 1982

Bibel (häufig zitierte und benutzte Ausgaben)
– Das Neue Testament, übers. von Weizsäcker, Carl von, Tübingen 1927
– Die Bibel oder die ganze Heilige Schrift des Alten und Neuen Testaments nach der deutschen Übersetzung von D. Martin Luther, Stuttgart 1929
– Biblia sacra iuxta vulgatam versionem, recensuit Weber, Robertus (OSB), Stuttgart 1969
– Das Alte Testament. Einheitsübersetzung der Heiligen Schrift, Leipzig 1981
– Das Alte Testament. Deutsche Ausgabe mit den Erläuterungen der Jerusalemer Bibel, hrsg. von Arenhoevel, Diego, Deissler, Alfons, Leipzig 1981

BIGNAMI-ODIER, J.,
Les Visions de Robert d'Uzès O. P., in: Archivum Fratrum Praedicatorum 25, 1955, S. 258–310

BÖHMER, HEINRICH,
Studien zu Thomas Müntzer. Programm, Leipzig 1922
– Thomas Müntzer und das jüngste Deutschland, in: ders., Gesammelte Aufsätze, Gotha 1927, S. 189–222; Neudruck in: ders., Studien zur Kirchengeschichte (Theologische Bücherei 52), München 1974

BÖMER, ALOIS,
Lateinische Schülergespräche der Humanisten. Auszüge mit Einleitungen, Anmerkungen und Namen- und Sachregister. Quellen für die Schul- und Universitätsgeschichte des 15. und 16. Jh., Teil 1: Vom Manuale scholarium bis Hegendorffius (ca. 1480–1520), Berlin 1897

BOOR, FRIEDRICH DE,
Zur Textgeschichte des Prager Manifests, in: Thomas Müntzer. Prager Manifest. Zentralantiquariat der DDR, Leipzig 1975, S. 7–15

BOTEN, HERMANN,
Schichtbuch, hrsg. von Hänselmann, Ludwig. Die Chroniken der niedersächsischen Städte, Bd. 2 Braunschweig, Leipzig 1880

BRÄUER, HELMUT,
Zur bürgerlichen Chronistik der Stadt Zwickau im 16. Jh., phil. Diss., Leipzig 1969, 250 Bl.
– Zwickau zur Zeit Thomas Müntzers und des Bauernkrieges, in: Sächsische Heimatblätter, Jg. 20, 1974, S. 193–223. Als Sonderdruck Zwickau o. J. (1975), 67 S.
– Der politisch-ideologische Differenzierungsprozeß in der Zwickauer Bürgerschaft unter dem Einfluß Thomas Müntzers (1520/21), in: Der deutsche Bauernkrieg und Thomas Müntzer, hrsg. von Steinmetz, Max, u. a., Leipzig 1976, S. 105–111
– Zwickau und Martin Luther. Die gesellschaftlichen Auseinandersetzungen um die städtische Kirchenpolitik in Zwickau (1527–1531), Karl-Marx-Stadt 1983
– Luther und der Zwickauer Rat (1527 bis 1531), in: Martin Luther. Leben, Werk, Wirkung, hrsg. von Vogler, Günter, u. a., Berlin 1983, S. 224 ff.

BRÄUER, SIEGFRIED,
Zu Müntzers Geburtsjahr, in: Lutherjahrbuch 1969, S. 80–83
– Müntzers Feuerruf in Zwickau (abgeschlossen 1968), in: Herbergen der Christenheit 1971, S. 127–153
– Die zeitgenössischen Dichtungen über Thomas Müntzer und den Thüringer Bauernaufstand. Untersuchungen zum Müntzerbild der Zeitgenossen in Spottgedichten und Liedern, im Dialog und im neulateinischen Epos von 1521–1525, theol. Diss., Leipzig 1972
– Thomas Müntzers Liedschaffen, in: Wege der Forschung 491, 1978, S. 227 bis 295. Nachdruck des Artikels aus dem Lutherjahrbuch Jg. 41, 1974, S. 45–102
– Hans Reichard, der angebliche Drucker Müntzers, in: ZKG Bd. 85, 1974, S. 389–398

– Die Vorgeschichte von Luthers „Ein Brief an die Fürsten zu Sachsen von dem aufrührerischen Geist“, in: Lutherjahrbuch, Jg. 47, 1980, S. 40–70
– Thomas Müntzers Beziehungen zur Braunschweiger Frühreformation, in: ThLZ Jg. 109, 1984, Sp. 636 ff.
– Thomas Müntzers „Fürstenpredigt“ als Buchbindematerial, in: ThLZ Jg. 112, 1987, Sp. 415–423
– Thomas Müntzer und der Allstedter Bund, in: Akten des internationalen Kolloquiums für Täufergeschichte des 16. Jh., gehalten in Verbindung mit der XI. Mennonitischen Weltkonferenz in Straßburg, Juli 1984, Baden-Baden 1987

BRENDLER, GERHARD,
Martin Luther. Theologie und Revolution, Berlin 1983

BUBENHEIMER, ULRICH,
Luther Consonantia theologiae et iurisprudentiae. Andreas Bodenstein von Karlstadt als Theologe und Jurist zwischen Scholastik und Reformation, 1975
– Andreas Rudolff Bodenstein von Karlstadt, in: Andreas Bodenstein von Karlstadt. Festschrift der Stadt Karlstadt zum Jubiläumsjahr 1980, S. 5–54
– Thomas Müntzer, in: Protestantische Profile. Lebensbilder aus fünf Jahrhunderten, hrsg. von Scholder, Klaus, Kleinmann, Dieter, Königstein/Ts. 1983, S. 32–46
– Thomas Müntzer in Braunschweig, Teil 1 und 2, in: Braunschweigisches Jahrbuch, Bd. 65, 1984, S. 37–78 bzw. Bd. 66, 1985, S. 79–114
– Luthers Stellung zum Aufruhr in Wittenberg 1520–1522 und die frühreformatorischen Wurzeln des landesherrlichen Regiments, in: Zeitschrift der Savigny-Stiftung für Rechtsgeschichte, Bd. 102, 1985, S. 147–214
– Thomas Müntzer und der Anfang der Reformation in Braunschweig, in: Nederlands Archief voor Kerkgeschiedenis, Jg. 65, 1985, S. 1–30
– Luther – Karlstadt – Müntzer. Soziale Herkunft und humanistische Bildung. Ausgewählte Aspekte vergleichender Biografie, in: Amtsblatt der evangelisch-lutherischen Kirche in Thüringen, Jg. 40, 1987, S. 60–68
– Thomas Müntzer in Wittenberg, in: ZKG Jg. 99 (im Druck)
– Thomas Müntzer und der Humanismus, in: Studien zur Theologie Thomas Müntzers, hrsg. von Bräuer, Siegfried, Junghans, Helmar, Berlin (im Druck)

BUCHWALD, GEORG,
Archivalische Mitteilungen über Bücherbezüge der kurfürstlichen Bibliothek und Georg Spalatins in Wittenberg, in: Archiv für Geschichte des Deutschen Buchhandels, Bd. 18, 1896, S. 7–11

BURKHARDT, CARL AUGUST HUGO,
Geschichte der Sächsischen Kirchen- und Schulvisitationen von 1524 bis 1545, Leipzig 1879

CAMPENHAUSEN, HANS Freiherr von,
Die Bilderfrage in der Reformation, in: ZKG Jg. 68, 1957, S. 96–128

CLAUS, HELMUT,
Zur Druckgeschichte der in Sachsen veröffentlichten Schriften Thomas Müntzers, in: Der deutsche Bauernkrieg und Thomas Müntzer, hrsg. von Steinmetz, Max, u. a., Leipzig 1976, S. 122–127

CLEMEN, OTTO,
Johannes Sylvius Egranus, in: Mitteilungen des Altertumsvereins für Zwickau und Umgegend, Heft 6, 1899, Heft 7, 1902. Neudruck in: Kleine Schriften zur Reformationsgeschichte (1897–1944), Bd. 1, Leipzig 1982 (mit alter Paginierung), S. 125–196
– Das Antwerpener Augustiner-Kloster bei Beginn der Reformation (1513 bis 1523), in: Monatshefte der Comenius-Gesellschaft, Jg. 11, 1901, S. 306 bis 313. Neudruck in: Kleine Schriften zur Reformationsgeschichte (1897 bis 1944), Bd. 1, Leipzig 1982, S. 434–441
– Das Prager Manifest Thomas Müntzers, in: ARG Jg. 30, 1933, S. 73–81. Neudruck in: Kleine Schriften zur Reformationsgeschichte, Bd. 6, Leipzig 1985, S. 29–37

COCHLAEUS, JOHANNES,
Brevis Germaniae descriptio 1512, mit der Deutschlandkarte des Erhard Etzlaub von 1501, hrsg. von Langosch, Karl, Darmstadt 1960

CZOK, KARL, THIEME, HORST, u. a.,
Leipzig. Geschichte der Stadt in Wort und Bild, Berlin 1978

Beschreibende Darstellung der ältesten Bau- und Kunstdenkmäler der Provinz Sachsen und angrenzender Gebiete, Stadt Halle und Saalekreis, Halle 1886

DEHIO, GEORG,
Handbuch der deutschen Kunstdenkmäler. Die Bezirke Dresden, Karl-Marx-Stadt, Leipzig, Berlin 1965; Der Bezirk Magdeburg, Berlin 1974; Der Bezirk Halle, Berlin 1976

DELIUS, HANS-ULRICH,
Augustin als Quelle Luthers. Eine Materialsammlung, Berlin 1984

DEPPERMANN, KLAUS,
Melchior Hoffman. Soziale Unruhen und apokalyptische Visionen im Zeitalter der Reformation, Göttingen 1979

DISMER, ROLF,
Geschichte. Glaube. Revolution. Zur Schriftauslegung Thomas Müntzers, theol. Diss., Hamburg 1974

DOBSCHÜTZ, ERNST von,
Die Bibel im Leben der Völker. In neuer Bearbeitung hrsg. von Adam, Alfred, Berlin 1954

DREYHAUPT, J. CH. von
Ausführliche diplomatisch-historische Beschreibung des Saal-Creyses, Theil 1, Halle 1749

DRUCKER, RENATE, RÜDIGER, BERND,
Zu Thomas Müntzers Leipziger Studentenzeit, in: WZ der KMU Leipzig, Jg. 23, 1974, S. 450 ff.

EBERHARD, WINFRIED,
Konfessionsbildung und Stände in Böhmen 1478–1530, München/Wien 1981

ELLIGER, WALTER,
Müntzer und das Alte Testament, in: Festschrift für Karl Elliger zum 70. Geburtstag, 1973, S. 57–64
– Thomas Müntzer. Leben und Werk, Göttingen 1975

ENGELS, FRIEDRICH,
Der deutsche Bauernkrieg, in: Neue Rheinische Zeitung. Politisch-oekonomische Revue, redigiert von Karl Marx, Heft 5 und 6, Mai bis Oktober 1850, S. 1–99; Neudruck mit Einleitung von Bittel, Karl, Berlin 1955, S. 227–285. Auch in: MEW Bd. 7, Berlin 1960, S. 351 ff. Reprint, Leipzig 1982, S. 1–99

ERHARD, HEINRICH AUGUST,
Geschichte des Wiederaufblühens wissenschaftlicher Bildung, vornehmlich in Deutschland, bis zum Anfang der Reformation, Magdeburg 1828–1832

ERLER, GEORG,
Die Matrikel der Universität Leipzig 1409–1559, Bd. 1, Leipzig 1895, Bd. 3, Leipzig 1902

EUSEBIUS
Historia ecclesiastica, nach der lateinischen Übersetzung des Rufinus, hrsg. von Mommsen, Theodor, im 2. Band der Ausgabe von Schwartz, Eduard, und Mommsen, Theodor, Leipzig 1903

FABIAN, ERNST,
Die handschriftlichen Chroniken der Stadt Zwickau I. Die (Oswald-Losanschen) Annalen der Stadt Schwanfeld oder Zwickau 1231–1534, in: Mitteilungen des Altertumsvereins für Zwickau und Umgegend, Heft 10, 1910, S. 1–68

FAST, HEINOLD,
Der linke Flügel der Reformation, Bremen 1962

FEBVRE, LUCIEN MARTIN HENRI-JEAN,
L'apparition du livre, in: L'évolution de l'humanité, Nr. 49, Paris 1958, S. 376–496

FLAVIUS, JOSEPHUS,
Geschichte des Judäischen Krieges. Aus dem Griechischen übersetzt von Clemenz, Heinrich, Leipzig 1970

Flugschriften der frühen Reformationsbewegung, 2 Bde., hrsg. von Laube, Adolf, Schneider, Annerose, Looß, Sigrid, Berlin 1983

FRANKE,
Elisabeth von Weida und Wildenfels, Aebtissin des freien weltlichen Stiftes Gernrode (1504–1532), in: Mitteilungen des Vereins für Anhaltische Geschichte und Altertumskunde, Bd. 8, 1898, S. 313–335

FRANZ, GÜNTHER,
Die Bildnisse Thomas Müntzers, in: Archiv für Kulturgeschichte, Bd. 25, 1935, S. 24 ff.
– Der deutsche Bauernkrieg, 10. Auflage, Darmstadt 1975

FREYS, ERNST, BARGE, HERMANN,
Die gedruckten Schriften des Andreas Bodenstein von Karlstadt, in: Zentralblatt für Bibliothekswesen, Bd. 21, Leipzig 1904

FRIEDBERG, EMIL,
Die Universität Leipzig in Vergangenheit und Gegenwart, Leipzig 1898

FRIEDLÄNDER, ERNST (Hrsg.),
Aeltere Universitätsmatrikeln I. Universität Frankfurt a. d. O., Bd. 1 (1506 bis 1648), Leipzig 1887 (= Publikationen a. d. Königl. Preußischen Staatsarchiven, Bd. 32)

FRISCHEISEN-KÖHLER, MAX, MOOG, WILLY,
Die Philosophie der Neuzeit bis zum Ende des XVIII. Jh., Tübingen 1953

GAIL, ANTON JOHANN (Hrsg.),
Erasmus von Rotterdam. Fürstenerziehung, Paderborn 1968

GEISBERG, MAX (Hrsg.),
Der deutsche Einblattholzschnitt, München 1930

Illustrierte Geschichte der deutschen frühbürgerlichen Revolution, hrsg. von Laube, Adolf, Steinmetz, Max, Vogler, Günter, Berlin 1974, 2. Auflage 1982

GESS, FELICIAN,
Die Leipziger Universität im Jahre 1502, in: Kleinere Beiträge zur Geschichte von Dozenten der Leipziger Hochschule, Leipzig 1894
– Rezension von G. Bauch, Der Leipziger Frühhumanismus, in: NASG Bd. 21, 1900, S. 275 f.
– Akten und Briefe zur Kirchenpolitik Herzog Georgs von Sachsen, 2 Bde., hrsg. von Geß, Felician, Leipzig/Berlin 1905/1917; Neudruck Leipzig 1985

GOEBKE, HERMANN,
Neue Forschungen über Thomas Müntzer bis zum Jahre 1520. Seine Abstammung und die Wurzeln seiner religiösen, politischen und sozialen Ziele, in: Harz-Zeitschrift, Jg. 9, 1957, S. 1–30

GOERTZ, HANS-JÜRGEN,
Innere und äußere Ordnung der Theologie Thomas Müntzers (= Studies in the history of christian thought, Vol. II), Leiden 1967
– Der Mystiker mit dem Hammer. Die theologische Begründung der Revolution bei Thomas Müntzer, in: Kerygma und Dogma. Zeitschrift für theologische Forschung und Kirchliche Lehre, Jg. 20, Göttingen 1974
– „Lebendiges Wort“ und „totes Ding“. Zum Schriftverständnis Thomas Müntzers im Prager Manifest, in: ARG Jg. 67, 1976, S. 153–178

GRANE, LEIF,
Thomas Müntzer und Martin Luther, in: Thomas Müntzer, hrsg. von Friesen, Abraham, Goertz, Hans-Jürgen, Darmstadt 1978

GRESCHAT, MARTIN,
Der Bundesgedanke in der Theologie des späten Mittelalters, in: ZKG Jg. 81, 1979, S. 44–63

GRIMM, HEINRICH,
U. v. Huttens Lehrjahre an der Universität Frankfurt/Oder und seine Jugenddichtungen. Ein quellenkritischer Beitrag, Frankfurt (Oder) 1938
– Altfrankfurter Buchschätze aus der Zeit vor dem Dreißigjährigen Kriege. Schau zur Fünfhundertjahrfeier der Erfindung der Letternkunst durch Johann Gutenberg, Frankfurt (Oder) 1940
– Artikel Aesticampian, in: NDB Bd. 1, Berlin 1953, S. 92 f.
– Die Buchführer des deutschen Kulturbereichs und ihre Niederlassungen in der Zeitspanne 1490 bis um 1530, in: Archiv für Geschichte des Buchwesens, Bd. 7, 1966, Sp. 1153–1772
– Artikel Hutten, in: NDB Bd. 10, Berlin 1974, S. 99–102

GRÖPLER, WILHELM,
Verzeichnis derjenigen Bücher, welche aus der Gernröder Stiftsbibliothek in die frühere Bernburger Landesbibliothek und aus letzterer in die gegenwärtige Anhaltische Behördenbibliothek zu Dessau übergegangen sind, in: Mitteilungen für Anhaltische Geschichte und Altertumskunde, Bd. 3, 1883, S. 772–776

GROSSE, WALTHER,
Die Auflösung der Einheit des Harzraumes. Entwicklung der heutigen politischen Gliederung des Harzgebietes, in: Archiv für Landes- und Volkskunde von Niedersachsen, 1943, S. 255–298

GRUNDMANN, WALTER,
Das palästinensische Judentum im Zeitraum der Erhebung der Makkabäer und dem Ende des Jüdischen Krieges, in: Umwelt des Urchristentums, hrsg. von Leipoldt, Johannes, Grundmann, Walter, Bd. 1 Darstellung des neutestamentlichen Zeitalters, 5. Auflage, Berlin 1966, S. 145 ff.

GÜNTHER, FRIEDRICH,
Der Harz in Geschichts-, Kultur- und Landschaftsbildern, Hannover 1885 bis 1888

GÜNTHER, GERHARD, KORF, WINFRIED,
Mühlhausen. Thomas-Müntzer-Stadt, Leipzig 1986

GÜNTHER, OTTO,
Wiegendrucke der Leipziger Sammlungen und der Herzoglichen Bibliothek in Altenburg. Verzeichnis, in: Zentralblatt für Bibliothekswesen, Beiheft 35, 1909, S. 67–89

GUTSCHE, WILLIBALD,
Geschichte der Stadt Erfurt, 2. Auflage, Weimar 1986

HACKEBORN, MECHTHILD von,
Das Buch vom strömenden Lob. Auswahl, Übersetzung und Einführung von Urs, Hans von Balthasar, Einsiedeln 1955

HAMEL, ADOLF,
Der junge Luther und Augustin. Ihre Beziehungen in der Rechtfertigungslehre nach Luthers ersten Vorlesungen untersucht, 2 Bde., Gütersloh 1934 f.; Neudruck Hildesheim/New York 1980

HAMMER, GERHARD,
Franziskanerdisputation 1519, in: WA Bd. 59, Nachträge, Weimar 1983, S. 628 ff.

HANTZSCH, VIKTOR,
Die ältesten gedruckten Karten der sächsisch-thüringischen Länder (1530 bis 1593), in: Schriften d. Sächs. Kommission für Geschichte, Bd. 12, Leipzig 1904

HARNACK, ADOLF,
Die Überlieferung und der Bestand der altchristlichen Literatur bis Euseb, Bd. 1, Leipzig 1893

HASS, JOHANN Magister,
Görlitzer Ratsannalen, Bd. 3, 1521–1542, Görlitz 1870

HEGESIPP
Aegesippi Historiographi Fidelissimiae disertissimi et inter Christianos Antiquissimi Historia. De bello Iudaico. Scripti sublatione. Iudeorum dispersione. Et Hierosolymitano Excidio, Paris, Iodocus Ascenius Badius 1510 und 1511 (BNP Réserve H 1100) (Pseudo-Hegesipp)
– Hegesippi qui dicitur libri V Historiae, ediert von Ussani, Vincenzo, 2 Teile, Wien/Leipzig 1932, Wien 1960 (CSEL vol. 66)

HENNECKE, EDGAR (Hrsg.),
Neutestamentliche Apokryphen in deutscher Übersetzung und mit Einleitungen, 2. Auflage 1924. Neu hrsg. von Schneemelcher, Wilhelm, 2. Bde., Berlin 1966 und 1970

HERTZBERG, GUSTAV FRIEDRICH,
Geschichte der Stadt Halle an der Saale, 3 Bde., Halle 1889 f.

HEYNLIN VON STEIN,
An Johann Amerbach (1493), in: Humanismus und Renaissance in den deutschen Städten und an den Universitäten, hrsg. von Rupprich, Hans, Leipzig 1935, S. 57

HINRICHS, CARL,
Luther und Müntzer. Ihre Auseinandersetzung über Obrigkeit und Widerstandsrecht (= Arbeiten zur Kirchengeschichte 29), Berlin 1952

HOFFMANN, FRIEDRICH WILHELM,
Geschichte der Stadt Magdeburg, nach den Quellen bearbeitet, Bd. 1, Magdeburg 1845 (2. Auflage als Hertel, G., Hülse, F., F. W. Hoffmanns Geschichte der Stadt Magdeburg, Bd. 1, Magdeburg 1876)

HOLL, KARL,
Tertullian als Schriftsteller, in: ders., Gesammelte Aufsätze zur Kirchengeschichte, Bd. 1, Tübingen 1928, S. 1–12

HONEMEYER, KARL,
Müntzers Berufung nach Allstedt, in: Harz-Zeitschrift 1964, S. 103–111
– Thomas Müntzers Allstedter Gottesdienst als Symbol und Bestandteil der Volksreformation, in: WZ der KMU Leipzig, Jg. 14, 1965, S. 473–478. Neudruck in: Thomas Müntzer. Wege der Forschung, Darmstadt 1978, S. 213 bis 226
– Thomas Müntzer und Martin Luther. Ihr Ringen um die Musik des Gottesdienstes. Untersuchungen zum „Deutzsch Kirchenampt" 1523, Berlin 1974

HOYER, SIEGFRIED,
Die thüringische Kryptoflagellantenbewegung im 15. Jh., in: Jahrbuch für Regionalgeschichte, Bd. 2, 1967, S. 160 ff.
– Die Zwickauer Storchianer – Vorläufer der Täufer?, in: Jahrbuch für Regionalgeschichte, Bd. 13, 1986, S. 60–78

HUSA, VÁCLAV,
Tomás Müntzer a Čechy, Praha 1957 (Rozpravy Československé Akademie ved, Rocnik 67, 1957, Sesit 11), übersetzt von Thieme-Zschäbitz, Christa (im Besitz der UB Leipzig)

IRMSCHER, JOHANNES,
Die klassischen Studien an der Viadrina, in: Die Oder-Universität Frankfurt. Beiträge, Weimar 1983, S. 216–219

JACOBS, EDUARD,
Geschichte der in der preußischen Provinz Sachsen vereinten Gebiete, Gotha 1883
– Das Stolbergische Ratsjahrbuch, in: Harz-Zeitschrift, Jg. 17, 1884, S. 189 ff.

JANICKE, KARL (Hrsg.),
Urkundenbuch der Stadt Quedlinburg, 1. Abt., Halle 1873, 2. Abt. Halle 1882
– Artikel Erzbischof Ernst von Sachsen, in: ADB Bd. 6, 1877, S. 291 ff.

Urkundenbuch der Stadt Jena, Bd. 2, Jena 1903

JUNGHANS, HELMAR,
Ursachen für das Glaubensverständnis Thomas Müntzers 1524, in: Der deutsche Bauernkrieg und Thomas Müntzer, hrsg. von Steinmetz, Max, u. a., Leipzig 1976, S. 149 ff.
– Der junge Luther und die Humanisten, Weimar 1984

KÄHLER, ERNST,
Karlstadt und Augustin. Der Kommentar des Andreas Bodenstein von Karlstadt zu Augustins Schrift De spiritu et littera. Einführung und Text, Halle/Saale 1952 (= Hallische Monographien Nr. 19)

KAEMMEL, HEINRICH,
Geschichte des deutschen Schulwesens im Übergang vom Mittelalter zur Neuzeit, Leipzig 1882

KALIVODA, ROBERT (Hrsg.),
Das hussitische Denken im Lichte seiner Quellen. Mit einer Einleitung von Kalivoda, Robert, hrsg. von Kalivoda, Robert, Kolesnyk, Alexander, Berlin 1969

KAPP, JOHANN ERHARD,
Kleine Nachlese einiger, größten Teils noch ungedruckter und sonderlich zur Erläuterung der Reformationsgeschichte nützlicher Urkunden in 4 Teilen, Teil 2, Leipzig 1727

KASER, KURT,
Deutsche Geschichte zur Zeit Maximilians I. (1486–1519). Deutsche Geschichte im Ausgang des Mittelalters, Bd. 2, Stuttgart/Berlin 1912

KAUTSKY, KARL,
Vorläufer des neueren Sozialismus, Bd. 2: Der Kommunismus in der deutschen Reformation, Berlin 1947, S. 43 f.

KIRCHNER, FRITZ,
Franz Günther – ein Nordhäuser an der Seite Martin Luthers in den frühreformatorischen Kämpfen, in: Beiträge zur Heimatkunde aus Stadt und Kreis Nordhausen, Jg. 8, 1983, S. 27–38

KIRCHNER, HUBERT,
Johannes Sylvius Egranus. Ein Beitrag zum Verhältnis von Reformation und Humanismus, Berlin 1961 (= Aufsätze und Vorträge zur Theologie und Religionswissenschaft, Heft 21). Diss. des Verfassers unter gleichem Titel, Berlin 1959

KIRN, OTTO,
Die Leipziger theologische Fakultät in fünf Jahrhunderten 1409–1909, Leipzig 1909

KLEIN, THOMAS,
Politik und Verfassung von der Leipziger Teilung bis zur Teilung des Ernestinischen Staates (1485–1522), in: Geschichte Thüringens, Bd. 3, Köln/Wien 1967, S. 151 ff.

KNUTH, GEORG,
Geschichte der Kirchengemeinde von St. Georgen zu Glaucha, Halle 1891

KOCH, ERNST,
Zum Einfluß Müntzers und der Mühlhäuser Bewegung auf die frühe Reformation in Nordhausen zwischen 1522 und 1524, in: Archiv und Geschichtsforschung, Mühlhausen 1985, S. 52–67

KOCH, JOSEF,
Der heutige Stand der Hildegard-Forschung, in: HZ Bd. 186, 1958, S. 558 bis 572

KOCH, KLAUS
Ratlos vor der Apokalyptik, Gütersloh 1970

KÖLTZSCH, E.,
Die Türkensteuer Zwickaus Pfingsten 1531, Wilkau-Haslau 1967

KOLESNYK, ALEXANDER,
Probleme einer philosophiegeschichtlichen Einordnung der Lehre Thomas Müntzers, in: Dt. Zeitschrift für Philosophie, Jg. 23, 1975, S. 589–598
– Zu den Grundelementen der Weltanschauung Thomas Müntzers, in: Der deutsche Bauernkrieg 1524/25. Geschichte – Tradition – Lehren, Berlin 1977, S. 89–96

Politische Korrespondenz des Herzogs und Kurfürsten Moritz von Sachsen, Bd. 3, hrsg. von der Historischen Kommission der Sächsischen Akademie der Wissenschaften zu Leipzig, bearb. von Herrmann, Johannes, Wartenberg, Günther, Berlin 1978

KREYSIG, M. GEORGE CHRISTOPH,
Beyträge zur Historie derer Chur- und Fürstlichen Sächsischen Lande, gesammelt von Kreysig, M. G. Ch., Teil 2, Altenburg 1755
– Reliquiae diplomaticae sanctimonialium Beutizensium, in: Diplomateria et scriptores Historiae Germanicae medii aevi ... opera et studio, Christiani Schoettgenii et M. Georgii Christophori Kreysigii, Tomus II, Altenburgi 1795, S. 416 ff.

KULPE, WILHELM,
Die herzoglich-anhaltische Behördenbibliothek in Dessau, Dessau 1898

KURZE, DIETRICH,
Der niedere Klerus in der sozialen Welt des späteren Mittelalters, in: Beiträge zur Wirtschafts- und Sozialgeschichte des Mittelalters. Festschrift für Herbert Helbig zum 65. Geburtstag, hrsg. von Schulz, Knut, Köln/Wien 1976, S. 273–305

LÄMMER, HUGO,
Die vortridentinische katholische Theologie des Reformationszeitalters, Berlin 1858; unveränderter Nachdruck Frankfurt a. M. 1966

LAUBE, ADOLF,
Studien über den erzgebirgischen Silberbergbau von 1470 bis 1546 (= Forschungen zur mittelalterlichen Geschichte, Bd. 22), Berlin 1976
– Luther und Müntzer in der Erbe- und Traditionsauffassung der DDR, in: Geschichtsunterricht und Staatsbürgerkunde, Jg. 24, 1982, S. 291–296

LEFEBVRE, JOEL,
Thomas Müntzer (1490–1525). Ecrits Theologiques et Politiques, Presses Universitaires de Lyon 1982

Leipzig
– Urkundenbuch der Universität Leipzig 1409 bis 1555, hrsg. von Stübel, Bruno, Leipzig 1879
– Leipzig in acht Jahrhunderten, hrsg. von Arndt, Helmut, Unger, Manfred, u. a., Leipzig 1965
– 500 Jahre Buchstadt Leipzig. Von den Anfängen des Buchdrucks in Leipzig

bis zum Buchschaffen der Gegenwart, hrsg. von Czok, Karl, u. a., Leipzig 1981
— Alma mater lipsiensis. Geschichte der Karl-Marx-Universität, hrsg. von Hoyer, Siegfried u. a., Leipzig 1984

LEMMENS, LEONHARD,
Pater Augustin von Alfeld, Freiburg i. B. 1899 (Erläuterungen und Ergänzungen zu Janssens Geschichte des deutschen Volkes I, 4)

LEY, HERMANN,
Geschichte der Aufklärung und des Atheismus, Bd. 2/2, Berlin 1971

LOHMANN, ANNEMARIE,
Zur geistigen Entwicklung Thomas Müntzers, Leipzig/Berlin 1931

LOHSE, EDUARD,
Märtyrer und Gottesknecht. Untersuchungen zur urchristlichen Verkündigung vom Sühnetod Jesu Christi, 2. Auflage, Göttingen 1963

LUTHER, MARTIN,
Walch, Johann Georg, Martin Luther. Sämtliche Werke, Jena 1758 bzw. Neudruck St. Louis 1880–1910
— D. Martin Luthers Werke. Kritische Gesamtausgabe, Weimar 1883 ff.
— Enders, Ludwig, Dr. Martin Luthers Briefwechsel, Frankfurt a. M. 1884 ff.
— Martin Luther. Taschenausgabe, 5 Bde., Berlin 1981
— Martin Luther. Studienausgabe, hrsg. von Delius, Hans-Ulrich, Bd. 1, Berlin 1979, Bd. 2, 1982, Bd. 3, 1983, Bd. 4, 1986

MACEK, JOSEF,
Die böhmische und die deutsche radikale Reformation bis zum Jahre 1525, in: ZKG Bd. 85, 1974, S. 5–29

MAUROIS, ANDRÉ,
Die drei Dumas, deutsch von Selke, Rudolfo, Leipzig 1979

MAUSHAKE, WALTER,
Frankfurt a. d. Oder als Druckerstadt, Frankfurt (Oder)/Berlin 1936

MEUSEL, ALFRED,
Thomas Müntzer und seine Zeit, mit einer Auswahl der Dokumente des großen deutschen Bauernkrieges, hrsg. von Kamnitzer, Heinz, Berlin 1952

MICHAEL, EMIL,
Geschichte des deutschen Volkes vom 13. Jh. bis zum Ausgang des Mittelalters, Bd. 3: Die Wissenschaft und die deutsche Mystik während des 13. Jh., Freiburg i. B. 1903

MITTENZWEI, INGRID,
Der Joachimsthaler Aufstand 1525, seine Ursachen und Folgen, Berlin 1968 (= Schriften des Instituts für Geschichte der DAW zu Berlin, Reihe III, Bd. 6)

MOLNÁR, AMADEO,
Thomas Müntzer in Böhmen, in: Communia viatorum 1958, S. 242–245

MÜHLPFORDT, GÜNTER,
Die Oder-Universität 1506–1811, in: Die Oder-Universität Frankfurt. Beiträge, Weimar 1983, S. 19 ff.

MÜLLER, JOHANNES,
Quellenschriften und Geschichte des deutschsprachlichen Unterrichts bis zur Mitte des 16. Jh., Gotha 1882

MÜLLER, NIKOLAUS,
Die Wittenberger Bewegung 1521 und 1522. Die Vorgänge in und um Wittenberg während Luthers Wartburgaufenthalt, 2. Auflage, Leipzig 1911

MÜLLER-STREISAND, ROSEMARIE,
Luthers Weg von der Reformation zur Restauration. Die kirchenkritische Theologie des frühen Luther und die Grundlagen seiner Wandlung, Halle 1964

MÜNTZER, THOMAS,
Briefwechsel, hrsg. von Böhmer, Heinrich, Kirn, Paul, Leipzig/Berlin 1931
– Thomas Müntzers Briefwechsel. Lichtdrucke (Nr. 1–73) nach Originalen aus dem Sächsischen Landeshauptarchiv Dresden, bearb. von Müller, H., Leipzig o. J. (1953)
– Politische Schriften. Mit Kommentar hrsg. von Hinrichs, Carl, Halle/Saale 1950
– Politische Schriften, Manifeste, Briefe (1524/25). Eingeleitet, kommentiert und hrsg. von Bensing, Manfred, Rüdiger, Bernd, Leipzig 1970
– Thomas Müntzer. Prager Manifest. Einführung von Steinmetz, Max. Mit einem Beitrag zur Textgeschichte von de Boor, Friedrich, Textneufassung und Übersetzung von Trillitzsch, Winfried. Faksimiledruck der lateinischen Originalhandschrift der Forschungsbibliothek Gotha und deren Herkunftsgeschichte von Rockar, Hans-Joachim, Leipzig 1975 (Zentralantiquariat der DDR)
– Theologische Schriften aus dem Jahre 1523, hrsg. von Bräuer, Siegfried, Ullmann, Wolfgang, Berlin 1975, 2. Auflage (erw. u. überarb.) 1982

NEGWER, JOSEPH,
Konrad Wimpina, ein katholischer Theologe der Reformationszeit (1460 bis 1531), Breslau 1909

NISTERS, BERNHARD,
Tertullian. Seine Persönlichkeit und sein Schicksal, Münster 1950

NORDEN, EDUARD,
Die römische Literatur. Mit Anhang: Die lateinische Literatur im Übergang vom Altertum zum Mittelalter, 6. Auflage, Leipzig 1961

OEDIGER, FRIEDRICH WILHELM,
Über die Bildung der Geistlichen im späten Mittelalter (= Studien und Texte zur Geistgeschichte des Mittelalters 2), Leiden/Köln 1953

OTTO, GEORG ERNST,
Historischtopische Nachrichten von der ganzen Pflege Weissenfels in Sachsen, Weißenfels 1795

PATERNA, ERICH,
Da stunden die Bergkleute auff. Die Klassenkämpfe im Mansfeldischen Kupferschieferbergbau von der Mitte des 15. Jh. bis 1622, Bd. 1, Berlin 1960

PAULSEN, FRIEDRICH,
Geschichte des gelehrten Unterrichts auf den deutschen Schulen und Universitäten, Bd. 1, Leipzig 1919; Neudruck Berlin 1960

PAULUS, NICOLAUS,
Geschichte des Ablasses im Mittelalter, Bd. 3, Paderborn 1923

PELLIKAN, KONRAD,
Chronikon, hrsg. von Riggenbach, Bernhard, Basel 1877

PERSCHMANN, THEODOR,
Die Reformation in Nordhausen 1522–1525, in: Neujahrsblätter, hrsg. von d. Hist. Kommission d. Provinz Sachsen, Halle 1881

PESCHKE, ERHARD,
Die Böhmischen Brüder im Urteil ihrer Zeit. Zieglers, Dungersheims und Luthers Kritik an der Brüderunität, Berlin 1964

PIECHOCKI, WERNER,
Die mittelalterliche Stadt Halle. Halle wird Residenz der Magdeburger Erzbischöfe, in: Halle. Geschichte der Stadt in Wort und Bild, hrsg. von Könnemann, Erwin, Berlin 1984, S. 16–19

PLATTER, THOMAS (d. Ä.),
Zur Sittengeschichte des 16. Jh., bearb. von Boos, Heinrich, Leipzig 1878

PRANTL, KARL,
Geschichte der Logik im Abendlande, Bd. 4, 1870; Neudruck 1927

PREGER, JOHANN WILHELM,
Geschichte der deutschen Mystik im Mittelalter, Bd. 1, 1874

RANKE, LEOPOLD von,
Deutsche Geschichte im Zeitalter der Reformation, Bd. 2, München 1925

RÉAU, LOUIS,
Iconographie de l'art christian, Bd. 1, Paris 1955

REEVES, MARJORIE,
The influence of prophecy in the later middle ages. A study in Joachimism, Oxford 1969

Reform – Reformation – Revolution, hrsg. von Hoyer, Siegfried, Leipzig 1980 (Veröffentlichungen von Steinmetz, Max, S. 281–286)

RENAUDET, AUGUSTIN,
Préréforme et humanisme à Paris pendant les premières guerres d'Italie (1494–1517) (Bibliothèque de l'Institut Français de Florence I, VI), Paris 1916 (Bibliographie des Faber Stapulensis, S. XXXVIII–XLII)

RITTER, GERHARD,
Über den Quellenwert und den Verfasser des sogenannten „Heidelberger Gesprächsbüchleins" für Studenten (manuale scholarium, um 1490), in: ZG Bd. 38, 1923, S. 4–32

ROCH, IRENE,
Schloß Heldrungen, in: Baudenkmale 48, Leipzig 1980

ROCHLER, WOLFGANG,
Ordnungsbegriff und Gottesgedanke bei Thomas Müntzer. Ein Beitrag zur Frage „Müntzer und die Mystik", in: ZKG Jg. 85, 1974, S. 369–382

ROSENKRANZ, ALBERT,
Der Bundschuh, Bd. 2, Heidelberg 1927

RÜGER, HANS-PETER,
Thomas Müntzers Erklärung hebräischer Eigennamen, in: ZKG Jg. 94, 1983, S. 83–87

RUPPRICH, HANS,
Die deutsche Literatur vom späten Mittelalter bis zum Barock, Teil 1: Das ausgehende Mittelalter, Humanismus und Renaissance 1370–1520, München 1970

SACKUR, ERNST,
Sibyllinische Texte und Forschungen. Pseudomethodius, Adso und die Tiburtinische Sibylle, Halle 1898

SAMES, ARNO,
Luthers Beziehungen zu den Mansfelder Grafen, in: Leben und Werk Martin Luthers von 1526–1546, hrsg. von Junghans, Helmar, Berlin 1983, S. 591–600

SCHANZ, MARTIN,
Geschichte der römischen Literatur bis zum Gesetzgebungswerk des Kaisers Justinian, Bd. 1: Die Literatur des 4. Jh., 2. Auflage, München 1959

SCHEIBLE, HEINZ (Hrsg.),
Melanchthons Briefwechsel, Bd. 1, Stuttgart/Bad Cannstatt 1977

SCHENKE, HANS-MARTIN, FISCHER, KARL MARTIN,
Einleitung in die Schriften des Neuen Testaments, Bd. 3: Die Evangelien und die anderen neutestamentlichen Schriften, Berlin 1979

SCHIFF, OTTO,
Thomas Müntzer als Prediger in Halle, in: ARG Jg. 23, 1926, S. 287–293

SCHILDHAUER, JOHANNES,
Soziale, politische und religiöse Auseinandersetzungen in den Hansestädten Stralsund, Rostock und Wismar, Weimar 1959

SCHLÜTER, OTTO, AUGUST, OSKAR (Hrsg.),
Atlas des Saale- und mittleren Elbegebietes, 2. völlig neubearb. Auflage des Werkes Mitteldeutscher Heimatatlas, Leipzig 1958/61

SCHMIDT, GUSTAV (Hrsg.),
Urkundenbuch der Stadt Halberstadt, Bd. 2, Halle 1878/79 (= Geschichtsquellen der Provinz Sachsen Bd. 7)

SCHMIDT, KARL,
Die Grundlagen der Entwicklung des Territoriums der Grafschaft Mansfeld, in: Mansfelder Blätter, Jg. 36/37, 1930, S. 5–148

SCHMITHALS, WALTER,
Die Apokalyptik, Göttingen 1973

SCHOLKE, HORST,
Halberstadt, Leipzig 1977

SCHORNBAUM, KARL,
Quellen zur Geschichte der Wiedertäufer, Bd. 2, Leipzig 1934

SCHOTTENLOHER, KARL,
Magister Andreas Lutz in Ingolstadt, der Drucker der Bulle „Exsurge Domine“ (1519–1524), in: Zentralblatt für Bibliothekswesen, Jg. 32, 1915, S. 249 bis 266

SCHRADER, FRANZ,
Die Zisterzienserklöster in den mittelalterlichen Diözesen Magdeburg und Halberstadt, in: ders., Reformation und katholische Klöster. Beiträge zur Reformation und zur Geschichte der klösterlichen Restbestände in den ehemaligen Bistümern Magdeburg und Halberstadt (= Studien zur katholischen Bistums- und Klostergeschichte 13), 1913

SCHULZE, FRIEDRICH,
Aus Leipzigs Kulturgeschichte, Leipzig 1956

SCHULZE, HANS KURT, SPECHT, REINHOLD, VORBRODT, GÜNTER WILHELM,
Das Stift Gernrode, Köln/Graz 1965

SCHULTZE-GALLÉRA, SIEGMUND von,
Geschichte der Stadt Halle, Bd. 2, Halle 1929

SCHWABE, ERNST,
Ein Buch aus Thomas Müntzers Bibliothek, in: NASG Bd. 17, 1896, S. 388 ff.

SCHWARZ, REINHARD,
Die apokalyptische Theologie Thomas Müntzers und der Taboriten, in: Bei-

träge zur historischen Theologie, hrsg. von Ebeling, Gerhard, Nr. 55, Tübingen 1977

SCHWEITZER, ALBERT,
Geschichte der Leben-Jesu-Forschung, in: Ausgewählte Werke in fünf Bänden, Bd. 3, Berlin 1971
– Reich Gottes und Christentum (verfaßt 1951), in: ebenda, Bd. 4

SCHWINEKÖPER, BERNT,
Ernst von Sachsen (1464–1513), in: NDB Bd. 4, 1959, S. 615 f.

SEEBERG, ERICH,
Gottfried Arnold. Die Wissenschaft und die Mystik seiner Zeit. Studien zur Historiographie und zur Mystik, Meerane 1923

SEIBT, FERDINAND,
Utopica. Modelle totaler Sozialplanung, Düsseldorf 1972

SEIDEMANN, JOHANN KARL,
Thomas Müntzer, Dresden/Leipzig 1842

SMIRIN, MOISEJ MENDELJEWITSCH,
Die Volksreformation des Thomas Münzer und der große Bauernkrieg, übers. von Nichtweiss, Hans, Berlin 1952, 2. Auflage 1956

SMOLINSKY, HERIBERT,
Augustin von Alveldt und Hieronymus Emser. Eine Untersuchung zur Kontroverstheologie der frühen Reformationszeit im Herzogtum Sachsen (= Reformationsgeschichtliche Studien und Texte Heft 122), Münster/Westf. 1983

SOMMER, ERNST,
Thomas Müntzers Sendung, Berlin 1948

SRBIK, HEINRICH RITTER von,
Geist und Geschichte vom deutschen Humanismus bis zur Gegenwart, Bd. 1, München/Salzburg 1950

STEINMETZ, MAX,
Rezension zu Meusel, Alfred, Thomas Müntzer und seine Zeit, in: ZfG Jg. 1, 1953, S. 968–978
– Zur Entstehung der Müntzer-Legende, in: Beiträge zum neuen Geschichtsbild. Meuselfestschrift, Berlin 1956, S. 35–70
– Das Müntzerbild in der Geschichtsschreibung von Luther und Melanchthon bis zum Ausbruch der Französischen Revolution, phil. habil. Diss., Jena 1957, 415 Bl.
– Geschichte des Mittelalters, wiss. bearb. von Steinmetz, Max, Berlin 1958 (Bd. 1 redakt. bearb. von Kosminski, Jewgeni A., Skasin, Sergej D.; Bd. 2 von Skasin, Sergej D., u. a.)
– Reformation und Bauernkrieg in der Historiographie der DDR, in: Sonderheft der ZfG Jg. 8, 1960, S. 142–162
– Das Erbe Thomas Müntzers, in: ZfG Jg. 17, 1969, S. 1117–1129
– Forschungen zur Geschichte der Reformation und des deutschen Bauern-

krieges, in: ZfG. Historische Forschungen in der DDR 1960–1970, Berlin 1970, S. 338–350
– Das Müntzerbild von Martin Luther bis Friedrich Engels, Berlin 1971
– Thomas Müntzers Allstedter Wirksamkeit im Zusammenhang mit der deutschen frühbürgerlichen Revolution, in: Allstedt – Wirkungsstätte Thomas Müntzers. Ein Beitrag zum 450. Jahrestag des deutschen Bauernkrieges 1975, Allstedt 1975, S. 2–27
– Thomas Müntzer in der Forschung der Gegenwart, in: ZfG Jg. 23, 1975, S. 675–685 bzw. in: Der deutsche Bauernkrieg und Thomas Müntzer. Ausgewählte Beiträge der wiss. Konferenz „Der deutsche Bauernkrieg – seine Stellung in der deutschen und europäischen Geschichte" (3.–7. 2. 1975), Leipzig 1976, S. 93–104
– Die Stellung des Tiroler Bauernkrieges und Michael Gaismairs in der deutschen frühbürgerlichen Revolution, in: Dörrer, Fridolin (Hrsg.), Der Bauernkrieg und Michael Gaismair. Protokoll des internationalen Symposiums 15. bis 19. 11. 1976 in Innsbruck-Vill. Veröffentlichungen des Tiroler Landesarchiv, Bd. 2, Innsbruck 1982, S. 141–152
– Johann Virdung von Haßfurt, sein Leben und seine astrologischen Flugschriften, in: Flugschriften als Massenmedium der Reformationszeit. Tübinger Symposium 1980, Stuttgart 1981, S. 353–372. Neudruck in: Astrologi hallucinati, hrsg. von Zambelli, Paola, Berlin/New York 1986, S. 195–214
– Thomas Müntzer und die Mystik, in: Bauer, Reich und Reformation. Festschrift für Günther Franz zum 80. Geburtstag, hrsg. von Blickle, Peter, Stuttgart 1982, S. 148–159
– Die Universität Leipzig und der Humanismus, in: Alma mater lipsiensis. Geschichte der Karl-Marx-Universität Leipzig, hrsg. von Hoyer, Siegfried, u. a., Leipzig 1983, S. 33–54. Erw. Neudruck unter dem Titel Der Humanismus an der Universität Leipzig, in: Beiträge zur Hochschul- und Wissenschaftsgeschichte Erfurts, Bd. 21, 1987/88, Leipzig, S. 21–52
– Luther, Müntzer und die Bibel. Erwägungen zum Verhältnis der frühen Reformation zur Apokalyptik, in: Martin Luther. Leben. Werk. Wirkung, hrsg. von Vogler, Günter, Berlin 1983, S. 147–167
– Reformation und Kunst. Bemerkungen zur Stellung der frühen Reformation zur Kunst, besonders zu den Bildern (1521–25), in: Von der Macht der Bilder. Beiträge des C. I. H. A. – Kolloquiums „Kunst und Reformation", hrsg. von Ullmann, Ernst, Leipzig 1983, S. 250–258
– Thomas Müntzer und die Bücher, in: ZfG Jg. 27, 1984, S. 602–612 (Korrekturen S. 1060)
– Bemerkungen zu Thomas Müntzers Büchern in Mühlhausen, in: Archiv und Geschichtsforschung. Festschrift für Gerhard Günther, Mühlhausen 1985, S. 45–51
– Die frühbürgerliche Revolution in Deutschland. Studienbibliothek DDR-Geschichtswissenschaft 5 (Einleitung und Bibliographie), hrsg. von Steinmetz, Max, Berlin 1985

STEINMÜLLER, KARL,
Thomas Müntzer, der für die Wahrheit kämpfte. Bedeutsame Handschrift des revolutionären Bauernführers entdeckt, in: ND vom 27. Januar 1956

STIRM, MARGARETE,
Die Bilderfrage in der Reformation, in: Quellen und Forschungen zur Reformationsgeschichte, Bd. 45, 1977

STRAUBE, MANFRED,
Die Stellung Frankfurts im Wirtschaftsleben zur Zeit der Gründung der Universität, in: Die Oder-Universität Frankfurt. Beiträge zu ihrer Geschichte, Weimar 1983, S. 73–90

STRASSBURGER, E.,
Geschichte der Stadt Aschersleben, 1906

STURM, CARL AUGUST GOTTLIEB,
Chronik der Stadt Weißenfels, Weißenfels 1846

TANAKA, SHINZO,
Eine Seite der geistigen Entwicklung Thomas Müntzers in seiner „lutherischen" Zeit, in: Lutherjahrbuch, Jg. 40, 1973, S. 76–88

TERTULLIAN
Bibliothek der Kirchenväter. Tertullians ausgewählte Schriften ins Deutsche übers., Bd. 1, München 1912
– Tertullians Schriften, in: CSEL, Bd. 20, 1890, Bd. 47, 1906, Bd. 69, 1942, Bd. 76, 1957

TIMM, ALBRECHT,
Der Harz. Ein Bindeglied deutscher Geschichte, in: Hamburger mittel- und ostdeutsche Forschungen, Bd. 3, Hamburg 1961, S. 106–147

ULLMANN, WOLFGANG,
Ordo rerum. Müntzers Randbemerkungen zu Tertullian als Quelle für das Verständnis seiner Theologie, in: Theologische Versuche VII, Berlin 1976, S. 125–140
– Das Geschichtsverständnis Thomas Müntzers, in: Thomas Müntzer. Anfragen an Theologie und Kirche, Berlin 1977

VIELHAUER, PHILIPP,
Geschichte der urchristlichen Literatur, Berlin (West) 1975

VOGLER, GÜNTER
Thomas Müntzer als Student der Viadrina, in: Die Oder-Universität Frankfurt. Beiträge, Weimar 1983, S. 243–251. Mit gleichem Inhalt in: Mühlhäuser Beiträge, Jg. 4, 1981, S. 28–35
– Nürnberg 1524/25, Berlin 1982

VOLZ, HANS,
Rezension von Thomas Müntzer, Schriften und Briefe, 1968, in: Blätter für deutsche Landesgeschichte, Jg. 105, 1969, S. 602
– Der Nürnberger Augustinermönch Martin Glaser und seine Beziehungen zu Martin Luther, in: Zeitschrift für bayerische Kirchengeschichte, Jg. 40, 1971, S. 38–45

WALLENBORN, JACOBUS,
Luther und die Franziskaner in Jüterbog, in: Franziskanische Studien 17, 1930, S. 140–159

WAPPLER, PAUL,
Thomas Müntzer in Zwickau und die „Zwickauer Propheten" (Programm 734), Zwickau 1908; Neuauflage Gütersloh 1966

WEGELE, FRANZ XAVER von,
Geschichte der deutschen Historiographie seit dem Auftreten des Humanismus, München/Leipzig 1885

WEISSENBORN, JOHANN C. HERMANN (Hrsg.),
Akten der Universität Erfurt, Bd. 2, Teil 1, Halle 1881

WENTZLAFF-EGGEBERT, FRIEDRICH WILHELM,
Deutsche Mystik zwischen Mittelalter und Neuzeit. Einheit und Wandlung ihrer Erscheinungsformen, 2. Auflage, Berlin 1969

WERNER, ERNST,
Messianische Bewegungen im Mittelalter (Teil 1), in: ZfG Jg. 10, 1962, S. 371 bis 396

WESTERMANN, EKKEHARD,
Das Eislebener Garkupfer und seine Bedeutung für den europäischen Kupfermarkt 1460–1560, Köln/Wien 1971

WIEGAND, FRITZ,
Erfurt. Eine Monographie, Rudolstadt 1964

WILSDORF, HELMUT,
Bergwerke und Hüttenanlagen der Agricolazeit. In Zusammenarbeit mit Quellmalz, Werner, in: Agricola, Georgius, Ausgewählte Werke, Erg.-Bd. 1, Berlin 1971

WITKOWSKI, GEORG,
Geschichte des literarischen Lebens in Leipzig, Bd. 1, Leipzig 1909

WOHLFEIL, RAINER,
Luther und Müntzer, in: Die Reformation geht weiter. Ertrag eines Jahres, hrsg. von Markert, Ludwig, u. a., Erlangen 1984, S. 151–158

WOLFGRAMM, EBERHARD,
Der Prager Anschlag des Thomas Müntzer in der Handschrift der Leipziger Universitätsbibliothek, in: WZ der KMU Leipzig, Jg. 6, 1956/57, S. 295–308

WOLGAST, EIKE,
Thomas Müntzer. Ein Verstörer der Ungläubigen, Göttingen/Zürich 1981

WULF, FRIEDRICH,
Artikel Mystik, in: Sachwörterbuch zur deutschen Geschichte, hrsg. von Rößler, Hellmuth, Franz, Günther, München 1958

WUSTMANN, GUSTAV,
Geschichte der Stadt Leipzig, Bd. 1, Leipzig 1909

ZARNCKE, FRIEDRICH (Hrsg.),
Die urkundlichen Quellen zur Geschichte der Universität Leipzig, Leipzig 1857
— Die Statutenbücher der Universität Leipzig aus den ersten 150 Jahren ihres Bestehens, Leipzig 1861

ZEITFUCHS, JOHANN ARNOLD,
Stolbergische Kirchen- und Stadthistorie, Frankfurt a. M./Leipzig 1717

ZIMMERMANN, WILHELM,
Allgemeine Geschichte des großen Bauernkrieges. Nach handschriftlichen und gedruckten Quellen, Teil 2, Stuttgart 1842

ZSCHÄBITZ, GERHARD,
Zur mitteldeutschen Wiedertäuferbewegung nach dem großen Bauernkrieg, Berlin 1958

Register

Im Register sind bis auf wenige Ausnahmen alle Personennamen, auch die aus den Fußnoten, enthalten.
Sämtliche Register, Tabellen und die Bibliographie wurden vom Verfasser gemeinsam mit Frau Dr. Chr. Griese bearbeitet.
Unser herzlicher Dank für die Übermittlung wichtiger Informationen für das Personenregister, aber auch den Text des Buches sowie für die Hilfe bei seiner Herstellung gilt: Dr. S. Bräuer (EVA), Prof. U. Bubenheimer (Päd. HS Heidelberg), Prof. R. Drucker (Universitätsarchiv Leipzig), Frau J. Funke, Dr. W. Held (KMU, Sektion Geschichte), Prof. G. Heitz (WP-Universität Rostock), Prof. S. Hoyer (KMU, Sektion Geschichte), Prof. H. Junghans (KMU, Sektion Theologie), M. Kobuch (Staatsarchiv Dresden), Dr. Th. Krzenck (KMU, Sektion Geschichte), W. Piechocki (Stadtarchiv Halle), Dr. L. Rommel (KMU, Sektion Geschichte), Prof. G. Schilfert (HU Berlin), Prof. G. Schwendler (Universitätsarchiv Leipzig), Prof. G. Vogler (HU Berlin), Dr. H. Wilsdorf (Dresden) sowie den Kollegen der Stadtarchive Dessau, Frankfurt (Oder), Quedlinburg, Weißenfels, Wernigerode, Zwickau, des Rates der Stadt Nordhausen, des Universitätsarchivs Halle und der Außenstelle des Staatsarchivs Magdeburg in Wernigerode.
Die im Personenregister in // stehenden Jahreszahlen wurden bei Personen angegeben, für die keine Lebensdaten ermittelt werden konnten. Sie bedeuten das Erscheinungsjahr eines Werkes des Betreffenden oder ein anderes quellenmäßig überliefertes biographisches Datum.

Benutzte Abkürzungen:

äthiop. — äthiopisch
alttestamentl. — alttestamentlich
angebl. — angeblich
babyl. — babylonisch
böhm. — böhmisch
christl. — christlich
dt. — deutsch
engl. — englisch
ev. — evangelisch
frz. — französisch
griech. — griechisch
herzogl. — herzoglich
hist. — historisch
ital. — italienisch

jüd. — jüdisch
kath. — katholisch
Kg. — König
kirchl. — kirchlich
klass. — klassisch
kurfürstl. — kurfürstlich
lat. — lateinisch
luth. — lutherisch
ma. — mittelalterlich
myst. — mystisch
Prof. — Professor
röm. — römisch
s. — siehe
sächs. — sächsisch
scholast. — scholastisch
schwed. — schwedisch
sowj. — sowjetisch
sozialdem. — sozialdemokratisch
tschech. — tschechisch
ungar. — ungarisch
urspr. — ursprünglich
Vf. — Verfasser

Personenregister

Absberg, Thomas von, Raubritter /1523/ 291
Aesop (eig. Aisopos), griech. Fabeldichter des 6. Jh. 27, 39
Aesticampianus (eig. Johannes Rhagius oder Rhag aus Sommerfeld in d. Lausitz) (1460–1520), dt. Frühhumanist, Prof. in Leipzig und Wittenberg 47 f., 60, 97 f., 290
Agricola, Georgius (1494–1555), Humanist, Geologe, Mineraloge 47, 121
Agricola, Johann (eig. Schnitter) (1494–1566), Humanist, Theologe, Sprichwortsammler 40, 45, 87, 121, 132, 137 ff., 157, 189, 231
Agricola, Rudolf (1443/44–1485), Wegbereiter des Humanismus, Prof. in Heidelberg 126
d'Ailly, Pierre (auch Petrus Alliacus) (1350–1420), Scholastiker 30
Albinus, Petrus (1534–1598), kursächs. Historiograph 143 ff.
Albrecht der Beherzte (1443–1500), Begründer der Albertinischen Linie des Hauses Wettin 21, 24, 68
Albrecht II. von Hohenzollern (1490 bis 1545), Erzbischof von Mainz, Administrator von Halberstadt 23 f., 79 f., 81 f., 94
Albricht, Nikolaus s. Widemar
Albumasar (Abu-Maschar), Astrologe des 9. Jh. aus Bath in Chorasan, Vf. von „De magnis coniunctionibus" 30
Alexander de Villa Dei (eig. Alexandre de Ville Dieu oder auch Alexander Gallus) (um 1170–um 1250), ma. Grammatiker 27, 39, 45, 53
Alexander der Große (356–323 v. u. Z.), Kg. von Makedonien 169
Alfeld (Alveldt), Augustin von (um 1480– um 1535), Leipziger Franziskaner, Vf. antiluth. Flugschriften 126 f., 295
Alt, Georg, dt. Übersetzer von Schedels Weltchronik /1493/ 69
Altaner, Berthold (1885–1964), Patristiker 200
Ambrosius von Mailand (333/34 o. 339/40–397), lat. Kirchenvater 30, 33, 48 f., 114
Amerbach, Bonifatius (1496–1562), Prof. der Jurisprudenz in Basel 30, 136
Amerbach, Johann (1444–1514), Buchdrucker in Basel 30, 36, 112
Annius von Viterbo (eig. Giovanni Nanni) (1432–1502), Dominikaner, berühmt durch seine Fälschungen 31, 52
Anshelm, Drucker in Tübingen /1516/ 70
Antiochos IV. Epiphanes, makedonischer Kg. von Syrien /175–164 v. u. Z./ 56, 169, 219
Appenrad, Andreas, Leipziger Student /1506/ 38
Aquin, Thomas von (1225/26–1274), scholast. Philosoph und Theologe 49, 105, 107, 203

Arcimboldi, Johann Angelus (gest. 1555), Ablaßkommissar für Deutschland 94
Argula von Grumbach (um 1490 bis 1554), adelige Vfin. ev. Flugschriften 212
Aristoteles (384–322 v. u. Z.), griech. Philosoph 44 f.
Arnhold, Helmut (1911–1984), hist. Geograph 91
Arnobius (um 305), röm. Rhetor aus Nordafrika 30
Arnold, Gottfried (1666–1714), Pietist 15, 166, 225 f.
Arnold von Köln (eig. Neumarkt), Buchdrucker in Leipzig /um 1492/ 52
August von Sachsen (1526–1586), Kurfürst 111
Augustinus, Aurelius (354–430), lat. Kirchenvater 30, 67, 112–115, 127, 173, 230
Aventin, Johannes (gen. Turmayr) (1477–1534), Humanist 31
Aytinger, Wolfgang (um 1496), Augsburger Geistlicher 31

Badius, Jodocus (auch Ascenius, eig. Bade, Josse) (ca. 1461–1535), frz. Buchdrucker 33, 203
Bärensprung, Lorenz (gest. 1533), Bürgermeister und Chronist von Zwickau 119, 143, 148
Bakovnicky, Thomas, Dekan der Artistenfakultät in Prag /1521/ 161
Balbornia, Agnes, Priorin in Beuditz /1514–1536/ 111
Ball, Hugo (1886–1927), dt. Schriftsteller 147
Banse, Tile, Augustinermönch, Priester in Sangerhausen /1523/24/ 217
Barge, Hermann (1870–1941), Historiker 17, 127, 183, 191, 214
Bartel, Horst (1929–1984), Historiker 240
Baruch, Schüler und Jünger des Propheten Jeremias 57 f., 173
Basellius, Nicolaus, Mönch in Hirsau, Historiker /1516/ 69 f.
Basilius (eig. Basileios) der Große (um 330–379), Kirchenschriftsteller, Bischof von Caesarea 64, 67
Bauch, Gustav (1848–1925), Erforscher des Humanismus, im Schuldienst in Breslau 45, 54, 60, 66, 127
Bebel, Heinrich (1472–1518), Humanist, Prof. in Tübingen 232
Beckmann, Johann Christoph, Historiograph /1710/ 92
Beda (gen. Venerabilis) (672–735), angelsächs. Vf. einer Kirchengeschichte Englands 166
Behr, Peter aus Tal-Mansfeld, Mitglied des Allstedter Bundes /1523/ 1524/ 217
Bensing, Manfred (geb. 1927), Historiker 9 f., 36 f., 80, 102 f., 152, 178 ff., 217, 222, 226, 235, 239 f.
Berlepsch, Sittich von, herzoglich-sächs. Amtmann in Salza /1509 bis 1532/ 209
Bernhard von Clairvaux (1090–1153), Zisterzienser, Heiliger des 12. Jh. 74
Bernhardi, Bartholomäus von Feldkirch (1487–1551), Probst in Kemberg 101, 190 f.
Beroaldus, Philippus, ital. Humanist in Bologna /1513/ 48
Berosos, griech. Geschichtsschreiber in d. 1. Hälfte des 3. Jh. v. u. Z. 31
Biel, Gabriel (1425–1495), Scholastiker in Tübingen 30
Blinde, Peter aus Aschersleben, Mitglied des Allstedter Bundes /1523/ 24/ 78
Bloch, Ernst (1885–1977), dt. Philosoph 147
Bodenstein, Andreas s. Karlstadt
Böckeler, Maura, OSB, Hagiographin /1928/ 74
Böhm (oder Boemus), Johannes (um 1485–1535), Humanist, Ethnograph 291
Böheim, Hans (gest. 1476), Laienprediger in Niklashausen 69 f., 225
Böhmer (Boehmer), Heinrich (1869 bis 1927), ev. Kirchenhistoriker 9, 11, 16, 34, 40, 81, 83, 85, 91, 96, 109, 114, 125, 128, 147, 162 f., 189 f., 192, 234, 240

Bömer, Alois (1868–1915), Bibliothekar, Humanismusforscher 51 f.
Börner (Borner), Caspar (um 1492 bis 1547), Humanist 53
Bonaventura (eig. Johannes Fidanza) (1221–1274), lat. Kirchenvater und Mystiker 105, 107
Bonifaz VIII. (1235–1303), Papst 73
Boten, Hermann, Chronist in Braunschweig /1513/14/ 78
Bracciolini, Poggio (eig. Gian-Francesco) (1380–1459), ital. Humanist 28, 64, 203, 232
Bräuer, Helmut (geb. 1938), Historiker 117 f., 130, 151
Bräuer, Siegfried (geb. 1930), Kirchenhistoriker 37, 83–86, 118, 122, 140–143, 148 f., 151, 158, 210, 212 f., 219, 240
Brandis, Markus, 1. Drucker in Leipzig /1481–1489/90?/ 52
Breitenbach, Johann von, Jurist in Leipzig /um 1502/ 49
Breithut, Christian (gest. 1519), Buchführer in Leipzig 101, 290
Breitkopf (Bredekopf), Gregorius (um 1500), Scholastiker und Humanist 49
Brendler, Gerhard (geb. 1932), Historiker 97
Breuer, Peter (ca. 1472/73–1541), Bildhauer in Zwickau 216
Brigitta (oder Birgitta) (1303–1373), schwed. Mystikerin 31
Brück, Gregor (1485–1557), kursächs. Kanzler 222
Bubenheimer, Ulrich (geb. 1942), ev. Kirchenhistoriker 42, 83–87, 89 ff., 94, 96, 99, 108, 127, 156, 187, 196, 203
Bucer (Butzer), Martin (1491–1551), urspr. Dominikaner, Reformator 247
Buchwald, Georg (1859–1947), ev. Kirchenhistoriker 125
Bude, Guillaume (auch Budaeus) (1468–1540), frz. Humanist und Hellenist 64
Bünau, Heinrich von, Pfarrer in Elsterberg /1517–1533/ 112, 166, 262
Buttener, Hans, angebl. Mitglied eines Verbündnisses in Halle /1513/ 78
Burkhard, Bischof von Halberstadt /1446/ 91
Burckhardt, Carl August Hugo (1830 bis 1910), Archivar in Weimar 225
Busche (oder Buschius), Hermann von dem (um 1468–1534), Wanderhumanist 47 f.
Buschmann, Johann (um 1496– nach 1549), kathol. Geistlicher 175, 178

Cäsar, Gajus Julius (100–44 v. u. Z.), röm. Staatsmann und Schriftsteller 27
Callixtus I., Papst /217–222/ 199
Calvin, Johannes (eig. Jean Caulvin) (1509–1564), frz. Reformator 193, 215, 228
Campanus, Johannes (gest. um 1575), Antitrinitarier 167
Campenhausen, Freiherr Hans von (geb. 1903), Kirchenhistoriker 71
Capella, Martianus, lat. Schriftsteller aus Karthago /wohl Anf. 5. Jh./ 60
Cassiodor (eig. Cassiodorus Flavius Magnus Aurelius) (um 490–um 583), röm. Staatsmann und Schriftsteller 28, 166
Catharinus, Ambrosius (eig. Lancelotto Politi) (1487–1553), Dominikaner in Florenz, Rechtsgelehrter 157
Cato, Marcus Porcius Censorius (234 bis 149 v. u. Z.), röm. Politiker und Schriftsteller 31, 39
Cellarius, Johannes (gen. Gnostopolitanus) (1496?–1542), Prof. in Leipzig, Superintendent in Dresden 66
Celtis (Celtes), Konrad (eig. Bickel oder Pickel) (1459–1508), dt. Humanist 64, 126, 289
Cernobýl, Mikùlás (gen. Artemisius) (1495–1556), böhm. Humanist 158
Cicero, Marcus Tullius (106–43 v. u. Z.), röm. Politiker, Redner und Schriftsteller 27, 39, 53, 61
Claus, Helmut (geb. 1933), Bibliothekar in Gotha 212

Claus, Stephan, Probst in Beuditz /1521/ 111
Clemen, Otto (1871–1946), ev. Kirchenhistoriker 9, 47, 49, 117 ff., 123 f., 129, 132 f., 135 f., 140, 143 bis 146, 148 f., 153, 186, 189 f.
Clemens VII. (Medici) (1478–1534), Papst seit 1523 295
Clementz, Heinrich (1859–?), Übersetzer des Flavius Josephus /1901/ 15
Cochläus, Johannes (eig. Dobeneck) (1479–1552), antiluth. Schriftsteller 18
Cölestin V. (1210–1296), Papst vom 5. 7. bis 13. 12. 1294 73
Cornelius, Karl Adolf (1819–1903), Historiker 216
Cranach, Lukas d. Ä., (1472–1553), Maler 127
Croaria, Hieronymus von (gest. 1527), Jurist in Tübingen 115
Crocus, Richard (eig. Croke) (um 1515–1558), engl. Humanist 54
Cusanus (eig. Cues), Nicolaus (1401 bis 1464), Philosoph und Theologe 33
Cyprian (eig. Cyprianus, Thascius Caecilius) (nach 200–258), Bischof von Karthago, Kirchenschriftsteller 30
Cyprian, Ernst Salomon (1673–1745), ev. Theologe 109
Cyriacus (um 309), Heiliger, röm. Märtyrer 89
Czok, Karl (geb. 1926), Historiker 42

Damasus I., Papst /366–384/ 63
Daniel, alttestamentl. Schriftsteller, ihm wird das Buch Daniel zugeschrieben 13 f., 57 f., 218 f., 230
Dappen, Bernhard, Franziskaner in Jüterbog /1519/ 6, 87, 101–105, 107 f., 290
De Boor, Friedrich (geb. 1933), ev. Kirchenhistoriker 11, 162 ff.
Dehio, Georg (1850–1932), Kunsthistoriker 23, 119
Delius, Hans-Ulrich (geb. 1930), ev. Kirchenhistoriker 112
Delius, Walter (1899–1972), ev. Kirchenhistoriker 81
Demosthenes (384–322 v. u. Z.), griech. Politiker und Redner 54
Demudt, Nicolaus, Onkel Karlstadts, Probst in Halle /1519–1523/ 187
Denzinger, Heinrich (1819–1883), kath. Theologe 115
Dibelius, Martin (1883–1947), ev. Theologe 72
Dietrich von Bülow, Bischof von Lebus /1490–1523/ 61
Diodorus (gen. Diodorus Siculus) (um 80–29 v. u. Z.), Vf. einer Weltgeschichte 128
Diogenes Laertius (um 200), griech. Schriftsteller 47 f., 127, 205 f.
Dionysius (Pseudo-Dionysius), Areopagita, nach einem in Syrien entstandenen Corpus myst. Schriften benannt /Ende 5. Jh./ 32
Dismer, Rolf (geb. 1944), ev. Theologe 10
Dobschütz, Ernst von (1870–1934), ev. Theologe 29, 65
Döring, Christian (gest. 1533), Goldschmied und Buchdrucker in Wittenberg seit 1518 101
Donat (eig. Donatus, Aelius) (4. Jh.), röm. Grammatiker 27, 39, 45. 60
Dottanius, Georg (gest. 1537), Scholastiker und Humanist 49 f.
Dozsa (um 1475–1514), Führer des ungar. Bauernaufstandes 69
Dreyhaupt, J. Ch. von (1699–1768), Chronist in Halle 185
Drucker, Renate (geb. 1917), Archivarin 47
Dürer, Albrecht (1471–1528), Maler 11, 289, 291
Dungersheim, Hieronymus aus Ochsenfurt (1465–1540), kath. Theologe 47, 49, 82

Ebeleben, Christoph von, Amtmann zu Weißenfels /1544/ 111
Eberlin von Günzburg, Johann (um 1465–1533), Prediger, Vf. von Flugschriften 212, 293
Eck, Johann (gest. 1543), Prof. in Ingolstadt, Gegner Luthers 102, 108, 113, 137, 291
Eckhart, Meister (um 1260 – Ende 1327/Anf. 1328), dt. Mystiker 77

Egbert, Mönch, Bruder der Elisabeth von Schönau /1160/63/ 74 f.
Egranus, Johannes Sylvius (eig. Wildenauer de Egra) (um 1480/85 bis 1535), Humanist, Prediger in Zwickau, Gegner Müntzers 6 f., 40, 45, 47 ff., 99, 116 ff., 123 f., 126 f., 129, 131 ff., 136–146, 148, 151, 158, 204, 290, 292
Eilers, Wilhelm (geb. 1906), Orientalist 65
Elisabeth von Schönau (um 1129 bis 1164), dt. Mystikerin 33, 74 f., 230
Elisabeth von Weida und Wildenfels (gest. 1532), Priorin in Frose seit 1504 92 f.
Elliger, Walter (1903–1985), ev. Kirchenhistoriker 16, 34, 37, 61, 82, 87, 95, 102, 108 f., 121, 123, 135, 145 f., 164, 180 f., 189 f., 193, 196, 237, 240
Elze, Martin (geb. 1927), ev. Kirchenhistoriker 10
Emser, Hieronymus (1478–1527), Humanist, Gegner Luthers 40, 45, 114, 127
Enders, Ludwig (1833–1906), Hrsg. des Luther-Briefwechsels 120
Engel, Peter, Kirchner in Halle, angebl. Mitglied eines Verbündnisses /1513/ 78
Engelhardt, Karl August (1768–1834), Kirchenmann in Zwickau 35
Engels, Friedrich (1820–1895), Mitbegründer des wiss. Sozialismus 34, 148, 236 f.
Erasmus von Rotterdam (1467? bis 1536), Humanist 29 f., 32 f., 40, 64 bis 67, 114, 126, 131, 136 f., 165, 231, 233, 289, 291, 295
Erhard, Heinrich August (1793–1852), Geschichtsforscher 26
Erler, Georg (1850–1913), Geschichtsforscher 36, 42 f., 48
Ernst von Sachsen (gest. 1486), Kurfürst 21, 24, 68
Ernst von Sachsen (gest. 1513), Erzbischof von Magdeburg 21 ff., 24, 53, 78–82, 91 f.
Esche (van Essen, van den Esschen), Johann (gest. 1523), Augustiner, einer der ersten Märtyrer der Reformation 186 f., 295
Eusebius (Euseb) von Cäsarea (um 260–329), Bischof, Kirchenhistoriker 12, 15, 28, 30, 63, 67, 113 ff., 165 f.

Faber Stapulensis (eig. Jacques le Fèvres d'Estaples), Jacobus (um 1455–1536), Vertreter eines biblischen Humanismus und Mystiker 10, 12, 32 f., 49, 58, 64, 67, 71 bis 76
Fabian, Ernst (1844–1917), Lehrer in Zwickau 144
Fabri, Johannes de Werd aus Donauwörth (um 1440/50– um 1505), Prof. in Leipzig 50
Febvre, Lucien (1878–1956), frz. Historiker 27
Fenestella (gest. 19), röm. Historiker und Schriftsteller 48
Ferrer, Vincenz (1350?–1419), Dominikaner, Bußprediger 31
Ficino, Marsilio (1433–1499), ital. Humanist 28, 30, 32, 64 f.
Ficker, Johannes Paul (1861–1944), ev. Kirchenhistoriker 98
Fischer, Karl Martin (1936–1981), Neutestamentler 174
Fischer, Tile aus Wimmelburg, Mitglied des Allstedter Bundes /1523/ 24/ 217
Flach, Willi (1903–1958), Archivar 237
Flavius, Josephus (37– um 100), jüd.-griech. Schriftsteller und Historiker 15, 28, 33, 113 f., 169
Fleischer, Simon, Hausbesitzer in Wittenberg /1522/ 183
Franck (Frank), Sebastian aus Donauwörth (1499– um 1543), Geschichtsschreiber 15, 167
Franz, Günther (geb. 1902), Historiker 9 ff., 21, 89, 114, 125, 144, 180, 189 f., 206, 215, 237, 239
Freys, Ernst (1863–1956), Bibliograph 127
Freystadt, Hans von der, Tuchknappe in Zwickau /1521/ 143 f., 153
Friedberg, Emil (1837–1910), Rechtshistoriker 50
Friedländer, Ernst (1841–1903), Hrsg.

d. Matrikel von Frankfurt (Oder) 34, 59
Friedrich I. (um 1123–1190), röm.-dt. Kaiser 74
Friedrich II. der Sanftmütige (1412 bis 1464), Herzog und Kurfürst von Sachsen seit 1428 21
Friedrich III. (1415–1493), röm.-dt. Kaiser 78
Friedrich der Streitbare (1381–1428), Kurfürst von Sachsen 42
Friedrich von Sachsen (gest. 1510), Hochmeister des Deutschen Ordens seit 1498 21 f., 79
Friedrich der Weise (1463–1525), Kurfürst von Sachsen seit 1486 21, 24 f., 99, 136, 208 f., 211, 220 f., 295
Frischeisen-Köhler, Max (1878–1923), Philosophiehistoriker 126
Fritz, Joß (gest. um 1525), Organisator eines Bundschuhs 261, 263
Froben, Johann (um 1460–1527), Buchdrucker in Basel 30
Fust, Johann (um 1400– um 1466), Buchdrucker in Mainz 29

Gail, Anton (1910–1981), Erasmus-Forscher 126
Gaismair, Michael (um 1490–1532), Führer der Tiroler Bauern 239
Gans (auch Gansau, Gansauge), Michael, Bürger in Jena /1521/ 151–154, 164
Gebhart, Hans und Heinrich, Wollweber in Zwickau, angebl. Mitglieder eines Verbündnisses /1521/ 142
Geisberg, Max Heinrich (1875–1943), Kunsthistoriker 127
Gelasius I., Papst /492–496/ 198
Gengenbach, Pamphilus (um 1480 bis 1524/25), Flugschriftenautor, Buchhändler und -drucker 68
Gentzel, Martin, Benediktinermönch in Erfurt /1521/ 177
Georg von Sachsen (1471–1539), Herzog 24, 42, 45, 49, 51, 79, 82, 87, 179, 209, 213, 289
Gerbel, Nicolaus (auch Gerbellius oder Musophilus) (1485–1560), elsässischer Humanist 72
Gerson, Johannes (1363–1429), frz. Philosoph und Mystiker 206
Gertrud die Große (1256– ca. 1302), Mystikerin, Äbtissin im Kloster Helfta 75 f.
Geß, Felician (1861–1938), Historiker 34, 50, 54, 83, 209
Glaser, Martin (gest. 1553), Augustinermönch 109
Glatz, Caspar (gest. 1551), Nachfolger Karlstadts als Pfarrer in Orlamünde 109
Glitzsch, Konrad (gest. vor 1541), Vorgänger Karlstadts als Pfarrer in Orlamünde 109
Glov, Achatius, Buchführer in Leipzig, im Dienste Melchior Lotters /1520/ 6, 65, 113, 115
Gnodalius, Petrus (geb. nach 1525?), Historiker 78
Goebke, Hermann, Kirchenarchivar in Quedlinburg /1961/ 9, 36, 93
Goertz, Hans-Jürgen (geb. 1937), Historiker 77, 164, 234
Goldfriedrich, Johann (1870–1945), Philosoph und Geschichtsforscher 53
Goldschmidt, Veit, Benediktinermönch in Erfurt /1521/ 177
Gortler, Georg, Hallenser Bürger /1522/23, 1525/ 184
Gramsci, Antonio (1891–1937), Mitbegründer der KP Italiens 56
Grane, Leif (geb. 1928), schwed. Kirchenhistoriker 113
Grebel, Konrad (1489–1526), Züricher Humanist und Täufer 200, 212, 216
Greff, Paul (vor 1480–1554), Kirchner und Chronist in Zwickau 133 f., 143 ff., 148
Gregor (Gregorius) I. der Große (um 540–604), Papst seit 590, Kirchenheiliger 30, 63
Greschat, Martin (geb. 1934), Kirchenhistoriker 12
Grimm, Heinrich (gest. 1975), Privatgelehrter in Frankfurt (Oder) 59 ff., 62, 101
Gröpler, Wilhelm, Bibliothekar in Dessau /seit 1878/ 92

Gropp, Rugard Otto (1907–1976), Philosophiehistoriker 226
Gropper, Jakob, bischöfl. Vikar /1519/ 102 ff., 108
Groß, Donat, altkirchl. Stadtpfarrer in Zwickau /1520/ 121, 132 f.
Grosse, Walther, Amtsgerichtsrat und Geschichtsforscher in Wernigerode /1943/ 19
Grundmann, Walter (1906–1976), ev. Kirchenhistoriker 169 ff.
Grunenberg, Johann (eig. Johann Rhau) (gest. um 1529), Buchdrukker in Wittenberg 113
Günther, Franz (gest. 1528), Prediger in Jüterbog, dann in Lochau 101 bis 104, 107 f., 112 f., 116, 133, 166, 175 ff., 290, 292
Günther, Friedrich (gest. 1912), Volkskundler 20
Günther, Gerhard (geb. 1930), Archivar 240
Günther, Otto (1861–1922), Bibliothekar und Philologe 52
Gutenberg, Johannes (eig. Gensfleisch) (um 1397–1468), Erfinder des Buchdrucks 29, 55
Gutsche, Willibald (geb. 1926), Historiker 177

Hadrian VI. (1459–1523), Papst 1522/1523 293
Haferitz, Simon, Prediger in Allstedt /1523/24/ 208, 212 f.
Hahn, Karl (1883–1945), Lehrer und Archivar in Zwickau 149
Hamel, Adolf (1904–1958), ev. Theologe 113
Hammer, Gerhard, Kirchenhistoriker /1983/ 104, 108
Hanner, Heinrich, Direktor des Braunschweiger Martinsgymnasiums /1517/ 6, 85 f., 95 f., 99
Hantzsch, Gustav Robert Victor (1868 bis 1910), Kartograph 91
Harwen, Gregor, Nachfolger Müntzers im Besitz einer Braunschweiger Pfründe /ab 1522/ 84
Haß, Johannes (um 1576–1544), Chronist in Görlitz 49
Hausmann, Nikolaus (um 1479 bis 1538), ev. Prediger in Zwickau 133 f., 136, 144, 151 f., 161, 164
Hedwig von Sachsen (gest. 1464), Äbtissin von Quedlinburg 21
Hegesipp, altchristl. Schriftsteller, nur bekannt durch Eusebius' Kirchengeschichte 15, 67, 114 f., 165 f.
Heine, Heinrich (1797–1856), dt. Dichter 18
Heinrich, Magister, Pfarrverweser in Zwickau /1520/ 121 f.
Heinrich I. (876–936), dt. Kg. seit 919 38
Heinrich VIII. (1491–1547), engl. Kg. seit 1509 293
Heinrich der Fromme (1473–1541), Sohn Albrechts von Sachsen 68
Heinrich d. J. von Braunschweig und Wolfenbüttel (1489–1568) 94
Heintz, Simon (gest. 1520), Vikar an St. Katharinen in Zwickau 132
Held, Wieland (geb. 1939), Historiker 117, 201
Helt, Konrad, Prior des Wittenberger Augustinerkonvents /1519/ 102, 108
Hennecke, Edgar (1865–1951), ev. Theologe 13
Henoch, ihm wird eine Apokalypse zugeschrieben, die im Judasbrief 14, 15 zitiert wird, im äthiop. Original erst hrsg. im 18. Jh. 57 f., 173
Hergott, Johann (gest. 1527), Buchdrucker und -führer in Nürnberg 223
Hertzberg, Gustav Friedrich (1826 bis 1907), Historiker 81, 185
Hessus, Helius Eobanus (eig. Koch) (1488–1540), Humanist 64
Heynlin, Johann von Stein (gest. 1496), Humanist in Basel 30
Hieronymus (331 o. 340/50–420), lat. Kirchenvater 30, 63, 65, 67, 99, 114 f., 173, 290
Hilarius (gest. 367), lat. Kirchenvater, Bischof von Poitiers 30
Hildegard von Bingen (1098–1179), Mystikerin, „Meisterin" im Benediktinerinnenkloster Disibodenberg a. Nahe 31, 33, 73 f., 77, 230

Hinrichs, Carl (1900–1962), Historiker 179, 220
Hippolytus (um 160/70–235), Kirchenvater, Vf. eines Danielkommentars 173
Hittorp, Gottfried (1485–1573), Verleger und Buchhändler in Köln 53
Hodějowsky z Hodějova, Jan d. Ä. (1496–1566), Prager Gelehrter 160
Höltzel, Hieronymus (gest. nach 1532), Buchdrucker in Nürnberg 69, 224
Hofer, Nikolaus (gest. 1523?), Pfarrer in Mariental bei Zwickau bis Febr. 1521 134 f.
Hoffmann, Friedrich Wilhelm (1803 bis 1889), Theologe und Historiker 23
Hoffmann (Hofmann), Melchior (gest. 1543/44), Täufer 11
Holl, Karl (1866–1926), ev. Kirchenhistoriker 200
Holzschuher, Hieronymus (um 1469 bis 1529), Ratsherr in Nürnberg, Geograph 37
Homer (eig. Homeros) (etwa 8. Jh. v. u. Z.), griech. Dichter 54
Honemeyer, Karl (1913–1972), Kirchenmusikwissenschaftler 184, 186, 208, 210, 240
Horaz (eig. Quintus Horatius Flaccus) (65–8 v. u. Z.), röm. Dichter 53, 60
Horncken, Ludwig (gest. 1521?), Buchhändler in Leipzig 53
Horneborch, Peter, Anhänger der Frühreformation in Braunschweig /1521/ 84, 86
Hoyer, Siegfried (geb. 1928), Historiker 35, 140, 147, 154, 240
Hoym, Gebhard von (gest. 1484), Bischof von Halberstadt 21
Huguetinus, frz. Mystiker, gest. in Metz /Jahr unbekannt/ 72 f.
Hummelberger, Michael (1487–1527), Humanist 33
Hundt, Magnus (1449–1519), Humanist, Mediziner, Prof. in Leipzig 49 f.
Hus, Jan (Johann) (um 1371–1415), tschech. Reformator 62, 109, 115, 159, 161, 164
Husa, Václav (1906–1965), tschech. Historiker 36 f., 81, 154, 159–162
Hut, Ernst Walter, Archivar /1964/ 62
Huth, Hans (gest. um 1527), Täufer 215
Hutten, Ulrich von (1488–1523), Humanist 33, 47, 53, 60, 62, 126 f., 163, 291, 293

Innozenz III. (1161–1216), Papst seit 1198 104, 106, 108
Institoris (eig. Heinrich Krämer) (gest. nach 1501), Dominikaner, Vf. des „Hexenhammers“ (gemeinsam mit Jakob Sprenger) 30
Irenäus (gest. um 200), Kirchenvater, Gegner der Gnostiker 173, 199
Irenicus, Franziskus (Friedlieb) (1495–1559), Humanist und Historiker 291
Irmscher, Johannes (geb. 1920), Byzantinist 60
Iuvenal (eig. Decimus Iunius Iuvenalis) (etwa 58–138), röm. Dichter 27

Jacobs, Eduard (1833–1919), Archivar und Historiker 37, 79, 91
Janicke, Karl, Archivar /1873/77/82/ 22
Joachim I. (gest. 1535), Kurfürst von Brandenburg seit 1499 23, 59 f., 79
Joachim von Fiore (um 1132–1202), Mystiker 31, 60, 62
Johann der Beständige (1468–1532), Herzog und Kurfürst von Sachsen seit 1525 24, 122, 208, 213, 215, 219 f.
Johann von Bayern (gest. 1475), Erzbischof von Magdeburg 22
Johann von Weißenbach (gest. 1487), Meißner Bischof seit 1476 22
Johann Friedrich der Großmütige (1503–1554), Kurfürst von Sachsen seit 1532 219, 222
Johannes von Weida, Leipziger Dominikaner /1519/ 93, 112
Johannes Scotus Eriugena (um 810 bis um 877), ma. Philosoph aus Irland, Übersetzer der Schriften d. Pseudo-Dionysius 32, 64

Jonas, Justus (1493–1555), Reformator, Prof. in Wittenberg 64
Juche, Wolfgang, Buchführer in Halle /1524/ 187
Judas Makkabäus (gest. 161 v. u. Z.), jüd. Heerführer 169, 219
Julius II. (1443–1513), Papst seit 1503 94, 152
Junghans, Helmar (geb. 1931), Kirchenhistoriker 49
Justin der Märtyrer (um 100–um 165), christl. Apologet, Kirchenvater 173, 199

Kachelofen, Konrad (gest. 1516), Buchdrucker in Leipzig 52
Kähler, Ernst (geb. 1914), Kirchenhistoriker 127
Kaemmel, Heinrich Julius (1813 bis 1881), Schulmeister 39
Kamnitzer, Heinz (geb. 1917), Schriftsteller 237
Kapp, Johann Erhard (1693–1756), ev. Kirchenhistoriker 180 f., 184
Karl V. (1500–1558), spanischer Kg., röm.-dt. Kaiser 1519–1556 243, 245
Karl VIII. (1407–1498), Kg. von Frankreich seit 1483 68
Karlstadt (eig. Andreas Bodenstein von Karlstadt) (1480–1541), Reformator 17, 100, 110, 113, 126 f., 175, 180–183, 191, 193, 195, 214 f., 222, 229, 289, 291, 293 ff.
Kaser, Kurt (1870–1931), Historiker 21
Kautsky, Karl (1854–1938), sozialdem. Theoretiker und Publizist 34, 236
Kellers, Margareta, Äbtissin in Beuditz /1514–1532/ 93, 111
Kern, Jodocus, Pfarrer in Allstedt /1524–1533/ 225
Keyler, Andreas, Mitglied des Allstedter Bundes /1523/24/ 217
Kirchhoff, Albrecht (1827–1902), Buchhändler in Leipzig 53
Kirchner, Fritz, Geschichtsforscher /1983/ 175
Kirchner, Hubert (geb. 1932), Kirchenhistoriker 49, 131, 136 ff.
Kirn, Paul (1890–1965), Historiker 9, 11, 47, 91, 96, 114, 125, 136, 162, 167, 189 f., 192
Klein, Thomas (geb. 1933), Historiker 25
Knaake, Joachim Karl Friedrich (1835–1905), Begründer der Weimarer Lutherausgabe 102
Knoblochtzer, Heinrich (vor 1455 bis nach 1500), Buchdrucker in Heidelberg 32, 51
Koberger, Anton (um 1445–1513), Buchdrucker und -händler in Nürnberg 69
Kobuch, Manfred, Archivar und Historiker (geb. 1935) 91
Koch, Ernst (geb. 1930), ev. Theologe 179
Koch, Klaus (geb. 1926), Alttestamentler 14
Köhler, Johann Friedrich (1756 bis 1820), Diakon und Schriftsteller aus Taucha 123
Köhler, Walther (1870–1946), Kirchenhistoriker 126
Kolumbus, Christoph (1446/47 bis 1506), Entdecker Amerikas 68
Kommodian (eig. Commodianus) (5. Jh.), christl.-lat. Dichter 173
Konstantin I. der Große (eig. Flavius Valerius Constantinus) (um 288 bis 337), röm Kaiser seit 306 58, 166
Kosminski, J. A. (1886–1959), sowj. Historiker 236
Kotze, Barbara von, Äbtissin in Glaucha/Halle /1520–1530/ 185
Krumpfe, Barthel, Allstedter Bürger, Mitglied des Allstedter Bundes /1523/24/ 217
Kulpe, Wilhelm (1841–1911), Bibliothekar in Dessau 93

Lacher, Ambrosius aus Meersburg (um 1470–1540), Prof. in Frankfurt (Oder) 60
Lactantius (eig. Lucius Caecilius Firmianus) (um 312), Kirchenschriftsteller, Rhetoriker 173
Lämmer, Hugo (1835–1918), kath. Theologe 61
Landsberg, Martin (vor 1486–nach 1523), Buchdrucker in Leipzig 48. 52

Lang, Johann aus Löwenberg (1485 bis 1565), Humanist, Reformator von Erfurt 64, 177, 179, 181, 191, 195 f., 231
Langhans, Franz, Kirchner zu St. Katharinen in Zwickau /nach dem 16. 4. 1521/ 144
Latomus, Jacobus (1475–1544), kath. Theologe, Prof. in Löwen 126
Laube, Adolf (geb. 1934), Historiker 26, 238
Lee, Edward, engl. Theologe, Prof. in Köln /1517/18/ 126
Leo X. (1475–1521), Papst seit 1513 94, 137, 289
Leonardo da Vinci (1452–1519), Maler, Bildhauer, Baumeister, Techniker 291
Lew, Hans (oder Jans Lebe bzw. Hans Löbe) der Böhme, Korrespondent Müntzers /1521/ 153
Ley, Hermann (geb. 1911), Philosophiehistoriker 226
Lichtenberger, Johann de Claro Monte (auch Peregrinus Ruth), Astrologe, Vf. der „Prognosticatio" /1488/ 31
Lindholz, Johannes aus Müncheberg (gest. 1535), Prof. in Frankfurt (Oder) 60
Lindner, Johannes (gen. Tilanus) (ca. 1450–1530), Dominikaner in Pirna, Vf. eines „Onomasticum mundi" 87
Livius, Titus (ca. 59 v. u. Z. bis 17 u. Z.), röm. Historiker 27
Locher, Jakob (gen. Philomusus) (1471–1528), Humanist, Prof. in Ingolstadt 115
Löhner, Wolfgang (gest. 1540), Pfarrverweser in Zwickau 153, 155
Lohmann, Annemarie (geb. 1901), Studienrätin für Geschichte in Bremen 159, 163
Lohmeyer, Ernst (1890–1956), ev. Theologe 14
Lohse, Eduard (geb. 1924), ev. Theologe 16
Lotter, Melchior d. Ä., (gest. um 1542), Buchdrucker in Leipzig 47 f., 52 ff.
Loyola, Ignatius von (eig. Inico Lopez de Recalde) (um 1491/95 bis 1556), Begründer des Jesuitenordens 231
Lukian (oder Lucianus, eig. Lukianos) aus Samosata (um 120–nach 180), griech. Schriftsteller und Satiriker 53, 61
Lullus, Raimundus (eig. Ramon Lull) (1232–1316), katalanischer Mystiker und Dichter 32
Luther, Martin (1483–1546), dt. Reformator 6 ff., 10 f., 13, 15 ff., 24, 26, 34, 38, 62 f., 66, 76, 78, 86, 93, 96–100, 102 ff., 106, 108 f., 112–115, 117–121, 123, 126 f., 129–133, 130 ff., 144 ff., 148 f., 156 f., 159 f., 163 ff., 167, 170, 179–184, 186, 189 ff., 193 bis 196, 205, 207, 209 f., 212, 215, 219 f., 222, 224, 227–233, 237–240, 288–295
Lutz, Andreas, aus Pirckheim, Drukker in Ingolstadt /1519–1524/ 102, 108

Macek, Josef (geb. 1922), tschech. Historiker 154
Machiavelli, Niccolo (1469–1527), ital. Politiker, Humanist 289
Maimbourg, Louis (1610–1686), Jesuit, frz. Kirchenhistoriker 78
Manetho, lebte unter den ersten Ptolemäern, Oberpriester und Tempelschreiber in Heliopolis 31
Mansfeld, Albrecht von (gest. 1484), Graf 23
–, Albrecht von (gest. 1560), Graf 16, 23
–, Ernst von (gest. 1486), Graf 23
–, Ernst von (gest. 1531), Graf 16, 23, 211
–, Gebhard von (gest. 1558), Graf 23
–, Günter von (gest. 1526), Graf 23
–, Hoyer von (gest. 1540), Graf 23
Manutius, Aldus (um 1450–1515), Buchdrucker in Venedig 29, 64
Marcion (um 144), Häretiker, stand dem Gnostizismus nahe 201, 205
Marschalk, Nikolaus (um 1460–1525), Humanist, Prof. in Erfurt 64, 66
Marsilius, Zollschreiber in Braunschweig /1522/ 84

Marsilius von Padua (um 1290–1342/43), ma. Publizist, Vf. des „Defensor pacis“ 84, 232
Martial (eig. Marcus Valerius Martialis) (um 40– um 104), röm. Dichter 61
Martin, Henri-Jean (geb. 1924), frz. Bibliograph 27
Mattathias (gest. 166), Stammvater der Makkabäer 169
Matthias episcopus Gadensis, Weihbischof in Halberstadt /1500/ 80
Maurois, André (eig. Émile Herzog) (1885–1967), frz. Schriftsteller 14
Maushake, Walter, Bibliograph in Frankfurt (Oder) /1936/ 60
Maximilian I. (1459–1519), röm.-dt. Kaiser seit 1493 21, 68, 78, 261, 291
Mechthild von Hackeborn (1241/42 bis 1299), dt. Mystikerin im Kloster Helfta 33, 75, 77, 230
Mechthild von Magdeburg (um 1207 bis 1282 oder 1295), dt. Mystikerin im Kloster Helfta 75, 77
Meginfried, Chronist, erfunden von Johannes Trithemius 70
Meinhard, Christoph (gest. 1527), Fernhändler aus Eisleben 189
Melanchthon, Philipp (eig. Schwarzert) (1497–1560), dt. Reformator 7, 32, 34, 64, 100, 126, 158 f., 164, 177–181, 189 ff., 193, 195 f., 200, 207, 220, 228, 291 f.
Mencke, Johann Burkhard (1674 bis 1732), Historiker 87
Mentelin, Johann (gest. 1478), Buchdrucker in Straßburg 29
Merian d. Ä., Matthäus (1593–1650), Kupferstecher und Kosmograph 23
Methodius von Philippi (Pseudomethodius) (gest. 311), Bischof 31
Metsch, Konrad, kurfürstl. Kommissar in Zwickau /1520/ 122
Meusel, Alfred (1896–1960), Historiker 237
Meyendorn, Martin, Prof. der Theologie in Leipzig /1506/07/ 42 f.
Michael, Emil (1852–1917), S. J., kath. Kirchenhistoriker 75
Migne, Jacques Paul (1800–1875), frz. kath. Geistlicher, Hrsg. der „Patrologia graeca et latina“ 74 f.
Mittenzwei, Ingrid (geb. 1928), Historikerin 158
Mönch, Hans, kurfürstl. Amtmann in Allstedt /ca. 1497–1502/ 184
Moerbeke, Wilhelm von (um 1215 bis 1286), ma. Übersetzer griech. Werke 64
Mohr, Engelhard, Küster in Halle /1523/ 186
Moller, Hans, erwähnt in einem Verhörsprotokoll für Halle /1525/ 184
Montan, trat als Prophet auf /um 156/ 199
Moritz von Sachsen (1521–1553), Herzog und Kurfürst seit 1547 37, 51, 111
Morus, Thomas (eig. More) (1478 bis 1535), engl. Humanist und Staatsmann 17, 33, 40, 291
Mosellanus, Petrus (eig. Peter Schade) (1493–1524), Humanist 47, 53 f., 126
Mühlpfordt, Günter (geb. 1921), Historiker 59
Mühlpfordt, Herrmann (gest. 1534), kurfürstl. Amtmann in Zwickau 118, 129, 134
Müller-Streisand, Rosemarie (geb. 1923), Kirchenhistorikerin 97
Münczer, Paulus aus Stolberg, Student in Erfurt /1484/ 36
Müntzer, Hans (gest. vor 1510), Kleinbasler Krämer 36
Müntzer, Hieronymus (gest. 1533), Ratsherr und Bürgermeister in Freiberg 37
Müntzer, Karolus (gest. um 1484), Münzmeister, als Großvater Thomas Müntzers nicht nachweisbar 36
Müntzer (Montzer), Matthäus, als Vater Müntzers nicht nachweisbar /1486/ 36 f.
Müntzer, Thomas
– Mutter, namentlich unbekannt /1520/ 36
– Vater, namentlich unbekannt /1520/21/ 35 f., 86, 125
Münzer, Hieronymus (gen. Moneta-

rius) aus Feldkirch (1437–1508), Humanist, Arzt, Kartograph 36
Murner, Thomas (1475–1537), Franziskaner, Flugschriftenautor 289, 293
Musler (oder Murchler), Johann (1502–1525), Humanist, Jurist in Leipzig 53
Mutian, Konrad (auch Mutianus Rufus Conradus, eig. Conrad Muth) (1470/71–1526), Humanist 233

Nauclerus, Johannes (eig. Vergenhans) (1425–1510), Humanist und Geschichtsschreiber 69 f.
Nebukadnezar II. (griech. Nabuchodonosor) (605–562 v. u. Z.), babyl. Kg. 219
Negwer, Joseph, kath. Kirchenhistoriker /1909/ 61, 68
Neuß, Erich (1899–1982), Historiker 81
Niavis, Paulus (eig. Paul Schneevogel) (gest. nach 1514), Humanist 51 f.
Nichtweiss, Hans (1914–1958), Historiker 236
Norden, Eduard (1868–1941), klass. Philologe 64
Novenianus, Philipp (eig. Neukamm), Humanist und Mediziner /1516/ 66, 127
Nürnbergerin, Dorothea, genannt in einem Brief Müntzers /1521/ 135

Oediger, Friedrich Wilhelm (geb. 1907), Archivar und Historiker 39 f., 106
Oppermann, Henning, Stolberger Bürger, erwähnt bei Zeitfuchs /1717/ 35
Oppermann, Johannes (gest. vor 1514), Besitzer der Braunschweiger Pfründe als Vorgänger Müntzers 87
Origines (184/186–254), griech. Philosoph und Theologe 63, 65, 173
Osiander, Andreas (eig. Hosemann) (1498–1552), ev. Theologe 74
Otto, Georg Ernst (1721–1795), kurfürstl. Amtsrichter in Weißenfels 111
Ovid (eig. Publius Ovidius Naso) (43 v. u. Z.–um 18 u. Z.), röm. Dichter 27

Pantzschmann, August (gest. 1520), Buchhändler in Leipzig 53
Paterna, Erich (1897–1982), Historiker 24
Paulsen, Friedrich (1846–1908), Philosoph und Pädagoge 44
Paulus (eig. Saul) (gest. 64), Heidenapostel, 31 zum Christentum bekehrt 230
Pellikan, Konrad (eig. Kürschner) (1478–1556), Hebraist 65 f., 68
Pelt, Hans, Fernhändler aus Braunschweig /1521/ 6, 84, 86, 88, 91, 156 f., 159 f.
Perschmann, Theodor (1826–1887), Lehrer in Nordhausen 179
Persius, Aulus Flaccus (34–62), röm. Dichter 53
Peschke, Erhard (geb. 1907), ev. Kirchenhistoriker 82
Petavius, Denis (eig. Petan) (1583 bis 1652), frz. Philologe und kath. Theologe 61
Petrus, Hispanus, scholast. Theologe, als Johannes XXI. Papst /1276/77/ 44, 54
Petrus Lombardus (gest. 1160), scholast. Theologe, Vf. der „Libri quattuor sententiarum“ 47, 105, 107, 288
Pfeiffer, Heinrich (eig. Schwertfeger) (gest. 1525), Mönch und Prediger 240, 293 f.
Philipp, Pfalzgraf, Bischof von Freising /1517–1541/ und Naumburg 119
Philipp von der Pfalz (1448–1508), Kurfürst 68
Pico della Mirandola (1463–1494), ital. Humanist 30 f., 64 f.
Pictor, Q. Fabius (um 216 v. u. Z.), röm. Geschichtsschreiber 31
Piechocki, Werner (geb. 1927), Archivar 22, 79, 81
Pisecký, Jiři (Georg), Probst eines Kollegiums in Prag /1521/ 161
Plato (427–347 v. u. Z.), griech. Philosoph 128, 205 f.

Platter, Thomas (1499–1582), Humanist 39, 65
Plautus, Titus Maccius (254–184 v. u. Z.), röm. Komödiendichter 27
Pleydenwurf, Wilhelm (um 1462 bis 1494), Maler 69
Plinius d. J. (62– um 113), röm. Schriftsteller 10, 67
Plutarch (eig. Plutarchos) (um 45 bis um 125), griech. Historiker 53
Polich, Martin (gen. Mellerstadt) (gest. 1513), Philosoph, Mediziner, Gründungsrektor in Wittenberg 50
Porphyrius (eig. Porphyrios Malchos) (232– um 301), röm. Grammatiker und hellenist. Philosoph 45
Prantl, Karl von (1820–1888), Historiker, Logiker 51
Preger, Wilhelm (1827–1896), ev. Kirchenhistoriker 74
Primasius von Hadrumetum in Nordafrika, Kirchenlehrer, Vf. eines Apokalypsenkommentars /6./7. Jh./ 173
Priscianus, röm. Grammatiker /6. Jh./ 45
Pultzen, Johann, Prediger an St. Katharinen in Zwickau /1518–1520/ 123, 129

Quintilian, Marcus Fabius (um 35 bis um 96), röm. Schriftsteller 45, 203

Raffael (eig. Raffaello Santi) (1483 bis 1520), ital. Maler 291
Rahner, Karl (1904–1984), kath. Theologe 115
Reeves, Majorie (geb. 1905), engl. Historikerin 32
Reichard, Hans, angeblicher Drucker Müntzers in Allstedt /1524/ 213, 216, 222
Reiff, Balzer, Mitglied des Allstedter Bundes /1523/24/ 217
Reisch, Gregor (um 1467–1525), kath. Theologe und Philosoph 39
Renaudet, Augustin (1880–1958), frz. Historiker 33, 73
Reuchlin, Johannes (1455–1522), dt. Humanist 30, 64 ff., 126, 289, 293
Rhagius, Johannes aus Sommerfeld s. Aesticampianus
Rhegius, Urbanus (eig. Rieger) (1489 bis 1541), oberdt. Reformator 231
Rhenanus, Beatus (eig. Bild) (1485 bis 1547), Humanist aus Schlettstadt 7, 30 f., 33, 198, 201, 203
Richard von St. Victor (gest. 1173), schott. Theologe 33
Rilke, Rainer Maria (1875–1926), dt. Dichter 37
Rinck, Melchior (um 1493–1545), Humanist, Täufer 45
Ritter, Gerhard (1888–1967), Historiker 51
Rodemann, Hans aus Tal-Mansfeld, Mitglied des Allstedter Bundes /1523/24/ 217
Rodin, Auguste (1840–1917), frz. Bildhauer 37
Römer, Philipp, erwähnt in einem Brief Müntzers /1521/ 135
Rössler, Hellmuth (1910–1969), Historiker 21
Rolevinck, Werner (1425–1502), Karthäusermönch, Vf. des „Fasciculus temporum" 71
Rosenkranz, Albert (geb. 1876), Historiker, Archivar in Bonn 70
Roth, Stephan (1492–1546), Stadtschreiber in Zwickau 136
Rubeanus, Crotus (eig. Johannes Jäger) (um 1480– nach 1539), dt. Humanist 33, 291
Rüdiger, Bernd (geb. 1942), Historiker, Bibliotheksdirektor 47
Rufinus, Tyrannius von Aquileia (um 345–410), lat. Schriftsteller, Übersetzer d. griech. kirchl. Literatur 28, 30, 63, 113, 166, 169
Rupp, Gordon (geb. 1910), engl. ev. Theologe 33
Rupprich, Hans (1898–1972), Literaturhistoriker 30, 37
Ruysbroek, Jan (1293–1381), fläm. Mystiker 33

Sachs, Hans (1494–1576), dt. Dichter 295
Sackur, Ernst, Historiker /1898/ 31
Sames, Arno (geb. 1937), ev. Kirchenhistoriker 24

Sander, Cuntz, Mitglied eines angebl. Verbündnisses in Halle /1513/ 78
Sanuto, Marino (gest. nach 1532), venezian. Chronist, Vf. der erst 1890/1904 in Venedig gedruckten „Diarii" 70
Sbrulius, Richardus, ital. Wanderhumanist aus Friaul, Prof. in Frankfurt (Oder) /1514/ 61
Schanz, Martin (1842–1914), klass. Philologe 114
Schappeler, Christoph (auch Sertorius) (1472–1551), Mitvf. der „12 Artikel" 47
Schedel, Hartmann (1440–1514), Vf. einer Weltchronik 69
Scheible, Heinz (geb. 1931), Hrsg. des Melanchthon-Briefwechsels 189
Schenke, Hans-Martin (geb. 1929), Neutestamentler 174
Schiff, Otto (geb. 1874), Bibliothekar in Frankfurt/Main 81
Schmerlin (gen. Publius Vigilantius Axungia) (1485–1512), Humanist in Frankfurt (Oder) 60
Schmidt, Karl, Historiker /1930/ 23, 75
Schmidt, Walter (geb. 1930), Historiker 240
Schmiedberg (Smedeberg), Heinrich (gest. 1520), Domkapitular in Naumburg 119 f.
Schmithals, Walter (geb. 1923), Prof. f. bibl. Theologie 170 f.
Schneider, Friedrich (1887–1962), Dante-Forscher 237
Schöffer, Peter (um 1425–1502/03), Buchdrucker, Gehilfe von J. Fust 29
Schönsperger d. Ä., Johann (gest. 1549), Buchdrucker in Augsburg, Gründer d. 1. Druckerei in Zwikkau 69
Scholke, Horst (geb. 1935), Historiker 22
Schornbaum, Karl (1875–1953), Historiker 153
Schott, Peter (1458–1490), Humanist aus Straßburg 67
Schottenloher, Karl (1878–1954), Bibliograph 108
Schrader, Franz, Kirchenhistoriker /1913/ 75
Schramm, Barthel, Mitglied des Allstedter Bundes /1523/24/ 217
Schütze, Peter aus Tal-Mansfeld, Mitglied des Allstedter Bundes /1523/24/ 217
Schulze, Friedrich (1881–1960), Kulturhistoriker 42
Schultze-Galléra, Siegmund von (1865–1945), Gelehrter und Privatdozent in Halle 79, 81
Schumann d. Ä., Peter (um 1515 bis 1580), Chronist von Zwickau 118 f.
Schumann d. J., Peter (um 1538 bis 1595), Chronist von Zwickau 118 f., 129, 132, 134 f., 142 f., 148
Schumann, Valentin (gen. Dammander) (gest. 1542), Buchdrucker in Leipzig seit 1513 54, 66, 146
Schwabe, Ernst (1858–1927), Geschichtsforscher 198
Schwarz, Reinhard (geb. 1929), Kirchenhistoriker 12, 152, 190, 192, 195
Schweitzer, Albert (1875–1965), Theologe, Philosoph, Arzt 172
Schwineköper, Bernt (geb. 1912), Prof. für Landes- und Verfassungsgeschichte in Freiburg i. Br. 78
Scultetus, Hieronymus (eig. Schulz) (gest. 1521), Bischof von Brandenburg seit 1507 102–105, 108
Seckendorff, Veit Ludwig (1626 bis 1692), Staatsmann und Geschichtsforscher 78
Seeberg, Erich (1888–1945), Kirchenhistoriker 166
Seibt, Ferdinand (geb. 1927), Historiker 62
Seidemann, Johann Karl (1807–1879), Kirchenhistoriker 85, 90, 120, 142 f.
Selmenitz, Bastian von, Cousin Wolffs von Selmenitz /1521/ 184
Selmenitz, Felicitas von (1488 bis 1558), Witwe des Allstedter Amtsmannes Wolf von Selmenitz 183 f., 208

Selmenitz, Wolff von (gest. 1519), Amtmann in Allstedt seit 1502 184
Seneca d. J., Lucius Annaeus (um 4 v. u. Z.–65 u. Z.), röm. Philosoph und Dichter 27, 39, 53
Seuse, Heinrich (eig. Suso) (1295? bis 1366), Dominikanermönch, Mystiker 77, 116
Sickingen, Franz von (1481–1523), Vertreter der Reichsritterschaft 293, 295
Siggel, Alfred (1884–1959), Orientalist 236
Sismánek, Václav, Rektor der Prager Universität /1521/ 161
Smirin, M. M. (1895–1975), sowj. Historiker 12, 56, 131, 226, 236 f., 239
Smolinsky, Heribert (geb. 1940), Kirchenhistoriker 127
Sobek, Burian z Kornei, Stadtkanzler von Prag /1521/ 160, 162
Soliman II. (1495–1566), türk. Sultan 291
Sommer, Ernst (1888–1950), Schriftsteller 236
Sommerschuh, Hans, Korrespondent Müntzers in Zwickau /1521/ 150 f.
Spalatin, Georg (1484–1545), kurfürstl. Berater, Superintendent in Altenburg 123, 180 f., 211
Spangenberg, Cyriacus (1528–1604), Historiker 180
Srbik, Heinrich Ritter von (1878 bis 1951), Historiker 70
Staupitz, Johann von (1460/70–1524), Augustinereremit, Mentor Luthers 186, 288
Stein, Wolfgang (gest. zwischen 1548 und 1553), Hofprediger in Weimar 180 f., 292
Steinmetz, Max (geb. 1912), Historiker 9, 11, 13, 29, 32 ff., 77, 83, 93, 109, 115, 118, 123, 126, 128, 146, 148, 153, 189, 206, 215, 226 f., 231, 236 bis 240
Steinmüller, Karl (1901–1977), Lehrer und Archivar in Zwickau 118, 124, 131, 144
Stella, Erasmus (eig. Stuler oder Studler) (gest. 1521), Humanist, Bürgermeister von Zwickau 31, 118, 123 f., 141, 150
Stella, Tilemann (eig. Stoltz, gen. Ortelius) (1524/25–1589), Geograph 91
Stephanus (eig. Henri Estienne) (1460–1520), Buchdrucker in Paris 76
Stockmann, Ernst (1634–1712), Superintendent in Allstedt 226
Stöckel, Wolfgang (gest. 1526), Buchdrucker in Leipzig 49, 52, 212
Stolberg, Botho von (1467–1538) 35
Storch, Nikolaus (auch Ciconia, Pelargus, Storck, Turck) (gest. 1525?), Tuchknappe in Zwickau /1521/ 7, 131, 141, 146 f., 292
Straßburger, E., Lokalhistoriker in Aschersleben /1906/ 80
Straube, Manfred (geb. 1930), Historiker 59, 208
Strauß, Jakob (ca. 1480–1527), Flugschriftenautor, ev. Prediger in Eisenach 40, 181, 212, 293
Strobel, Georg Theodor (1736–1794), Bibliograph und Pfarrer in Wöhrd bei Nürnberg 109
Stromer, Heinrich von Auerbach (1482–1542), Mediziner und Ratsherr 50
Sturm, Karl August Gottlieb (1803 bis 1886), Lehrer und Chronist von Weißenfels 111
Süße, Lorenz (1496–?), ev. Prediger in Nordhausen /1522/ 179
Summenhart, Konrad (gest. 1502), Scholastiker in Tübingen 30, 115

Tacitus, Publius Cornelius (um 56 bis 118), röm. Historiker 47, 53
Tanaka, Shinzo, jap. Historiker /1973/ 107
Tauler, Johannes (um 1300–1361), Dominikanermönch, Mystiker 76 f., 109 f., 116
Teicher, Caspar (1507–1537), Baumeister in Zwickau 119
Terenz (eig. Publius Terentius Afer) (um 195–159 v. u. Z.), röm. Komödiendichter 27, 53
Tertullian, Quintus Septimus Florens (Mitte 2. Jh.– um 222), lat. Kir-

chenvater 7, 30, 67, 71, 167, 173, 198–206
Tetzel, Johann (eig. Diez) (um 1465 bis 1519), Dominikanermönch, Ablaßprediger 94
Tham, Kaspar, bischöfl. Offizial zu Zeitz /1520/ 134
Thanner, Jakob (gest. 1528), Buchdrucker in Leipzig 49, 52, 75
Theophilus, altchristl. Apologet im letzten Drittel des 2. Jh. 31
Thieme-Zschäbitz, Christa (geb. 1930), Übersetzerin des Buches von Husa 154
Thomae, Markus (gen. Stübner), Anhänger Müntzers /1521/ 147, 151, 293
Thomas a Kempis (eig. Thomas Hemerken von Kempe) (1379/80 bis 1471), Mystiker, Vf. der „Libri quattuor de imitatione Christi" 16
Tiburtius aus Weißenfels, Minorit /1520/ 6, 121
Timm, Albrecht (geb. 1915), Historiker 19
Traversari, Ambrosio (gest. 1439), Übersetzer des Diogenes Laertius 128
Trebelius, Hermann (eig. Surwynt oder Notianus) (geb. um 1475), Prof. in Frankfurt (Oder) /1514/ 60
Tretwein, Johannes (1511–1597), Chronist in Zwickau 119, 134, 142
Trillitzsch, Manfred (geb. 1932), Mittellateiner und Übersetzer 9, 95, 102 f., 203
Trithemius, Johannes (eig. Johann Heidenreich aus Trittheim bei Trier) (1462–1516), Historiker, Abt von Sponheim 31, 69 f.
Truchseß von Waldburg, Georg III. (1488–1531), Feldherr des Schwäbischen Bundes 69
Trutvetter, Jodocus (gest. 1519), scholast. Theologe, Lehrer Luthers in Erfurt 30
Tychonius (gest. um 400), nordafrikan. Theologe der donatistischen Richtung 173
Ullmann, Wolfgang (geb. 1929), Patristiker 77, 202, 204, 206, 210, 212, 240
Ulrich von Württemberg (1487 bis 1550), Herzog 291
Ursula (gen. Scholastika), Nonne im Kloster Beuditz /1520/ 116
d'Uzes, Robert (gest. 1296), frz. Mystiker 73

Valerius Maximus, röm. Schriftsteller in der 1. Hälfte des 1. Jh. 53
Valla, Lorenzo della Valle (um 1406 bis 1457), ital. Humanist 28, 64, 126, 291
Vergil (eig. Publius Vergilius Maro) (70–19 v. u. Z.), röm. Epiker 27, 39, 53
Victorin von Pettau (gest. 304), Bischof, Vf. eines Kommentars zur Johannesapokalypse 173
Victorinus, Caius Marius, Rhetor, christl. Neuplatoniker aus der Mitte des 4. Jh. 64
Virdung, Johann von Haßfurt (gest. 1538?), Astrologe, Mediziner, Prof. in Heidelberg 32, 239
Vischer d. Ä., Peter (um 1460–1529), Bildhauer 23
Voes, Hendrik (gest. 1523), Ordensbruder von Johann Esche, einer der ersten Märtyrer der Reformation 186, 295
Vogler, Günter (geb. 1932), Historiker 61 f., 223, 238
Volmar, Matthäus (gest. 1557), Bürgermeister von Aschersleben 91, 93
Volz, Hans (1904–1978), Luther-Forscher 109, 114

Wallde, Bernhard, Schosser in Allstedt /ab 1525/ 225
Wallenborn, Jacobus, Franziskaner, Historiker /1930/ 102
Walther, Johann (1496–1570), ev. Kirchenmusiker 295
Walther, Mathes, Kirchner von St. Katharinen in Zwickau, vom Rat beurlaubt /16. 4. 1521/ 144
Wappler, Paul (1868–1915), Lehrer in Zwickau 117, 119, 122 ff., 132 bis 136, 139–144, 149

Warberg, Margarethe von, als Äbtissin in Frose vorgesehen /1504/ 92
Warmuth, Peter, Mitglied des Allstedter Bundes /1523/24/ 222
Wegele, Franz Xaver (1823–1897), Historiker 70
Weinel, Heinrich (1874–1936), ev. Theologe 56 f., 71
Weizsäcker, Carl von (1822–1899), ev. Theologe 191, 224
Wentzlaff-Eggebert, Friedrich-Wilhelm (geb 1905), Literaturhistoriker 74
Werner, Ernst (geb. 1920), Historiker 235
Westermann, Ekkehard (geb. 1940), Wirtschaftshistoriker 19
Wichmann (gest. 1192), Erzbischof von Magdeburg seit 1152 184
Wiclif, John (1328–1384), engl. Theologe und Reformator 62, 115
Widemar (eig. Nikolaus Albricht), Drucker in Eilenburg als Filialleiter von W. Stöckel /1523/24/ 208, 210–213
Widmann, Enoch (1551–1615), Chronist von Hof 153
Wiechert, Friedrich (geb. 1902), Pfarrer in Frankfurt/Main, Bearbeiter des „Officium St. Cyriaci" 89 f.
Wiegand, Fritz, Archivar /1964/ 24
Wilhelm III. der Tapfere (1425 bis 1482), Landgraf von Thüringen seit 1428 21
Wilsdorf, Helmut (geb. 1912), Bergbauhistoriker, Agricola-Forscher 20
Wimpfeling, Jakob (1450–1528), dt. Humanist 67
Wimpina, Konrad (eig. Konrad Koch) (um 1465–1531), Theologe in Leipzig, Gründungsrektor in Frankfurt (Oder) 47, 49 f., 59–62, 68
Winkeler, Klaus, Diener des Braunschweiger Fernhändlers Hans Pelt /1515 u. 1521/ 84 f., 91, 93
Witkowski, Georg (1863–1939), Literaturhistoriker 66
Wittehovet, Ludolf, Geistlicher in Braunschweig /1515/ 85
Wittkenau, Thomas, unbekannt, mit ihm verwechselte Achatius Glov Müntzer /1520/ 113
Witzleben, Friedrich von (gest. nach 1540), im Dienst von Ernst von Mansfeld im Amt Sangerhausen /1524/ 221
Weißbach, Wolf von (gest. 1535), kurfürstl. Stadtvogt in Zwickau /1520/21/ 118, 122, 133, 141, 143
Wolfgramm, Eberhard (1908–1981), Historiker 163
Wolgemut, Michael (1434–1519), Maler 69, 216
Wolkan, Rudolf (1860–1927), böhm. Literaturhistoriker 51
Wulf, Friedrich, S. J., kath. Theologe /1958/ 75 f.
Wustmann, Gustav (1844–1910), Historiker 42, 54

Ximenes, Francisco de Cisneros (1436–1517), Kardinal und span. Staatsmann, Gründer der Universität Alcalá de Henares 29

Zarncke, Friedrich (1825–1891), Germanist, Erforscher der älteren Universitätsgeschichte Leipzigs 46, 51
Zceyner (Zeuner), Wolfgang (geb. ca. 1481), Nachfolger Müntzers an St. Katharinen in Zwickau /1521/ 135, 144
Zcoch (Zoch), Laurentius (1477–1533), Jurist in Leipzig 50
Zeidler, Wolfgang, Prediger in Freiberg/Sachsen, Nachfolger Egrans an St. Marien in Zwickau /1521/ 140, 144
Zeiß, Hans, Schosser in Allstedt /1513–1525/ 209, 213, 221 f.
Zeitfuchs, Johann Arnold (1671 bis 1742), Chronist von Stolberg 35, 37
Zimmermann, Wilhelm (1807–1878), Historiker 34
Zschäbitz, Gerhard (1920–1970), Historiker 226
Zütphen, Heinrich von (um 1489 bis 1524), Augustiner, einer der ersten Märtyrer der Reformation 186
Zuniga, Lopez, Mitarbeiter an der Complutensis-Polyglotte, Prof. in Alcalá /1514–1517/ 64
Zwingli, Ulrich (1484–1531), schweizer. Reformator 215, 228, 293, 295

Ortsregister

Alcalá de Henares (spanische Universität) 29
Allendorf bei Bad Sooden 178
Allstedt 7 ff., 18, 78, 81, 90, 97, 100, 145 f., 164, 167, 175, 177, 183 f., 186 ff., 197, 203, 208–226, 235, 239 f., 294
Antwerpen 186 f.
Aschaffenburg 23
Aschersleben 6, 10, 18, 78, 80 f., 83, 91 f., 216, 288
Augsburg 30, 69, 110, 159, 290 f.
Avignon 73

Barcelona 115
Basel 15, 29 f., 40, 64, 105, 112, 114, 136, 201, 294
Bautzen 52
Bernburg 92
Beuditz bei Weißenfels 6, 93, 111, 113, 116 f., 125, 186, 216, 229, 290
Böckelheim (Burg) 73
Böhmen 7, 146 f., 150–159, 162, 164, 167, 175 ff., 187, 196, 206, 227, 292
Brandenburg (Diözese, Bstm., Fstm.) 53, 59, 103
Braunschweig 6, 10, 18, 34 f., 68, 78, 83–88, 89, 91, 93–97, 102 f., 156 f., 160, 210, 288 ff.
Breslau 120
Brüssel 186, 295
Budapest 159
Byzanz 28

Chemnitz (bzw. Karl-Marx-Stadt) 51, 119

Dessau 92 f.
Dissibodenberg a. d. Nahe 73 f.
Donauwörth (Schwäbisch-Wörth) 50
Dorpat 216
Dresden 24, 35, 47, 91, 119 f., 125, 133, 142, 159, 163 f., 202, 209

Eger 136
Eilenburg 208–213
Eisleben 75, 97, 186, 209, 288
Elbingerode 20
Elsterberg 112, 116, 151, 262, 264
Erfurt 7, 24, 36, 38, 42, 64, 66, 70, 97, 123, 159, 175, 177, 189, 191, 210, 212, 288 ff., 292 f.

Frankenhausen 11, 16, 222, 294 f.
Frankfurt a. d. Oder 5, 9, 18, 34, 43, 47, 50, 59–63, 76, 82, 87, 97, 203, 216, 288 f.
Freiberg i. Sachsen 37, 48, 140
Freiburg i. Breisgau 115, 236
Frose 6, 11, 18, 85 f., 89–93, 112, 203, 209, 216, 290

St. Gallen 70
Gandersheim 90
Gatersleben 91
Gernrode 11, 89–93
Giebichenstein 22
Glaucha bei Halle 7, 175, 180, 183 bis 186, 206, 216, 292
Glauchau (glauch) 135
Görlitz 49, 129
Goslar 19, 38
Gotha 9, 163
Gutterbach siehe Jüterbog

Hagenau 114, 166
Halberstadt (Stadt, Bstm., Stift) 10 f., 18, 21 ff., 34 f., 41, 59, 78 ff., 83, 85, 87, 91 f., 94, 216, 288
Halle 6, 10 f., 18, 21 ff., 38 f., 43, 53, 59, 78–82, 92, 180, 184 ff., 187 f., 209, 216, 288, 292
Harz 18 ff., 26, 35, 38, 68, 80, 83
Hasselfelde 20
Hegendorff 225
Heide (im Dittmarschen) 186
Heidelberg 32, 51, 236, 290
Heldrungen 23, 78, 209, 218
Helfta/Neu-Helfta 75
Heringen 35
Hirsau 69 f., 74
Hof 153

Ilfeld 35
Ingolstadt 51, 64, 102, 108, 115
Innsbruck 239

Jena 152, 237, 295

Joachimsthal 132, 144 f., 158
Jüterbog 6, 101–104, 108, 112 ff., 119, 126, 133, 138, 161, 290

Kelbra 35
Kemberg 101, 191
Köln 70, 261
Königslutter 94, 96
Konstanz 105

Landshut 47
Langensalza (Amt) 24, 267
Leipzig 5, 9, 18, 26, 34, 36, 38, 40 bis 54, 59, 62 ff., 66, 68, 75, 82, 87, 97, 101, 106, 109, 112 ff., 116 f., 119, 123, 126, 128, 130, 146, 149, 154, 159, 163, 203, 208, 212, 238 ff., 288, 290
Lipany 155
Lochau 176
Lüttich 74
Lyon 115

Magdeburg 21 ff., 50, 59, 78 f., 94, 103
Mailand 114
Mainz 21, 23, 79, 82, 94
Mallerbach 213, 215, 294
Le Mans 73
Mansfeld (Stadt, Grafschaft) 23 ff., 38, 75, 91, 209
Mariental 134
Meißen (Bistum) 43, 53
Memmingen 47
Merseburg 41, 50
Metz 73 f.
Moritzburg/Halle (Schloß) 22
Morungen 24
Mühlhausen 8, 18, 97, 168, 215 ff., 224, 235, 240, 245 ff.

Nachterstedt 51
Naumburg (Bistum, Stadt) 42, 112, 119 f., 132 f., 156
Neustadt a. d. Orla 135, 295
Niklashausen 70, 225
Nordhausen 7, 20, 90, 175, 178 ff., 189, 292
Nürnberg 19, 23, 37, 68 f., 100, 159, 189, 211 f., 223, 240, 293 f.

Ochsenfurt 47
Orlamünde 109, 295

Paris 36, 71, 76, 86, 112, 114, 128, 166, 191, 203
Pisa 105
Prag 7, 42 f., 87, 150, 153, 155 f., 158 bis 165, 168, 175, 177, 196 f., 235, 292

Quedlinburg 18, 21 f., 34, 36, 38, 40, 42, 79, 83, 92, 217

Rodersdorf (Kloster bei Halberstadt) 75
Rom 31, 50, 71, 81, 94, 121, 128, 155, 198, 288
Roßla 35

Saaz (Zatec) 153, 157 f., 292
Salza (Amt) 209
Sangerhausen (Amt) 24, 209, 217, 221
Schlettstadt 198
Schönau bei St. Goarshausen 74
Schönebeck 91
Schönewerda 221
Schraplau 23
Soncino 30
Speyer 70, 261
Steimbke bei Nürnberg 86
Stolberg 7, 18, 34 ff., 59, 84, 177, 180, 211, 226, 288, 292
Stralsund 216
Straßburg 15, 60, 67, 71 f., 166

Tabor 157
Tal-Mansfeld 217
Trier 74
Tübingen 70, 115, 239

Untergrombach 70

Vilvoorde 186

Wartburg (Burg) 99, 145, 148, 157, 164 f., 190, 207, 215, 224, 292
Weimar 7, 24, 120, 122, 131, 175, 180, 208, 222 f., 292
Weißenfels 111, 117, 121, 186, 216
Wernigerode 20, 238
Wernigerode (Grafschaft, Stadt) 35, 219
Wien 64, 128, 245
Wimmelburg 217

Wittenberg 17, 24 f., 34, 43, 49, 59 f., 64, 66, 86, 97–104, 108, 113, 121, 126 f., 132 f., 137, 148, 158, 164 f., 175, 180–183, 186 f., 189–193, 196, 207 ff., 212, 214, 216, 223, 288–293
Wörlitz 100, 183
Wolfferstedt 225
Worms 99, 121, 137 f., 148, 156, 289, 292
Württemberg 68 f., 243

Zeitz 119, 132, 134 f.
Zürich 216, 249
Zwickau (Schwanfeld) 6 f., 9, 48, 87, 97, 99, 116–151, 153 f., 156, 158 f., 161, 164, 177, 182 f., 196, 203, 209, 216, 290, 292
Zwiefalten 74

Sachregister (ausgewählte Stichworte)

Ablaßstreit 94 ff., 99, 107, 229
Apokalyptik 13–17, 31, 56 ff., 66, 152, 161, 165, 167, 169–174, 178, 194, 200, 219, 230
Armut 10, 37, 39, 83, 101, 116, 171, 211, 224, 231, 233
Askese 72, 192, 232
Auserwählte und Gottlose 16, 145, 151 f., 167, 169 f., 178, 183, 187, 192, 194 f., 220 f., 224, 230–234

Benediktiner 106, 123, 177
Bibel (AT, NT) 12–15, 28 f., 55–58, 63 ff., 69, 71, 98, 106, 165, 172, 174, 191 ff., 199, 204 f., 213 f., 219, 228 bis 231, 235
Bibelübersetzungen 29, 55, 63
Buchdruck 26–33, 39, 45, 47 ff., 51 ff., 60 f., 76, 80, 102, 112–115, 128, 164, 166, 203, 212 f.
Buchhandel 52 ff., 76, 101
Bund (Verbündnis) 11 f., 78, 80 ff., 216 ff., 221 f.

Chiliasmus 147, 173 f.
Consilia und praecepta 104, 107

Eheverständnis 135 f., 190–193, 232
Enderwartung 16, 74, 172 ff., 194, 199
Eschatologie 58, 151, 167, 170, 172 ff.

Fegefeuer 171, 192, 195
Franziskanerorden (Orden der Minderen Brüder) 99, 101 ff., 108, 112, 120–123, 126 f., 137, 157

Geburtsjahr 39 f.
Geburtsort 34 f., 37 f.
Geisttheologie 76 f., 147, 165, 178, 182, 192 f., 196 f., 205, 220, 228, 230 f., 233
Glauben, Wege zum 17, 77, 120, 150, 165, 172, 181, 187, 202, 223, 228, 231, 233
Gottesknecht 14, 72, 182, 188, 196, 207, 235

Heiligung 95, 201 f., 204, 231
Humanismus (spez. Frühhumanismus) 28–33, 42, 45, 47, 50 ff., 54, 60, 64, 67, 69 f., 74, 126, 131, 136 f., 203, 206, 229, 233

Immatrikulation
– Leipzig 9, 18, 34, 42 ff., 97
– Frankfurt (Oder) 9, 18, 34, 59, 97

Kirche (apostolische) 72, 159
Kirchenkritik 15, 58, 73 f., 165 ff., 210, 214, 221
Klöster 73 ff., 89 f., 111 f., 184 ff., 191, 213, 216, 228
Kunst, Bildende (Baukunst) 35, 119, 185, 214, 216

Lehre (Frühform) 55, 77, 103, 176, 180, 182, 196 f., 207, 210 f., 224, 227, 234
Leidenstheologie 77, 188, 207, 211, 224, 228, 231 ff.
Leipziger Disputation 102, 106, 108 f.
Liturgie 90, 93, 188, 209 f., 212, 225, 235

Müntzerforschung (2. Hälfte 19. bzw. 20. Jh.) 9–12, 34, 36 f., 61 f., 80 bis 86, 91, 102, 122, 125, 136, 143, 147 ff., 158 f., 162 f., 180, 189 f., 203, 219, 234, 236–239
Montanismus 198 ff.
Mystik 17, 32 f., 71–77, 165, 288 f., 231

Nachfolge Christi (imitatio) 16, 59, 77, 152, 233
Nationenverfassung 42 f., 59

Obrigkeit 98, 118, 145, 190, 195, 209, 211, 217–224, 228, 232 f.
Offenbarung 66, 76, 147, 165, 167, 169, 199 f., 202, 219, 228–231, 233
Officium St. Cyriaci 89 f., 209 f.
Ordo rerum 201–205

Prädestination 193, 224, 231 f., 234
Prager Manifest 154, 162–168, 192, 196 f., 203, 211 f., 227
Predigt 40 f., 76, 102, 105, 107, 119, 131, 134 f., 150, 153, 160 f., 172, 176, 178, 180, 209, 211, 217 ff., 221, 235
Priesterehe 190–193, 200 f.
Priesterweihe 80, 87

Scholastik 30, 60, 105, 205, 228
Schonung der Schwachen 96, 190, 192, 194, 215
Schriftverständnis 204 f., 229 f.
Schulbesuch 37, 39
Seelsorge 40, 90
Selbstbewußtsein, Selbstverständnis 36, 96, 112, 131, 136–139, 167, 178, 234 f.
Sozialkritik 81, 209, 218, 221, 224, 227, 229, 234
Sprache, hebräische 62, 65 f., 127
Sprachstudien, lateinische/griechische 39, 51 f., 62–65, 177
Stellung zu Luther 16 f., 49, 99, 194, 228–233
Storchianismus 141 f., 147

Theologie 56, 58, 137, 227 f., 233 ff.
Thomismus 49, 59, 203

Universitätsstudium 41, 44 ff., 51 ff., 61

Wormser Reichstag 99, 121, 137 f., 148, 156

Bibelstellenregister

Zu den Abkürzungen der biblischen Bücher vgl. Ökumenisches Verzeichnis der biblischen Eigennamen nach den Loccumer Richtlinien, 1983.

Pentateuch (5 Bücher Mose) 29, 216
Levitikus (3. Buch Mose)
Lev. 26, 1 214
Deuteronomium (5. Buch Mose)
Dtn (= 5 Mose 7,5) 7 216
Das 1. Buch Samuel (1 Sam) 65
Das 1. Buch der Könige
1 Kön 18, 20 152
Das 2. Buch der Könige (2 Kön) 195
Das Buch Esra (III./IV. Buch) 13, 14, 56, 58
4 Esra 13, 25 ff. 172
Das 1. Buch der Makkabäer 169
1 Makk 2 170
1 Makk 3 170
Die Psalmen
Ps 1–21 132
Ps 36 157
Ps 67 157
Das Buch Jesaja 174, 206
Jes 2, 2–4 174
Jes 11, 2 193
Jes 11, 6–9 174
Jes 24–27 58
Jes 28, 19 206
Jes 40–50 235
Jes 65, 17–24 174
Das Buch Jeremia 50, 182
Jer 20, 14 182
Jer 23 191
Das Buch Ezechiel (= Hesekiel) 174
Ez 34–39 16

Das Buch Daniel 13 f., 57 f., 169, 173, 218 ff.
Dan 7 16
Dan 7, 23 152
Dan 8 157
Das Buch Joel 58, 174
Joel 3, 1 183, 193
Das Buch Sacharja
Sach 12–14 58
Das Evangelium nach Matthäus 172
Mt 1 76
Mt 4, 17 172
Mt 10 188
Mt 10, 23 172
Mt 10, 24–25 150
Mt 12, 39 f. 172
Mt 13, 44–46 172
Mt 16, 3 172
Mt 24 14, 152
Mt 24, 27 172
Mt 25 14
Das Evangelium nach Markus 172
Mk 2 170
Mk 4, 31 183
Mk 9, 1 172
Mk 13 14, 172
Mk 13, 3 172
Mk 14, 62 172
Mk 44 170
Mk 47 170
Mk 48 170
Das Evangelium nach Lukas 172, 223
Lk 10, 18 172
Lk 12, 32 169
Lk 21, 5–36 14
Das Evangelium nach Johannes
1 Joh 5, 7 231
Joh 1, 17 131
Joh 20, 21 136
Die Apostelgeschichte 76
Apg 2, 6 66
Paulinische Briefe 49
Der Brief an die Römer 228, 230
Röm 13,1/2 223, 230
Röm 13,3/4 223, 230
Röm 13,5/7 230
Der 1. Brief an die Korinther
1 Kor 7, 9 191
1 Kor 12 76
1 Kor 12, 7 76
1 Kor 14, 19 167
Der Brief an die Galater
Gal 1, 10 152
Der Brief an die Kolosser
Kol 1, 15–20 202
Der Brief an die Hebräer
Hebr 13, 4 192
Der 1. Brief des Petrus
1 Petr 5, 8 176
Die Offenbarung des Johannes (Johannesapokalypse) 11, 56 ff., 75, 172 ff., 230
Offb 1, 1 169
Offb 6 16
Offb 11 16
Offb 16, 4–6 194
Offb 18 16
Offb 19 16, 173
Offb 20 173
Offb 21 174
Offb 21, 5 174
Offb 22, 20 174
Barnabasbrief 56, 173
Ignatiusbrief 56
1. Klemensbrief 56
2. Klemensbrief 56
Pastor Hermas 12, 14, 56, 58, 67, 71 f., 76, 172, 230
Henochapokalypse 173
Paulusapokalypse 56 f.
Petrusapokalypse 56
Methodiusapokalypse 31, 57
Apostellehre (Didache) 56

Briefregister

Nr. 1: 30. August 1516, Matthäus Volmar an Müntzer 84, 91, 93
Nr. 2: Juni/Juli 1517, Heinrich Hanner an Müntzer 84, 85 f., 95 f., 112, 138

Nr. 3: 25. Juli 1515, Klaus Winkeler an Müntzer 84, 90 f., 93
Nr. 4: 25. Juli 1515, Ludolf Wittehovet an Müntzer 84 f., 112, 138
Nr. 5: 11. Januar 1519, Christian Döring an Müntzer 101
Nr. 6: 12. Dezember 1519, Johannes von Weida an Müntzer 93, 111 f., 138
Nr. 7: 1. Januar 1520, Müntzer an Franz Günther 111, 116, 166
Nr. 8: 3. Januar 1520, Müntzer an Achatius Glov 35, 65, 113 f.
Nr. 9: nach 3. Januar 1520, Achatius Glov an Müntzer 113, 115
Nr. 10: 21. April 1520, Heinrich von Bünau an Müntzer 116
Nr. 11: Mitte Mai 1520, Die Nonne Ursula an Müntzer 111, 116
Nr. 12: 6. Juli 1520, Hermann Färber an Müntzer 111
Nr. 13: 13. Juli 1520, Müntzer an Luther 99, 119 ff., 146
Nr. 14: undatiert, Müntzer an seinen Vater 35, 42, 125
Nr. 15: 2. November 1520, Johann Agricola an Müntzer 121 f., 132, 137
Nr. 19: 17. Januar 1521, Müntzer an Bürgermeister und Rat von Neustadt a. d. Orla 135 f.
Nr. 20: vor 16. Februar 1521, Egran an Müntzer 138 f.
vor Nr. 21 geschrieben, Müntzer an Agricola (verloren) 138
Nr. 21: vor April 1521, Johann Agricola an Müntzer 137 f.
Nr. 22: 15. Juni 1521, Müntzer an Markus Stübner 147, 150 f.
Nr. 23: 15. Juni 1521, Jans lebe an Müntzer 150, 153
Nr. 24: 15. Juni 1521, Müntzer an Michael Gans 36, 150–153, 164
Nr. 25: 15. Juni 1521, Müntzer an Nikolaus Hausmann 134, 150 ff., 161, 164
Nr. 26: 25. Juni 1521, Hans Pelt an Müntzer 35, 84, 86, 156
Nr. 27: 31. Juli 1521, Hans Sommerschuh an Müntzer 150 f.
Nr. 28: 6. September 1521, Hans Pelt an Müntzer 86, 156 f.
Nr. 29: Dezember 1521, Veit Goldschmidt und Martin Gentzel an Müntzer 177
Nr. 30: 25. Januar 1522, Franz Günther an Müntzer 175 ff.
Nr. 31: 27. März 1522, Müntzer an Melanchthon 100, 164, 177 ff., 180, 189–197, 200, 207
Nr. 34: undatiert, Johann Esche an Müntzer 186 f.
Nr. 35: 14. Juli 1522, Müntzer an einen Unbekannten 178, 180
26. September, Müntzer an Johann Buschmann (verloren) 175, 178
Nr. 36: 30. September 1522, Johann Buschmann an Müntzer 178
Ende 1522, Müntzer an Karlstadt (verloren) 175, 182
Nr. 37: 21. Dezember 1522, Karlstadt an Müntzer 180, 182 f.
Nr. 38: 19. März 1523, Müntzer an unbekannte Anhänger 175, 185, 187 f., 207
Nr. 39: 31. März 1523, Engelhard Mohr an Müntzer 185 f.
Nr. 40: 9. Juli 1523, Müntzer an Luther 145
Nr. 41: 18. Juli 1523, Müntzer an die Brüder zu Stolberg 211
Nr. 44: 22. September 1523, Müntzer an Graf Ernst von Mansfeld 211
Nr. 45: 4. Oktober 1523, Müntzer an Kurfürst Friedrich den Weisen 35, 211, 221
Nr. 46: 2. Dezember 1523, Müntzer an Hans Zeiß 62, 202
Nr. 49: 30. Mai 1524, Müntzer an Christoph Meinhard 189
Nr. 51: ca. 25. Juni 1524, Müntzer an Johann Lang 196
Nr. 53: 15. Juli 1524, Müntzer an die Sangerhäuser 218
Nr. 57: 22. Juli 1524, Müntzer an Hans Zeiß 221
Nr. 60: 26. Juli 1524, Wolfgang Juche an Müntzer 187

Nr. 69: 5. September 1524, Konrad Grebel an Müntzer 200, 212, 216
Nr. 75: ca. 26./27. April 1525, Sendbrief an die Allstedter 16
Nr. 84: 9. Mai 1525, Müntzer an die Eisenacher 16
Nr. 88: 12. Mai 1525, Müntzer an Ernst von Mansfeld 16
Nr. 89: 12. Mai 1525, Müntzer an Albrecht von Mansfeld 16
Nr. 91: 13. Mai 1525, Müntzer an die Erfurter 16

Konkordanz
der Nummern von Thomas Müntzers Briefwechsel
in den Ausgaben von Franz/Kirn (1968) und der in Vorbereitung befindlichen
Ausgabe von Bräuer/Kobuch bis zum Beginn der Allstedter Zeit

Franz/ Kirn	Bräuer/ Kobuch	Franz/ Kirn	Bräuer/ Kobuch
II,1	7	II,22	36
II,2	8	II,23	37
II,3	6	II,24	38
II,4	1	II,25	39
II,5	9	II,26	40
II,6	14	II,27	41
II,7	15	II,28	40
II,8	16	II,29	45
II,9	17	II,30	46
II,10	18	II,31	47
II,11	19	II,32	
II,12	20	II,33	
II,13	21	II,34	52
II,14	33	II,35	48
II,15	23	II,36	50
II,16	26	II,37	54
II,17	25	II,38	55
II,18	10	II,39	56
II,19	28	III,7 f	11
II,20	31	III,7 f	12
II,21	30	III,7 g	34

Müntzer			Luther		
um 1489		geb. in Stolberg (Harz)	1483	10. 11.	geb. in Eisleben
			1501	Frühj.	Studienbeginn an der Artistenfakultät in Erfurt
			1502	Herbst	Promotion Bacc.
			1505	7. 1. 17. 7.	Mag. Art. Eintritt in das Erfurter Augustinerkloster
1506		Immatrikulation in Leipzig als „Thomas Munczer de Quedilburgk"	1506	Sept.	Profeß, Mönchsgelübde
			1507	4. 4.	Priesterweihe im Erfurter Dom, Beginn des Theologiestudiums
			1508		In Wittenberg Prof. für Moralphilosophie
			1509	9. 3. Herbst	Bacc. Biblicus, Beginn der bibelexegetischen Vorlesungen; Sententiarius, Vorlesung über Petrus Lombardus
1510		Niedere Weihen, wahrscheinlich nicht vor 1510	1510 / 1511		Romreise im Auftrag des Ordens
			1511		endgültige Niederlassung in Wittenberg
1512		Beginn des Studiums in Frankfurt (Oder) als „Thomas Müntczer de Stolbergensis"	1512	Okt.	Promotion zum Dr. der Theologie, lectura in biblia als Nachfolger von Staupitz
1513 17. 12.		angebliches Verbündnis von Halle und Aschersleben (oder 15. 4. 1514) eventuell Priesterweihe, wahrscheinlich in Halberstadt	1513–1515		1. Vorlesung über die Psalmen
1514	6. 5.	Präsentationsurkunde für die Braunschweiger Pfründe am Marienaltar von St. Michael (bis 21. 2. 1522)			

Reformation und Bauernkrieg als frühbürgerliche Revolution		Kultur	
1486	Karlstadt geb.	1471–1528	Albrecht Dürer
1459–1519	Kaiser Maximilian I.	1489	Dürers „Apokalypse“
1500–1558	Kaiser Karl V.	1500	Volksbuch vom „Eulenspiegel“
1500–1539	Regierungszeit von Herzog Georg v. Sachsen		Konrad Celtis gibt die „Germania“ des Tacitus heraus
1502	Bundschuhverschwörung des Joß Fritz im Bistum Speyer	1502 6. 6.	Gründung der Universität Wittenberg
		1506 15. 3.	Gründung der Universität Frankfurt (Oder)
1509 23. 5./ 1510 Jan.	„Tolles Jahr“ in Erfurt	1509	Erasmus von Rotterdam (1465 bis 1536) : „Encomium moriae“
	Karlstadt Dr. der Theologie in Wittenberg		
1511	Erhebung der Zunfthandwerker und Plebejer der Stadt Schwäbisch Hall gegen den Rat	1511	Reuchlinscher Streit mit den Kölner Dominikanern (bis 1514)
1512 6. 6.	Aufstand der Bürger in Braunschweig	1512	Thomas Murner „Narrenbeschwörung“
Okt.	Karlstadt promoviert Luther zum Dr. theol.		
1513	Papst Leo X. (bis 1521) zweiter Bundschuh des Joß Fritz in Lehen (Breisgau) – Verrat und Niederschlagung im Herbst Aufstände gegen den Rat in Köln, Worms, Lübeck, Göttingen, Nördlingen u. a. Städten	1513	Niccolo Machiavelli „Il principe“
1514 2. 5.	„Armer Konrad“ in Württemberg		

Müntzer			Luther		
1515	25. 7.	ältester erhaltener Brief an Müntzer, wahrscheinlich wechselnder Aufenthalt zwischen Frose und Braunschweig; aus dieser Zeit „Officium St. Cyriaci" – wohl ältestes eigenhändiges Schriftstück Müntzers	1515	Frühj.	Ordensvikar für Sachsen und Thüringen
			1515/16		Römerbrief-Vorlesung
1516		Probst am Kanonissenstift in Frose (seit 1515?)	1516	Dez.	Erstausgabe der „Theologia deutsch" des Frankfurters
			1516/17		Galaterbrief-Vorlesung
1517		schriftliche Anfrage an Müntzer den Ablaß betreffend, noch vor Luthers Thesenanschlag	1517		Contra scholasticam theologiam (Disputation des Luther-Schülers Franz Günther)
				31. 10.	95 Thesen zum Ablaß
			1517/18		Hebräerbrief-Vorlesung
Ende 1517/ 1518	Anfang	wahrscheinlich Aufenthalt in Wittenberg mit Unterbrechungen (bis Anfang 1519); Teilnahme an einer Vorlesung Aesticampians über Hieronymus	1518		zweite „Theologia deutsch"
				April	Heidelberger Disputation
				Juni	Beginn des römischen Prozesses gegen Luther
				12.–14. 10.	Luther auf dem Reichstag zu Augsburg
1519	Anfang	vorübergehender Aufenthalt in Leipzig bei Buchführer Breithut; Bemühungen um eine geistliche Pfründe;	1519–1521		zweite Psalmenvorlesung
	April	Entsendung nach Jüterbog			
1519	24. u. 26. 4.	Predigten in Jüterbog, in der Nachschrift von Dappen als erste Veröffentlichung über Müntzer gedruckt			
	Juni	mögliche Teilnahme an Leipziger Disputation	1519	27. 6./16. 7.	Leipziger Disputation
1520	2. Hälfte/	Beichtvater im Nonnenkloster Beuditz bei Weißenfels; reges Literaturstudium und Bücherkäufe			Veröffentlichung einer Reihe von Sermonen zur Verbreitung seiner Gedanken als Flugschriften
1520	1. 1.	erster, aber nur in Abschrift erhaltener Brief Müntzers			
	April	Versuch Heinrichs v. Bünau, ihn als Vikar nach Elsterberg zu holen			
	17. 5.	Antrittspredigt in der Marienkirche Zwickau, Anstellung als Vertreter Egrans (bis Ende September)			
	vor 13. 6.	Beschwerde der Franziskaner beim Bischof über Müntzers Predigten	1520	15. 6.	„Exsurge Domine"
	Aug.	erste Bemühungen der Erfurter Mönche des Klosters St. Peter um Gewinnung Müntzers		Aug./Okt	reformatorische Programmschriften: „An den christlichen Adel deutscher Nation", „De captivitate Babylonica", „Von der Freiheit eines Christenmenschen"

Reformation und Bauernkrieg als frühbürgerliche Revolution			Kultur		
1515	Frühj.	Beginn des innerösterr. Bauernaufstandes in Krain und Steiermark	1515–1517		„Epistolae obscurorum virorum“ des Ulrich v. Hutten und Crotus Rubeanus
1516		Karlstadts Promotion in Siena zum Dr. iur.	1516		Erasmus von Rotterdam „Institutio principis christiani“, Editio princeps des griech. Neuen Testaments durch Erasmus; Thomas Morus' „Utopia“
1517		Bundschuh des Joß Fritz in Bretten Aufstand der Communeros in Spanien (bis 1522)	1517	12. 7.	Dichterkrönung Huttens durch Maximilian I., Huttens Edition von Lorenzo Vallas Schrift über die Konstantinische Schenkung
			1518	25. 8.	Melanchthon wird Prof. des Hebräischen und Griechischen in Wittenberg Franziskus Irenicus „Exegesis Germaniae“
1519	28. 6.	Wahl Karls V. zum römischen König „Himmel- und Höllenwagen“ von Karlstadt – erstes reformatorisches Bildflugblatt zur Vorbereitung der Leipziger Disputation	1519	2. 5.	Tod Leonardo da Vincis (geb. 1452) Judenvertreibungen in Regensburg, Rothenburg, Weissenberg u. a. Städten
	27. 6.–15. 7.	Karlstadt disputiert in Leipzig gegen Eck			
1519 / 1522		Herzog Ulrich v. Württemberg durch den Schwäbischen Bund vertrieben			
1519 / 1523		Hildesheimer Stiftsfehde			
1519 f.		Thomas von Absbergs Fehden mit dem Schwäbischen Bund			
1520	24. 1.	Stolper Dekret des Bischofs von Meißen: erstes offizielles Mandat gegen Luther in Deutschland	1520	6. 4.	Tod Raffael Santis (geb. 1483)
	Okt.	Karlstadts „Von päpstlicher Heiligkeit“ (Absage an den Papst)		Aug.	Hutten „Dialog Vadiskus“ Johann Böhm „Omnium gentium mores“ (erste deutsche Kulturgeschichte) Albrecht Dürers Reise in die Niederlande
	12.–14. 10.	Reichstag zu Augsburg			
	23. 10.	Kaiserkrönung in Aachen			
1520–1566		Soliman II. – Aufstieg der Türkei zur Weltmacht, sechs Feldzüge führten ihn zweimal bis vor Wien			

Müntzer			Luther		
	1. 10.	Pfarrer an St. Katharinen in Zwickau			
				11. 12.	Verbrennung der Bannandrohungsbulle und der kanonischen Rechtsbücher
1521	Anf. Febr.	Höhepunkt der Auseinandersetzung Müntzer – Egran	1521	13. 1.	„Decet Romanum Pontificem“
	16. 4.	Entlassung aus dem Pfarramt		6. 3.	Vorladung zum Reichstag in Worms
	Mai/ Juni	1. Reise nach Böhmen, wahrscheinlich über Saaz, danach Aufenthalt in Elsterberg (?)		16. 4.	Luthers Ankunft in Worms (bis 26. 4.)
	21. 6.	feierlicher Empfang in Prag, dort rege Predigttätigkeit		18. 4.	Verweigerung des Widerrufs
	Okt./ Nov.	Abfassung des Prager Anschlags in drei Fassungen		4. 5.	Verbringung auf die Wartburg (bis 1. 3. 1522) - dort Übersetzung des Neuen Testaments; „Adventspostille“, „Eine treue Vermahnung“, „De votis monasticis iudicum“
	Nov.	Ausweisung aus Prag und Rückkehr nach Thüringen		8. 5.	Wormser Edikt
1522	Anfang	möglicher Aufenthalt im Kloster St. Peter in Erfurt (seit Ende 1521)			
	25. 1.	Franz Günther bestätigt Müntzers Scheitern in Böhmen und Eintreffen in Thüringen			
	27. 3.	Brief an Melanchthon mit Bezugnahme auf die Situation in Wittenberg nach Luthers Rückkehr – möglicher Aufenthalt in oder um Wittenberg	1522	1. 3.	Rückkehr nach Wittenberg
				9.–16. 3.	Invokavitpredigten
				Sept.	erster Druck der Septemberbibel
	13. 4.	Predigt in Stolberg (?)			
	14. 7./26. 9.	Aufenthalte in Nordhausen			
	Nov./ Dez.	Disputation mit dem Weimarer Hofprediger Wolfgang Stein			
	21. 12.	Aufenthalt in oder um Wittenberg			
1523	Anfang	Anstellung als Kaplan in der St. Georgen-Kirche in Glaucha bei Halle (seit Dez. 1525)			
	31. 3.	letzter Brief an Müntzer vor Amtsantritt in Allstedt	1523	März	„Von weltlicher Obrigkeit, wie weit man ihr Gehorsam schuldig sei“
	Ostern	Amtsantritt in Allstedt, zelebriert Messe in deutscher Sprache		April	Leisniger Kastenordnung
	18. 7.	1. Flugschrift an die Brüder zu Stolberg, verfaßt Schriften: „Die Ordnung und Rechenschaft des deutschen Gottesdienstes in Allstedt“, „Vom eingebildeten Glau-		Pfingsten	„Von der Ordnung des Gottesdienstes in der Gemeinde“

1521	10.–12. 6.	„Pfaffenstürmen" in Erfurt	1521		Hutten „Gesprächsbüchlein"
	Juni/Juli	Flugschrift „Neu-Karsthans", evt. von Butzer verfaßt			Eberlin von Günzburg „Die fünfzehn Bundesgenossen"
	29. 8.	Eroberung Belgrads durch die Türken			
		Heinrich VIII. gegen Luther: „Assertio septem sacramentorum"			
	12. 11.	Austritt von 13 Mönchen aus dem Augustinerkloster Wittenberg			
	Dez.	Wittenberger Bewegung (bis Febr. 1522)			
	3./4. 12.	Bürger und Studenten stürmen in Wittenberg die Pfarrkirche und das Franziskanerkloster			
	25. 12.	Karlstadt hält erste evangelische Messe			
	27. 12.	Ankunft der „Zwickauer Propheten" Nikolaus Storch, Thomas Drechsel, Markus Stübner (bis Ende des Jahres) in Wittenberg			
1522	9. 1.	Papst Hadrian VI.			
	24. 1.	„Ordnung der Stadt Wittenberg"			
	27. 1.	Karlstadt „Vom Abtun der Bilder"			
	Jan.	Eingreifen des Kurfürsten gegen die Wittenberger Bewegung			
	26. 3./30. 4.	Reichstag zu Nürnberg			
	27. 3.	Brief Karlstadts an Hektor Pömer über Luthers Widerruf früherer Positionen	1522	30. 6.	Tod Johann Reuchlins
	Aug.	Erhebung der Reichsritterschaft unter Sickingen, bis April 1523 dessen Fehde gegen Trier			
	17. 11.	Beginn des 2. Nürnberger Reichstages			
				19. 12.	Thomas Murner „Von dem großen Lutherischen Narren"
1523		Strauß wird Prediger in Eisenach, Schrift gegen Wucher			
	29. 1.	„67 Schlußreden" Zwinglis – Sieg der Reformation in Zürich			
	9. 2.	Forderung eines deutschen Nationalkonzils			
	April	Wahl der Achtmänner in Mühlhausen unter dem Einfluß von Heinrich Pfeiffer			

Müntzer			Luther		
		ben“, „Protestation oder Entbietung“, „Deutsch-evangelische Messe“			
				Dez.	„Formula missae et Communionis“
1524		Gründung des Allstedter Bundes	1524	Jan./ Febr.	„An die Ratsherren aller Städte“
	24. 3.	Mallerbacher Kapellensturm			
	13. 7.	„Auslegung des andern Unterschieds Danielis“ („Fürstenpredigt“)		Juli	„Ein Brief an die Fürsten zu Sachsen von dem aufrührerischen Geist“
	Juli	„Gezeugnis des 1. Kapitels des Lukas-Evangeliums“ (ungedruckt) und „Ausgedrückte Entblößung“; „Hochverursachte Schutzrede“			
	Aug.	1. Aufenthalt in Mühlhausen			
	27. 8.	Vertreibung Müntzers und Pfeiffers aus Mühlhausen			
	Okt./ Nov.	Weg von Nürnberg nach Basel			
1525	Jan.	Aufenthalt unter aufständischen Bauern im Klettgau und Hegau	1525	Jan.	Schrift gegen Karlstadt: „Wider die himmlischen Propheten“
	Febr.	2. Aufenthalt in Mühlhausen, Tätigkeit an der Marienkirche		16. 4.– 6. 5.	Reise ins Harzer und Thüringer Aufstandsgebiet
	April/ Mai	Teilnahme am Thüringer Bauernaufstand		17.–20. 4.	„Ermahnung zum Frieden auf die 12 Artikel der schwäbischen Bauern“
	14./ 15. Mai	Schlacht bei Frankenhausen, Gefangennahme		5. 5.	„Wider die räuberischen und mörderischen Rotten der Bauern“
	27. 5.	Hinrichtung in Mühlhausen mit Heinrich Pfeiffer		13. 6.	Hochzeit mit Katharina von Bora
				Juli	„Sendbrief vom harten Büchlein wider die Bauern“

		Reformation und Bauernkrieg als frühbürgerliche Revolution			Kultur
	Mai	Karlstadt als Pfarrvikar in Orlamünde			
	7. 5.	Tod Franz v. Sickingens	1523	1. 7.	Johann Esche und Heinrich Voes in Brüssel verbrannt als erste Märtyrer der Reformation
	3. 7.	Mühlhäuser Rezeß			Programmschrift „Deutscher Nation Notdurft“
	26.–28. 10.	2. Züricher Disputation Zwinglis über die Abschaffung der Bilder			Hans Sachs „Die Wittenbergisch Nachtigall“
	19. 11.	Papst Clemens VII. (bis 1534)			
			1524	Febr.	Erasmus „De libero arbitrio“
					Augustin von Alfeld „Wider den Wittenbergischen Abgott“
1524	23. 6.	Stühlinger Aufstand			Johann Walther „Gesangbuch“ erstes Gesangbuch Luthers
	21.–24. 8.	Luthers Aufenthalt in Jena, Kahla, Neustadt, Orlamünde – Vertreibung Karlstadts			
	19. 7.	Absage Karlstadts und der Orlamünder an Müntzer			
	19. 8.	Mühlhäuser Aufstand, Gründung des „Ewigen Bundes Gottes“ und Aufstellung der 11 Mühlhäuser Artikel			
	Okt.	Martin Reinhards Vertreibung aus Jena wegen der Schrift über das Gespräch Luther – Karlstadt			
	24. 12.	Bildung des Baltringer Haufens			
	Dez.	Karlstadt in Rothenburg ob der Tauber (bis Ende Mai 1525)			
1525	Febr./März	„12 Artikel der Bauernschaft in Schwaben“			
	6./7. 3.	Memminger Bauernparlament			
	15./17. 3.	Wahl des Ewigen Rates in Mühlhausen			
	22. 3.	Übergreifen des Bauernkrieges auf Franken			
	6. 4.	„Schwarzwälder Artikelbrief“			
	10. 4.	Umwandlung des preußischen Ordensgebietes in ein weltliches Herzogtum			
	17. 4.	Weingartner Vertrag			
	18. 4.	Beginn des Thüringer Aufstandes			
	5. 5.	Tod des Kurfürsten Friedrich von Sachsen			
	26. 4.	Zug des Mühlhäuser Haufens nach Langensalza, Beginn des Aufstandes in Nordthüringen			
	30. 4.	Frankenhäuser Lager			

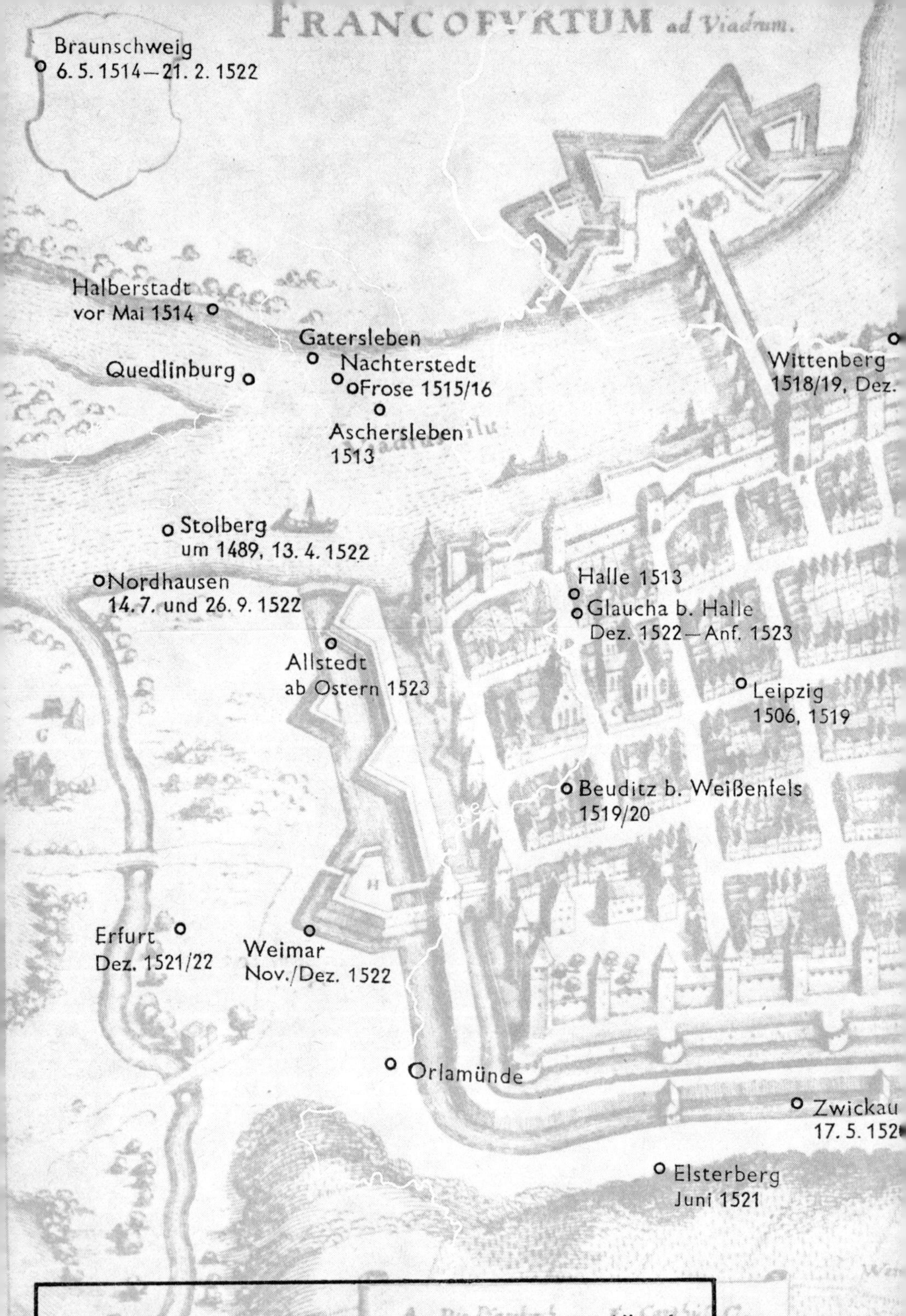

Thomas Müntzers Aufenthalts- bzw. Wirkungsorte bis Allstedt